Hoffmann und Campe *Kritische Wissenschaft*

Redaktion Hans-Helmut Röhring

Karl Heinz Pütz

Die Außenpolitik der USA

Eine Einführung

Hoffmann und Campe

Für Bärbel und Alexandra

1. bis 5. Tausend 1974

Gesetzt aus der Borgis Garamond Antiqua
Umschlag Jan Buchholz und Reni Hinsch
Gesamtherstellung Süddeutsche Verlagsanstalt und Druckerei GmbH, Ludwigsburg
ISBN 3-455-09143-1. Printed in Germany

Inhalt

Vorbemerkung

Die Einführung ist so angelegt, daß die einzelnen Abschnitte trotz des durchgehenden Textes ineinander verschoben werden können. Diese Form soll der Breite des Ansatzes und der Verschränkung aller Faktoren (siehe A) gerecht werden. Schon um die Darstellung lesbar zu gestalten, wird dabei auf Mehrfachverweise etc. verzichtet. Nicht weiter ausgewiesene Angaben sind (im Literaturverzeichnis angeführten) amtlichen Quellen entnommen. Im Literaturverzeichnis jeweils zuerst genannte Titel und alle Titel, die im Text bereits einmal mit allen Angaben zitiert wurden, sind im folgenden in Kurzform angeführt. In eckige Klammern eingeschobene Zusätze sind vom Verfasser, der auch (soweit nicht anders angegeben) für alle Übersetzungen verantwortlich ist.
Der Verfasser dankt allen, die ihm durch Kritik und Ermunterung bei dieser Einführung geholfen haben. Für alle Irrtümer etc. bleibt er selbstverständlich allein verantwortlich.

Berlin im Juli 1974 Karl Heinz Pütz

A. Einleitung: Die USA in den internationalen Beziehungen

Die Außenpolitik der USA gehört zu den kontroversen Themen der Gegenwart. Haben sich die Auseinandersetzungen notwendig auch in der wissenschaftlichen Behandlung des Themas niedergeschlagen, ist andererseits Kritik oft zu leichthin nach Freund-Feind-Schablonen aus der Zeit des Kalten Krieges gemessen worden. Kritik an der Planung, Entscheidung, Führung und Richtung der amerikanischen Außenpolitik gehört jedoch zu ihrer Tradition. Als kritisch in dieser Tradition ist auch die vorliegende Einführung angelegt.

Diese Einführung richtet sich grundsätzlich an alle, die an den Vereinigten Staaten von Nordamerika oder an Außenpolitik interessiert sind. Sie soll darüber hinaus Schüler, Studenten und Lehrer, die sich speziell mit diesen Themen beschäftigen, zu weiteren Fragestellungen anregen. Schon der Umfang des Themas und der Einführungscharakter des Buches erfordern eine Beschränkung auf die wesentlichen Themen und Probleme. In dieser Einführung soll weder enzyklopädisches Wissen vermittelt noch der Verlauf der amerikanischen Außenpolitik chronologisch geschildert werden. Sie soll vielmehr institutionelle, soziale, ökonomische etc. Strukturen aufzeigen und problematisieren, die maßgeblich die amerikanische Außenpolitik prägen. Diese Politik wird dabei sowohl zur Situation und Organisation der amerikanischen Gesellschaft als auch zur jeweiligen internationalen Machtkonstellation in Beziehung gesetzt. Obwohl durchgehend versucht wird, die analysierten Strukturen über einen längeren Zeitraum festzumachen und in ihrer besonderen historischen Ausprägung darzustellen, liegt das Schwergewicht der Analyse auf der Zeit nach dem Zweiten Weltkrieg.

In dieser Einführung werden nicht nur die Verfahrensprozesse amerikanischer Außenpolitik, sondern auch die breiteren sozialen und ökonomischen Beziehungen zwischen den USA und anderen Gesellschaften und deren Voraussetzungen in der amerikanischen Gesellschaft untersucht. Dabei soll sowohl ›das Besondere‹ der amerikanischen Entwicklung – das einerseits oft übersehen, andererseits zu leichthin bemüht wird – als auch ›das Typische‹ aufgezeigt werden. Eine Analyse des engeren Entscheidungsprozesses, des Apparates und des Instrumentariums amerikanischer Außenpolitik leitet den Hauptteil der Untersuchung ein. Im zweiten Kapitel werden die internationalen Auswirkungen und Bedingungen dieser Politik aufgezeigt und im dritten die gesellschaftlichen Voraussetzungen. Eine – notwendig skizzenhafte – Zusammenfassung bildet den Schlußteil.

Die Außenpolitik der USA wird in dieser Einführung durchweg auf ihre praktischen Voraussetzungen und Auswirkungen untersucht; theoretische Erörterungen treten schon wegen des Einführungscharakters weitgehend in den Hintergrund. Dennoch kann auf sie nicht verzichtet werden. Gewisse ›theoretische‹ Grundüberzeugungen liegen auch den Abhandlungen zugrunde, in denen sie nicht ausdrücklich dargelegt sind. Bereits die Auswahl des umfangreichen Materials geschieht nach Prinzipien, die grundsätzlich auch die Darstellung der Praxis amerikanischer Außenpolitik bestimmen. Deshalb soll an dieser Stelle ein knapper Überblick über verschiedene Positionen vorausgeschickt werden, der es zugleich erlaubt, auch Inhalt und Ansatz dieser Einführung in einen größeren Rahmen zu stellen.

Die zahlreiche Literatur über die amerikanische Außenpolitik zerfällt grob in drei Hauptlager – ein ›idealistisches‹, ein ›realistisches‹ und ein ›marxistisches‹ (zur Einordnung einzelner Autoren siehe das Literaturverzeichnis). Die ›idealistische‹ Richtung betont die traditionell-demokratische Grundeinstellung der USA und erkennt in den offensichtlichen Abweichungen bestenfalls Irrtümer oder bereute Seitensprünge (so vor allem Frank Tannenbaum, *The American Tradition in Foreign Policy*. Norman: University of Oklahoma Press, 1955). Eng damit verbunden ist die Vorstellung von den USA als einer »Weltmacht wider Willen« (Ernst Fraenkel), die nur zögernd, dann aber entschlossen die Verpflichtung übernommen hat, Frieden und Freiheit – als Grundüberzeugungen ihrer Gesellschaftsordnung – auch international durchzusetzen bzw. zu garantieren. Ihre internationale Rolle wird als *benevolent leadership* (›gütige Führung‹) dargestellt.

Zu dieser Interpretation gehört eine bestimmte – ›pluralistische‹ – Konzeption der amerikanischen Demokratie. Sie ist zum Teil direkt auf den internationalen Bereich übertragen worden (vgl. etwa Charles E. Moskos Jr. und Wendell Bell, ›Emerging Nations and Ideologies of American Scientists‹, *The American Sociologist*, 2. Mai 1967, S. 67–72). Aufgrund ihrer Bedeutung auch für die Selbsteinschätzung amerikanischer Regierungen in der Außenpolitik wird sie im Text wiederholt aufgegriffen und kritisch mit der Praxis amerikanischer Politik verglichen. Diese Pluralismustheorie setzt sich in etwa aus vier Teilbereichen zusammen (siehe unter Vladimir O. Key). In einer soziologischen Analyse wird einerseits die Trennung von Kontrolle und Eigentum (und damit eine Streuung von Macht), andererseits der Aufstieg einer neuen ›Klasse‹ von *white-collar workers* (›Weißkragen‹; Angestellten) hervorgehoben. In diese Schicht – wie im folgenden das amerikanische ›class‹ aus diesem Zusammenhang sinngemäßer übersetzt werden soll – sind nach dieser Auffassung mit zunehmenden Einkommen auch große Teile der *blue-collar workers* (›Blaukragen‹; Arbeiter) aufgestiegen. Damit wird sowohl der marxistischen Theorie (s. u.) widersprochen als auch das Fehlen sozialistischer Bewegungen in den USA erklärt und eine breite Zustimmung zur Regierungspolitik in allen inneren und äußeren Fragen verbunden. Störungen dieses Konsensus werden in der Regel als Kommunikationsprobleme eingeordnet.

Das Konsensusmodell bildet auch die Grundlage der politologischen Be-

schreibung des politischen Prozesses in den USA – der eigentlichen Pluralismustheorie. Dieser Konsensus spiegelt nach der entsprechenden (vorherrschenden) Lehrmeinung vor allem wider, daß die Bedürfnisse der Mehrheit der Bevölkerung angemessen von Legislative und Exekutive vertreten werden. Macht wird dabei zwischen den wesentlichen Gruppen der Gesellschaft verteilt gesehen. Jedes auftauchende Problem führt nach älteren, aber immer noch einflußreichen Versionen dieser Theorie nahezu automatisch zu organisierten Reaktionen und zu Koalitionen verschiedener Gruppen, die je nach Problem wechseln und sich schon aufgrund dieses Koalitionszwanges eine gewisse Mäßigung auferlegen. Vetogruppen, gesellschaftliche Gegenkräfte *(countervailing powers)*, die öffentliche Meinung oder ein Regierungssystem von Gewichten und Gegengewichten *(checks and balances)* sollen einen Mißbrauch von Macht auch vorübergehend zu starker Gruppen eindämmen.
In einer ›realistischen‹ Version dieser Theorie sind es Eliten, die im steten Wettstreit um die richtige Politik – die in periodischen Wahlen honoriert wird – als Hüter der demokratischen Verfassung und individueller Freiheiten auftreten.
Werden diese Eliten als informiert, verantwortungsbewußt und zunehmend ›gütig‹ dargestellt, ist andererseits besonders die Arbeiterschaft aufgrund ihrer niedrigen Ausbildung, ihrer geringen Beteiligung am politischen Prozeß, ihrer ökonomischen Unsicherheit, ihrer Vereinzelung und autoritären Familienstrukturen als Gefahr für die demokratische Ordnung eingestuft worden. Eine ähnliche bedrohliche Entwicklung erkannten amerikanische Wissenschaftler – oft unter dem Schlagwort einer ›Revolution steigender Erwartungen‹ – auch in den Gesellschaften vor allem weniger entwickelter Länder:

»Im Kongo, in Vietnam und in der Dominikanischen Republik hängt Ordnung offensichtlich davon ab, neu mobilisierte Teile der Bevölkerung irgendwie zur Rückkehr zu jenem Grad von Passivität und Duldsamkeit zu zwingen, aus dem sie kürzlich durch den Prozeß der Modernisierung aufgeweckt worden sind. Die Erhaltung von Ordnung erfordert zumindest vorübergehend eine Senkung neuerworbener Ansprüche und Stufen politischer Aktivität.« (Ithiel Pool, The Public and the Polity, in: *Contemporary Political Science: Toward Empirical Theory*, hrsg. von Ithiel Pool. New York 1967, S. 26)

Industrialisierung, Verstädterung und Wettbewerb haben nach einem massenpsychologischen Ansatz diese Entwicklung und damit die Existenzangst der zunehmend isolierten Individuen auch in großen Teilen der Mittelschicht verschärft. Insbesondere konservative amerikanische Wissenschaftler haben in dieser Furcht, die leichte Lösungen attraktiv erscheinen läßt, ein Vehikel für Demagogen von unten gesehen. Dieser pessimistischen und an europäischen, besonders deutschen Vorbildern entwickelten Auslegung ist in einer optimistischen ›amerikanischen‹ Version vor allem die Bedeutung der Erziehung entgegengehalten worden. Sie soll allmählich auch eine stärkere Beteiligung der unteren Bevölkerungsschichten am demokratischen Prozeß ermöglichen. Diese Auffassung wird ergänzt durch einen Gruppenansatz, der die Einbettung des Individuums in informellen Gruppen (Familie, Clubs, Arbeitsplatz etc.) betont und es dadurch weitgehend immun gegen äußere Einflüsse schildert.

Die ›realistische‹ Vorstellung eines Elitenpluralismus liegt auch einem Teil der ›realistischen Kritik‹ an der amerikanischen Außenpolitik zugrunde. Sie spiegelt sich auf internationaler Ebene in Entwürfen einer Allianz entwickelter Industrieländer zur Garantie internationaler Stabilität (einem Synonym für Ordnung) wider. Angesichts der Entwicklung in den USA und in den internationalen Beziehungen fordern die Vertreter dieser Richtung – zum Teil unter Rückgriff auf die Literatur der ›Neuen Linken‹ (s. u.), die andererseits von ihnen scharf kritisiert wird – eine Rückbesinnung auf den Nationalstaat. Hatten sie zuvor die Außenwirtschaftsbeziehungen der USA bei ihren Analysen und Entwürfen weitgehend unberücksichtigt gelassen, gestehen sie heute dem Staat angesichts dessen Rolle in der Binnenwirtschaft auch auf diesem Gebiet stärkere Interventionsmöglichkeiten zu (siehe David P. Calleo).

Daß die amerikanische Außenpolitik ›realistisch‹ zu sein habe, d. h. den Möglichkeiten und Erfordernissen der sich verändernden nationalen und internationalen Entwicklung angemessen, ist in den USA allerdings kaum umstritten. Dieser Realismus wird von nahezu allen Wissenschaftlern in Anspruch genommen; er lag sowohl der breiten Kritik an der amerikanischen Sicherheitspolitik als auch der Außenpolitik der Regierung Nixon zugrunde. Im Gegensatz dazu ging die eigentliche ›realistische Schule‹ (von Hans J. Morgenthau), auch wenn sie zum Teil zu ähnlichen praktischen Ergebnissen kam, weniger von der demokratischen Theorie aus, die sie als ideologische Verbrämung einer handfesten Machtpolitik einstufte, sondern – wie diese Einführung – von der Praxis amerikanischer Außenpolitik. Die Interpretationen der ›Neuen Linken‹ in den USA können als konsequente Weiterführung dieser Kritik gelten (und können schon deshalb nicht mit dem Ansatz der ›Neuen Linken‹ in der Bundesrepublik Deutschland gleichgesetzt werden). Ihre Vertreter betonen vor allem den gesellschaftlichen Charakter der amerikanischen Außenpolitik, die enge Verbindung aller Faktoren und die aktive Rolle der USA in den internationalen Beziehungen (siehe William A. Williams und Gabriel Kolko).

Die ›realistische Kritik‹ beruht zum großen Teil auf der Analyse einer »Machtelite« (C. Wright Mills) von Wirtschaft, Politik und Militär, die alle wesentlichen Entscheidungen in der amerikanischen Gesellschaft fällt. In einer Variante (vor allem von Gabriel Kolko) wird dem Militär nur eine untergeordnete Bedeutung beigemessen und die Machtelite als höchst bewegliches Verbindungsglied von Wirtschaft und Politik gesehen. Zum Teil jedoch (und oft ununterscheidbar vermischt) geht diese Auffassung mit der Gegenüberstellung einer isolierten Masse und einer eng verbundenen, weitsichtigen und selbstsüchtigen Herrschaftselite ebenfalls auf einen massenpsychologischen Ansatz zurück. Nach dieser Konzeption wird allerdings der Elite aufgrund ihrer monopolähnlichen Stellung die Möglichkeit zugesprochen, durch ihren Einfluß auf Massenmedien, Organisationen etc. die Mehrheit der Bevölkerung zielbewußt und erfolgreich zu manipulieren. Dabei wird in einigen Fällen besonders nach deutschem

Muster (so von Mills, *White Collar, 1951*) im Abstieg von Teilen der Mittelschicht bzw. ihrer drohenden Proletarisierung das Potential für eine faschistische Reaktion erkannt.

Auf der anderen Seite ist von Vertretern dieses Lagers auf die grundsätzliche Liberalität der Mehrheit der amerikanischen Bevölkerung verwiesen worden, die – entgegen der weitverbreiteten Vorstellung von einer anwachsenden Mittelschicht – etwa zu drei Fünftel der Arbeiterschaft zuzurechnen ist (nach Berufsgruppeneinteilungen des US-Arbeitsministeriums). Der Hauptwiderspruch in der amerikanischen Gesellschaft wird hierbei zwischen einer konservativen (weißen, protestantischen) Oberschicht und dem Rest der Bevölkerung erkannt, dem keine politischen Alternativen angeboten werden. Die Vorstellungen und Bedürfnisse der großen Mehrheit der Bevölkerung sind nach dieser Auffasssung im Eigeninteresse dieser Schicht und ihrer Eliten durchgehend falsch interpretiert und im politischen Prozeß nicht oder nur unzureichend repräsentiert worden. Es wird nachgewiesen, daß die Mehrheit nach wie vor nur wenig Anteil an den Vorteilen des amerikanischen Gesellschaftssystems hat, schon deshalb ihre Organisationsfähigkeit grundlegend eingeschränkt und auch ihre Mitwirkung durch den verzerrten ›Wettbewerb von Talenten‹ nicht erhöht worden ist. Die Situation der amerikanischen Gesellschaft wird nach diesen Interpretationen weniger durch eine horizontale Teilung in (nach marxistischen Kriterien definierte) ›Klassen‹ als durch eine vertikale Gliederung nach Abstammung, Religion und zum Teil auch Region gekennzeichnet. Zusammen mit sozialem Druck von oben bestimmen demnach diese ethnisch-religiösen und regionalen ›Säulen‹ in allen Schichten auch die politischen Überzeugungen der Bevölkerung. In sich geschlossene und einander klar entgegengesetzte ›Klassen‹ hat es – so wird betont – in den USA niemals gegeben.

Nach der ›marxistischen‹ Theorie tendiert auch die kapitalistische Gesellschaft der USA zur Aufhebung alter (in den USA kaum vorhandener feudaler) Klassenüberreste einerseits und der sozialen Fragmentierung aufgrund religiöser, ethnischer, berufsständischer etc. Unterschiede andererseits, die sich jedoch im gesellschaftlich erzeugten (falschen) Bewußtsein festgesetzt haben. Im Endstadium dieser Entwicklung kommt es demnach zur Herausbildung zweier klar umrissener Klassen: einer immer kleiner werdenden Zahl von Eigentümern an Produktionsmitteln (Kapitalisten) und der wachsenden Zahl derer, die ihre Arbeitskraft verkaufen müssen (Proletariat). Ob und inwieweit sich diese Entwicklung, die nach dieser Theorie zur Umgestaltung der Gesellschaft führt, notwendig aufgrund von Widersprüchen im kapitalistischen System vollzieht oder durch aktives Handeln eingeleitet bzw. beschleunigt wird, ist ebenso umstritten wie der Einfluß der sozialistischen Staaten auf den internationalen Kapitalismus. In der Außenpolitik der USA als der führenden kapitalistischen Macht erkennen diese Kritiker die Auswirkungen von Zwängen der amerikanischen kapitalistischen Wirtschafts- und Gesellschaftsordnung. Die darauf basierende aggressiv-imperialistische Politik führt nach Meinung einiger Interpreten zur Verstärkung der Widersprüche sowohl in den USA als auch zwischen den kapitalistischen Staaten. Auf der anderen Seite ist – entsprechend der Klassentheorie – der Hauptwiderspruch im internationalen Rahmen zwischen den Industrieländern unter Führung der USA und den (ausgebeuteten) Entwicklungsländern erkannt worden (siehe Harry Magdoff). Einige Vertreter dieser Richtung haben auch in der amerikanischen Arbeiterschaft einen Träger des amerikanischen Imperialismus vermutet (etwa Arghiri Emmanuel, *L'échange inégale. Essai sur les antagonismes dans les rapports économiques internationaux.* Paris 1969 und 1972).

Die verschiedenen Interpretationen amerikanischer Politik sind in Wirklichkeit komplexer und weniger streng voneinander getrennt als in dieser Gegenüberstellung. Elemente aller Richtungen haben sich miteinander verbunden. So haben auch konservative ›Idealisten‹ und ›Pluralisten‹ auf die Notwendigkeit von Absatzmärkten und Rohstoffen im Ausland für die Erhaltung des amerikanischen Gesellschaftssystems hingewiesen, Marxisten wiederum massenpsychologische und Eliten-Ansätze übernommen. Schon deshalb sollen auch in dieser Einleitung weniger Wertungen über diese Literatur geboten, als vielmehr deren Ergebnisse für die Analyse nutzbar gemacht werden. Ein wesentliches Ergebnis aller Beiträge ist trotz vieler Unterschiede die mehr oder minder starke Betonung der Verbindung von Innen-, Außen- und internationaler Politik.

Ist bei diesen Analysen oft die historische Dimension zu kurz gekommen, siedelte die bis zum Zweiten Weltkrieg dominierende Diplomatiegeschichte Außenpolitik ausschließlich im Zwischenraum von Nationen an. Als ihre Träger galten Nationalstaaten bzw. deren Vertreter, die für ein nicht näher definiertes oder hinterfragtes ›nationales Interesse‹ oder für die ›nationale Sicherheit‹ eintraten. Dargestellt wurde der Verlauf einer bestimmten Außenpolitik, d. h. die Handlungen ausgesuchter und anscheinend autonomer Akteure als politische ›Haupt- und Staatsaktionen‹. Damit wurde seltsam ahistorisch eine Situation festgeschrieben, in der Außenpolitik in den Händen einer recht kleinen Gruppe von Personen lag. Darüber hinaus wurde auch der Kampf um Macht mit dem Kampf ums Überleben, d. h. um Sicherheit und Ernährung, gleichgesetzt und der Außenpolitik die entscheidende Rolle für den Bestand und das Wohlergehen von Nationalstaaten zugeschrieben (Primat der Außenpolitik). Die Vorgänge in den staatlichen Einheiten blieben ebenso unberücksichtigt wie übergreifende Strukturen im internationalen Bereich.

Auf der anderen Seite ist dem Primat der Außenpolitik ein Primat der Innenpolitik, d. h. der gesellschaftlichen Bedingungen auch aller außenpolitischen Entscheidungen, entgegengehalten worden. Die Auseinandersetzungen über den Vorrang der Primate, die zum Teil in der Diskussion über ›nationale Interessen‹ und ›nationale Sicherheit‹ wieder auftauchen, haben sowohl die grundsätzliche Einheit von Innen- und Außenpolitik als auch die Wechselwirkungen von nationaler und internationaler Politik in den Hintergrund treten lassen. Darüber hinaus drohte eine rein politologische Einbettung der außenpolitischen Entscheidungen auch der erweiterten Zahl außenpolitischer Akteure allein in das Regierungssystem der betreffenden Gesellschaft die Erkenntnis von Strukturen, die sich auch im internationalen Bereich »unabhängig vom erkennenden Subjekt« und »über die Köpfe« der einzelnen hinweg durchsetzen (Hans-Ulrich Wehler), ebenso zu verhindern wie zuvor ein Geschichtsverständnis, nach dem erst der betrachtende Historiker dem ungeordneten Chaos der Vergangenheit Struktur verleiht.

In dieser Einführung wird die Außenpolitik der USA im Zusammenhang mit der natürlichen Umwelt sowie dem historischen Stand der nationalen und internationalen Politik gesehen. Dabei erscheint auch der internationale Bereich weniger chaotisch, als er vielfach in Abhebung vom klassischen Nationalstaat dargestellt wird, der in diesem Zusammenhang als Garant sozialen Friedens und der Verhinderung von Willkür und Gewalt gilt. Unter der Oberfläche politischer Haupt- und Staatsaktionen ist auch dieser Bereich durch ein umfassendes System von Abhängigkeiten und Verwicklungen strukturiert. Greift dieses System vor allem in den weniger entwickelten Ländern (Peripherie) tief in die inneren Verhältnisse ein, wird es andererseits wesentlich von den Bedürfnissen und Vorstellungen der ökonomisch und/oder militärisch am meisten ›entwickelten‹ Staaten (Zentren oder Metropolen) bestimmt. Dabei ist das Verhältnis von Zentrum und Peripherie weder eindeutig – so ist Brasilien etwa Peripherie zu den USA, aber (Sub-)Zentrum zu anderen Staaten in Lateinamerika – noch konstant.

Diese internationalen Beziehungen werden geprägt von den Gesellschaftsstrukturen sowohl in den dominanten Zentren als auch in der dominierten Peripherie, die einerseits eine Abhängigkeit (mehr oder minder stark) begünstigen, andererseits erschweren. Außenpolitik bezieht sich weder auf ein soziales Vakuum, noch entsteht sie in einem solchen Vakuum. Eine Analyse der Sozialstruktur, Wirtschafts- und Herrschaftsform der einzelnen Staaten vermag die gesellschaftlichen Strukturen aufzuzeigen, die ihren Niederschlag in der Außenpolitik finden und je nach dem Entwicklungsniveau der Gesellschaft auch in den internationalen Beziehungen wirksam werden. Die Vereinigten Staaten von Nordamerika haben aufgrund ihrer Dominanz nach dem Zweiten Weltkrieg in diesen Beziehungen eine herausragende Rolle gespielt. Dabei sahen sie sich nicht nur »dem Wunsch nach Wandel«, sondern auch der »Dynamik des Wandels selbst gegenüber« (Präs. Nixon, 9. 2. 1972, S. 58. Zur Quelle siehe S. 20). Die Rückwirkungen dieses Wandels auf das amerikanische Gesellschaftssystem und die Haltung der Vereinigten Staaten zum Wandel in den USA und in den internationalen Beziehungen machen einen wesentlichen Teil der Probleme amerikanischer (und internationaler) Politik in der zweiten Hälfte des zwanzigsten Jahrhunderts aus.

B. Die amerikanische Außenpolitik: Organisation, Umriß und Funktion

1. Institutionen und Instrumentarium amerikanischer Außenpolitik

1.1 Zur Situation in den siebziger Jahren

Waren die USA bereits aus dem Ersten Weltkrieg als die ökonomisch führende und aus dem Zweiten Weltkrieg als die ökonomisch und militärisch unumstritten stärkste Macht hervorgegangen, sahen sie sich jedoch zugleich und zunehmend neuen Herausforderungen gegenüber. Gerade die Veränderungen nach dem Zweiten Weltkrieg – wie die Befreiungskämpfe in der ›Dritten Welt‹ (der *Nord-Süd-Konflikt),* die Konkurrenz der wirtschaftlich erstarkten Länder Westeuropas und Japans (die *internationale kapitalistische Konkurrenz*) oder die Stellung der UdSSR und der Volksrepublik China außerhalb bzw. am Rande des westlich-kapitalistischen Systems (der *Ost-West-Konflikt)* – haben auch äußere »Grenzen der Macht« (Gabriel Kolko) für die Vereinigten Staaten gezogen. Diese Entwicklungen im internationalen Bereich haben sich – über ihre direkten Auswirkungen auf den innenpolitischen Konsensus hinaus – als eine Herausforderung für die etablierte amerikanische Gesellschaftsstruktur erwiesen. Sie stellen sowohl die Dominanz der USA als auch deren tradierte Wertvorstellungen, Gesellschaftsordnung und Regierungsform zunehmend infrage, deren Überleben im nuklearen ›Gleichgewicht des Schreckens‹ zur Frage nationalen Überlebens gemacht worden ist.

Zu ihrer Sicherung haben die Vereinigten Staaten in den letzten zwei Jahrzehnten auf allen Sektoren staatlicher und gesellschaftlicher Außenbeziehungen mehr Aktivitäten entwickelt als jeder andere Staat (siehe Anhang 1). Die Kosten dieses Engagements haben wesentlich mit zur – seit 1950 (mit Ausnahme von 1957) ständig – negativen amerikanischen Zahlungsbilanz beigetragen (die USA gaben mehr aus als sie einnahmen). Im amerikanischen Fiskaljahr 1972 (1. 7. 1971 – 30. 6. 1972) belief sich das Defizit auf ca. 40 Mrd. Dollar. Im selben Jahr verzeichneten die USA zum ersten Mal seit 1893 auch in ihrer Handelsbilanz ein Defizit (sie importierten mehr als sie exportierten).

Die Entwicklung in den USA hat die zur Verfügung stehenden staatlichen Mittel für die amerikanische Außenpolitik in diesen Auseinandersetzungen eingeschränkt: »Um die Art des amerikanischen Mitwirkens an internationalen Fragen neu zu definieren, mußten wir grundlegende Fragen stellen, mit denen sich Amerikaner schon viele Jahre nicht mehr hatten befassen müssen. Wir mußten diese Fragen ferner in einer Zeit prüfen, in der die Debatte über nationale Prioritäten sich immer mehr ausweitete und in der konkurrierende Ansprüche auf die verfügbaren Hilfsquellen zur Untermauerung unserer weltweiten Position gestellt wurden.‹ (Richard M. Nixon, *Die amerikanische Außenpolitik für die siebziger Jahre. Das wachsende Gebäude des Friedens.* Ein Bericht des Präsidenten an den amerikanischen Kongreß, 9. 2. 1972, S. 216. In deutscher Sprache hrsg. von der USIA; im folgenden zit. als Präs. Nixon, 9. 2. 1972.)

Seit 1968 bemühen sich die USA durch verstärkte Regierungsmaßnahmen, der Schere von Inflation und Arbeitslosigkeit mit ihren Auswirkungen auf das Wirtschaftswachstum (›magisches Dreieck‹) zu entgehen, die zugleich die gesellschaftlichen Zielkonflikte verschärft hat (etwa: wieviel Millionen Arbeitslose sind konjunkturgerecht?). Während die Inflationsrate in den USA zwischen 1960 und 1966 mit durchschnittlich 1-2 % eine der niedrigsten überhaupt war, ist sie seitdem bedrohlich (auf über 10 %) gestiegen und hat nicht nur Verbraucherorganisationen auf den Plan gerufen, sondern auch die Exportfähigkeit der USA beeinträchtigt. Auf der anderen Seite haben gerade die Ausgabenkürzungen der Regierung Nixon zur Inflationsbekämpfung u. a. die Arbeitslosenquote von 3,5 % im Jahre 1969 – dem niedrigsten Stand seit 1953 (Korea) – auf 6,2 % im Mai und 5,8 % im Juli 1971 ansteigen lassen (seitdem um 5 %). Zudem ist bei absolut hohem Produktivitätsniveau der USA im internationalen Vergleich die Zuwachsrate verhältnismäßig gering. Sie betrug von 1955–1967 pro Beschäftigten der Industrie 2,9 %, während die BRD im gleichen Zeitraum 4,7 % und Japan von 1957–1967 9,3 % verzeichneten. Eine *National Commission on Productivity* soll seit 1970 diesem Mangel abhelfen. Auch das absolut hohe und international führende Bruttosozialprodukt (BSP) der USA (die Summe aller mit Preisen bewerteten Güter und Dienstleistungen) blieb 1970 in konstanten Preisen – erstmalig seit 1958 – hinter dem BSP des Vorjahres zurück; für 1974 wird auch in den USA ein Nullwachstum erwartet. Der amerikanische Anteil am Weltsozialprodukt (in Prozenten) ist – zugunsten Westeuropas und Japans – seit 1950 gesunken, während die westlichen Industrieländer insgesamt ihren Anteil halten konnten (1950 wie 1973 ca. 68 %).

Zusammen mit den Rassenunruhen hat besonders der bisher längste – und noch andauernde – Krieg der USA (in Indochina) die Möglichkeiten (etwa die Verständigung mit Moskau und Peking trotz des Krieges), aber auch die Grenzen der Vereinigten Staaten aufgezeigt und Zweifel an ihrer »Aufgabe« und Fähigkeit bestärkt, »im 20. Jahrhundert die Stellung eines Vorkämpfers gegen die Idee und Realität des Totalitarismus übernommen« zu haben (Fraenkel, *Das amerikanische Regierungssystem*, 1960, S. 169). Ergab sich diese Einschätzung der globalen Rolle Amerikas aus der demokratischen Konzeption seiner Gesellschaftsordnung, die im Kampf gegen Feudalismus (Gründung), Kolonialismus (19. Jahrhundert), Militarismus (Erster Weltkrieg), Faschismus (Zweiter Weltkrieg) und Kommunismus (Kalter Krieg) verstanden wurde, hat nun die amerikanische Außenpolitik mit zu einer Überprüfung dieser innenpolitischen Voraussetzungen geführt.

Der Krieg in Indochina hatte die innen- und außenpolitischen Probleme der USA nicht geschaffen, aber er hatte sie (lange vor ›Watergate‹, s. u.) verschärft, in einen Zusammenhang oder überhaupt erst ins Bewußtsein gebracht. Der Präsidentschaftskandidat der *Democratic Party* aus dem Jahre 1972, Senator McGovern, faßte während seines Wahlkampfes die auch in den USA weitverbreitete Skepsis zusammen: »Wir versichern uns selbst, daß wir nach Unabhängigkeit und Selbstbestimmung für alle Völker streben, aber in Wirklichkeit richtet sich unsere Politik danach, unsere führende Rolle in einer zunehmend pluralistischen, nationalistischen Welt zu behaupten. Um diesen Widerspruch aufzuheben, behaupten wir, daß die Erhaltung unserer Machtstellung Voraussetzung zur Verteidigung von Unabhängigkeit und Selbstbestimmung ist. In Wirklichkeit sind wir aber nicht weniger eigensüchtig, nicht weniger von unseren Eigeninteressen bestimmt als jede andere Nation. Unter dem Vorwand, Unabhängigkeit und Selbstbestimmung zu schützen, setzen wir bei dem Versuch, unsere Dominanz in der Welt zu behaupten, unsere große Macht gegen Unabhängigkeit und Selbstbestimmung ein, wann immer es uns notwendig erscheint. Nur durch riesigen Betrug können wir diese Politik durchführen. ... Die Bedeutung dieser Täuschung für unseren verfassungsmäßigen Prozeß, für den demokratischen Charakter und das moralische Klima unserer Gesellschaft ist offensichtlich – sie untergräbt sie. ... Unsere Demokratie ist auf eine ernsthafte Probe gestellt, nicht nur im verfassungsrechtlichen Sinne im Hinblick auf die Kriegsvollmachten, sondern grundlegend als Verwirklichung einer Regierung durch das Volk. ... Wenn sie [die Exekutive] schneller und genauer von einer informierten Öffentlichkeit und einem informierten Kongreß überprüft worden wäre, und wenn die Exekutive wie in Großbritannien regelmäßig dem Kongreß hätte berichten müssen, wäre sie vielleicht nicht zum Opfer ihrer eigenen Fehleinschätzungen und Wahnvorstellungen geworden. ... Nur wenn wir keine Lehren daraus ziehen, ist alles, was wir in Indochina getan haben, sinnlos gewesen. Meine größte Sorge ist, daß wir es als Irrweg ansehen, als ein edles Unternehmen, das aufgrund falscher Taktiken irgendwie falsch gelaufen ist. Diese falsche Einschätzung hat uns bisher daran gehindert, diesem Debakel zu entkommen. Solange sie vorhält, wird sie uns dazu verdammen, dasselbe wie in Indochina an anderer Stelle zu wiederholen.« (Senator George McGovern in einer Diskussion über die Pentagon-Papiere im *Political Science Quarterly,* Bd. 87, Juni 1972, S. 173–184. Zitate in ihrer Reihenfolge: S. 182, 180, 174, 182, 183.)

1.2 Die Tradition im Verhältnis von Exekutive und Legislative

Senator McGovern forderte 1972 eine rationale und demokratische Außenpolitik. Gerade die Vereinbarkeit von Demokratie und rationaler Außenpolitik ist oftmals bezweifelt worden. Bereits Alexis de Tocqueville, der französische Aristokrat und Bewunderer des amerikanischen Pluralismus, kritisierte nach Studien in den USA (1832) die »außenpolitischen Eigenschaften« der neuen Demokratie; sie gehorche mehr Gefühlen der öffentlichen Meinung als rationalen Überlegungen einer Elite. Ihr fehle Koordination und Geheimhaltung, Kontinuität und Ausdauer, Schnelligkeit und Entschiedenheit [siehe Alexis de Tocqueville, *Werke und Briefe.* Bd. I: *Über die Demokratie in Amerika I.* Aus dem Französischen. Stuttgart 1959 (1835), S. 257–259].

Seine Zweifel wurden in den innenpolitischen (und wissenschaftlichen) Auseinandersetzungen Amerikas immer wieder aufgegriffen: »Daß sich der Einfluß der vorherrschenden öffentlichen Meinung in den entscheidenden Momenten als verheerend falsch erwiesen hat, ist eine unglückliche Wahrheit. Das Volk hat informierten und verantwortlichen Offiziellen ein Veto auferlegt. Es hat die Regierung gewöhnlich gegen deren besseres Wissen über die Weisheit, Notwendigkeit und Zweckmäßigkeit der erforderlichen Maßnahmen gezwungen, zu spät zu wenig oder zu lange zu viel zu tun, zu friedliebend im Frieden und zu kriegerisch im Krieg, zu neutral oder entgegenkommend oder zu unnachgiebig in Verhandlungen zu sein. Die Meinung der Massen hat in diesem Land zunehmend an Macht gewonnen. Sie hat sich als gefährlicher Herrscher über Entscheidungen von Leben und Tod erwiesen.« (Walter Lippmann, *The Public Philosophy*. Boston 1955, S. 20) Ähnlich befürchtete auch der deutsche Politologe Ernst Fraenkel in den USA eine »Tyrannis der öffentlichen Meinung«, erkannte jedoch im »Trend zur Konzentration« in der Struktur des amerikanischen Regierungssystems und damit in der wachsenden Vorherrschaft der Exekutive einen Ausgleich (Fraenkel, *Das amerikanische Regierungssystem*, 1960, S. 39 und 37). Diese Vorherrschaft war in der Außenpolitik nur selten ernsthaft in Frage gestellt.

Auch die ›Gründungsväter‹ der amerikanischen Republik (wie die 39 Honoratioren genannt werden, die 1787 die amerikanische Verfassung in Philadelphia unterzeichneten) zeigten sich weiteren Demokratisierungstendenzen gegenüber mißtrauisch, die sie besonders von den direkt gewählten Abgeordneten *(Representatives)* des *House of Representatives* erwarteten (das Repräsentantenhaus mit Abgeordneten aus 435 Wahlkreisen kann in etwa mit dem Bundestag verglichen werden). Im *Senat*, dem ›Oberhaus‹ der amerikanischen Legislative *(Congress)*, dessen Mitglieder (Senatoren) bis 1913 von den Parlamenten der Einzelstaaten und nicht direkt vom Volk gewählt wurden, erkannten sie ein Gegengewicht gegen diese Tendenzen (der Senat mit je 2 Vertretern der heute 50 Einzelstaaten entspricht etwa dem deutschen Bundesrat, hat aber weitergehende Funktionen). Andererseits sollten im Senat die Einzelstaaten eine zu starke Exekutive in Washington verhindern, von der ein großer Teil der Gründungsväter (mit Blick auf die englische Monarchie) eine ähnliche Beeinträchtigung ihrer Interessen befürchtete. Dennoch führte schon das Fehlen deutlicher und umfassender Verfassungsbestimmungen von Anfang an zur außenpolitischen Vorrangstellung des amerikanischen Präsidenten in seiner Eigenschaft als *Chief Executive*.

So sagt die Verfassung nichts aus über die Anerkennung von Staaten, Neutralitätserklärungen oder die Verteilung und Kontrolle wichtiger Informationen im außenpolitischen Entscheidungsprozeß. Bereits George Washington jedoch, der erste Präsident der Vereinigten Staaten, erklärte die Neutralität der USA im Kriege Frankreichs mit England (1793), erkannte die neue Regierung in Frankreich aufgrund seiner Befugnis an, Vertreter ausländischer Regierungen (hier den Bürger Genêt) zu empfangen, und weigerte sich mit dem Hinweis auf den geheimen Charakter der Dokumente, dem (vermutlich radikalen) Repräsentantenhaus neben dem Senat Einblick in den umstrittenen Jay-Vertrag mit England aus dem Jahre 1794 zu geben (der *Jay Treaty*, benannt nach dem Obersten Bundesrichter und ehemaligen Außenminister der Vereinigten Staaten John Jay als Abgesandten, besiegelte die Einigung mit England). Formulierte Präsident Monroe seine Vorstellungen von der kontinentalen Vorherrschaft der USA *(Monroe Doctrine)* 1823 ohne vorherige offizielle Zustimmung durch den Kongreß, bedeutete die Kriegserklärung der Legislative gegen Mexiko lediglich die Anerkennung eines *fait accompli*. Präsident Polk hatte bereits im voraus Truppen auf mexikanisches Gebiet beordert. Seine Rechtfertigung vor dem Kongreß wertete Abraham Lincoln, damals noch Abgeordneter, als »the sheerest deception« (›offensichtliche Irreführung‹). Die Teilnahme amerikanischer Truppen an der internationalen Strafexpedition gegen Aufständische in China (Boxer-Aufstand) unter Präsident McKinley (1900) und die Golf-von-Tonking-Affäre von 1964 (siehe S. 47) standen völlig in dieser Tradition.

Präsident Pierce schließlich setzte die Reihe der Präzedenzfälle fort, als er amerikanische Kriegsschiffe – die bereits gegen französische Schiffe (1798-1801) und auf Strafexpeditionen gegen Piraten und ›widerspenstige Eingeborene‹ u. a. in Afrika (seit 1820) und auf Sumatra (seit 1832) geschickt worden waren – in Anknüpfung an die Politik seines Vorgängers (Präs. Fillmore) unter der Leitung von Commodore Perry zur berühmten ›Öffnung Japans‹ und damit erstmals gegen einen souveränen Staat in Übersee einsetzte. Im folgenden Jahr (1854) schlossen Japan und die USA Handelsverträge ab. In den sechziger Jahren des 20. Jahrhunderts, als Japan ca. 30% seines Außenhandels mit den USA abwickelte, genügte wirtschaftlicher Druck zur Durchsetzung ähnlicher Interessen: »Amerikanische Geschäftsleute sind einfach daran interessiert, in irgendeiner Form Zugang zum japanischen Markt zu finden, und Washington hat – 1967 mit der Automobilindustrie beginnend – die Liberalisierung sowohl des Imports als auch der Investitionen zum gemeinsamen Ziel ihrer Wirtschaftsdiplomatie gegenüber Japan gemacht.« (Diebold, *The United States and the Industrial World*, 1972, S. 68/69)

Trotz einiger Reaktionen (etwa nach Präsident Lincolns ausgedehnten Notstandsmaßnahmen im Bürgerkrieg von 1861-1865) konnte der Kongreß den zunehmenden *Trend zur Vorherrschaft der Exekutive* in der Außenpolitik nicht aufhalten. Die Entwicklung in den USA und die Anforderungen ihrer wachsenden globalen wirtschaftlichen und militärischen Rolle verstärkten diese Entwicklung.

1.3 Die außenpolitischen Vollmachten des Chief Executive und die Rechte des Kongresses

Der *Präsident* der Vereinigten Staaten ist nach Verfassungstext (auf den sich die folgenden Artikel beziehen; die deutsche Übersetzung siehe bei Fraenkel, *Das amerikanische Regierungssystem*, Anhang), Rechtsprechung und Praxis u. a.

- alleinverantwortlich für die Außenpolitik (kein Einzelstaat darf »einen Vertrag abschließen oder ein Bündnis eingehen oder sich einer Konföderation anschließen«, Kriege führen, Abgaben und Zölle ohne Zustimmung des Kongresses erheben oder in die Finanzhoheit des Bundes eingreifen; siehe Art. I, Sect. 10, Abs. 1-3. Im Apparat der Exekutive hat auch das Außenministerium nur beratende Funktion. Zur Stellung des Obersten Gerichtshofes und des Kongresses siehe unten);
- einziger offizieller Repräsentant der USA in auswärtigen Angelegenheiten (Angehörige des Auswärtigen Dienstes, Sonderbotschafter etc. handeln nur in

seinem Auftrag. Mitgliedern des Kongresses verbietet ein *Congressional Statute* unabhängige offizielle Auslandskontakte);
- zuständig für den Empfang von Botschaftern und Gesandten (Art. II, Sect. 3) und die Abberufung amerikanischer Diplomaten, was in der Praxis ausschlaggebend für die völkerrechtliche Anerkennung von Staaten ist (siehe oben: USA-Frankreich);
- bestimmend bei der Ernennung von Obersten Bundesrichtern, Diplomaten, Ministern, Staatssekretären und anderer wichtiger Regierungsangestellter (wie bei Verträgen »auf Anraten und mit Zustimmung des Senats«, jedoch mit einfacher Mehrheit; Art. II, Sect. 2, Abs. 2);
- ermächtigt, »auf Anraten und mit Zustimmung des Senats Verträge zu schließen, vorausgesetzt, daß zwei Drittel der anwesenden Senatoren zustimmen« (Art. II, Sect. 2, Abs. 2), sie einzuleiten und aufzukündigen;
- berechtigt, dem Kongreß Empfehlungen und Botschaften zu übermitteln und ihn zu Sondersitzungen einzuberufen (Art. II, Sect. 3);
- Oberbefehlshaber der Streitkräfte und der Miliz der Einzelstaaten (Art. II, Sect. 2, Abs. 1).

Was dem Präsidenten im präsidentiellen Regierungssystem der USA zunächst weitgehend implicite zufiel, ist zwischenzeitlich auch durch Urteile des Obersten Gerichtshofes *(Supreme Court)* zur anerkannten Verfassungswirklichkeit geworden. Obwohl die höchste Instanz der Dritten Gewalt (Judikative) in den USA eine Überprüfung des Verhältnisses von Exekutive und Legislative als ›nicht justiziable Frage‹ ansieht, hat sie in Teilfragen durchaus Stellung genommen, die wiederum den Gesamtbereich entscheidend beeinflußten.

1920 bestätigte der *Supreme Court* im Fall Missouri v. (gegen) Holland die auswärtige Suprematie der Regierung in Washington; 1936 entschied er, der Präsident sei »das alleinige Organ der Nation auf dem Gebiet der internationalen Beziehungen und ihr einziger Repräsentant gegenüber ausländischen Nationen« (U.S. v. Curtiss-Wright Export Corp.). Dabei habe er einen »Grad der Auslegung und Freiheit von gesetzlichen Beschränkungen, der nicht zulässig wäre, handelte es sich allein um innenpolitische Angelegenheiten.« Seine Machtbefugnisse seien lediglich durch »die einschlägigen Vorschriften der Verfassung« begrenzt. Darüber hinaus hat sich der Oberste Gerichtshof z. B. in Fragen der Immunität von Schiffen etc. oder der *Act of State Doctrine* (kein Gericht eines Staates soll über Maßnahmen eines anderen Staates in dessen Hoheitsgebiet beschließen) – die beide in Fällen von Enteignungen amerikanischen Besitzes im Ausland besonders seit der kubanischen Revolution eine bedeutende Rolle spielen – bei seiner Rechtsprechung ausdrücklich an die entsprechenden politischen Entscheidungen der Exekutive gehalten (siehe u. a. Richard D. Lillich, *The Protection of Foreign Investment. Six Procedural Studies.* Syracuse, N.Y., 1965). Auch die Ausweitung von Notstandskompetenzen der Exekutive selbst in Friedenszeiten hat der *Supreme Court* zum Teil sanktioniert (etwa 1946 bei der Deportation von Angehörigen ehemaliger Feindstaaten), zum Teil hingenommen.

Dem *Kongreß* ist laut Verfassung u. a. das Recht vorbehalten

- »Verletzungen des Völkerrechts begrifflich zu bestimmen und zu ahnden« (Art. I, Sect. 8, Abs. 10);
- »Krieg zu erklären« (Art. I, Sect. 8, Abs. 11);

- Streitkräfte aufzustellen, für ihren Unterhalt und für ihre Regulierung zu sorgen (Art. I, Sect. 8, Abs. 12-14);
- für »Aufgebot«, »Aufbau, Bewaffnung und Ausbildung« einer Miliz (mit Delegation von Teilbefugnissen an die Einzelstaaten) Sorge zu tragen, »um den Gesetzen der Union Geltung zu verschaffen, Aufstände zu unterdrücken und Invasionen abzuwehren« (Art. I, Sect. 8, Abs. 15-16);
- gesetzlich über die Mittel des Staatshaushaltes zu bestimmen (Art. I, Sect. 9, Abs. 7. Alexander Hamilton, der exponierte Vertreter einer starken Zentralgewalt unter den Gründungsvätern und ›Vertreter‹ New Yorks, nannte dieses Recht – in Abhebung von der militärischen Macht, »power of the sword«, des Präsidenten – »the power of the purse«);
- »Steuern, Zölle, Abgaben und Akzisen aufzuerlegen und einzuziehen, um die Zahlungsverpflichtungen zu erfüllen und für die Landesverteidigung und das allgemeine Wohl der Vereinigten Staaten zu sorgen« (Art. I, Sect. 8, Abs.. 1);
- die Handels-, Wirtschafts-, Finanz- und Verkehrsbeziehungen der USA sowie die Einwanderung gesetzlich zu bestimmen (Art. I, Sect. 8, Abs. 2-6);
- durch den Senat beim Abschluß internationaler Verträge und bei Ernennungen mitzuwirken (Art. II, Sect. 2, Abs. 2; siehe oben);
- den Präsidenten mit Zweidrittelmehrheit beider Häuser abzusetzen *(impeachment).*

1.4 Impeachment und die Mitwirkung des Kongresses bei Ernennungen

In der Praxis jedoch sind diese Rechte des Kongresses nahezu völlig eingeschränkt oder nicht wahrgenommen worden.
Ein *impeachment* ist auf wenige Eventualitäten beschränkt, langwierig und unpopulär. Grundsätzlich ist es eine in juristischer Terminologie verpackte politische Aktion gegen (höhere) Mitglieder der Exekutive und Judikative (Kongreßmitglieder wurden bereits 1797 ausgenommen) mit dem Ziel der Amtsenthebung und dem Ausschluß von weiteren öffentlichen Ämtern. Einspruch gegen eine Entscheidung ist nicht möglich; weitere zivilrechtliche Maßnahmen sind nicht ausgeschlossen. Ankläger bei einem *impeachment* ist das Repräsentantenhaus, Gerichtshof die Senatskammer und der Senat Richter und Geschworenengremium. Ist der Präsident der USA angeklagt, leitet der Oberste Bundesrichter die Verhandlung. Repräsentantenhaus (über die Anklagepunkte) und Senat (über das Urteil) müssen mit Zweidrittelmehrheit entscheiden.

Bisher empfahl das Repräsentantenhaus 12 Absetzungen, davon wurden 11 vom Senat behandelt und 4 (alles Richter) schließlich durchgeführt. Präsidenten sind bisher nicht verurteilt worden. Präsident Nixon entzog sich 1974 durch seinen Rücktritt – der erste Rücktritt eines amerikanischen Präsidenten in seiner Amtsperiode – einem wahrscheinlichen *impeachment.* Der bis dahin einzige Versuch (gegen Präsident Andrew Johnson nach dem amerikanischen Bürgerkrieg) scheiterte 1867/68 an einer Stimme im Senat. Die Lähmung der Regierungsgeschäfte in diesem Verfahren und der bedrohliche Legitimitätsverlust der Regierung in der Öffentlichkeit haben wesentlich die Scheu vor einer Absetzung des Präsidenten erhöht. Ohnehin ist der Anlaß – »Verrat, Bestechung oder andere Verbrechen und Vergehen« – umstritten und unterschiedlich auslegbar. So beschränkte sich der Rechtsausschuß des Repräsentantenhauses in seinen Anklagepunkten gegen Präsident Nixon auf dessen Rolle u. a. im Watergate-Skandal, der sich aus einem Einbruch in ein Büro der *Democratic Party* im Wahlkampf 1972 entwickelt hatte. Ein Antrag, auch die Entscheidung des Präsidenten, ohne Zustimmung des Kongresses militärisch in Kambodscha einzugreifen, zum Anklagepunkt zu erheben, fand nicht die erforderliche Mehrheit; auch für US-Wissenschaftler (wie Arthur Schlesinger, Jr.) lag diese Entscheidung (wie ähnliche für Vietnam, Laos etc.) im Rahmen des ›notwendigen Entscheidungsspielraumes‹ der Exekutive. Eine solche ›Beschränkung‹ geht an den grundsätzlichen Problemen jedoch vorbei. Watergate war nur der (nahezu pathologische) oberflächliche Ausdruck einer tiefgehenden Krise, die ›Lösung‹ bestenfalls eine publikumswirksame Show zum Auftakt der Zweihundertjahrfeier des ›echten‹ Amerika.

Bei Ernennungen bestätigte der Senat in der Regel die vom Präsidenten vorgeschlagenen Kandidaten, obwohl gerade in der *advice and consent*-Klausel (›Rat und Zustimmung‹, auch bei Verträgen) ein Ansatz für seine verstärkte Mitwirkung gesehen wird. Solche Fälle wie die Ablehnung zweier von Präsident Nixon vorgeschlagener Bundesrichter sind jedoch die Ausnahme. Die Einwirkung des Senats ist allerdings oft mehr indirekt; umstrittene Bewerber können, auch aus Rücksicht auf Senatoren *(senatorial courtesy)*, von vornherein ausgeschlossen sein. Völlig eingeschränkt dagegen ist seine Mitwirkung bei Ernennungen der wichtigen Mitglieder des persönlichen Stabes der Präsidenten. Sie werden allein vom Präsidenten eingesetzt und sind – im Gegensatz etwa zur Praxis beim Außenminister – nur auf Veranlassung des Präsidenten verpflichtet, vor den Ausschüssen des Kongresses zu erscheinen und Informationen weiterzuleiten *(executive privilege)*.

1.5 Der Informationsvorsprung der Exekutive

Auch wenn der amerikanische Kongreß nach Meinung des amerikanischen Politikwissenschaftlers Kenneth Waltz das »bestinformierte legislative Gremium der Welt« ist und seinen Abgeordneten eine – im Gegensatz etwa zur BRD – verhältnismäßig große Zahl von Beratern zur Verfügung steht, kann er doch dem Fachwissen und den Hilfsmitteln der Exekutive mit ihrer umfangreichen Behörde kaum Gleichgewichtiges entgegensetzen. Jeder Planungs- und Entscheidungsprozeß ist jedoch zunächst abhängig von den Informationen, die ihm zugrunde liegen. Die Informationen aller Regierungsstellen gehen zumindest theoretisch letztlich an den Präsidenten, der auch über ihre Weitergabe an den Kongreß entscheidet (siehe dazu u. a. Adam C. Breckenridge, *The Executive Privilege: Presidential Control over Information.* Lincoln 1974). Trotz aller Einschränkungen gegenüber dem reibungslosen Fluß dieser Informationen, ihren Quellen und ihrer rationalen Umsetzung in Entscheidungen hat der amerikanische Präsident einen entscheidenden Vorsprung in der Beschaffung von Informationen.

1.5.1 Das Exekutivbüro (Executive Office)

Angesichts der Schlüsselstellung des Präsidenten einerseits und des Wildwuchses in der Verwaltung (siehe S. 62 f.) andererseits stellte eine von Präsident F. D. Roosevelt eingesetzte Kommission 1937 lapidar fest: »Der Präsident braucht Hilfe.« Im internationalen Krisenjahr 1939 (Zweiter Weltkrieg) wurde durch ein Reorganisationsgesetz *(Reorganization Act)* das Exekutivbüro des Präsidenten eingerichtet, dem auch das wichtige Budgetbüro zugeschlagen wurde. Seitdem sind präsidentielle Berater, Büros, Komitees und Stäbe aus dem außenpolitischen Planungs- und Entscheidungsprozeß nicht mehr hinwegzudenken.

1973 waren im Exekutivbüro vierzehn größere Beraterstellen mit verschiedenen Funktionen vertreten. Bereits 1960 umfaßten diese Beratergruppen über 2800 Personen. Unter Präsident L. B. Johnson ging ihre Zahl zurück, stieg aber bis 1973 auf annähernd 5000 (mit einem Budget von über 100 Mio. Dollar).

THE GOVERNMENT OF THE UNITED STATES

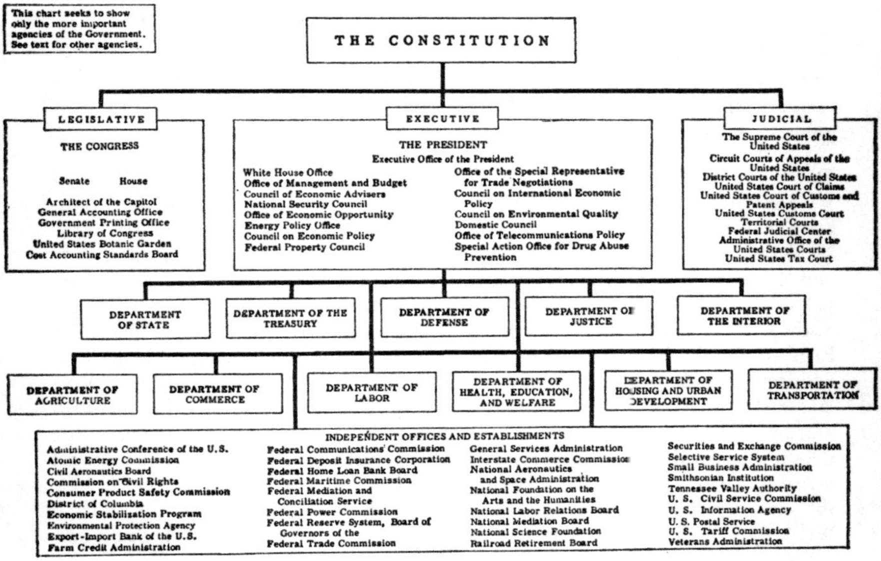

Aus: *United States Government Manual 1973/74.*
Washington 1973, S. 21 (Stand: Juli 1973).

Persönliche Berater von Präsidenten – wie etwa Colonel House für Präsident Wilson, Harry Hopkins für F. D. Roosevelt, Sherman Adams für General Eisenhower und Henry A. Kissinger für Präsident Nixon – hat es immer gegeben. Allerdings wuchs mit dem Umfang der Informationen ihre Zahl und die Notwendigkeit, eine offizielle Koordinierungsstelle über den schwerfälligen bürokratischen Apparat der zwölf (nach der Auflösung des Postministeriums im Jahre 1971: elf) Ministerien *(Departments)* und über dreißig unabhängigen Institutionen in der Exekutive hinaus zu schaffen. Diese Beratergruppen sollen

- einerseits der Information des Präsidenten,
- andererseits der Verbreitung und Durchsetzung seiner Entscheidungen dienen.

Dabei hat sich insbesondere unter Präsident Nixon das Büro des Weißen Hauses *(White House Office)* mit dem engsten Kreis der Berater zu einer Art Überministerium (mit erneuter Bürokratisierung) entwickelt.
Dem Expertentum der Exekutive steht eine weitverbreitete Ignoranz des ›durchschnittlichen‹ Abgeordneten in außenpolitischen Fragen entgegen, die kaum von der des ›durchschnittlichen‹ amerikanischen Wählers abweicht. Nur einige Senatoren und wenige *Representatives* zeigen sich auf diesem Gebiet wirklich ›auf der Höhe‹ (wie der Kongreß wegen der leicht erhöhten Lage seiner Gebäude auch genannt wird).

1.5.2. Die ›Verwissenschaftlichung‹ der Politik und die Bedeutung der staatlichen Ausgaben für Forschung und Entwicklung

Die zunehmende ›Verwissenschaftlichung‹ der Politik droht die Informationslücke zwischen Exekutive und Legislative noch zu vergrößern; besonders in der Militär- und Wirtschaftsplanung ist der Kongreß weitestgehend von der Exekutive abhängig.

Die enge, institutionalisierte Verbindung von Wissenschaft und Politik (und Wirtschaft!) erfolgte zwar erst im Zweiten Weltkrieg und fand in der Nachkriegszeit mit der Gründung der *National Science Foundation* (NSF) ihren Niederschlag *(National Science Foundation Act* von 1950), hatte aber ihre Vorläufer bereits in der Kriegsbürokratie des Ersten Weltkrieges. Diese *war boards* gingen wiederum auf gesamtgesellschaftliche Partnerschaftskonzepte der amerikanischen *Progressives* (einer Reformbewegung vor dem Ersten Weltkrieg) nach den Erfahrungen in den schweren Krisen der USA am Ende des neunzehnten Jahrhunderts zurück. Sie waren ebenso wie ihre vom Kongreß eingesetzten Vorläufer (Regulierungskommissionen) aus den Jahren 1887-1917 aus der Notwendigkeit effektiverer Planung und nationaler Kooperation entstanden. Auf ihre Erfahrungen griff auch Präsident F. D. Roosevelt bei seinen Maßnahmen gegen die Weltwirtschaftskrise *(New Deal)* zum Teil unter Mitarbeit derselben Persönlichkeiten (wie vor allem des Finanziers Bernard Baruch) zurück. Im Zweiten Weltkrieg wurden die Kriegsämter konsequent ausgebaut und danach den wachsenden Planungsaufgaben des Staates angepaßt.

Präsident Kennedys berühmter *brain trust* war bei dieser Entwicklung nur die Spitze eines Eisberges; »... die Gemeinschaft der Intellektuellen war voll in die Außenpolitik der USA und die Zwecke der amerikanischen Regierung eingespannt« (James Schlesinger, Verteidigungsminister unter Präs. Nixon, in einer Pressekonferenz am 7. 1. 1974).

Allein das Verteidigungsministerium *(Department of Defense* oder *Pentagon)* unterhält offiziell sechzehn Forschungsinstitute mit insgesamt ca. 7000 voll ausgebildeten Wissenschaftlern (u. a. im *Institute for Defense Analysis* unter General Maxwell Taylor, dem Vorsitzenden des Vereinigten Generalstabs unter Präs.

Kennedy). Daneben sind zusätzlich ca. 350 ›unpolitische‹ und ›gemeinnützige‹ Organisationen für das Pentagon tätig, die zwar nominell unabhängig sind, deren Forschungsergebnisse praktisch aber dem Militär vorbehalten bleiben. So ist die *Research Analysis Corporation* eng mit der Army verbunden, die Air Force mit der *Rand Corporation* und die Navy mit dem berühmten *Hudson Institute* (unter dem Strategen Herman Kahn) und der *Operations Evaluation Group* (siehe dazu u. a. Louis Morton und Gene M. Lyons, *Schools for Strategy. Education and Research in National Security Affairs.* New York 1965).

Die Hypothesen amerikanischer Außenpolitik blieben dabei ungeprüft. Sie wurden von diesen Technokraten der Exekutive nach Meinung vieler Kritiker »mit tödlicher Logik« zu Ende gedacht. Darüber hinaus dienten die Wissenschaftler und ihre Institutionen zunehmend als »Lieferanten ideologischer Rationalisierungen und Rechtfertigungen der Regierungspolitik« (Hans J. Morgenthau).

Die Plan- und Kriegsspiele dieser *think tanks* (›Denkfabriken‹) prägten trotz aller Konkurrenz untereinander – ein Abbild der Konkurrenz unter den Waffengattungen – maßgeblich den Verlauf der amerikanischen Außenpolitik nach dem Zweiten Weltkrieg, ohne daß der Kongreß (von wenigen ›eingeweihten‹ und ›sicheren‹ Mitgliedern abgesehen) oder gar die Öffentlichkeit mehr als nur Einblicke in diesen Prozeß hatten. Programme – wie selbst das so folgenreiche *Manhattan Project* zur Entwicklung der Atombombe unter Präsident F. D. Roosevelt – werden in der Regel aufgrund von Initiativen der Exekutive ausgeführt. Der Kongreß nimmt weder auf die Ausarbeitung noch auf die zum Teil nahezu automatische Umsetzung dieser für die gesamte Politik oft entscheidenden Zielsetzungen nennenswerten Einfluß; seine Mitwirkung am außenpolitischen Entscheidungsprozeß ist bereits von daher grundlegend eingeschränkt.

In diesen Rahmen fällt auch der hohe Staatsanteil an den amerikanischen Ausgaben für Forschung und Entwicklung seit den sechziger Jahren. Er entspricht – bei allerdings qualitativem Vorsprung der USA – in etwa den entsprechenden Ausgaben der Sowjetunion. Die Berechtigung dieser Ausgaben wird mit dem verfassungsrechtlichen Auftrag an die Regierung begründet, »für die gemeinsame Verteidigung« und die »allgemeine Wohlfahrt« zu sorgen. Obwohl auch dem Kongreß in der Verfassung diese Aufgabe zugesprochen wurde, kann von einer Kontrolle dieser Mittel durch die Legislative keine Rede sein; sie hat bestenfalls im nachhinein einige Posten kritisieren können.

Der Sputnik-Schock von 1957 (als die UdSSR ihren ersten Raumflug erfolgreich durchführte) hatte diesen bundesstaatlichen Aktivitäten erneut Auftrieb gegeben. Im selben Jahr wurde ein *Special Assistant for Science and Technology* und ein wissenschaftlicher Beratungsausschuß (*President's Science Advisory Committe*, PSAC) eingerichtet, in dem die Industrie zwischen 1957-1966 15 % der Mitglieder stellte; rund zwei Drittel kamen von der Harvard University bzw. vom Massachusetts Institute of Technology (MIT) in Boston bzw. Cambridge, Mass. (unter ihnen war kein Sozialwissenschaftler). Bereits diese Reaktion unterstreicht die enge Verbindung der nationalen Politik mit dem Stand der internationalen Beziehungen und die Bedeutung des Entwicklungsniveaus in diesen Beziehungen.

Insgesamt haben die amerikanischen Ausgaben für Forschung und Entwicklung in den letzten fünfzehn Jahren rapide zugenommen (siehe Anhang 2). Dabei trug die US-Regierung zwischen 1945 und 1970 ca. 60 % aller in den USA angefallenen Kosten (= ca. 12 % des Budgets). Davon fielen über 80 % auf Verteidigungsministerium, Weltraum- und Atomenergiebehörde. Diese Mittel flossen wiederum ganz wenigen Industriezweigen und darin vor allem den größten Unternehmen zu (besonders in der Luftfahrt- und Kommunikationsindustrie).
Damit korrespondierte eine Steigerung der Ausgaben für Forschung und Entwicklung der Privatindustrie. Einerseits Rückkopplungseffekt des vom Pentagon entscheidend vor- und mitfinanzierten Forschungspotentials, ist dies andererseits Ausdruck des hohen Technologieeinsatzes amerikanischer Konzerne zur Stärkung ihrer Stellung im verschärften internationalen Konkurrenzkampf.

Die Aufträge des Verteidigungsministeriums stellen einen bedeutenden Faktor für die Wirtschaft (siehe Kap. 3.1) und die Forschung der Vereinigten Staaten dar (zunächst vor allem für die Naturwissenschaften, die sowohl im PSAC als auch in den größten berufsständischen Vertretungen – der *National Association of Sciences*, NAS, und dem eng verbundenen *National Research Council*, NRC – dominierend waren). Sowohl einzelne Forscher und Forschungsprogramme – selbst im internationalen Rahmen und in den Sozialwissenschaften (wie das *Project Camelot*, das unter Mitarbeit internationaler Sozialwissenschaftler im Auftrag des Pentagon ein Krisenmanagement für Lateinamerika erarbeiten sollte) – als auch ganze Universitäten sind in direkte finanzielle Abhängigkeit von diesem Ministerium geraten. So gilt das – ebenfalls weitgehend vom Pentagon als auch von der regionalen Industrie finanzierte – *Stanford Research Institute*, das Ende der sechziger Jahre aufgrund studentischer Proteste von der Stanford University organisatorisch getrennt wurde, als ›Pentagon of the West‹.

Die amerikanischen Universitäten zählen schon aufgrund ihrer finanziellen Aktivitäten zum *big business* (vgl. u. a. James Ridgeway, *The Closed Corporation. American Universities in Crisis*. New York 1968). Sie produzieren das notwendige ›menschliche Material‹ für den reibungslosen Ablauf der Volkswirtschaft. So sind auch ca. zwei Drittel aller *regents* oder *trustees* (›Kuratoriumsmitglieder‹) der dreißig größten Universitäten Vertreter kommerzieller, industrieller oder finanzieller Imperien. Diese Verbindung hat die »Dreierallianz zwischen dem Staat, der amerikanischen Industrie und dem Hochschulbereich« (Richard J. Barber) besiegelt, in der die oft als liberal eingestuften großen Stiftungen (wie die *Ford-*, *Rockefeller-* oder *Carnegie Foundation*) mit ihren finanziellen Beiträgen das Medium zur Kooptation abgeben. Dabei scheint, daß weniger die Politik ›verwissenschaftlicht‹ als die Wissenschaft kommerzialisiert und militarisiert wurde.

Die vorübergehende Kürzung der staatlichen Ausgaben für Forschung und Entwicklung, ihre teilweise Verlagerung auf andere Bereiche und die ›Überproduktion‹ der Universitäten (die sich in der steigenden Arbeitslosenzahl auch unter Akademikern ausdrückt) blieben nicht ohne Rückwirkung auf die zuvor unruhigen Universitäten. Zugleich ist die Veränderung in den Ausgaben für Forschung und Entwicklung Ausdruck ihrer mangelnden Korrelation mit nationalem Wachstum, was zum Teil auf den hohen Anteil militärischer Forschung zurückgeführt und als militärische Verschwendung bezeichnet worden ist. Dabei wurde dem enttäuschenden amerikanischen das hohe (aber sinkende) Wachstum Japans gegenübergestellt, das kaum Ausgaben für militärische Forschung und Entwicklung hat (auch die BRD gibt prozentual mehr – 2,6 % vom BSP – für zivile Forschung und Entwicklung aus als die USA mit ihren 1,5 % vom BSP).

In der militärischen Verschwendung wurde auch eine Bedrohung des amerikanischen Vorsprungs in Forschung und Entwicklung (Ende der sechziger Jahre noch 4:1 im Verhältnis zur Europäischen Gemeinschaft) erkannt. Angesichts der Inflation und der negativen Zahlungsbilanz führte das einerseits zu den Kürzungen im Budget, andererseits auch zu einer Verlagerung (untergeordneter) militärischer Projekte auf die Alliierten und zu der Forderung, die Zahl der Truppen in Europa von der Übernahme dadurch entstehender Zahlungsbilanzdefizite durch die NATO-Verbündeten abhängig zu machen (*Jackson-Nunn Amendment* zum Verteidigungshaushalt für 1974).

1.5.3 Geheiminformationen und Geheimdienst

Der Informationsvorsprung wird von der Exekutive zumeist mit dem Verweis auf sicherheitspolitische und verhandlungsstrategische Erfordernisse legitimiert und abgesichert. Besonders unter Präsident Nixon hat diese Art von Geheimdiplomatie zugleich dazu gedient, die Stellung der Exekutive vor der Öffentlichkeit und gegenüber dem Kongreß zu stärken. Die – oft selbst für die offiziell zuständigen Dienststellen – *surprise* und *success announcements* (›Überraschungs- und Erfolgsmeldungen‹) der Regierung überlagerten zum Teil innenpolitische Konflikte und stellten den Kongreß immer wieder vor vollendete Tatsachen. Die Geheimhaltung hat nicht nur den Informationsvorsprung der Exekutive erweitert, sondern auch die Manipulation von Informationen durch die Exekutive erleichtert.

Die Geheimhaltungsvorschriften sind unter Präsident Truman sehr weit ausgedehnt worden. Präsident Eisenhower schränkte sie zwar ein, ohne jedoch den Umfang des als geheim eingestuften Materials wesentlich begrenzen zu können. Arthur J. Goldberg, ehemaliges Mitglied des Obersten Gerichtshofes und UN-Delegierter der USA, verwies in der Diskussion über die Veröffentlichung geheimer Papiere aus dem Pentagon (Pentagon-Papiere) darauf, daß »etwa nur 10 %« aller Geheimunterlagen der Regierung »wirklich über einen längeren Zeitraum hinweg beschränkt zugänglich gemacht werden müßten« (zit. nach der *New York Times*, 24. 6. 1971, 17:7).

Alle Informationen, die Auswirkungen auf die ›nationale Sicherheit‹ haben *könnten*, werden von vornherein betroffen. In diese Kategorie fallen vor allem Berichte der amerikanischen Geheimdienste. Die kurzfristigen Informationen und langfristigen Auswertungen des Geheimdienstapparates (*Intelligence Community*) sind nur einem kleinen Kreis von Geheimnisträgern zugänglich. Der Präsident erhält eine persönliche Tagesübersicht; die ebenfalls tägliche *Intelligence Checklist* liegt neben ihm nur eini-

gen wenigen Ministern vor. Diese Informationen betreffen nicht nur militärische, sondern auch kulturelle, ›politische‹ und wirtschaftliche Angelegenheiten und sind oftmals die einzige Grundlage außenpolitischer Entscheidungen (wie etwa im April 1961 bei der fehlgeschlagenen Invasion Kubas).
Dabei wird angesichts der spektakulären Rolle der *Central Intelligence Agency* (CIA) zu leicht übersehen, daß diese Geheimdienstbehörde mit ihren geschätzten 15 000 Beschäftigten im In- und 30 000 im Ausland und einem Jahresetat von ca. 1 Mrd. Dollar nur ein Teil der *Intelligence Community* ist. Ihr gehören insgesamt etwa zwölf Behörden mit ca. 200 000 Beschäftigten und einem jährlichen Etat von ca. 6,5 Mrd. Dollar an. Vorsitzender dieser ›Geheimdienst-Gemeinschaft‹ ist zwar der Direktor der CIA, ihre Behörden nehmen aber eine weithin autonome und oft rivalisierende Stellung ein.

Zum Geheimdienstapparat gehören u. a. die *Intelligence and Research Branch* des Außenministeriums, das *Federal Bureau of Investigation* (FBI), die Geheimdienste der Atomenergiebehörde und des Finanzministeriums sowie die undurchsichtige, mit hochqualifizierten Wissenschaftlern besetzte und offiziell mit *code breaking* (›Entschlüsselung‹) beauftragte *National Security Agency* (NSA) mit ca. 20 000 Beschäftigten und jährlich ca. 1 Mrd. Dollar. Vor allem jedoch sind die Geheimdienste des Pentagon von oft entscheidendem Einfluß. An ihrer Spitze steht seit 1961 die *Defense Intelligence Agency* mit ca. 5000 Beschäftigten und 100 Mio. Dollar jährlich. Ähnlich wie im gesamten Geheimdienstbereich haben auch hier die einzelnen bestehenden Apparate ihre Selbständigkeit bewahrt. Die Army (38 500 Beschäftigte und 775 Mio. Dollar), die Navy (10 000 Beschäftigte und ebenfalls ca. 775 Mio. Dollar) und vor allem die Air Force mit ihren erfolgreichen Luftüberwachungsprogrammen (Satelliten) und ca. 60 000 Geheimdienstbeschäftigten mit einem Jahresetat von ca. 2,8 Mrd. Dollar führen eigene Programme durch. Sie haben einerseits zur Zersplitterung auch des amerikanischen Geheimdienstes beigetragen, andererseits aber damit eine wirksame Überwachung (auch ihrer Finanzen) durch den Kongreß weiter erschwert.

Obwohl einige ausgesuchte Mitglieder des Kongresses – wie die Vorsitzenden der Bewilligungs- und Militärausschüsse und seit kurzem auch drei Mitglieder des Außenpolitischen Ausschusses im Senat – auf Antrag beschränkt Einsicht nehmen können, hat die Legislative bisher kaum effektiv gegen die Beschränkung ihrer Überwachungsfunktion protestiert. Sie hat sich bisher im Gegenteil mit Rücksicht auf den geheimen Charakter der Aktionen und Informationen sogar geweigert, einen Untersuchungsausschuß oder ein ständiges gemeinsames Komitee für den Geheimdienst einzusetzen. Von den ca. 200 im Kongreß eingebrachten Resolutionen zu dessen Kontrolle ist keine verabschiedet worden. Der bestehende Geheimdienst-Unterausschuß der Bewilligungs- und Militärausschüsse beider Häuser tritt nur selten zusammen, hält seine Ergebnisse geheim und ist – wie die vom Präsidenten mit ›national anerkannten‹ Persönlichkeiten besetzte Beratungs- und Überprüfungskommission *(Foreign Intelligence Advisory Board)* – weitgehend auf Selbstdarstellungen der Geheimdienste angewiesen. Seine überwiegend konservativen Mitglieder haben sich zudem eher als Verteidiger der zu überwachenden Behörden hervorgetan.

Neuere Pläne zur Reorganisation und Überwachung der Geheimdienste sind durchweg von der Exekutive entwickelt worden, um die Informationen besser in den außenpolitischen Entscheidungsprozeß zu integrieren. Unter *intelligence* wird dabei ›ausgewertete Information‹ verstanden. Berichte von Spionen und Agenten machen neben allgemein zugänglichen Materialien wie Zeitungen, Verlautbarungen, Interviews etc. oder technischer Expertise und – zunehmend mit der technischen Entwicklung – Filmen von Flugzeugen und Satelliten nur einen Bruchteil dieser Informationen aus. Ihre langfristigen Auswertungen durch die einzelnen Geheimdienste werden mehrmals jährlich – unter organisatorischer Leitung der CIA – im *Board of National Estimates* (BNE) beraten; einem Gremium führender Vertreter der Geheimdienste. Sollte bei unterschiedlichen Ergebnissen hier keine Koordination möglich sein, werden die Berichte an den *United States Intelligence Board* (USIB) weitergeleitet. In ihm sind unter dem Vorsitz des CIA-Direktors alle oben genannten Geheimdienststellen vertreten (die Waffengattungen ohne Stimmrecht; das Finanzministerium seit 1971). Gegensätze innerhalb des Apparates dringen jedoch nur selten (wie in der ABM-Debatte) an die Öffentlichkeit; hier hat die CIA gerade wegen ihrer Publizität (wenn auch nicht zu Unrecht) die Rolle des ›Sündenbocks‹ übernommen.

Zur Koordination der Informationen (und nicht ihrer Beschaffung), ihrer Verwertung und Weiterleitung in den außenpolitischen Entscheidungsprozeß der Exekutive wurde 1947 zusammen mit dem Nationalen Sicherheitsrat *(National Security Act)* nach dem Muster des *Office of Strategic Services* (OSS) aus dem Zweiten Weltkrieg die *Central Intelligence Agency* gegründet. Ihr – vom Präsidenten ernannter – Direktor ist seitdem beratendes Mitglied des Sicherheitsrates und Sprecher des gesamten Geheimdienstapparates. Entgegen ihrer ursprünglichen Konzeption hat sich die CIA jedoch von einem beratenden Gremium mit einem auch landeskundlich qualifizierten Mitarbeiterstab (ein oft entscheidender Vorteil gegenüber dem Auswärtigen Dienst) nicht nur zu einem bedeutenden Instrument, sondern auch zu einem selbständigen und oft eigenmächtigen Entscheidungsträger der amerikanischen Außenpolitik entwickelt. »Während der Regierungszeit Eisenhowers wurde die CIA zum Hauptinstrument amerikanischer Interventionen im Ausland. Sie half, Regierungen im Iran (1953) und Guatemala (1954) zu stürzen, und versagte dabei in Indonesien (1958); sie half, Regierungen in Ägypten (1954) und Laos (1959) an die Macht zu bringen, und organisierte den Angriff von Exilkubanern gegen Castro (1960) [sic!]. Der Kongreß hatte keine Kontrolle über die CIA; ihm fehlten selbst die offiziellen Mittel, etwas über ihre Pläne zu erfahren. Es gab einen gemeinsamen Ausschuß des Kongresses für Atomenergie, aber keinen (und bis heute keinen) für die Aktionen des Geheimdienstes.« (Arthur Schlesinger, Jr., ›Congress and the Making of Foreign Policy‹, *Foreign Affairs*, Bd. 51, No. 1, Oktober 1972, S. 78-113; Zitat: S. 99.)

Amerikas ›unsichtbare Regierung‹ stürzte erfolgreich Regierungen (Iran, Guatemala, Griechenland), hob neue ins Amt (Dominikanische Republik, Südvietnam, Ägypten, Laos, Kongo) und zettelte Bürgerkriege an (Indonesien, Laos, Yemen). Neben ihren direkten militärischen Interventionen finanzierte die CIA u. a. ausländische Armeen und ›antikommunistische Freiwillige‹ und bildete sie aus (Thailand, Laos), verübte ökonomische Sabotageakte (etwa bei der Vergiftung kubanischen Zuckers), finanzierte Zeitschriften und Rundfunkanstalten (wie z. B. den *Monat* und den *Encounter* oder die anfänglich ›private‹ *Crusade for Freedom* mit den später staatlich finanzierten Sendern *Radio Free Europe* und *Radio Liberty* in München) wie auch US-Gewerkschaften und die amerikanische *National Student Association* (siehe u. a. selbst Harry Howe Ransom, *The Intelligence Establishment.* Cambridge 1971). Ein großer Teil ihrer Aktivitäten ist (noch?) unbekannt; vermutet wird auch ihre Mitwirkung beim Militärputsch in Griechenland. Ihre Tätigkeit in den USA führte u. a. zu Konflikten mit dem FBI; ihre Rolle in der Watergate-Affäre einerseits und in Chile andererseits ist zumindest fragwürdig. Diese Ausweitung ihrer ursprünglichen Rolle, die mangelnde Koordination innerhalb des Geheimdienstapparates und die Rivalitäten zwischen den einzelnen Behörden (so etwa 1964/65 in Vietnam oder in der Debatte über die Installierung des ABM-Abwehrsystems), aber vor allem die spektakulären Fehlschläge der CIA (gegen Kuba) und ihre negative Popularität besonders in den Entwicklungsländern hat die Diskussion um den amerikanischen Geheimdienst angeheizt. Dabei stand jedoch erneut weniger seine Funktion und Kontrolle als seine Effektivität zur Debatte.

Entgegen Behauptungen Henry A. Kissingers, Sicherheitsberater und Außenminister auch unter Präsident Ford, war »der Westen« bzw. Amerika durchaus »bereit« und »in der Lage, die Sanktion zu verhängen, welche die neuen Nationen am schwersten trifft: eine bewußte Ausnutzung ihrer schwachen inneren Struktur. In vielen Gebieten ist die Fähigkeit, innenpolitische Unruhe zu säen, ein stärkeres Kampfmittel als traditionelle Waffen.« (Kissinger, *Amerikanische Außenpolitik,* 1969, S. 55) Wesentliches Instrument dieser Subversion als Mittel der amerikanischen Außenpolitik ist die *Central Intelligence Agency.*

1.6 Der Meinungsvorsprung der Exekutive

1.6.1 Die United States Information Agency (USIA) und die amerikanische Propaganda

Das Pendant der CIA ist die USIA; »die Instrumente der Gewalt und der Überredung bilden in Wirklichkeit eine Einheit« *(Bericht der Wilson Foundation,* 1952, S. 189; siehe unten). Beide sind nach Vorbildern des heißen Krieges entstandene Produkte des Kalten Krieges.

Eine Studiengruppe der *Woodrow Wilson Foundation,* der u. a. die Wissenschaftler und Regierungsberater McGeorge Bundy, George F. Kennan und Arthur M. Schlesinger (sogenannte ›Establishment Liberale‹) angehörten, stellte 1952 explizite diesen Zusammenhang her: »Da die Annahmen, auf denen jede Politik beruht, das eigentliche Ergebnis einer eingehenden Analyse aller Geheimdienstberichte sind, ist die kritische Bedeutung dieses Aspektes der Regierung für den Erfolg von Außenpolitik und darüber hinaus für das Überleben der Nation offensichtlich. Deshalb ist die Ebene der Führung und die Qualität der Geheimdienste entscheidend für alle Hoffnungen auf eine besser organisierte, formulierte und kontrollierte Außenpolitik. Wir legen ebenfalls Nachdruck darauf, daß kein moderner Staat ohne bessere Zentralisierung seiner Informationsdienste wirksam funktionieren kann. Trotz aller natürlichen Scheu in einer Demokratie von einer solchen Behörde würde ein ständiges Informationsbüro ähnlich dem *Office of War Information* während des Krieges von Nutzen sein – nicht um Informationen herzustellen, sondern einfach, um sie zu koordinieren. Die heutigen unkoordinierten Informations- und Propagandamethoden tragen ernsthaft zur allgemeinen Verwirrung bei. Ohne Zweifel könnten die außenpolitischen Aspekte dieses Büros getrennt und dem Außenministerium angegliedert werden, da sie in den Bereich psychologischer Kriegsführung fallen. Es ist jedoch interessant zu fragen, ob dieses Ministerium selbst die integrierende Funktion von in- und ausländischer Information sieht oder Dienste dieser Art leisten kann.« *(United States Foreign Policy. Its Organization and Control.* Report of a Study Group for the Woodrow Wilson Foundation. New York 1952, Faksimile-Druck 1968, S. 183 f. Des weiteren zitiert als: *Bericht der Wilson Foundation, 1952.)* Entgegen den Vorstellungen dieser ›Establishment Liberalen‹, die auch Verteidigungsminister James Forrestal unterstützte, wurden die Aufgaben der USIA offiziell auf den außenpolitischen Bereich beschränkt.

Die *United States Information Agency* (USIA) und ihr Außendienst, der *United States Information Service* (USIS), sollen

- die öffentliche Meinung in der Welt beeinflussen und
- diese Weltmeinung in den außenpolitischen Entscheidungsprozeß der Exekutive einbringen.

»Wir haben einen ideologischen Vorteil; wir sind besser als jede Nation in der Welt ausgerüstet, um die revolutionären Ideen der Unabhängigkeitserklärung zu exportieren« (John F. Kennedy am 14. 8. 1958 im Senat). Propaganda (zum Begriff s. u.) gehörte schon zum Instrumentarium der USA während ihrer Revolution. Die erste Behörde wurde 1917 mit dem *Committee on Public Information* oder *Creel Committee* (nach ihrem Leiter George Creel) gegründet und 1919 wieder aufgelöst. Teilfunktionen übernahm die *Foreign Intelligence*-Abteilung im Außenministerium, das ab 1938 ›Informationsprogramme‹ für Lateinamerika durchführte *(Division of Cultural Cooperation).* Ihre Leitung übernahm von 1940–1944 Nelson Rockefeller im *Office of the Coordinator of Inter-American Affairs.* 1941 entstand der *Foreign Information Service,* dem auch die im Februar 1942 eingerichtete *Voice of America* (›Stimme Amerikas‹, das Rundfunkprogramm) angegliedert wurde.

Zur Koordinierung dieser Informationsdienste und zur Planung psychologischer Kriegsführung diente während des Zweiten Weltkrieges seit Juni 1942 das *Office of War Information* (OWI), das von Anfang an in heftige Kompetenzstreitigkeiten mit dem *Office of Strategic Services* geriet. Ähnliche Aufgaben – bei ähnlichen Auseinandersetzungen – übernahm 1953 *(Reorganization Plan* No. 8) die USIA nach der Auflösung des OWI bei Kriegsende und der erneuten Zersplitterung des Apparates.
Die USIA ist ein direktes Produkt der ›Wahrheitskampagne‹ seit Präsident Truman, der mit allen Mitteln »short of force« den sowjetischen Einfluß zurückzudrängen versprach. Offiziell geht sie auf den *US Public Information and Educational Exchange* oder (nach ihren Befürwortern im Kongreß benannten) *Smith-Mundt Act* von 1948 zurück. Dieses Gesetz sah 1. einen Austauschdienst in Wissenschaft, Erziehung, Kultur und Tech-

nik, 2. die Beratung fremder Regierungen durch amerikanische Fachleute und 3. einen Informationsdienst vor, der »im Ausland Informationen des Kongresses, des Präsidenten, des Außenministers und anderer für die Außenpolitik verantwortlicher Regierungsmitglieder über die Vereinigten Staaten, ihr Volk und ihre Politik verbreiten« sollte. Ziel war es, »die Regierung der Vereinigten Staaten in die Lage zu versetzen, ein besseres Verständnis der USA in anderen Ländern zu fördern und das gegenseitige Verständnis zwischen dem Volk der Vereinigten Staaten und den Völkern anderer Länder zu erhöhen« (siehe u. a. Manfred Knapp, *Die Stimme Amerikas. Auslandspropaganda der USA unter der Regierung John F. Kennedy.* Opladen 1972).
Die USIA erhält zwar ihre außenpolitischen Richtlinien vom Außenministerium, mit dessen Außenstellen der USIS u. a. eng zusammenarbeiten soll, ist aber direkt dem Präsidenten verantwortlich, der (mit Zustimmung des Senats) auch ihren Direktor und dessen Stellvertreter ernennt. Sie vertreten die USIA im Nationalen Sicherheitsrat und in zahlreichen interministeriellen Gremien.

1970 beschäftigte die USIA ca. 10 500 Angestellte, von denen 3300 zur Washingtoner Zentrale gehörten und 5800 in den Außenstellen ausländischer Nationalität waren. Ihre führenden Angestellten wurden 1965 dem Berufsdiplomatenkorps angeschlossen. Ihr Etat betrug 1972 ca. 200 Mio. Dollar (1966: 144 Mio.). Organisatorisch ist sie – abgesehen von der Trennung in Inlands- und Auslandsdienst und ähnlich wie das Außenministerium (und mit ähnlichen organisatorischen Problemen) – grob dreigeteilt: 1. die politische Führung im Büro des Direktors (die Zentrale der ›staff offices‹), 2. nach Funktion (gemäß den verschiedenen Medien: Rundfunk, Presse, Fernsehen, Film, Publikationen und Informationszentren), 3. nach geographischer Ausrichtung (Afrika, Sowjetunion und Osteuropa, übrigens Europa, Ferner Osten, Naher Osten und Südasien, Lateinamerika).

Ihre außenpolitischen Berichte (drei pro Woche) liegen der Exekutive und dem Kongreß vor. Ihre Vorschläge, »Ereignisse in angemessener Sicht darzustellen« (John W. Henderson, s. u.), sind jedoch ebenso geheim wie ihre Programme, die in enger Anlehnung an die »nationalen Ziele« (Henderson) der USA und anhand entworfener *world priority themes* ausgearbeitet werden. Dabei hat sich die Stoßrichtung ihrer Tätigkeit von Europa und der Sowjetunion (zunächst galten etwa 3/4 der Sendezeit ihrer *Voice of America* Osteuropa und der UdSSR) auf die Entwicklungsländer verlagert.

Die USIA unterhält ca. 240 Büros und ›Informationszentren‹ *(USIS Posts,* in der BRD als Amerika-Häuser bekannt) in über 100 Ländern. Ihr angeschlossen wurde das Rundfunknetz der *Voice of America* mit dem größten und stärksten Kurzwellensender der Welt (in Greenville, N. C.), die von über 100 Stationen in 36 Sprachen (deutsch wurde inzwischen eingestellt) sendet und – nach eigenen Schätzungen – etwa 42-43 Millionen Menschen wöchentlich erreicht. Ebenfalls von ihr betrieben wird der RIAS in Westberlin. Daneben produziert sie u. a. Wochenschauen für Lateinamerika *(Horizontes)* und Afrika *(Today),* Kino- und Fernsehfilme (1969 sandte sie Filme an ca. 2000 Fernsehstationen in 97 Län-

UNITED STATES INFORMATION AGENCY

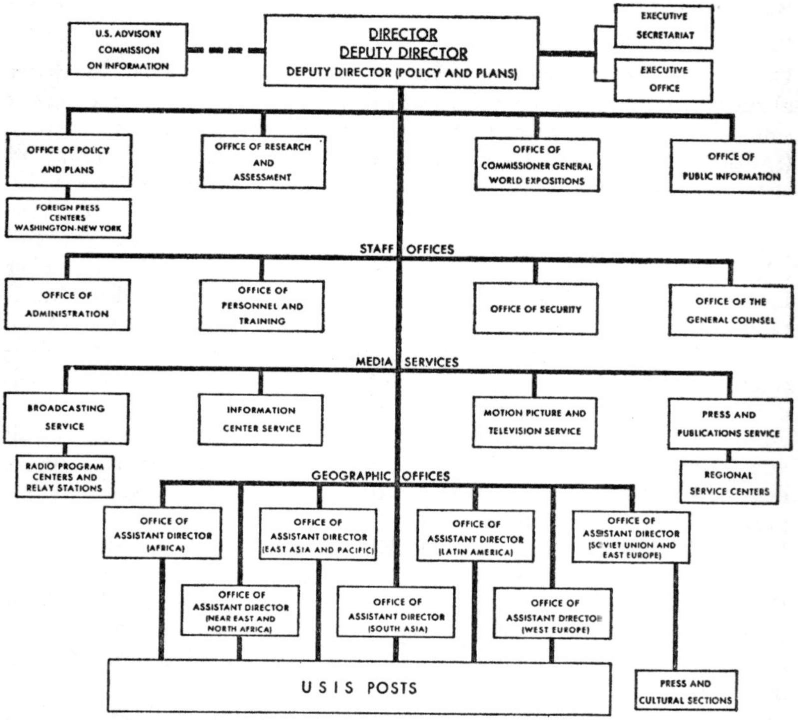

Aus: *United States Government Manual 1973/74.*
Washington 1973, S. 566 (Stand: Juli 1973).

dern mit dem ›Spitzenmarkt‹ Südvietnam) wie auch Nachrichten. Sie gibt Zeitschriften heraus (mit Auslandsdruckereien in Manila für 22 asiatische Staaten, in Beirut für den Nahen Osten und Afrika und in Mexico City für Lateinamerika), sorgt für ›Informationen‹ in den verschiedenen Medien einzelner Länder, finanziert und verleiht Bücher, veranstaltet Ausstellungen, Konzerte und wissenschaftliche Vorträge, hält persönliche Kontakte etc. (vgl. dazu den ehemaligen USIA-Angehörigen John W. Henderson, *The United States Information Agency.* New York 1969): »Wir versuchen, das Denken der Menschen mittels der verschiedenen Kommunikationsmedien zu beeinflussen: durch persönlichen Kontakt, Rundfunksendungen, Büchereien, Buchveröffentlichungen und -verteilungen, Presse, Film, Fernsehen, Ausstellungen, englischen Sprachunterricht und anderes mehr. Um diese Arbeit erfolgreich zu leisten, sind unsere Länderprogramme nicht Ad-hoc-Improvisationen, sondern sorgfältig darauf abgestimmt, für erklärte außenpolitische Ziele gegenüber einem betreffenden Land Unterstützung zu gewinnen. Das erfordert Phantasie, Raffinesse und Flexibilität und bedeutet, daß unsere Programme von Land zu Land differieren, je nach den amerikanischen politischen Erfordernissen.« (Aussage von Edward R. Murrow, USIA-

Direktor unter Präs. Kennedy, in den Hearings des Subcommittee on International Organization and Movements des Commitee on Foreign Affairs, House of Representatives, *Winning the Cold War: The U.S. Ideological Offensive.* Washington 1963, S. 2)

Der Einfluß der USIA auf die ›öffentliche Meinung in der Welt‹ ist schwer abzuschätzen; ihre Erfolge zeigen sich eher langfristig. Bei ihrer Tätigkeit sind die Grenzen zwischen Informationsbeschaffung und -verwertung (sprich: Spionage) und Informationsverteilung (sprich: Propaganda) oft ebenso fließend wie zwischen Propaganda und Subversion (»psychologische Kriegsführung«). Wie die CIA oft als Propagandainstrument eingesetzt wurde, ging die USIA mit ihrem Bestreben, pro-amerikanische Gesellschaftssysteme in anderen Ländern zu unterstützen, zum Teil weit über ihre offiziell verkündete Aufgabe hinaus. Handelte es sich bei den Aktivitäten ihrer Vorgänger (im Rahmen der Marshall-Plan-Hilfe, siehe Kap. 2.6) in den italienischen Wahlen von 1948 – die den »antikommunistischen Kräften einen zerschmetternden Sieg« brachten und »die Sicherheit der Vereinigten Staaten meßbar verstärkten« (John F. Kennedy am 20. 4. 1948 im *House of Representatives*) – »unbestritten um einen Fall von Intervention« (Ernst Czempiel), gilt ähnliches etwa für den Einsatz der USIA in den japanischen Wahlen von 1961 oder für ihr ›Pazifizierungsprogramm‹ in Südvietnam.
In den Vereinigten Staaten ist die USIA oft als »ein wesentliches Instrument bei der Durchführung der auswärtigen Beziehungen der Nation« (Senator Hickenlooper, 1953) gewürdigt worden; unter Präsident Kennedy gehörte ihr Direktor den engsten Beratergremien an. Anfang der siebziger Jahre scheint sie mit der Forderung des amerikanischen Außenministers und Sicherheitsberaters Kissinger nach dem Übergang von einer »verhütenden Diplomatie« zu einer mehr »kreativen« zumindest ihr Tief überwunden zu haben. Auf der anderen Seite ist sie – selbst unter Präsident Kennedy – oft nur ungenügend in den außenpolitischen Prozeß der Exekutive integriert und (im Gegensatz zur CIA) vom Kongreß stets mißtrauisch überwacht worden. Weniger die zuständigen außenpolitischen Ausschüsse (der Senatsausschuß hat sich zumeist mit den Befragungen vorgeschlagener USIA-Direktoren begnügt) als vielmehr die Bewilligungsausschüsse beider Häuser – und hier besonders der zuständige Unterausschuß des *House Appropriations Committee* – haben wiederholt in Etatberatungen und Hearings Organisation und Effizienz der USIA angegriffen. Das ist in der Regel zurückgeführt worden auf

1. das Mißtrauen gegen den Auswärtigen Dienst allgemein (siehe Kap. 1.18 zum Außenministerium);
2. das mangelnde Verständnis des Kongresses für langfristige politische Zielsetzungen, das – wiederum verstärkt durch den Kalten Krieg – mit der Forderung nach positiverer Darstellung der USA verbunden war;
3. die Forderung, auch die offizielle Regierungspropaganda im wesentlichen von der Privatwirtschaft durchführen zu lassen;
4. die internen Organisationsschwierigkeiten der USIA, die durch schnellen Wechsel auch in ihrer Führung verschärft wurden;

5. die fehlende Koordination der Propagandainstitutionen und -aktivitäten, die zunächst ohnehin als ›undiplomatisch‹ galten, wie überhaupt die Zersplitterung des außenpolitischen Prozesses in der Exekutive und
6. die Spannung zwischen Demokratie und Propaganda.
In der Tat ist die USIA nur eine Propagandainstitution unter anderen. Allein das 1961 gegründete *Peace Corps,* das 1971 mit ähnlichen innenpolitischen Organisationen in *Action* zusammengefaßt wurde, nachdem seine Aktionen von den Entwicklungsländern zunehmend mißtrauisch beobachtet worden waren, unterhielt 1972 ca. 7400 Beschäftigte in 57 Ländern. Nicht nur andere ›unabhängige‹ Institutionen der Regierung und die CIA, sondern auch die einzelnen Ministerien – wie das Handels- und Außenministerium (Kulturdiplomatie) – haben eigene, kaum miteinander verbundene und zum Teil rivalisierende Propagandaapparate und -funktionen. Besonders das Verteidigungsministerium hat nach einer Anordnung des Nationalen Sicherheitsrates aus dem Jahre 1958, militärisches Personal »zur Aufklärung der Öffentlichkeit über die Bedrohung durch den Kalten Krieg« einzusetzen, seine ›Öffentlichkeitsarbeit‹ im In- und Ausland wesentlich verstärkt. 1970 arbeiteten im Pentagon über 4 000 Public-Relations-Spezialisten; ihm untersteht vor allem die größte Senderkette der Welt mit 204 Rundfunk- und 80 Fernsehstationen rund um den Erdball und in den USA *(American Forces Network,* AFN*).* Seine direkte Propagandatätigkeit – verschärft durch den wirtschaftlichen Einfluß des Pentagon im Inland und die Bedeutung seines im Ausland stationierten militärischen Personals – blieb im Kongreß ohne effektive Kritik (siehe Barnet, *Der amerikanische Rüstungswahn,* 1971, oder u. a. Senator J. William Fulbright, *Das Pentagon informiert* oder *Der Propagandaapparat einer Weltmacht.* Reinbek 1971).

Diese Zersplitterung innerhalb der offiziellen Propagandaagenturen erschwert ihre Kontrolle durch den Kongreß (die nur punktuell sein kann) und verschärft zugleich mit den Maßnahmen des Kongresses die internen Organisationsprobleme der USIA. Darüber hinaus ist die Kontrolle durch den Kongreß schon durch seine fehlende Mitarbeit an der Ausarbeitung außenpolitischer »nationaler Ziele« trotz seiner spektakulären Aktionen wesentlich eingeschränkt. Ohnehin zeigt das Beispiel USIA, daß selbst ein stärkerer Einfluß des Kongresses kaum ›demokratisierend‹ wirkt; seine Kritik richtete sich inhaltlich vor allem gegen die als unpatriotisch empfundene Darstellung der USA in der offiziellen Propaganda. Konservative Kritiker bemängeln nach wie vor Programme der USIA, die (nach ihrer Meinung entgegen den üblichen Werbemethoden) auch Kritik an den USA und ihrer Politik enthalten.
Auch die Öffentlichkeit hat nur beschränkt Einsicht. Offizielles Kontrollorgan der USIA ist die *United States Advisory Commission on Information,* deren fünf Mitglieder für jeweils drei Jahre vom Präsidenten vorgeschlagen und vom Kongreß bestätigt werden. Diese Kommission von Privatleuten – zur ersten gehörten zwei Zeitungsherausgeber, der Aufsichtsratsvorsitzende von General Electric, der Direktor des Instituts für *Human Relations* an der Yale University und der Präsident der Nationalen Rundfunkvereinigung – hat sich jedoch mit ihren jährlichen Berichten an den Kongreß und Aussagen in den Hearings in der Praxis ebenfalls zu einer indirekten Lobby der Behörde entwickelt, die es zu überwachen gilt: »Ihre Aufgabe ist es, im öffentlichen Interesse die Aktionen

der Informationsabteilung zu überwachen. In der Praxis stellt es auch eine Art von Lobby und ein bedeutendes Bindeglied zwischen der Abteilung und privaten Elementen dar, die ein direktes Interesse an den Aktionen der USIA haben.« (Henderson, *The United States Information Agency*, 1969, S. 221)
Die Erfahrungen mit dem *Committee on Public Information* aus dem Ersten Weltkrieg haben u. a. aus Sorge vor einem ähnlichen parteipolitischen Einsatz der USIA der Forderung nach Beschränkung des staatlichen Propagandaapparates auf den außenpolitischen Bereich Nachdruck verliehen. Sie ist von den »privaten Elementen« mit »Interesse an den Aktionen der USIA« zum Teil schon aus Konkurrenzgründen unterstütz worden. Dabei hat die Furcht der nahezu ausschließlich kommerziell genutzten Medienbetriebe vor staatlicher Konkurrenz, die etwa zur Einführung eines öffentlich-rechtlichen Rundfunks und Fernsehens wie in Großbritannien oder der BRD führen könnte, eine besondere Rolle gespielt. Ihre Interessen hatte der Kongreß bis 1948 erfolgreich vertreten (siehe Czempiel, *Das amerikanische Sicherheitssystem*, 1966, vor allem S. 391). Noch 1947 bestritten die privaten Rundfunknetze CBS und NBC drei Viertel der wöchentlichen Sendezeit der *Voice of America*. Wie im Januar 1946 bereits die beiden Presseagenturen *Associated Press* und *United Press* (mit Rücksicht auf ihre internationalen Tätigkeiten) beendeten jedoch auch sie Mitte 1948 ihre direkte Mitarbeit, als die Qualität eines Beitrages der NBC für Lateinamerika *(Know North America)* trotz sofortiger Entlassung des Autors zum Gegenstand von Hearings wurde und den Argumenten für eine ausschließlich von der Regierung betriebene Auslandspropaganda neue Nahrung gab. Andererseits stellte die Medienwirtschaft neben dem Überwachungsorgan bisher auch nahezu alle Direktoren der USIA und lieferte der Exekutive der amerikanischen Regierung einen Großteil der *software* (Filme, Musik etc.).

Die Konkurrenz privater und staatlicher Aktivitäten beschäftigte auch das 1960 vom Präsidenten eingesetzte *Committee on Information Activities Abroad* oder (nach ihrem Vorsitzenden benannte) *Sprague Committee:* »Insgesamt beeinflussen private Aktivitäten aus den USA die ausländische Meinung mehr als Aktivitäten der amerikanischen Regierung. ... Das Komitee glaubt, daß private Aktivitäten im Ausland ganz allgemein von Bedeutung für Amerikas Bild in der Welt sind und daß sie wesentlich zu internationalem Verständnis – und Mißverständnis – führen. Private internationale Aktivitäten sind jedoch kein Ersatz für durchgehende und systematische Aktivitäten der Regierung.« (Zit. nach Henderson, *The United States Information Agency*, 1969, S. 17) Betonten die Mitglieder des Komitees den *Widerspruch von langfristigen und kurzfristigen Interessen*, übersahen sie, daß sowohl die kurzfristigen privaten Aktivitäten, die von der Tätigkeit amerikanischer Stiftungen, Gewerkschaften und Universitäten über den Tourismus bis zu direkten Wirtschaftsverbindungen reichen, als auch die langfristigen staatlichen Aktivitäten grundsätzlich von internationalen Handels-, Techno- und Kommunikationsstrukturen vorgeprägt sind. Sie sichern der Propaganda der Vereinigten Staaten einen oft entscheidenden Vorteil; das folgende Zitat eines ehemaligen Mitarbeiters der USIA erfaßt davon nur einen schmalen, aber (schon wegen des halbamtlichen Charakters) doch informativen Ausschnitt:

»Sowohl des amerikanische private Fernsehen als auch das Fernsehen der USIA gewinnen im Ausland an Einfluß. Die Vereinigten Staaten haben gegenüber den kommunistischen Staaten einen wesentlichen Vorteil, insofern Englisch die gebräuchlichste Sprache in der Welt geworden ist. Auch muß ein Großteil der Welt auf amerikanische Lieferanten für Empfängergeräte und das darauf abgestimmte Sendezubehör zurückgreifen. Es ist sehr kostspielig, Filme zu produzieren, und viele Länder, besonders die jungen unter ihnen, haben keine oder bestenfalls eine rudimentäre einheimische Filmindustrie. Dieser Mangel schafft einen großen möglichen Markt für amerikanische Filme und Bänder, obwohl viele Länder den Import von Filmen für Kino und Fernsehen zeitlich und mengenmäßig beschränken.« (Henderson, ebda., S. 78. Siehe auch zum ›Kommunikationsimperialismus‹ der USA.)

Trotz dieser Interessengegensätze und -verflechtungen und ihrer eingeschränkten Propagandatätigkeit in den USA hat die *United States Information Agency* die geforderte »integrierende Funktion von in- und ausländischer Information« *(Bericht der Wilson Foundation,* 1952, siehe oben) durchaus erfüllt. Sie hat in der Regel weniger allgemein demokratische Werte vertreten als die Vereinigten Staaten, die sie – abgestimmt nach den einzelnen Zielgruppen – als vorbildliches demokratisches System freien Unternehmertums darstellt. Auch wenn der Begriff ›Propaganda‹ durchweg durch ›Information‹ ersetzt wurde – wobei ›Information‹ die Mitteilung von Fakten und Meinungen zur Aufklärung bedeuten, ›Propaganda‹ auch Nicht-Fakten einschließen und auf Einflußnahme abgestellt sein soll (nach Lester Merkel, *Public Opinion and Foreign Policy.* New York 1949, S. 16) –, ist die USIA doch von vornherein als ideologisches Instrument der amerikanischen Außenpolitik konzipiert worden.

Der Kalte Krieg hat sicherlich die anfängliche Opposition im Kongreß (die zum großen Teil mehr interessenbewußt als ›demokratisch‹ bedingt war) gegen die USIA überwinden helfen. Die gesamte Propaganda der USA auf diese Konstellation nach dem Zweiten Weltkrieg zurückzuführen (wie es z. B. Ronald J. Rubin, *The Objectives of the U.S. Information Agency. Controversies and Analysis.* New York et al. 1968, und zum Teil auch Ernst Czempiel versuchen), scheint jedoch bereits mit Blick auf die Vorläufer zu einseitig zu sein. Eine wesentliche Bedingung war die rapide Entwicklung der Massenkommunikationsmittel, die über die nationalstaatlichen Grenzen hinausgriffen und ›Werbung‹ vor einer größeren Öffentlichkeit zur Schaffung eines günstigen Klimas ermöglichten. Gerade der Werbecharakter der amerikanischen Propaganda wurde nach dem Zweiten Weltkrieg immer wieder betont – und zugleich ihre Methode der Aussparung weniger erfreulicher Fakten. Außenminister General Marshall forderte schon 1947 eine »klare, redliche und bejahende« Darstellung »amerikanischer Tatsachen« (zit. nach Czempiel, *Das amerikanische Sicherheitssystem,* 1966, S. 253) wie sie ähnlich bereits von George Creel beschrieben worden war: »Unsere Bemühungen waren durchweg erzieherisch und informativ, denn wir hatten solch ein Vertrauen in unsere Sache, daß wir kein anderes Argument als die einfache und ohne Umschweife vorgebrachte Darstellung von Fakten nötig hatten.« (George Creel, *How We Advertised America.* New York 1920, S. 5)

So geht auch die Diskussion um die USIA kaum auf das Problem von ›Propaganda und Demokratie‹, sondern lediglich auf die Effizienz ihrer Propaganda ein. »Jedes nationale Informationsprogramm der sechziger

Jahre sollte nationalen Interessen dienen und mit einem umfassenden strategischen Plan verbunden sein. Um ein Höchstmaß an Effizienz zu produzieren, sollte das Programm ständig mit allen wesentlichen Elementen nationaler Aktion koordiniert werden: politischen, militärischen und ökonomischen; langfristigen und kurzfristigen. Die Ziele der Vereinigten Staaten in den internationalen Beziehungen können Krieg oder Frieden einschließen. Dementsprechend muß ein Informationsdienst genügend flexibel sein, je nach den strategischen nationalen Anforderungen für den Frieden zu arbeiten oder Krieg zu führen.« (Rubin, *The Objectives of the U.S. Information Agency*, 1968, S. 10) Daß die USIA über diese Flexibilität nicht verfügt, ist ihr besonders von konservativer Seite wiederholt vorgeworfen worden. Über diese Gegensätze hinaus ist das gebrochene Verhältnis von Öffentlichkeit, Kongreß und USIA Widerspiegelung des Konfliktes zwischen der Notwendigkeit durchgehender, systematischer und langfristiger Propaganda zur Schaffung günstiger ideologischer Rahmenbedingungen auf der einen Seite und der Funktion kurzfristig-taktischer Aktionen zur Durchsetzung bestimmter Interessen auf der anderen, für die oft etwa die CIA als Instrument oder private Aktivitäten geeigneter erschienen.

Diese Spannung zwischen langfristiger Strategie und kurzfristiger Taktik liegt nicht nur den Problemen der USIA zugrunde; sie bestimmt darüber hinaus die Funktion des Staates in der kapitalistischen Gesellschaft. Dennoch hat sich die Propaganda – zusammen mit ›alter Diplomatie‹ und Subversion – als drittes außenpolitisches Instrument neben Militär und Ökonomie durchgesetzt. Ihre ordnungs- und gesellschaftspolitische Funktion ist weitgehend der Exekutive übertragen worden; die Einwirkungsmöglichkeiten des Kongresses sind gering oder bleiben unerheblich.

1.6.2 Der amerikanische »Kommunikationsimperialismus«

Auch die Informationen der Entwicklungs- und westlichen Industrieländer – und die Kommunikation zwischen diesen Ländern – werden im wesentlichen von den Vereinigten Staaten von Nordamerika gestaltet (vgl. u. a. *Communication in International Politics*, hrsg. von Richard L. Merrit. Urbana, Ill., 1972). Nach dem Zweiten Weltkrieg forderten die USA in Anlehnung an das Konzept der Offenen Tür (siehe Kap. 2.1) auch für ihre Medienunternehmen einen ›Offenen Kanal‹ und damit Rechte (wie Sendelizensen und Druckerlaubnisse), die Ausländern in den USA versagt sind.

So unterhält das amerikanische Rundfunk- und Fernsehnetz ABC die größte internationale Senderkette nach dem Rundfunknetz des Pentagon mit 43 Stationen in insgesamt 25 Ländern. Japan entschied sich am Tage der Kapitulation für einen kommerziellen Rundfunk »wie in den Vereinigten Staaten« (der Besatzungsmacht); in der BRD mit ihren öffentlich-rechtlichen Anstalten (nach dem Muster der englischen BBC) galten die USA als Vorbild, aber auch als Abschreckung für die geplante (und immer wieder neu geforderte) Einführung privater Sender. Zusammen mit Siemens baut der zuvor hauptsächlich von staatlichen Rüstungsaufträgen abhängige US-Konzern Northrop Corp. für den Schah von Persien ein weitverzweigtes Kommunikationsnetz mit Telefon, Fernschreibern, Fernsehen und Rundfunk. Amerikanische Firmen sind maßgeblich an der Entwicklung eines TV-Bildungsprogrammes für Lateinamerika beteiligt, das im Rahmen eines UNESCO-Abkommens über bildungspolitische, wissenschaftliche und kulturelle Zusammenarbeit (Bogota 1970) vorbereitet wird (siehe *Die Zeit*, 4. 5. 1973. S. 26). Dabei werden nicht nur die Installationen und das Bedienungspersonal (bzw. die Ausbildung einheimischer Kräfte) aus den Vereinigten Staaten geliefert (und später die Ersatzteile), sondern auch die Lehrpläne (zunächst vollständig, inzwischen von je 10 nord- und lateinamerikanischen Hochschulen).

Amerikanische Unternehmen gehören mit zu den führenden Exporteuren des technischen Apparates *(hardware)*; sie sind international absolut dominierend im Export von Programmen *(software)*. Der Markt für amerikanische Fernsehfilme z. B. umfaßt auch die sozialistischen Länder; *Bonanza* wurde von ca. 350 Millionen Zuschauern in 59 Ländern gesehen (1970). Venezuela (als Beispiel für die Entwicklungsländer) »steht – mit Ausnahme eines schmalen Streifens eigenständiger ›hoher‹ Kultur und folkloristischer Musik – hoffnungslos unter dem Einfluß dieser kulturellen Einflüsse aus den USA« (Ulrich Meister, zit. nach Hans Kleinsteuber, *Fernsehen und Geschäft. Kommerzielles Fernsehen in den USA und Großbritannien. Lehren für die Bundesrepublik.* Hamburg 1973, S. 152).

Selbst Industrieländer einer niedrigeren Entwicklungsstufe unterliegen diesen Einflüssen. So hat nach Meinung eines kanadischen Wissenschaftlers (Henry Comor) das amerikanische Fernsehen »die Entwicklung einer kanadischen kulturellen Identität fast unmöglich gemacht. Amerikas Fernsehen hat die Wertvorstellungen der Kanadier über ihre eigene Geschichte verzerrt« (zit. nach Kleinsteuber, a.a.O., S. 159). Amerikanische Unternehmen kontrollieren vor allem in Lateinamerika einen erheblichen Teil der zumeist kommerziellen Fernsehstationen. Direkt beteiligt sind sie vorwiegend durch *joint ventures* (gemeinsam mit Einheimischen geführte Unternehmen). Ihr Einfluß macht sich jedoch vor allem über ihr Verteilersystem und ihren technologischen Vorsprung bemerkbar – ein Hinweis auch auf die beschränkten Möglichkeiten, durch *joint ventures* die wirtschaftliche Dominanz der USA in den Entwicklungsländern zu unterlaufen. Ohnehin verbleibt die Kontrolle auch dieser Unternehmen schon aufgrund des verstreuten Aktienbesitzes auf der einen Seite und – wie bei den ›Rockefeller-Interessen‹ in Lateinamerika – einer Sperrminorität von 24-42 % auf der anderen fest in amerikanischer Hand.

Auch die Werbung in den Entwicklungsländern wird zum großen Teil (in Peru etwa zu 80 %) von amerikanischen Agenturen betrieben (vgl. Herbert Schiller, Madison Avenue Imperialism, in: *Communication in International Politics*, 1972, S. 318-338). Das Geschäft ist auch in dieser Branche auf wenige Unternehmen konzentriert. In den USA entfallen auf die größten zehn Unternehmen ca. drei Viertel aller Aufträge. International stellen die USA neun der zehn größten Werbefirmen der Welt; ihr Einfluß auf diesem Gebiet gilt als ›Madison-Avenue-Imperialismus‹ (die Zentren dieser Unternehmen waren vormals hauptsächlich auf der Madison Avenue in New York City). Das größte amerikanische Werbeunternehmen, J. Walter Thompson, ist zugleich das größte der Welt und – mit seinen Auslandstöchtern – in sieben anderen Ländern. Ehemalige Mitarbeiter dieses Unternehmens waren neben dem Regierungssprecher auch die ehemaligen engsten Berater Präsident Nixons – eine Verbindung, die den engen Zusammenhang von Werbung für Waren und Ideen unterstreicht. Der Einfluß amerikanischer Universitäten, amerikanischer Technologie, der großen internationalen Presseagenturen der USA *(Associated Press* und *United Press International),* ihres Tourismus, der Pressedienste amerikanischer Unternehmen, von Beraterfirmen und Werbeagenturen der USA sowie der Propaganda solcher staatlichen Institutionen wie CIA, USIS etc. ist als ›Kultur-‹ oder ›Kommunikationsimperialismus‹ bezeichnet worden. Auch amerikanische Wissenschaftler (wie Stephen Hymer) haben in der Zentralisierung von Information, Innovation und Kommunikation sowie ihrer Koordinierung und Kontrolle im Rahmen des internationalen Kommunikationssystems durch die Metropolen – und hier vor allem die USA – ähnlich der innenpolitischen Situation ein neues (informelles) Stadium der Herrschaftssicherung erkannt. Es soll einer möglichen Einschränkung von Verfügungsgewalt etwa durch *joint ventures* und der verstärkten politischen Kontrolle der Gastländer entgegenwirken und (wie im Inland) an die Stelle stärkerer repressiver Mittel treten.

Diese Einflußnahme hat besonders in den Entwicklungsländern, aber auch in den westlichen Industrieländern und in den USA selbst wiederholt zu Reaktionen geführt. So mußte der »multinationale« US-Konzern Litton Industries, der sich ebenso wie u. a. Xerox, General Electric, IBM und zahlreiche Denkfabriken des Pentagon inzwischen auf soziale und bildungspolitische Planungen im In- und Ausland verlegt hat, aufgrund zahlreicher Proteste die Ausarbeitung eines Entwicklungsplans für das griechische Militär einstellen, das nach dem Putsch 1968 den ersten ausländischen Kredit von der Weltbank erhalten hatte. Senator Fulbright bezeichnete 1973 die Sender *Radio Free Europe* und *Radio Liberty* (der vom 1. 3. 1953 bis Dezember 1963 im Sinne der *roll-back*-Strategie als *Radio Liberation* – ›Befreiung‹ – sendete) mit Hauptsitz in München (und Sendeanlagen nicht von ungefähr gerade in Portugal, Spanien und auf Taiwan) als »Überbleibsel des Kalten Krieges« und forderte (vergeblich) die Einstellung staatlicher Zahlungen. 1972 wurde mit 102:1 Stimmen (gegen die USA) auf Vorschlag der UdSSR in der UNO beschlossen, internationale Richtlinien zur Sendung von Fernsehprogrammen ins Ausland über Satelliten zu erlassen, bei deren Entwicklung die USA weit voraus sind. Und schließlich wächst in Lateinamerika die Kritik an der *Teleducacion,* deren alle fünf Jahre notwendigen Lizenzverlängerungen den Vereinigten Staaten bereits ein Druckmittel für das Wohlverhalten lateinamerikanischer Staaten in die Hand geben könnten.

Trotz dieser Rückschläge ist der Einfluß der »ideologischen Offensive« der USA (so der Titel eines Kongreßberichtes von 1963) über den internationalen Informationsfluß von erheblicher Bedeutung. »Venezuela (und Südamerika insgesamt) ist nicht nur unterentwickelt, es ist auch unterinformiert« (Ulrich Meister). Die meisten Entwicklungsländer – und (wie Kanada) auch Industrieländer auf einer unteren Stufe der Entwicklung – erhalten Informationen über ihre Umwelt und selbst über die eigene Gesellschaft vor allem durch amerikanische Privatunternehmen. Wenn »Information als Schlüssel zum Fortschritt« betrachtet wird (nach dem Titel eines Aufsatzes im *OECD-Observer,* N. 57, vom April 1972), sind Information und Fortschritt besonders in Lateinamerika in vielen Fällen von vornherein einseitig festgelegt. »Information ist Macht. Am Anfang war das Wort. Es ist mächtiger als die Bombe und die Kanone.« (Arthur Sylvester, vorm. *Assistant Defense Secretary;* zit. nach Lens, *The Military-Industrial Complex,* 1970, S. 60)

1.6.3 Die nationale Statur des Präsidenten

Ist die internationale Dominanz der USA Voraussetzung ihrer Stellung in der internationalen Informationsbeschaffung und -verteilung, wird die Stellung der amerikanischen Exekutive in diesem Bereich verstärkt durch die ›nationale Statur‹ des Präsidenten, die es ihm erlaubt, »über alle Parteien« hinweg »im Interesse des Gemeinwohls« an das »nationale Gewissen« zu appellieren (so Präs. Nixon im August 1972 in Miami Beach). Der Präsident galt bisher weithin als höchstes Symbol für Ruhe und Ordnung *(law and order).* Sein Eintreten verstärkte auch – wie unter Präsident Kennedy – die Position der USIA vor dem Kongreß. Dazu kommt der Einfluß der Exekutive auf die Massenmedien; *news* aus Washington sind immer »fit to print« (nach dem Wahlspruch der *New York Times*). Der Präsident hat nicht nur einen oft entscheidenden Vorsprung in der Beschaffung von Informationen, sondern auch in ihrer Veröffentlichung.

Bereits Präsident Th. Roosevelt führte die ersten Pressekonferenzen der Exekutive ein, die Präs. Wilson zur ständigen Einrichtung machte und die von Präs. F. D. Roosevelt schon aufgrund des technischen Fortschritts entscheidend ausgebaut wurden. Seine *fireside chats* (›Gespräche am Kamin‹) im Rundfunk der dreißiger Jahre waren Meisterwerke von ›Öffentlichkeitsarbeit‹ und bereiteten den Weg für den heutigen Fernsehtribunen. ›Verkaufte‹ unter Präs. Nixon der Werbefachmann und Regierungssprecher R. Ziegler die Politik der Regierung, trat Sicherheitsberater und Außenminister Henry A. Kissinger als souveräner Beherrscher von Pressekonferenzen und Präs. Nixon selbst vor allem im stummen Fernsehen auf. In dieser Instrumentalisierung des Fernsehens ist von amerikanischen Wissenschaftlern eine grundlegende Gefährdung des konstitutionellen Systems der *checks and balances* (›Gewichte und Gegengewichte‹) erkannt worden: »Mit dem Fernsehen ist der Präsident in der Lage, den Kongreß, die Gerichte und seine politische Opposition auszumanövrieren, auszuüberzeugen und aus den Schlagzeilen zu verdrängen.« (Siehe *The New York Review of Books,* 1. 11. 1973, S. 2)

Dabei hat sich besonders das *leaking* (›Durchsickern‹) von Nachrichten als probates Mittel erwiesen. Es kann entweder die Öffentlichkeit – einschließlich des Kongresses und ausländischer Betroffener – auf bestimmte Maßnahmen der Exekutive oder diese auf eventuelle Reaktionen in der Öffentlichkeit vorbereiten. Ein amerikanischer Wissenschaftler (Paul W. McCracken) hat in diesem Zusammenhang von »Akklimatisierung der Öffentlichkeit« gesprochen.

Auch diese Öffentlichkeitsarbeit wird sorgfältig geplant. So spielte ein Aktionsentwurf des damaligen zivilen *Assistant Secretary* für Internationale Sicherheitsfragen im Verteidigungsministerium (John T. McNaugton) vom 24. 3. 1965 nicht nur die verschiedenen Konsequenzen eines eventuellen Eingreifens der

Volksrepublik China und der Sowjetunion in Vietnam durch, sondern forderte auch: »Die UdSSR ist so zu behandeln, daß sie ihre passive Rolle behält. Gezielte Informationen müssen die Öffentlichkeit in den USA bei der Stange halten.« *(Die Pentagon-Papiere. Die geheime Geschichte des Vietnamkrieges,* hrsg. von Neil Sheean. Aus dem Amerikanischen. München/Zürich 1971. S. 435. Des weiteren zitiert als: *Die Pentagon-Papiere 1971.* Diese Ausgabe enthält die von Daniel Ellsberg, einem ehemals führenden Mitarbeiter des Pentagon und der *Rand Corporation, 1971* an die *New York Times* weitergeleiteten Unterlagen aus dem *Department of Defense,* die 1968 im Auftrag von Verteidigungsminister Robert McNamara erstellt worden waren. Sie geben trotz aller Einschränkungen einen guten Einblick in die Praxis amerikanischer Außenpolitik.)

Diese Position hat der Exekutive zusätzliche Mittel auch zur Manipulation eines nationalen Konsensus in die Hand gegeben – wobei (hier wie an anderen Stellen) unter Manipulation weniger bewußte Täuschung (die es auch gegeben hat) als vielmehr die Unterdrückung und Zurückhaltung wichtiger Informationen oder die Anpassung an eine vorgegebene Politik zu verstehen ist. Die Exekutive hat von diesen Möglichkeiten in der Vergangenheit zunehmend Gebrauch gemacht. Sie hat dabei selbst – wie die Pentagon-Papiere zeigen – zum Mittel der bewußten Täuschung des Kongresses und der Öffentlichkeit gegriffen. Angesichts dieser Entwicklung fällt es dem Kongreß nicht nur schwer, in politischen Kontroversen Alternativen zur Politik der Exekutive zu formulieren, es ist ihm auch unmöglich gemacht, in außenpolitischen Fragen seiner (von dem englischen Politikwissenschaftler Walter Bagehot formulierten) klassisch-parlamentarischen Informations- und Aufklärungsfunktion nachzukommen.

1.7 Die eingeschränkte Beratungs- und Überwachungsfunktion des Kongresses

Selbst die zum Teil aufsehenerregenden *Hearings* (›Anhörungen‹) der amerikanischen Legislative – und hier insbesondere des Außenpolitischen Senatsausschusses *(Senate Foreign Relations Committee),* der zusammen mit dem entsprechenden *House Committee on Foreign Affairs* offiziell für die Außenpolitik im Kongreß zuständig ist – können nicht darüber hinwegtäuschen, daß es sich zumeist um Gefechte nach Abschluß der eigentlichen Verhandlungen handelt. Diese ›Anhörungen‹ machen zusammen mit ›Untersuchungen‹ *(investigations),* ›Zusätzen‹ *(amendments),* ›Vorbehalten‹ *(reservations),* ›Entschließungen‹ *(resolutions)* und den schwer einschätzbaren, aber oft entscheidenden persönlichen Kontakten die Beratungs- und Überwachungsfunktion des Kongresses aus. Einerseits Ventil für Opposition, bieten sie andererseits der Exekutive oft eine zusätzliche *Platform* zur Rechtfertigung ihrer Politik. Zudem können wichtige Entscheidungsträger der Exekutive auf Veranlassung des Präsidenten von den ›Anhörungen‹ ausgenommen sein.
Ein ähnlicher Funktionswandel läßt sich auch für *resolutions* feststellen. Ursprünglich konzipiert als Willenskundgebung des Kongresses sind sie

oft von der Exekutive zur Herstellung eines Konsensus initiiert und kunstvoll manipuliert worden.

Die *Tongking-Resolution* aus dem Jahre 1964 ist ein spektakuläres, aber typisches Beispiel für die Fragwürdigkeit der viel zitierten amerikanischen *bipartisanship* (etwa Überparteilichkeit) in der Außenpolitik (vgl. Joseph C. Goulden, *Truth is the First Casualty: The Gulf of Tonkin Affair – Illusion and Reality*. Chicago 1969). Unmittelbar nachdem die Exekutive Angriffe auf amerikanische Schiffe bekanntgegeben hatte, verabschiedete das Repräsentantenhaus mit 416:0 und der Senat mit 98:2 Stimmen eine Resolution, die es dem Präsidenten erlaubte, »nach seinem Ermessen alle notwendigen Maßnahmen zu treffen, um jedem Angriff auf die Streitkräfte der Vereinigten Staaten mit Waffengewalt entgegenzutreten«. Dieses außenpolitische Passepartout wurde von der Exekutive nicht zu Unrecht als »funktionales Äquivalent« für eine Kriegserklärung in Indochina aufgefaßt (dessen Notwendigkeit nach dem Widerruf der Resolution durch den Senat dann geleugnet wurde). Als die Umstände dieses von amerikanischen Streitkräften provozierten und im Pentagon lange eingeplanten Angriffes bekanntwurden, sprach Senator Fulbright von einer »bewußten und offensichtlichen Täuschung« durch Lyndon B. Johnson: »Der Präsident versicherte mir, daß bei einer Zustimmung des Kongresses zu seiner Politik unsere Stärke und Entschiedenheit Nordvietnam von einer weiteren Unterstützung des Vietcong abhalten könnte. Das amerikanische Engagement könne somit verringert werden.« (Zit. in: *New York Times*, 17. 6. 1971, 18:8) Und über die Stimmung in Washington urteilte der Vorsitzende des Außenpolitischen Ausschusses im Senat (der 1974 nicht mehr in den Senat gewählt wurde) im nachhinein: »Daß wir es glaubten, erscheint heute schrecklich naiv. Aber der Präsident – wissen Sie – bat uns ins Weiße Haus, und überall war diese erregende Spannung.« (Zit. ebda.)

Auch *investigations* des Kongresses haben sich trotz aller öffentlichen Resonanz zumeist als wirkungslos (wie etwa die Enthüllungen des Komitees unter Senator Gerald P. Nye Anfang der dreißiger Jahre über die ›Kaufmänner des Todes‹ der amerikanischen Rüstungsindustrie im Ersten Weltkrieg), als Bumerang gegen das öffentliche Ansehen der entsprechenden Ausschußmitglieder (so Anfang der zwanziger Jahre im *Teapot-Dome*-Ölskandal der Regierung Harding) oder gar als ähnliches Kooptationsmittel erwiesen wie zum Teil die von der Exekutive eingesetzten und vom Kongreß bestätigten amtlichen Überwachungs- und Regulierungskommissionen (siehe Kap. 3.9.2) oder zahlreiche andere ›unabhängige Institutionen‹ der Regierung.

Ein Beispiel ist die Atomenergiekommission *(Atomic Energy Commission)*, die durch den *Atomic Energy* (oder McMahon) *Act* von 1946 eingerichtet wurde. Sie soll »die Entwicklung, den Gebrauch und die Kontrolle« von Atomenergie »zum größtmöglichen Nutzen der allgemeinen Wohlfahrt, Verteidigung und Sicherheit, zur Förderung des Weltfriedens, zur Erhöhung des Lebensstandards und Stärkung des freien Wettbewerbs im System privaten Unternehmertums« sicherstellen *(U.S. Government Manual 1973/74*, 1973, S. 406). Sie hat sich inzwischen zu einem Arm des Pentagon (mit dem sie in militärischen Fragen eng zusammenarbeitet) und zu einem Interessenvertreter der Rüstungsindustrie entwickelt, ohne daß der Kongreß bisher Abhilfe geschaffen hat (siehe u. a. H. Peter Metzger,

The Atomic Establishment. New York 1972). Ihre fünf Mitglieder werden vom Präsidenten mit ›Rat und Zustimmung‹ des Kongresses eingesetzt; schon wegen ihrer ausgedehnten Geheimhaltungsvorschriften ist sie (und ihr umfangreicher Spionage- und Propagandaapparat) weitgehend jeder Kontrolle entzogen.

1.8 Die Vertragshoheit des Präsidenten

Nahezu irrelevant ist die von der Verfassung geforderte Zweidrittelmehrheit im Senat zur Ratifizierung von Verträgen geworden.
Verträge werden theoretisch
1. von der Exekutive initiiert, verhandelt und formuliert,
2. dem Senat zur Debatte und Zustimmung vorgelegt,
3. vom Präsidenten unterschrieben,
4. durch das Außenministerium mit den anderen Unterzeichnern ausgetauscht und schließlich
5. vom Präsidenten in Kraft gesetzt.

Senatoren können zu Verhandlungen oder zur Beratung hinzugezogen werden. Besonders bei Verträgen mit finanziellen Folgeleistungen (etwa Präs. Truman beim Marshall-Plan) pflegten Präsidenten dies mit einflußreichen Senatoren zu tun. Legalen Einfluß haben sie jedoch erst bei der Debatte (2.).

Dabei kann der Senat (auf Vorschlag seines Außenpolitischen Ausschusses)
1. den Vertrag in der vorgelegten Form vollständig anerkennen;
2. ihn mit ›Zusätzen‹ *(amendments)* oder ›Vorbehalten‹ *(reservations)* versehen;
3. ihn ablehnen oder
4. ihn blockieren und in den Ausschüssen ›sterben‹ lassen *(pigeonholing)*.

In der Praxis hat sich das Gewicht schon aufgrund seiner Initiative und der Möglichkeit, Druck auf den Senat auszuüben (etwa durch Mobilisierung der Öffentlichkeit), deutlich zugunsten des Präsidenten verschoben. Zudem kann er gegen die Veränderungen seiner Vorlage ein Veto einlegen, das nur mit Zweidrittelmehrheit beider Häuser überstimmt werden kann.
Auch ›gemeinsame Entschließungen‹ *(joint resolutions)* des Kongresses haben sich weniger als ein wirksames Mittel der Legislative im außenpolitischen Willensbildungs- und Entscheidungsprozeß erwiesen als der Exekutive (zumeist unter Beschwörung einer *bipartisan policy)* gedient, die erforderliche Zweidrittelmehrheit im Senat zu umgehen. *Joint resolutions* erfordern nur eine einfache Mehrheit beider Häuser und können dem Präsidenten – wie in der Tonking-Affäre – weitgehende Vollmachten übertragen. Durch sie ist es dem *Chief Executive* möglich, die Mitwirkung des Kongresses von vornherein einzuschränken. Schließlich kann er sie durch Regierungs- und Verwaltungsabkommen *(executive agreements)* – das außenpolitische Gegenstück zu *executive orders* (Regierungserlassen, die an die Stelle von Gesetzen treten) – völlig ausschalten.

Von dieser Möglichkeit hat der Präsident zunehmend Gebrauch gemacht. Wurde in der Zeit von 1871-1898 kein bedeutender (!) Vertrag in der ursprünglichen Fassung vom Senat ratifiziert, hat nach der Ablehnung des Versailler Friedensvertrages und damit des Beitrittes zum Völkerbund (1920) kein solcher – bedeutender – Vertrag dem Senat überhaupt zur verfassungsgemäßen Abstimmung vorgelegen: »Uns werden viele Verträge über Postvereinbarungen und ähnliches vorgelegt. Kürzlich stimmten wir über einen besonders außergewöhnlichen Vertrag zum Schutz gestohlener Kunstwerke ab. Das sind Verträge. Aber wenn wir Truppen entsenden oder bindende Verpflichtungen mit Spanien eingehen, sind das Regierungs- und Verwaltungsabkommen.« (Senator J. William Fulbright, zit. nach Schlesinger, ›Congress and the Making of Foreign Policy‹, *Foreign Affairs,* Oktober 1972, S. 100)

Die Annexion von Texas (1844), die zunächst am Widerspruch des Senats gescheitert war, wurde ebenso wie später die Annexion Hawaiis (1898) durch *joint resolutions* vollzogen. Die ersten *executive agreements,* also Abkommen, die dem Kongreß nicht zur Abstimmung vorlagen, gab es schon 1803 (Kauf von Louisiana) und im *Rush-Bagot Agreement* von 1817 (Demilitarisierung der Großen Seen an der kanadisch-amerikanischen Grenze; benannt nach dem amtierenden US-Außenminister und seinem britischen Verhandlungspartner in Washington, Charles Bagot). Der ›Politik der offenen Tür‹ gegenüber China (1898/9) stimmte der Kongreß ebensowenig offiziell zu wie den geheimgehaltenen Verträgen von Jalta und Potsdam am Ende des Zweiten Weltkrieges oder den Moskau- und Peking-Verträgen Präs. Nixons.

Der Oberste Gerichtshof der Vereinigten Staaten hat diesen Abkommen »einen ähnlichen Rang« wie Verträgen zugesprochen und damit die Entmachtung des Kongresses legalisiert. *Executive agreements* haben besonders nach dem Zweiten Weltkrieg an Bedeutung gewonnen. Standen 1939 zehn Verträgen 26 *executive agreements* gegenüber, waren die Relationen 1963 9 : 248, 1965 5 : 197, 1967 10 : 218 und 1968 57 : 226 (siehe Hans J. Morgenthau, ›Congress and Foreign Policy‹, *New Republic,* 14. 6. 1969, S. 18).

1.9 Der Kongreß in den Wirtschaftsbeziehungen

Im *Reciprocal Trade Agreements Act* (›Gesetz über den gegenseitigen Handel‹) von 1934 – der wohl wichtigsten Handelsgesetzgebung der USA in diesem Jahrhundert – ermächtigte der Kongreß den Präsidenten, durch *executive agreements* mit anderen Ländern für alle nicht-landwirtschaftlichen Güter wechselseitig Zölle zu senken und andere Handelsbarrieren abzubauen. Mit diesem Gesetz, das seitdem ständig erneuert wurde, delegierte die amerikanische Legislative zunächst ihre Zollrechte (die zugleich eine indirekte Besteuerung bedeuten) an die Exekutive.

Zölle machten um 1789 noch ca. 90 %, heute ca. 2 % aller Staatseinkünfte aus (nach David J. Steinberg, *The USA in the World Economy,* hrsg. für den Schulgebrauch vom Council for the Advancement of Secondary Education. New York et al. 1966, S. 34 ff.). Nach dem Krieg mit England (1812) wurden sie zunehmend zum Schutz von *infant industries* (Industrien im Aufbaustadium) erhoben, deren ›Kindheit‹ zum Teil bis heute anzudauern scheint. 1913 erfolgte die erste große allgemeine Senkung der Zölle, im Ersten Weltkrieg (vor allem für Chemieerzeugnisse) und in den zwanziger Jahren (Überschußproduktion und Depression in der Landwirtschaft der USA) stiegen sie erneut an und erreichten mit dem *Tariff* (oder Smoot-Hawley) *Act* von 1930 ihren höchsten Stand in der amerikanischen Geschichte. Weltwirtschaftskrise, Währungsmanipulationen und Handelsbarrieren ließen den amerikanischen Außenhandel in dieser Zeit um fast 75 % sinken; exportierten die USA 1929 noch 5 Mrd. Dollar Waren, waren es 1932 nur noch 1,5 Mrd. Dollar.

Mit dem *Trade Agreements Act* übertrug der Kongreß angesichts des Exportrückganges dem amerikanischen Präsidenten zugleich auch die Initiative in den internationalen Wirtschaftsbeziehungen und schränkte sein Recht auf Zustimmung weitestgehend ein. So haben auch die 1944 im amerikanischen Bretton Woods (New Hampshire) geschlossenen Abkommen, die das gesamte internationale Wirtschafts- und Währungssystem der Nachkriegszeit bestimmten (siehe Kapitel 2), dem Senat nicht zur Abstimmung vorgelegen.

Die Vorrangstellung der Exekutive auch in der Außenwirtschaftspolitik hatte der Oberste Gerichtshof bereits im Fall U.S. v. Curtiss-Wright sanktioniert. Daneben griffen amerikanische Präsidenten durchgehend auf Kongreßermächtigungen aus dem Ersten (z. B. Gesetz über den Handel mit dem Feind, 1917) und Zweiten Weltkrieg (wie dem Export-Kontroll-Gesetz, 1940) zurück, die auch die Grundlage für die Notstandsmaßnahmen im Korea-Krieg bildeten und schließlich Präsident Nixon zur Legitimierung seiner wirtschaftspolitischen Maßnahmen in den siebziger Jahren dienten (siehe Kapitel 2).

Schlossen die USA unter dem *Trade Agreements Act* zunächst vor allem bilaterale (zweiseitige) Verträge ab, leitete seine Erweiterung im *Trade Expansion Act* von 1962 die allgemeinen Zollsenkungen der westlichen Industrieländer in der folgenden ›Kennedy-Runde‹ im Allgemeinen Zoll- und Handelsabkommen ein (*General Agreement on Tariffs and Trade*, GATT), deren einflußreichstes Gründungsmitglied die USA sind (siehe Kapitel 2). Die Opposition im Kongreß gegen diese Senkungen blieb zumeist wirkungslos. Auch wenn sich die amerikanische Legislative schon aufgrund ihrer vorwiegend lokalen bzw. regionalen Wirtschaftsinteressen protektionistischen Maßnahmen (wie Zöllen etc.) gegenüber im allgemeinen aufgeschlossen zeigte, verhinderte doch gerade diese Interessenzersplitterung eine einheitliche und konsequente Wirtschaftspolitik, die es allein erlaubt hätte, ihren in der Verfassung garantierten Rechten in der Wirtschaftspolitik nachzukommen.

Die organisatorische Ordnung des Kongresses spiegelt diese Interessenzersplitterung zum Teil wider. Seine Ausschüsse – etwa für Finanzen und Bewilligungen – sind (im Gegensatz zu den Behörden der Exekutive) nicht nach funktionalen Gesichtspunkten gegliedert; ihren Mitgliedern fehlt ein genügend großer Mitarbeiterstab. Auch die gründlichen Berichte und Hearings des Gemeinsamen

Wirtschaftsausschusses im Kongreß *(Joint Economic Committee)* und seiner Unterausschüsse (wie etwa der Bericht von Senator Proxmire, veröffentlicht als William Proxmire, *Report from Wasteland. America's Military-Industrial Complex*. New York 1970) verpuffen entweder wirkungslos oder ziehen bestenfalls effizientere Anpassungen nach sich.

Eine wirtschaftliche Vorausplanung ist unter diesen Umständen im Kongreß nicht möglich. Seine Ausschüsse haben sich bisher im wesentlichen mit der Rechnungsprüfung bereits abgeschlossener Maßnahmen begnügt; der Kongreß »blickt mehr über seine konstitutionelle Schulter nach hinten, als er nach vorne schaut« (Richard J. Barber).
Auch seine Gesetze gegen die wirtschaftliche Konzentration in den USA, die – deutlich etwa in der Form ›multinationaler‹ amerikanischer Konzerne – wiederum entscheidend auf die internationalen Beziehungen umschlägt, haben sich als nur wenig einflußreich erwiesen. Trotz der zum Teil alarmierenden Hearings und Berichte des *Subcommittee on Antitrust and Monopoly* im Justizausschuß des Senats über die Folgen der ökonomischen Konzentration sind die Antitrustgesetze in den USA nur zögernd durchgesetzt und erweitert worden. »Die Legislative hielt offenbar eine aktivere Konzentrationspolitik für nicht wünschenswert.« (Lange/Mendner/Berzau, *Konzentrationspolitik in den USA*, 1972, S. 229)

Bereits 1890 wurde mit dem *Sherman Antitrust Act* die gesetzliche Grundlage zur Verhinderung bedrohlicher Auswirkungen der Konzentrationsbewegung in den USA geschaffen. Richteten sich die Bestimmungen dieses Gesetzes ohnehin mehr gegen (schwer überprüfbare) Marktabsprachen als Fusionen von Unternehmen, blieben sie vage genug, um den Gerichten weiten Spielraum bei ihrer Auslegung zu lassen. So entschied der Oberste Gerichtshof 1895, daß die American Sugar Refining Company, die 95 % der Zuckerraffinade in den USA kontrollierte, keine ›Beeinträchtigung des Handels‹ *(restraint of trade)* darstelle, wie sie das Gesetz verbot. Darüber hinaus wurden mit zunehmender internationaler Konkurrenz Exportfirmen 1918 *(Webb-Pomerene Act)* aufgrund der »ungünstigen Wettbewerbsbedingungen mit ausländischen Kartellen« ausgenommen. Auf der anderen Seite blieb die Zerschlagung der Standard Oil in 29 Teilfirmen (die allerdings eine enge Synchronisation dieser Firmen nicht verhindern konnte) eine der wenigen spektakulären Ausnahmen. Auch die Erweiterung der Antitrust-Bestimmungen unter Präs. Th. Roosevelt und im *Clayton Act* von 1914 konnte nicht verhindern, daß das Gesetz in den USA im allgemeinen unterlaufen und nur selten von der Exekutive (Justizministerium) durchgesetzt wurde. »Vor den Augen des Antitrust ist die amerikanische Gesellschaft weitgehend oligopolisiert worden« (Richard J. Barber). Zudem förderte die Politik der Regierung wiederum die Konzentration in der Wirtschaft: »Auf der anderen Seite trägt die Regierung wesentlich dazu bei, die Konzentration zu erhöhen und Wettbewerb zu unterdrücken. Konzentration fördert sie direkt durch die Art und Weise, in der sie beschafft, was sie braucht, absetzt, was sie nicht mehr braucht, und verleiht, was sie besitzt. Durch Quoten, Patente, Zölle und eine Vielzahl anderer Beschränkungen verschiedener Regierungsstellen unterdrückt sie direkt den Wettbewerb.« (John M. Blair, *Economic Concentration. Structure, Behavior and Public Policy*. New York 1972, S. 372)

1.10 Die abgetretene Finanzhoheit des Kongresses Das Beispiel: Militärhaushalt

Angesichts der Aushöhlung der Kongreßvollmachten schränkte Senator J. William Fulbright den Einfluß des Kongresses auf die Möglichkeit ein, im nachhinein finanzielle Mittel zur Durchführung der ohne sein Zutun beschlossenen Politik zu verweigern. Jedoch hat sich selbst die mögliche Kontrolle durch die Finanzhoheit des Kongresses *(power of the purse)* als nur begrenzt wirksam erwiesen.

Nach der amerikanischen Verfassung dürfen ohne gesetzliche Grundlage keine Mittel aus dem Staatshaushalt (Budget) verbraucht werden. Dabei sollen alle entsprechenden Gesetzesvorlagen vom Repräsentantenhaus ausgehen (Art. I, Sect. 7, Abs. 1), wobei dem Senat allerdings Abänderungen erlaubt sind. Jedoch fehlt auch hier dem Kongreß eine zentrale Planungs- und Koordinierungsstelle, wie sie sich etwa die Exekutive im Budget-Büro geschaffen hat. Dieses Büro wurde ebenfalls bereits von Präsident Wilson im Ersten Weltkrieg praktisch eingerichtet, im Haushalts- und Rechnungsprüfungsgesetz *(Budget and Accounting Act)* von 1921 gesetzlich verankert, 1970 erneut vergrößert und in Büro für Management und Budget umbenannt (*Office of Management and Budget*, OMB). Es gehört seit 1939 (zuvor im Finanzministerium) dem Exekutivbüro des Präsidenten an. Sein Direktor wird allein vom Präsidenten eingesetzt (und hat im Leiter des Rechnungsprüfungsamtes, der mit Zustimmung des Senats ernannt wird, keinen auch nur annähernd gleichgewichtigen Gegenpart) und ist in den wichtigsten Entscheidungsgremien vertreten. Seit 1963 stellt das Büro langfristige Budgetpläne auf, über die es auch gewisse Kontrollfunktionen übernommen hat. Die Etatausschüsse des Kongresses haben bei dieser Entwicklung nicht nur ihr Budgetrecht auf die Exekutive übertragen, sie erhalten selbst ihre Informationen über das Budget vom OMB; ihre Abstriche sind bestenfalls Nachhutgefechte: »In der Praxis jedoch versagt der Kongreß bei der Überprüfung des Etats noch mehr als bei der Verabschiedung von Gesetzen.
... Wegen dieser Abdankung des Parlaments ist es heute der Präsident, der Gelder bewilligt, und nicht der Kongreß. Wer den Etat aufstellt, verfügt über das Geld. Wer den Etat billigt, ist bloßer Zuschauer.« (Ralph Nader, ›Der gekaufte Kongreß‹, *Der Spiegel*, 12. 11. 1973, S. 162)

Besonders im Militärhaushalt hat sich der haushaltspolitische und militärstrategische Planungsvorsprung der Exekutive niedergeschlagen. Ohnehin ließen eigene Interessen, ›nationale‹ und solche, die sich direkt in den Wahlbezirken bemerkbar machten, zusammen mit dem Druck der ›öffentlichen Meinung‹ die Abgeordneten zumeist davor zurückschrecken, der bereits kämpfenden Truppe finanzielle Mittel zu verweigern. Diese Tradition läßt auch die Vorkehrungen der *War Powers Resolution* vom 9. November 1973 (Zustimmung des Kongresses zu Truppenentsendungen innerhalb von 60 Tagen, also u. U. nach den oder während der Kampfhandlungen) als nur formale Beschränkungen ohne große Auswirkungen erscheinen.
Die USA verfügen seit 1949 über das größte Rüstungspotential und den höchsten Militäretat der Welt. 1969 machten diese Ausgaben 10 % des Bruttosozialproduktes aus (BRD: 5 %). Die gesamten Weltrüstungsaus-

gaben hatten nach dem Zweiten Weltkrieg einen nie gekannten Friedensstand erreicht; sie lagen etwa achtmal höher als in der Zwischenkriegszeit (1918–1939) und 25mal als vor dem Ersten Weltkrieg (1900–1914). 1968 entfielen dabei auf die USA von insgesamt 191 Mrd. Dollar Weltrüstungsausgaben rund 42,3 %, 1969 von 199 Mrd. ca. 40,9 % und 1970 von ca. 204 Mrd. etwa 37,6 % (nach Fritz Vilmar, *Rüstung und Abrüstung im Spätkapitalismus. Eine sozioökonomische Analyse des Militarismus.* 6. überarb. und erw. Auflage. Reinbek 1973). Mit diesem Rückgang korrespondierte einerseits ein Rückgang der amerikanischen Verteidigungsausgaben für 1970 und 1971 und ihres prozentualen Anteils am (steigenden!) Budget und am BSP, andererseits ein Anstieg der Verteidigungsausgaben anderer Länder besonders der ›Dritten Welt‹, die ihre Waffen vor allem aus den Metropolen beziehen, in denen die USA wiederum im Rüstungsgeschäft führend sind. Im Rahmen der *Nixon Doctrine* (siehe Kap. 2.7) sind die USA zudem verstärkt bemüht, ihren Alliierten – und hier besonders Westeuropa – einen größeren Anteil an den Rüstungskosten zu übertragen, der ihrem wachsenden wirtschaftlichen Potential entsprechen soll (siehe etwa die amerikanischen Forderungen im Devisenausgleichsverfahren mit der BRD). Die wachsende wirtschaftliche Konkurrenz zwischen den USA und der EG und deren Haltung im Nahostkonflikt haben diese Bemühungen deutlicher werden lassen: »Die Europäer verfolgen einen ökonomischen Regionalismus, aber sie wollen Amerikas Verteidigungspotential und eine uneingeschränkte politische Verpflichtung der USA aufrechterhalten. Das wirft eine fundamentale Frage auf: Kann das Prinzip atlantischer Einheit in der Verteidigung und Sicherheit mit der anwachsenden regionalen Wirtschaftspolitik der Europäischen Gemeinschaft vereinbart werden.« (Präs. Nixon in seiner Kongreßbotschaft vom 3. 5. 1973. Amerikanische Ausgabe, herausgegeben vom USIS, S. 79. Des weiteren zitiert als: Präs. Nixon, 3. 5. 1973.)

Die Verteidigungsausgaben der NATO-Länder 1954—1972 (in Mio. Dollar)

	1954	*1963*	*1966*	*1967*	*1969*	*1970*	*1971*	*1972**
Gesamt-NATO	56.313	72.663	86.717	100.298	106.498	104.367	104.275	114.566
Gesamt-Europa	11.756	18.784	21.512	23.033	23.299	24.607	27.442	32.900
USA	42.786	52.295	63.572	75.448	81.443	77.854	74.862	79.528

* Voranschlag
Quelle: *NATO-Brief* Nr. 6/1972 (Nov./Dez.), G 4513 F, S. 25.

Die von amerikanischen Angaben abweichenden Werte erklären sich durch unterschiedliche Begriffsbestimmungen für Verteidigungsausgaben.

Auf der anderen Seite stellen die Europäer – und auch das ist ein Merkmal der Nixon-Doktrin – ca. 90 % der Mannschaften in der NATO. Zudem haben sie

– neben ihren erhöhten Militärbudgets (1970–1973: 30 %) und den bestehenden Devisenausgleichsabkommen (BRD) – im Dezember 1970 und Dezember 1971 jeweils Zusatzprogramme (EDIP) in Höhe von 1 Mrd. Dollar beschlossen. Die EUROGRUPPE der NATO-Verteidigungsminister, die seit 1970 (ohne Island, Frankreich und Portugal) offiziell besteht, will die Allianz durch einen »größeren und abgestimmten europäischen Beitrag« stärken. Im Dezember 1972 sprachen sich die Mitglieder des Nordatlantikrates für eine bessere Koordination bei Forschung, Entwicklung, Fertigung, Kauf und Versorgung von und mit Rüstungsgütern aus; für 1973 war eine weitere Erhöhung des europäischen Beitrages um 1,3 Mrd. Dollar vorgesehen (Folgekosten jeweils nicht eingeschlossen).

Gaben die Staaten des Nordatlantikpaktes (NATO) 1969 rund 106 Mrd. Dollar und 1970 ca. 104 Mrd. für Rüstung aus, beliefen sich die Kosten der im Warschauer Pakt vereinigten osteuropäischen Staaten (einschließlich der Sowjetunion) auf entsprechend 66 und 71 Mrd. Dollar.

Der Anteil der Sowjetunion betrug 1969 39,33 Mrd. Dollar und hat sich 1970 auf 50 Mrd. Dollar eingependelt. Diese Summe ist auch für 1972/73 konstant geblieben, doch hat das englische International Institute for Strategic Studies (*The Military Balance 1972/73*. London 1972) errechnet, daß sie nach US-Preisen 1971 auf 72 Mrd. und 1972 auf 77 Mrd. Dollar angestiegen und damit den US-Ausgaben angeglichen ist.

Militärausgaben der USA und der UdSSR 1945–1968

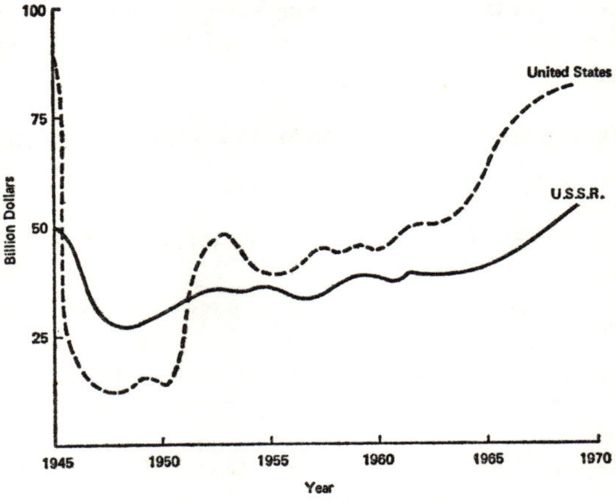

Anmerkung: ›Billion Dollars‹ (amerikanisch) = Milliarden Dollar (deutsch). Die Rubelangaben sind auf Dollars nach Kaufkraftwert umgerechnet worden. Aus: George H. Quester, *Nuclear Diplomacy. The First Twenty-Five Years.* New York 1970, S. 293 (Anhang).

Die unmittelbaren Verteidigungsausgaben betrugen seit 1949 (nach der weitgehenden weltweiten Abrüstung und vor Beginn des Korea-Krieges) im Durchschnitt etwa 70 Mrd. Dollar jährlich; seit 1968 liegen sie um 80 Mrd. Dollar. Dazu müssen noch (ähnlich wie bei den UdSSR-Angaben) solche indirekten Militärausgaben wie Militärhilfe, Kosten der Atomenergiekommission, für Raumfahrt und Raumfahrttechnologie sowie für Zinslasten vergangener und gegenwärtiger Kriege, Veteranenbezüge etc. gerechnet werden, so daß sich der Betrag für den Militärapparat beträchtlich erhöht (für 1969 z. B. von 77,8 Mrd. Dollar und 41 % des Gesamthaushalts auf 112 Mrd. Dollar und 62 %). Allein der Krieg in Vietnam kostete 1969 zusätzlich rund 29 Mrd. Dollar; die Gesamtkosten (mit Folgeleistungen) wurden vom Handelsministerium auf 352 Mrd. Dollar (Zweiter Weltkrieg: 664 Mrd.) geschätzt.

Nach Richard J. Barnet, einem ehemaligen Mitglied der amerikanischen Abrüstungskommission *(Arms Control and Disarmament Agency, ACDA)*, wurden über 70 Cents von jedem US-Steuerdollar »für vergangene, gegenwärtige und zukünftige Kriege« ausgegeben und ca. 11 Cents »für die Verbesserung der amerikanischen Gesellschaftsstruktur« (*Der amerikanische Rüstungswahn*, 1971, S. 9).
Dennoch hat der Kongreß bisher kaum von seinem Recht auf Kürzung der Ausgabenvorschläge der Exekutive Gebrauch gemacht, ja selbst zum Teil die Initiative für Mehrausgaben im militärischen Bereich übernommen. Verlagerungen im Verteidigungshaushalt entsprachen zumeist den Vorstellungen der Militärs (oder der Rüstungsindustrie). Die mächtigen Bewilligungs- und Militärausschüsse beider Häuser weigerten sich bis 1970 generell, die militärischen Pläne und Daten der Regierung überhaupt zu diskutieren; ihre vier konservativen und alternden Vorsitzenden, alle Demokraten aus den Südstaaten und von ›Rüstungsinteressen‹ heftig umworben, stimmten durchweg für hohe Militärbudgets und gegen soziale Reformen (wie *Medicare*, Sozialversicherung, höhere Minimallöhne etc.). Zwar hat sich seitdem diese Haltung punktuell geändert, doch gehen auch die neueren Haushaltsverschiebungen vor allem auf die Initiative der Exekutive zurück und versprechen zudem keine tiefgreifenden und andauernden Veränderungen der Prioritäten.

»Das Alarmierende am Budget ist, daß er fast mit Sicherheit verabschiedet wird. Nachdem die dafür vorgesehenen Streichungen erfolgt sind, wird der Verteidigungshaushalt aus dem Kongreß hervorgehen, ohne daß – wie seit Jahren – seine grundsätzlichen Überlegungen und Prioritäten geändert wurden. Die Planung unserer nationalen Sicherheit ist zu wichtig, um sie dem Verteidigungsministerium zu überlassen, aber der Kongreß hat nur wenig Anzeichen gegeben, daß er fähig ist, die fehlende Führung zu übernehmen.« (C. Robert Zelnick, ›Waiting for Disarmament: Weapons We Can Live With – and Without‹, *The Washington Monthly*, Mai 1973, S. 28–35; Zitat: S. 28) Dafür gibt es sicherlich viele Gründe. Von Bedeutung ist ohne Zweifel der Informations- und Meinungsvorsprung der Exekutive und hier besonders des *Department of Defense* (DOD). Hatte es in den vergangenen Jahrzehnten bereits (fälschlich!) einen Rückstand der Vereinigten Staaten an Bombern (Air Force) und dann an Raketen (Army) propagiert, stellte es 1973 erneut einen solchen ›gap‹ fest – dieses Mal bei den Seestreitkräften (die Ausgaben für Kriegsschiffe sind inzwischen für 1974 verdoppelt worden).

Einer Einschränkung des Militärhaushaltes steht das DOD grundsätzlich skeptisch gegenüber. Hohe Rüstungsausgaben galten zudem als Mittel, auch die UdSSR zu ähnlichen Ausgaben zu zwingen und damit sowohl wirtschaftliche Entwicklung zu verhindern als auch soziale Unruhe im Sowjetsystem zu erregen – ein Konzept der Aufweichung, das in der BRD insbesondere von Adenauer und Strauß vertreten wurde (siehe noch Franz J. Strauß, *The Grand Design. A European Solution to German Reunification.* London 1965). Entsprechend ist auch der Rüstungswettlauf von West und Ost als »Nachlaufen« des Ostens apostrophiert worden (Fritz Vilmar).
Auch die von Präs. Nixon 1973 angekündigte Modernisierung der Rüstung geht weitgehend auf Pläne der Exekutive zurück und wird erneut durch einen ›gap‹ (›technology gap‹) popularisiert. Zugleich ist das ein Anliegen der amerikanischen Rüstungsindustrie. Der lokale und regionale wirtschaftliche Druck auf den einzelnen Abgeordneten ist nicht zu unterschätzen: »Wir sind bereits dahin gekommen, daß die Amtszeit eines Kongreßabgeordneten ... zu einem großen Prozentsatz davon abhängt, wieviele Rüstungsaufträge er jeweils für seinen Wahlbezirk aushandeln kann.« (*Representative* J. L. Whitten aus Mississippi; zit. in *Harper's Magazine*, März 1964, S. 40) Schon deshalb bleibt das Verteidigungsministerium »weitgehend jeder effektiven Kontrolle durch den Kongreß entzogen« (Senator Eugene McCarthy am 21. 12. 1968).

Vor allem solche Industrien, deren Erfolg (sprich: Profit) weitgehend von Aufträgen des Pentagon abhängt und die oft maßgeblich die lokale und auch staatliche Politik beeinflussen, wehren sich entschieden gegen eine Kürzung der Militärausgaben als Gefährdung ihrer und damit ›nationaler‹ Interessen. In der Tat haben die vorübergehenden Abstriche die Rezession wesentlich beeinflußt und darüber hinaus eine steil ansteigende Arbeitslosigkeit unter Akademikern – mit drohenden sozialen Spannungen – bewirkt. Das hat sowohl zu Interessengegensätzen unter den einzelnen Unternehmen (solchen mit Rüstungsaufträgen und solchen ohne bzw. ohne entscheidenden Einfluß) als auch zu konkurrierenden Ansprüchen an den Staat geführt: »Wirtschaftswissenschaftler haben lange erkannt, daß Verteidigung und nationale Sicherheit von solcher Bedeutung sind, daß sie Vorrang vor dem Ziel ökonomischer Wohlfahrt beanspruchen. ... Verteidigung und Krieg sind außerordentlich teuer und verlangen eine ungeheure Abzweigung von Arbeit und Reichtum von anderen Zwecken. Aufwendungen entstehen nicht nur für direkte militärische Ausgaben, sondern auch in den sozialen Kosten, die durch Schutzzölle und Unterstützung bei der Erhaltung von Industrien entstehen, die für die nationale Sicherheit notwendig sind. Große Mengen von Gütern und Geld werden auch eingesetzt, um benachbarte Staaten für die politische Unterstützung im Falle eines Krieges aufzubauen und zu stärken. Von einem strikt ökonomischen Standpunkt aus würde eine kontrollierte Abrüstung und eine Stärkung der Vereinten Nationen einen wesentlichen Anstieg der ökonomischen Wohlfahrt möglich machen.« (Vernon A. Mund, *Government and Business*. 2. Auflage. New York 1955, S. 9 und 5).

Dieser Konflikt bleibt auch angesichts der Abrüstungsgespräche ungelöst. Selbst nach dem weitgehenden Abzug amerikanischer Truppen aus Indochina stehen ›Kanonen‹ noch immer in der Rangfolge vor ›Butter‹. Die

Exekutive hat in ihren Vorschlägen für den »ersten Friedensbudget« (Präs. Nixon) des Haushaltsjahres 1974 trotz der Verringerung der Mannschaftsstärke von 3,6 auf 2,1 Mio. (1974) schon wegen der inflationären Entwicklung die Verteidigungsausgaben auf 81,1 Mrd. Dollar (1973: 76,4 Mrd.) und für 1975 auf die bisherige Rekordsumme von 85,8 Mrd. erhöhen müssen, ohne daß darin die versprochenen ›Wiedergutmachungszahlungen‹ an Vietnam enthalten sind (siehe *International Herald-Tribune*, 30. 1. 1973, S. 1).

Zusätzlich hatte Präsident Nixon ein Reorganisationsprogramm des DOD, der CIA etc., Pläne für eine verstärkte Koordinierung in der Rüstungsbeschaffung und das Auslaufen der im September 1940 eingeführten allgemeinen Wehrpflicht eingeleitet. Damit soll einerseits der bedrohlichen ›Verschwendung‹ im Rüstungssektor der amerikanischen Wirtschaft und der Bürokratie Einhalt geboten (und die Zahlungsbilanz verbessert), andererseits eine schlagkräftigere und disziplinierte Truppe geschaffen werden, die zudem das öffentliche Engagement um die *boys* vermindert. Bei aller Diskussion um Prioritäten bleibt der Militärapparat in seiner jetzigen Form gerade wegen der außenpolitischen Détente für die amerikanische Führung der Garant ›nationaler Sicherheit‹ und »unserer wichtigen Interessen im Ausland« (Verteidigungsminister Schlesinger, 7. 1. 1974): »Es gibt jedoch ein unreduzierbares Minimum, das wir nicht unterschreiten dürfen, ohne die Grundlagen unserer Diplomatie, unserer Interessen und unserer nationalen Sicherheit zu gefährden. Diese Nation kann die Kosten der Schwäche nicht tragen. Unsere Stärke ist ein wesentliches stabilisierendes Moment in einer Welt der Unordnung und Veränderung.« (So auch Präs. Nixon am 3. 5. 1973, S. 179)

Auch die ersten Abrüstungsgespräche zwischen Moskau und Washington *(Strategic Arms Limitation Talks*, SALT I) haben das internationale Wettrüsten nicht stoppen können. Wenn auch in den SALT II und im Atompakt zwischen der USA und UdSSR vom 22. 6. 1973 qualitative Beschränkungen vorgesehen sind, hat sich doch das Wettrüsten um die Quantität zu einem Wettrüsten um die Qualität verlagert, das nach Meinung des Stockholmer Internationalen Friedensforschungsinstituts (SIPRI) von den bisherigen SALT-Abmachungen ermutigt, ja legalisiert und durch den technischen Fortschritt angeheizt ist (SIPRI, *Strategic Arms Limitation 1 & 2*. Stockholm 1972). Ähnlich warnend ist in der ›Weizsäcker-Studie‹ auf die Möglichkeit einer qualitativen Eskalation mit ihren drohenden Folgen und auf die finanzielle Selbstblockierung der beteiligten Großmächte verwiesen worden, die notwendige gesellschaftliche Veränderungen ausschließt (H. Afheldt et al., *Durch Kriegsverhütung zum Krieg?* München 1972). Darüber hinaus hat die Verlagerung militärischer Konflikte auf die regionale Ebene zur Militarisierung der Entwicklungsländer und damit ihrer weiteren »Entwicklung der Unterentwicklung« (Pierre Jalée) beigetragen.

1.11 Die ›usurpierten‹ Kriegsrechte des Kongresses

Der militärischen Entwicklung steht der Kongreß nach wie vor entweder (zustimmend) desinteressiert oder nahezu hilflos gegenüber. Schon 1961 ist festgestellt worden, daß »mit dem Ausbruch des Kalten Krieges der Kongreß aufhörte, der Exekutive Bindungen hinsichtlich der Festlegung der Verteidigungsstärke aufzuerlegen« (Samuel P. Huntington, *The Common Defense*. New York 1961, S. 132 f). Darüber hinaus hat der Kongreß sein wesentlichstes in der Verfassung verankertes Recht, das *Recht auf Kriegserklärung*, eingebüßt oder abgetreten. Dabei hat sich der Präsident sowohl auf

- die allgemeinen Machtbefugnisse seines Amtes,
- bereits erlassene (Notstands-)Gesetze oder
- seine Pflichten als Oberbefehlshaber der Streitkräfte berufen

als sich auch im voraus oder nachhinein der Zustimmung des Kongresses zu versichern gewußt. Aber nicht nur, daß der Kongreß »niemals einen Krieg verhindert hat, wenn der Präsident ihn wollte« (so der US-Politologe Quincy Wright), Entscheidungen über Krieg und Frieden sind ohne sein Wissen und zum Teil sogar gegen seinen erklärten Willen getroffen worden.

In der Geschichte der Vereinigten Staaten hat der Kongreß insgesamt nur fünf offizielle Kriegserklärungen abgegeben, von denen vier (mit Ausnahme des Krieges gegen England von 1812, der aufgrund der expansionistischen territorialen Pläne der *war hawks* in der Legislative als ›Krieg des Kongresses‹ gilt) lediglich einen bereits bestehenden Kriegszustand anerkannten. Besonders in diesem Jahrhundert sandten die Präsidenten ohne offizielle Beteiligung des Kongresses an ihren Entscheidungen Truppen (oder Angehörige des Geheimdienstes) in fremde Staaten (von 1900–1930 allein 60mal), um Aufstände niederzuschlagen, Invasionen abzuwenden, unliebsame Regierungsbildungen zu verhindern oder angenehme zu erzwingen – so McKinley 1900 nach China (›Boxer Aufstand‹), Th. Roosevelt 1903 nach Kolumbien, Taft 1912 nach Nicaragua, Wilson 1914 (und 1916) nach Mexiko und 1918–20 nach Sibirien, Truman 1950 nach Korea, Eisenhower 1953 in den Iran und 1954 nach Guatemala und Vietnam, Kennedy 1960 nach Kuba und Johnson 1965 in die Dominikanische Republik. Der von Präsident Nixon angeordnete Einmarsch nach Kambodscha und Laos und die wiederaufgenommene Bombardierung erfolgten trotz gegenteiliger Amendments (u. a. der Senatoren Church und Cooper) und nach Widerruf der Tongking-Resolution durch den Senat (24. 7. 1970).

Die Rechtfertigung dieser Maßnahmen als *defensive war* (Verteidigungskrieg) erlaubt es theoretisch jedem Präsidenten, Truppen nach seinem Belieben in jedes Land zu entsenden. Mit insgesamt fünf Resolutionen des Kongresses hat sich der Präsident ohnehin ›freie Hand‹ für Formosa (1955), den Mittleren Osten (1957), Kuba (1962), Berlin (1962) und Indochina (1964) geben lassen. Seine »Autorität, Truppen zur Durchführung der breiten amerikanischen Außenpolitik und zur Erfüllung von Verträgen« ohne Einmischung des Kongresses einzusetzen – wie es Außenminister Dean Acheson 1951 formulierte –, ist bis Mitte der sechziger Jahre selbst von solchen Senatoren vorbehaltlos hingenommen worden, die heute vehement gegen diese Ausweitung präsidentieller Macht protestieren.

1.12 Die laute Ohnmacht des Kongresses

Die Praxis hat gezeigt, daß die amerikanische Außenpolitik auch ohne die Zustimmung des Kongresses entschieden werden kann. Die Legislative der Vereinigten Staaten kann trotz ihrer und aller öffentlichen Proteste bestenfalls gegen bereits ausgeführte Entscheidungen der Exekutive ihr Veto einlegen oder versuchen, die Auswirkungen zu modifizieren, macht aber selbst von dieser Möglichkeit kaum Gebrauch. Sie hat in der Außenpolitik zunehmend die Funktion, Aktionen der Exekutive zu legitimieren oder zu ergänzen (etwa bei ihrer Weigerung, Mittel für die UNO bereitzustellen). Wenn sie die Initiative übernimmt, bleibt ihr Einfluß auf solche Probleme beschränkt, die kaum Auswirkungen auf die Grundlagen der amerikanischen Außenpolitik haben.

Vorstöße des Kongresses gegen die Vorherrschaft der Exekutive waren seit den dreißiger Jahren im großen und ganzen erfolglos geblieben. In diesem Zusammenhang besonders bekanntgeworden sind die Bemühungen Senator Brickers in den fünfziger Jahren, *executive agreements* auszuschließen oder weitestgehend einzuschränken. Trotz der Erregung im Senat, besonders über die geheimen Jalta-Abkommen, konnte sich aber auch das *Bricker Amendment* nicht durchsetzen. Dabei wird allerdings oft übersehen, daß mit diesem Amendment zugleich eine ›nationalistischere‹ Außenpolitik gefordert wurde, die bereits in der unmittelbaren Nachkriegszeit viele Anhänger im Kongreß gefunden hatte (siehe Czempiel, *Das amerikanische Sicherheitssystem*, 1966, S. 20 und passim).

1969 forderte der Senat mit 70 : 16 Stimmen in einer Entschließung *(National Commitments Resolution)* die Wiederherstellung seiner verfassungsgemäßen Rechte: »Nachdem die Exekutive die Verantwortung übernommen hat, unser Land in einen Krieg zu verwickeln, übt sie nun neben ihren bereits ausgedehnten Befugnissen in den Außenbeziehungen unseres Landes nahezu etwas wie absolute Macht über Leben und Tod jedes Amerikaners aus – von den Millionen anderer Menschen in der ganzen Welt nicht zu reden. ... Die Konzentration von im wesentlichen unbeschränkter Macht über Entscheidungen von Krieg und Frieden in der Hand des Präsidenten hat die Grenzen der Macht der Exekutive in dem bedeutendsten Bereich öffentlichen Lebens nahezu aufgehoben.« (Zit. nach Walter Goldstein, ›The American Political System and the Next Vietnam‹, *Journal of International Affairs,* Bd. 25, 1971, No. 1, S. 91–119; Zitat: S. 113)
Der amerikanische Einmarsch in Laos und Kambodscha, die Verminung des Hafens von Haiphong und die erneute Bombardierung Indochinas zeigten jedoch die Wirkungslosigkeit dieser Entschließung. 1971 entschied der Senat zweimal (wenn auch nur mit knapper Mehrheit), den Präsidenten zum Truppenabzug aus Vietnam aufzufordern. Im Juni desselben Jahres wurde im Repräsentantenhaus – unter dem Eindruck der Pentagon-Papiere – erstmalig (!) über die amerikanische Politik in Indochina abgestimmt (158 Gegenstimmen).

Wie diese Maßnahmen ohne sichtbaren Erfolg waren auch verschiedene Budget-Zusätze, die entweder schon im Senat bzw. Repräsentantenhaus abgelehnt oder von der Exekutive nicht beachtet wurden. Das ›Weiße Haus‹ stufte sie zumeist als »nicht bindend« und (mit Blick auf das patriotischere Repräsentantenhaus) »nicht repräsentativ« für den gesamten Kongreß ein.

Im Juni 1973 sperrte der Kongreß durch ein Amendment zum Militäretat zwar erstmalig die Mittel für den Krieg in Indochina, konnte das Veto des Präsidenten aber nicht überstimmen. Dennoch sah sich Präsident Nixon gezwungen, einem Kompromiß zuzustimmen (Stop der Zahlungen erst ab September 1973), um die angedrohte Lahmlegung des Regierungsbetriebes (durch Anhängen des Amendments an jede Gesetzesvorlage) zu verhindern. Dieser Vorgang zeigt jedoch weniger die tatsächliche Einflußnahme des Kongresses auf als die Tatsache, daß der Kongreß – wenn er gewollt hätte – durchaus in der Lage gewesen wäre, rechtzeitig und effektiv einzugreifen.

Es ist nicht die Machtlosigkeit des Kongresses, sondern die anscheinend freiwillige Aufgabe seiner Rechte, die den außenpolitischen Entscheidungsprozeß im Regierungssystem der USA kennzeichnen. Dieser Verzicht ist jedoch weniger freiwillig als es den Anschein hat; er ist durch Strukturen bedingt, die auch durch einfache Willenserklärungen von Mitgliedern der Legislative nicht zu überkommen sind. Obwohl auch der Watergate-Skandal über die einfache Diebstahls- und Korruptionsaffäre hinaus symptomatisch für die Situation der Vereinigten Staaten war und sich zu einer Machtprobe zwischen dem Präsidenten und dem Kongreß entwickelt zu haben schien, ist es fraglich, ob die Außenpolitik und die Struktur des außenpolitischen Prozesses davon wesentlich berührt worden sind. Eine Delegation verfassungsrechtlicher Befugnisse an den Kongreß oder die Sündenbockrolle Präsident Nixons können allein kaum die über Personal- und reine Verfahrensfragen hinausgehenden Voraussetzungen dieser Entwicklungen ändern.

1.13 Die institutionellen Schwierigkeiten

Das System der *checks and balances* im amerikanischen Regierungssystem scheint in der Außenpolitik weitgehend ausgeschaltet zu sein. »Regierungsmißtrauen« als »konstitutives Prinzip« der amerikanischen Gesellschaft (so Ernst Fraenkel und Ekkehart Krippendorff) hat weder den Senat noch das Repräsentantenhaus davon abgehalten, weitgehende Vollmachten an die Exekutive zu delegieren.
Das ist zum Teil auf die Organisation der amerikanischen Legislative zurückgeführt worden. In der Tat scheint der (auch nach den neuen *rules* von 1971 und den Reformen von 1973) in seinen wesentlichen Zügen seit der Republikgründung unveränderte Kongreß den modernen Anforderungen kaum noch gewachsen zu sein. Ein schwerfälliges Gesetzgebungs- und Ratifikationsverfahren vermag die Fülle der anstehenden Gesetze und Verträge nicht zu verarbeiten, die zudem teilweise aus Rücksicht auf Vertragspartner, vor allem aber aus Gründen ›nationaler Sicherheit‹ Geheimhaltungsvorschriften unterliegen (allein zur NATO fielen Tausende geheimer Durchführungsbestimmungen an). Ländliche Überrepräsentation und das traditionelle (und nicht bindend vorgeschriebene) Senioritätsprinzip des Kongresses (*seniority principle;* die Ausschußvorsitzenden werden nach Dauer der Kongreßzugehörigkeit bestimmt, wobei die Vertreter der

zumeist konservativen ›sicheren‹ Wahlkreise und Staaten eindeutig bevorzugt werden) machen die amerikanische Legislative unbeweglich und wenig zugänglich für Veränderungen; im ›demokratischen‹ Kongreß haben aufgrund der Vorherrschaft der *Democratic Party* in den Südstaaten deren (zumeist alte) Vertreter den Vorsitz in den wichtigsten Ausschüssen.
Die Fragmentierung des legislativen Prozesses verhindert darüber hinaus eine geschlossene Willens- und Entscheidungsbildung im Kongreß. Das amerikanische System kennt weder Parteien mit einem für seine Abgeordneten verbindlichen Programm noch eine Fraktionsdisziplin (zum Teil jedoch bei Personalentscheidungen) oder eine gesamtparlamentarische Diskussion (wie etwa im parlamentarischen Regierungsystem der BRD). Eine Opposition mit einem langfristigen Programm gibt es nicht; u. a. hat die langjährige *bipartisan policy* trotz unterschiedlicher Gruppierungen im Kongreß mit zu ihrer Verhinderung beigetragen. »Eine gewisse Zusammenhanglosigkeit im Kongreß und eine gewisse Fragmentierung der Parteien sind Vorbedingungen präsidentieller Macht.« (Kenneth Waltz, *Foreign Policy and Democratic Politics. The American and British Experience. Boston 1967*, S. 61) Der amerikanische Präsident ist – im Gegensatz etwa zum Bundeskanzler – nicht dem Parlament verantwortlich; seine jährlichen ›Berichte zur Lage der Nation‹ *(State-of-the-Union Messages)* an den Kongreß gehören bezeichnenderweise zu seinen in der Verfassung garantierten Rechten.
Außenpolitik wird von der Legislative im wesentlichen in den 305 Ausschüssen und Unterausschüssen gemacht, von denen jedoch keiner allein ausschlaggebend und alle vielen Interessen ausgesetzt sind. Zwar wurden 1946 viele Ausschüsse aufgelöst, doch stieg die Zahl der Unterausschüsse ständig an. Das öffentliche Aufsehen, das vor allem der außenpolitisch als liberal eingestufte Außenpolitische Senatsausschuß findet, läßt zu leicht vergessen, daß gerade dessen Funktion unverbindlich beratender Natur ist. Er *könnte* seine Forderungen ungleich weniger effektiv durchsetzen als etwa die im »Kastensystem« (Ralph Nader) des amerikanischen Kongresses höher rangierenden Etat- und Bewilligungs- (House) bzw. Finanzausschüsse (Senat) beider Häuser oder der ständige Geschäftsordnungsausschuß *(Rules Committee)* im Repräsentantenhaus, der als »geheimer Gerichtshof für Gesetzesentwürfe« (Ralph Nader) gilt.
Schon durch die eifersüchtig behauptete Konkurrenzsituation unter den einzelnen Ausschüssen – verstärkt noch durch die Rivalität, Kompetenzüberschneidung und Machtaufteilung zwischen Senat und einem Repräsentantenhaus, das sich entgegen den Befürchtungen der Gründungsväter zum konservativeren Teil der Legislative entwickelt hat – ist der Kongreß nicht in der Lage (und historisch so), der Exekutive mit einer geschlossenen außen-, finanz- oder gesellschaftspolitischen Konzeption engegenzutreten.

»Jeder Ausschuß geht seinen eigenen Weg in seinem eigenen Tempo. Es ist unmöglich, irgendeine Einheit oder eine Methode in den zusammenhanglosen und darum unsystematischen, verwirrten und flatterhaften Handlungen des Repräsentantenhauses zu entdecken oder eine gemeinsame Absicht in den Maßnahmen, die die Ausschüsse von Zeit zu Zeit empfehlen.« (Der spätere Präsident Woodrow Wilson im Jahre 1885; zit. nach Krippendorff, *Die amerikanische Strategie*, 1971, S. 75)

1.14 Machtausweitung vs. Machtzersplitterung

Ist von der »dezentralisierten, eigensinnigen und weitgehend provinzlerischen legislativen Körperschaft« (so auch Senator Fulbright) eine Lähmung des außenpolitischen Entscheidungsprozesses befürchtet worden, wird sie nach Meinung einiger Interpreten (u. a. von Kenneth Waltz) von der Dominanz des Präsidenten und seines Apparates in der Außenpolitik verhindert. Auch die Mitglieder der Exekutive haben ihre Machtausweitung zumeist im Namen von Schnelligkeit, Effektivität und Rationalität zu rechtfertigen gesucht. Diese Überzeugung wird inzwischen von allen Seiten bezweifelt. Für die konstatierte mangelnde Funktionsfähigkeit der Exekutive ist besonders von der pluralistischen Schule eine zunehmende Bürokratisierung und – als Folge – eine Störung des Kommunikationsflusses verantwortlich gemacht worden, die rationale Entscheidungen erschwere: »Unsere sich ausbreitende Exekutive ist oft von Gegensätzen bestimmt; ihre Unfähigkeit zur Geheimhaltung ist chronisch. Ihre Informationen sind offensichtlich nicht mehr länger überlegen und oft offensichtlich falsch.« (Schlesinger, ›Congress and the Making of Foreign Policy‹, *Foreign Affairs*, Oktober 1972, S. 108)

In der Tat fand die Machtausweitung der amerikanischen Exekutive ihren Niederschlag im Wachstum der Regierungsbehörden. Beides entwickelte sich vor allem nach dem Zweiten Weltkrieg und (wie zuvor) proportional zum wachsenden Umfang der Außenbeziehungen und zu den steigenden Anforderungen an den Staat. 1949 unterstrich eine Kommission zur Reorganisation der Exekutive unter der Leitung des Expräsidenten Herbert Hoover in zwei Berichten an den Kongreß über *Foreign Affairs* (›Auswärtige Angelegenheiten‹) und *The National Security Organization* (›Der Nationale Sicherheitsapparat‹) die Notwendigkeit organisatorischer Veränderungen aufgrund der neuen Rolle Amerikas. Zugleich verwies sie auf die enge Verbindung ›politischer‹ (besser: institutioneller und ideologischer), sozialer und wirtschaftlicher Faktoren einerseits und von Innen- und Außenpolitik andererseits: »Es ist in dieser Zeit besonders angebracht, den Regierungsapparat für die Außenpolitik neu einzuschätzen. Die Vereinigten Staaten gingen aus dem letzten Krieg mit einer völlig neuen Rolle in den internationalen Beziehungen hervor. Als Resultat sind die organisatorischen Anforderungen heute völlig verschieden von denen der Vorkriegszeit. Die Exekutive ist heute gezwungen, eine zusammenhängende Politik und ausgearbeitete Programme für die Außenbeziehungen zu entwickeln, die nicht nur das Außenministerium einbeziehen, sondern auch viele andere Ministerien und Regierungsstellen, und mit anderen Nationen sowohl auf multilateraler als auch auf bilateraler Basis zusammenzuarbeiten. ... Außenpolitik heute schließt den Einsatz vieler Mittel und Instrumente ein. Finanzielle Unterstützung, Gewalt oder potentielle Gewalt und Propaganda sind ein paar der wesentlichen. ... Außenpolitische Entscheidungen sind heute unweigerlich Entscheidungen, die unser ganzes politisches, wirtschaftliches und soziales Leben beeinflussen. Das Problem der Organisation des außenpolitischen Apparates ist deshalb nur Teil des größeren Problems der Organisation unserer gesamten nationalen Angelegenheiten.« (U.S. Commission on Organization of the Executive Branch of the Government, *Foreign Affairs.* A Report to the Congress, February 1949. Washington 1949. Reprint, S. 3, 18 und 20. Die Kommission wird im folgenden mit *Hoover Commission,* 1949, zitiert.)

Um den wachsenden Anforderungen zu begegnen, ging bisher die Tendenz dahin, für jedes neu auftauchende Problem eine neue Behörde zu schaffen. Für die amerikanische Außenpolitik sind institutionell im Bereich der Exekutive nicht nur das Außenministerium, sondern nahezu alle anderen Ministerien, zahlreiche selbständige oder quasi-selbständige Behörden, Hunderte interministerieller und interbehördlicher Kommissionen und ein ständig wachsender Apparat persönlicher Berater, Studiengruppen oder Büros zuständig. Die Entwicklung dieser Gremien von ihrer zunächst koordinierenden und beratenden Funktion zu nahezu selbständigen Entscheidungskörperschaften hat den institutionellen Wirrwarr im außenpolitischen Entscheidungsprozeß auch auf der Ebene der amerikanischen Exekutive verstärkt.

So haben selbst die ständigen Verbindungskomitees, die nach dem Zweiten Weltkrieg durch detaillierte Konsultations- und *Clearance*-Vorschriften eine bessere Koordination des außenpolitischen Entscheidungsprozesses gewährleisten sollten, seine Zersplitterung weiter gefördert. Im Zuge einer Reorganisation unter Präs. Kennedy wurden zwar 70–80 dieser Komitees aufgelöst, aber durch informellere *Ad hoc*-Komitees ersetzt, die sich zum großen Teil erneut bürokratisch verfestigten: »Was zunächst eine Entscheidungshilfe für die Verantwortlichen ist, verwandelt sich häufig in eine praktisch autonome Organisation, deren innere Probleme die Sachfragen strukturieren und manchmal komplizieren, zu deren Lösung sie ursprünglich geschaffen wurde.« (Kissinger, *The Necessity for Choice,* 1952, S. 362. Zur Lösung des Problems schlägt Kissinger dann allerdings eine Vergrößerung des Präsidentenstabes vor.)

Dem Präsidenten fällt zwar aufgrund seiner Stellung als *Chief Executive,* seiner »Initiative« und seinem überragenden »Einfluß bzw. seinen Möglichkeiten, zu überzeugen« (so der US-Spezialist für das präsidentielle Regierungssystem der USA, Richard Neustadt), die Leitung der Außenpolitik zu. Doch ist er schon wegen seiner zumeist innenpolitisch ausgerichteten Laufbahn und der Fülle der anfallenden Probleme auf Beratung angewiesen. Hinter der scheinbar einmütigen Position der amerikanischen Exekutive verbergen sich zahllose Ressort- und andere ›Interessen‹ (siehe dazu Kapitel 3), deren Widersprüche besonders in Einzelfragen dahin tendieren, sich gegenseitig aufzuheben oder als »bürokratische Version der ad hoc-Entscheidungen der jeweils letzten Krise« (wie der Politologe und ehemalige Sicherheitsberater Walt W. Rostow bemängelte) zur kurzsichtigen Routine zu erstarren. Dabei tendieren die verschiedenen Organisationen – auf die sich die Untersuchung hier noch beschränkt – dazu, sich in wichtigen Fragen auf den kleinsten gemeinsamen Nenner zu einigen oder eine Entscheidung nach oben zu verschieben. Dies hat u. a. dazu geführt, daß selbst wesentliche Informationen im bürokratischen Prozeß untergingen.

Das zeigte sich schlagend in der Unterschätzung der kubanischen Revolution unter Castro durch den amerikanischen Geheimdienst. Sie wurde als kommunistisch gesteuerter und ausstaffierter Coup ohne Rückhalt in der Bevölkerung dargestellt. Diese Fehlkalkulation trug wesentlich zur Niederlage der Exilkubaner bei ihrem Landungsversuch in Kuba bei, der zwar von der CIA finanziell unterstützt und organisiert, aber nur ungenügend militärisch abgesichert worden war. Das ›Fiasko in der Schweinebucht‹ vom April 1961 war Präs. Kennedys erster außenpolitischer Fehlschlag, der nicht ohne Auswirkung auf die unter ihm entscheidend vorangetriebene Sicherheitspolitik der flexiblen Vergeltung (siehe Kap. 2.9) war.

Ist die immer wieder berufene Misere der amerikanischen Außenpolitik sowohl einer unverantwortlichen Öffentlichkeit (siehe dazu Kapitel 3) als auch einem der Verantwortung nicht gewachsenen Kongreß zugeschrieben worden, haben die »exklusive Entscheidungsmacht« der Exekutive (Senator George McGovern) einerseits und ihre ›Ratlosigkeit‹ andererseits durchaus dazu beigetragen. Dennoch kann deshalb von einer Stagnation des Entscheidungsprozesses nicht bzw. nur eingeschränkt ausgegangen werden. Besonders seit F. D. Roosevelt haben amerikanische Präsidenten die Zersplitterung im außenpolitischen Entscheidungsprozeß zur Stärkung ihrer eigenen Stellung (und zum Aufbau ihres Stabes) benutzt. Indem die Machtzersplitterung innerhalb der Exekutive die ohnehin kaum wahrgenommenen Kontrollmöglichkeiten der Legislative weiter einschränkte, hat sie diese Machtausweitung abgesichert.
Dabei erlaubte gerade diese Zersplitterung immer wieder Anpassungen, die oft organisatorische Scheinlösungen anboten. Die institutionelle Vielfalt ist auch ein Ausdruck dieser Entwicklung, bei der der ›demokratische Prozeß‹ sich zunehmend innerhalb der Exekutive abzuspielen drohte: »Der Kongreß zeigte sich gegenüber der Zahl und Bedeutung von Institutionen in der amerikanischen Außenpolitik nach dem Zweiten Weltkrieg zunehmend ohnmächtig. Es entstand eine Phalanx von Institutionen, die von einer aggressiven Präsidentschaft geführt und von einem militärischen Establishment und Geheimdienstapparat unterstützt wurde, die im wesentlichen der Kontrolle durch den Kongreß entzogen waren. In der Tat glaubten große Teile der Wählerschaft nahezu, daß die Außenpolitik demokratischer Kontrolle entglitten war und daß auch ihre Entscheidung bei der Wahl kaum Einfluß auf den Entscheidungsprozeß der Institutionen haben werde.« (Schlesinger, ›Congress and the Making of Foreign Policy‹, *Foreign Affairs,* Oktober 1972, S. 103)
Andererseits ist die Notwendigkeit einer effizienteren Zusammenarbeit und Ausführung durchaus erkannt worden. Ähnlich der Organisation amerikanischer Konzerne hat die Exekutive der USA versucht, diesem Problem mit geplanter Dezentralisation – d. h. funktionaler und geographischer Unterteilung und Machtübertragung bei straffer zentraler Stabslenkung – zu begegnen, einem Prinzip, das sich in etwa auch im internationalen Rahmen in der Unterscheidung von Zentren, Subzentren und Peripherie und in der Nixon-Doktrin (siehe Kap. 2.7) wiederfinden läßt. Gerade die internationale Machtzersplitterung, in der die Vereinig-

ten Staaten neue Mittel zur Behauptung ihrer Stellung suchen, erfordert verstärkte Bemühungen zur Koordination auch im nationalen Rahmen.

1.15 Der Nationale Sicherheitsrat

Die Bemühungen um eine bessere Koordination des außenpolitischen Entscheidungsprozesses fanden in offiziellen und inoffiziellen Reorganisationsplänen ihren Niederschlag, deren Zahl und periodisches Auftauchen wiederum die Unwirksamkeit der letzten Lösung und die Notwendigkeit einer neuen dokumentieren. Eines der wichtigsten Ergebnisse war die Gründung des Nationalen Sicherheitsrates *(National Security Council,* NSC) im Jahre 1947 zur »Integration von Innen-, Außen- und Militärpolitik in bezug auf die nationale Sicherheit« *(National Security Act).*

Der Sicherheitsrat ist Teil des *executive office.* Offiziell Mitglieder sind neben dem Präsidenten als Vorsitzenden: der Vizepräsident (seit Präs. Eisenhower und Vizepräs. Nixon), der Außenminister und der Verteidigungsminister (bis 1973 auch der Leiter des inzwischen dem Verteidigungsministerium angeschlossenen Amtes für Notstandsplanung; *Office of Emergency Preparedness*). Der Direktor der CIA und der Vorsitzende der Vereinigten Stabschefs der US-Streitkräfte (*Joint Chiefs of Staff,* JCS) nehmen als Berater regelmäßig an den Sitzungen teil. Vom Präsidenten zur Teilnahme aufgefordert wurden vor allem der Finanzminister, der Justizminister, die Direktoren des *Office of Management and Budget,* des FBI und der Atomenergiekommission. Protokolle über seine Beratungen existieren offiziell nicht.
Der NSC wird von einem Stab unterstützt (Anfang 1973: ca. 250 Personen), der vom ›Sonderberater des Präsidenten für Fragen der Nationalen Sicherheit‹ (*President's Special Assistant to National Security Affairs*) geleitet wird. Henry A. Kissinger – als Nachfolger von Walt W. Rostow auf diesem Posten – bereitet die Themen der NSC-Treffen vor und informiert den Präsidenten über die Stellungsnahme der verschiedenen Ministerien. Er ist zugleich Vorsitzender zahlreicher Unterkommissionen.
Die einlaufenden (überprüften) kurzfristigen Informationen und die von den einzelnen Ministerien und Unterschaltzellen entwickelten längerfristigen (Ressort-) politischen Richtlinien sollen durch den Hauptprüfungsausschuß (SRG) in einen Gesamtplan zusammengefügt werden. Der Ausschuß der *Under Secretaries* (USC) soll die Ausführung der daraufhin vom Präsidenten getroffenen Entscheidungen garantieren. Abgesehen von den zusätzlichen Anforderungen an die einzelnen Ressorts ist es allerdings fraglich, ob die unter Präs. Nixon durchgeführte erneute Erweiterung und Aufteilung mit dieser Aufgabe vereinbar ist. Nachdem der NSC im ersten Jahr der *Nixon Administration* im großen und ganzen einmal wöchentlich tagte, trat er Anfang 1973 nur noch monatlich zusammen; seine Funktion hat zum großen Teil der Sicherheitsberater übernommen. Darüber hinaus schränkt auch der kaum faßbare direkte und indirekte Einfluß der Sonderberater innerhalb und außerhalb der Exekutive diese Schaltzellenfunktion des NSC erheblich ein.

Der Nationale Sicherheitsrat sollte als Koordinierungsstelle und Beratungsgremium des Präsidenten ohne Entscheidungsbefugnis über alle Ressort- und sonstigen Interessen hinweg den außenpolitischen Entscheidungs-

The National Security Council System

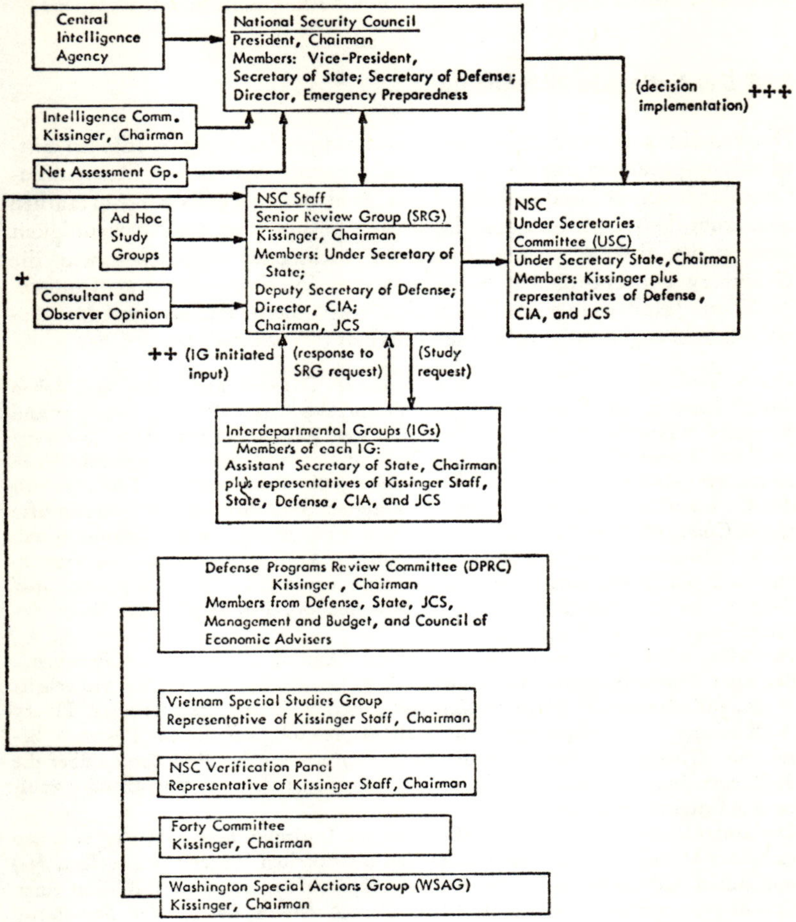

Aus: Henry T. Nash, *American Foreign Policy. Response to a Sense of Threat.* Homewood, Ill., 1973, S. 125.

\+ ›Meinung von Beratern und Beobachtern‹

++ ›von den IGs initiierter *input*‹

›Antwort auf einen Forschungsauftrag der SRG‹

›Forschungsauftrag‹

+++ ›Ausführung von Entscheidungen‹

* 1972/73 zum Verteidigungsministerium

prozeß systematisieren und rationalisieren, scheint aber den Zersplitterungsprozeß auf höchster Ebene reproduziert zu haben. Nach seiner (militärischen) Blütezeit unter Präsident Eisenhower wurde er in den sechziger Jahren wiederholt reorganisiert und organisatorisch enger dem Außenministerium angeschlossen (seit 1966). Präsident Nixon gab ihm zunächst seine zentrale Stellung zurück; entsprechend hat sich auch der Mitarbeiterstab von 1969 bis 1973 um 50 % erhöht. Dabei trat der Sicherheitsberater als wichtigster offizieller Berater des Präsidenten in außen- und sicherheitspolitischen Fragen und als Informationszentrale immer mehr in den Vordergrund und löste auch den Außenminister bzw. dessen Vertreter in der Leitung der Gremien des NSC ab. Damit überein ging erneut eine stärkere Einbeziehung militärischer Dienststellen; ob dieser Trend mit der Personalunion von Sicherheitsberater und Außenminister seinen Höhepunkt erreicht oder eine Wendung genommen hat, ist noch nicht abzusehen.

1.16 Die wirtschaftlichen Ressorts der Exekutive

Die Schlagzeilen, die der Sicherheitsberater des amerikanischen Präsidenten macht, lassen zu leicht übersehen, daß er nicht der einzige ›Bismarck‹ der Vereinigten Staaten von Nordamerika ist. Neben ihm nimmt vor allem der Finanzminister *(Secretary of the Treasury)*, der (mit George P. Shultz) zugleich Vorsitzender des Rates für Wirtschaftspolitik *(Council on Economic Policy)* war, als »ökonomischer Zar« der USA (so die Wirtschaftszeitschrift *Business Week*) eine hervorragende, aber ebenfalls nicht unumstrittene Stellung ein.

Entsprechend der internationalen Bedeutung währungspolitischer Fragen (siehe Kapitel 2) ist trotz der Verlagerung der Budgetaufstellung in das Budgetbüro im Exekutivbüro des Präsidenten das Finanzministerium (*Department of the Treasury*) ein wesentlicher Bestandteil der »Phalanx von Institutionen« der Exekutive. Der Finanzminister ist in nahezu allen wichtigen Gremien (u. a. im Nationalen Sicherheitsrat) vertreten. Andererseits wird die Bedeutung des Finanzministeriums – im internationalen Rahmen eindrucksvoll durch den ehemaligen Finanzminister Connally im ›Währungskrieg‹ von 1971 dokumentiert – jedoch typisch im ›Überministerium‹ des Weißen Hauses reduziert. So entbrannte 1974 um die Nachfolge Shultz ein (auch durch das Ausscheiden von Rush noch nicht entschiedener) interner Grabenkampf zwischen dem neuen Finanzminister (William E. Simon), dem Direktor des OMB (Roy L. Ash) und dem (1974 neu geschaffenen) *Economic Coordinator* im Weißen Haus, dem (mit Kenneth Rush, wie Simon und Ash aus der Großindustrie) offiziell die Leitung in allen Wirtschafts- und Finanzfragen über die schwerfälligen Apparate der entsprechenden Ministerien hinweg zufällt.
Zugleich hat die Konkurrenzstellung mit dem *Federal Reserve System* und dem Vorsitzenden (Arthur F. Burns) seines siebenköpfigen, vom Präsidenten (mit Rat und Zustimmung des Senats) ernannten *Board of Governors* in Washington zu ähnlichen Kompetenzstreitigkeiten wie in der Bundesrepublik (Finanzministerium – Bundesbank) geführt. Das *Federal Reserve System* umfaßt die zwölf *Federal Reserve Banks* und deren 24 nationalen Zweigstellen sowie alle Nationalbanken und zugelassene andere Banken. Es wurde bereits 1914 eingerichtet und in der Wirtschaftskrise der dreißiger Jahre von Präsident F. D. Roosevelt dem Staat unterstellt. Seit dem *Defense Production Act* von 1950 garantieren diese

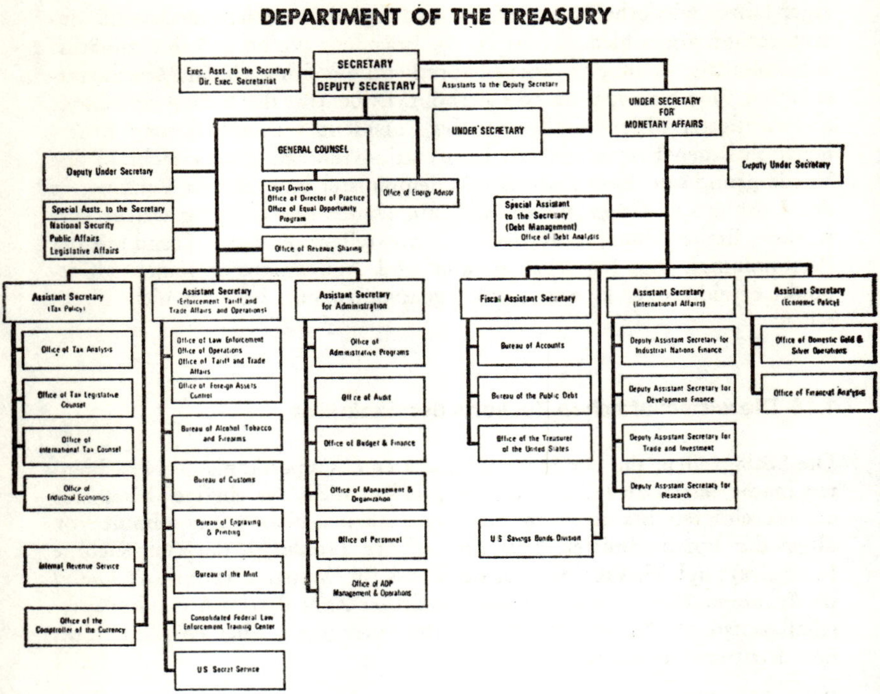

Aus: *United States Government Manual 1973/74*. Washington 1973, S. 373 (Stand: Juli 1973).

Banken u. a. nach wie vor Kredite für Materialien und Dienstleistungen, die von Ministerien und Behörden der Regierung für notwendig im Interesse ›nationaler Sicherheit‹ gehalten werden.

Auch die Koordination in diesem Bereich scheint gestört zu sein. Dennoch ist der Trend zur langfristigen Planung nicht zu übersehen: »Regierungen haben einen großen Einfluß auf den internationalen Handel und die nationale Produktion. ... Es erscheint unausweichlich, daß die Entwicklung in dieser Richtung weitergeht und daß in aller Wahrscheinlichkeit bei entsprechenden zukünftigen Entscheidungen der Regierung langfristige Zielsetzungen stärker berücksichtigt werden (selbst wenn diese Politik die Ansicht enthält, daß es Unternehmen unter Umständen erlaubt sein soll, bankrott zu machen).« (Diebold, *The United States and the Industrial World*, 1972, S. 169. Vgl. auch Kap. 3.9)
Zuständig für diese Planung im internationalen Bereich ist seit 1971 der *Council on International Economic Policy* (CIEP, Rat für Internationale Wirtschaftspolitik). Vorsitzender des Rates, der von einem *executive director* (bis 1974 zugleich Assistant to the President) geleitet wird, war

bis 1974 der Präsident, der dieses Amt auf den *Economic Coordinator* übertrug. Seine Mitglieder sind der Außen-, Finanz-, Verteidigungs-, Landwirtschafts-, Handels- und Arbeitsminister, der Direktor des Büros für Budget und Management (OMB), der Vorsitzende des Rates der Wirtschaftsberater (ab 1974 ebfs. der *Economic Coordinator*) und der (1963 erstmalig berufene) *Special Representative for Trade Negotiations* (bis 1974 Botschafter Willam D. Eberle, der neuer CIEP-Direktor wurde). Der Rat soll alle Aspekte auswärtiger Wirtschaftsbeziehungen zusammenfassen, die von über sechzig Regierungsstellen vertreten werden. Neben dieser Koordinierungsarbeit soll er eine internationale Wirtschaftspolitik planen und empfehlen, die »im Einklang mit der Binnenwirtschaftspolitik und mit grundsätzlichen außenpolitischen Zielsetzungen« der USA steht (*U. S. Government Manual 1973/74*, 1973, S. 87).
Ebenfalls Koordinierungszentrum und Schaltzelle des Präsidenten für nationale und internationale Wirtschaftsfragen soll der *Council on Economic Policy* (CEP) sein. Er wurde am 2. 2. 1973 durch ein Memorandum des Präsidenten geschaffen und wird ebenfalls von einem *executive director* (z. Zt. Kenneth W. Dam) geleitet. Vorsitzender ist seit 1974 der *Economic Coordinator* (zuvor der Finanzminister); Mitglieder sind der Außen-, Handels-, Landwirtschafts-, Arbeits- und Verkehrsminister sowie der Vorsitzende des Rates der Wirtschaftsberater und die Direktoren des CIEP (Personalunion), des OMB und des 1971 eingerichteten Rates für Lebenshaltungskosten.

In dieser Funktion löste der CEP aufgrund der Spannungen innerhalb der Exekutive über die wirtschaftlichen Maßnahmen im Jahre 1971 den 1946 zur Steuerung der befürchteten Nachkriegsrezession geschaffenen Rat der Wirtschaftsberater (*Concil of Economic Advisers*) ab, der seitdem vor allem für die langfristige Planung staatlicher Wirtschaftspolitik zuständig ist. Im Gegensatz etwa zum Sachverständigenrat in der Bundesrepublik Deutschland bilden diese Experten nur ein beratendes Gremium unter der direkten Aufsicht des amerikanischen Präsidenten, der die drei Mitglieder mit Rat und Zustimmung des Senats ernennt und aus ihrer Mitte einen Vorsitzenden (z. Zt. Alan Greenspan als Nachfolger von Herbert Stein) bestimmt. Durch dieses Abhängigkeitsverhältnis hat sich der *Council* oft als willfähriges Instrument des Präsidenten erwiesen.

Zur Aufsicht über alle Behörden und Instanzen, die finanzielle Transaktionen im internationalen Rahmen vornehmen, wurde 1945 der Nationale Beirat (*National Advisory Council on International Monetary and Financial Problems*, NAC) mit dem Außen-, Finanz- und Handelsminister, den Vorsitzenden des *Federal Reserve System* und der Export-Import Bank als Mitglieder gegründet. Der Rat ist heute unter der Verwaltung des Finanzministeriums. Er entwirft die Richtlinien auch für die amerikanischen Vertreter im Internationalen Währungsfond und in der Weltbank (siehe Kapitel 2), die somit eng an die amerikanische Politik gebunden werden. Der NAC kann als Umschlagstelle nationaler und internationaler Finanzpolitik der USA gelten.

Dem NAC unterstellt ist auch die rein amerikanische Export-Import Bank (of the United States, zunächst: of Washington). Sie wurde 1934 zur Förderung des Handels mit der Sowjetunion eingerichtet. Seitdem hat sie sich mit allgemeinen Garantieübernahmen, Versicherungsleistungen und Krediten zu einem wesentlichen staatlichen Instrument amerikanischer Exportförderung entwickelt, das zeitweise auch Waffenkäufe der Entwicklungsländer mit Krediten vorfinanzierte. Die Bank soll nicht mit Privatkapital konkurrieren, sondern es »ergänzen« und »anregen«.

Wenn es auch weniger im Mittelpunkt des internationalen Interesses steht, ist das Handelsministerium *(Department of Commerce)* doch »im Zentrum der Verbindung von Regierung und Wirtschaft« (*United States Industrial Policies.* Observations presented by the United States Delegation before the Industry Commission at its 6th Session. Paris: OECD, 1970, S. 38. Des weiteren zitiert als: *OECD-Bericht*, 1970). Es ist nahezu durchgehend von Industriellen geleitet worden und hält monatlich Stabssitzungen mit den großen Wirtschaftsorganisationen ab. Unter seine Leitung fällt ein intensives Förderungsprogramm für den amerikanischen Außenhandel (Ausstellungen, Messen etc.). Seine Handelsattachés versorgen (seit 1972 durch die *Domestic and International Business Administration*, DIBA, und in Zusammenarbeit mit dem Geheimdienst) die amerikanische Wirtschaft mit den Ergebnissen ihrer ›Marktbeobachtung‹ aus den jeweiligen Ländern.

DEPARTMENT OF COMMERCE

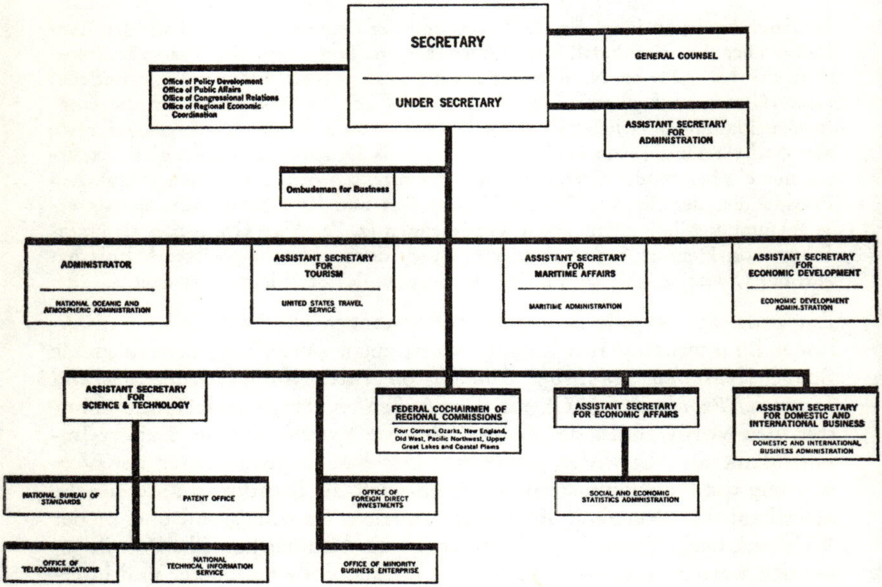

Aus: *United States Government Manual 1973/74.* Washington 1973, S. 126 (Stand: Juli 1973).

1.17 Das Verteidigungsministerium (Department of Defense)

Institutioneller Ausdruck militärischer Stärke der USA ist das *Department of Defense* (DOD), das wegen des fünfeckigen Grundrisses seiner riesigen Gebäude auch Pentagon genannt wird. Es ist der größte Organisationskomplex der amerikanischen Exekutive; es verwaltet »die größte Machtballung, die je von Menschenhand aufgebaut wurde« (Robert S. McNamara, US-Verteidigungsminister von 1961–1968; danach Präsident der Weltbank).

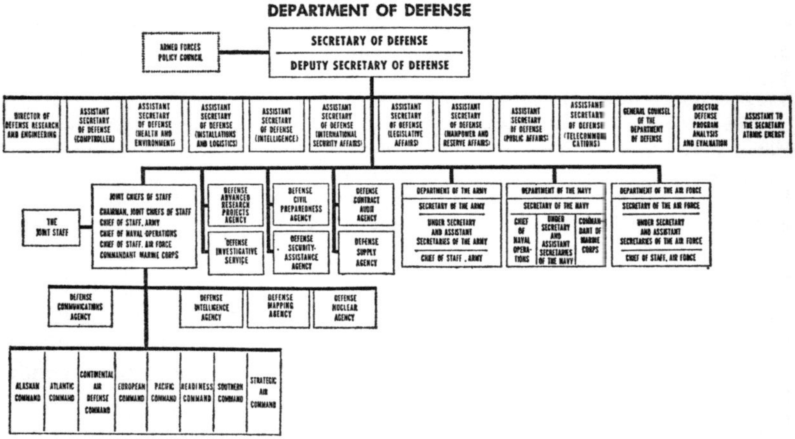

Aus: *United States Government Manual 1973/74*. Washington 1973, S. 149 (Stand: Juli 1973).

Das DOD wurde 1947 durch den *National Security Act* eingerichtet. In ihm wurden das Armee- und Marineministerium und die neugegründete Luftwaffe vereinigt und unter zivile Kontrolle gestellt. Zahlreiche Reorganisationen (etwa durch den *Defense Reorganization Act* von 1958) trieben die Koordination des militärischen Apparates weiter voran. McNamara baute die Funktionen des DOD entscheidend aus; unter Präs. Nixon sollte es den ›neuen Erfordernissen der nationalen Politik‹ angepaßt werden.

Innerhalb der Exekutive ist das *Department of Defense* in nahezu allen außenpolitischen Institutionen vertreten. Sein Informationsvorsprung (verstärkt durch die enge Zusammenarbeit mit den Geheimdiensten), die Verwissenschaftlichung seiner Mitarbeiterstäbe und seine gesellschaftliche Rolle sichern ihm dabei einen oft entscheidenden Einfluß. Seine (trotz neuerer Vorkehrungen im Nationalen Sicherheitsrat) nicht oder kaum überprüfbaren Angaben – vor allem über Rüstungsangelegenheiten und militärische Strategien – bestimmen wesentlich die amerikanische Politik. Der Verteidigungsminister, sein Stellvertreter (*Deputy Secretary of Defense*), die Vereinigten Stabschefs und (seit 1961) der *Assistant Secretary* des wichtigen Planungsstabes für Internationale Sicherheitsfragen im Pentagon (*International Security Affairs*, ISA) – der wegen seiner nahezu identischen Organisation auch ›Kleines State Department‹ genannt wird – haben ein direktes Mitspracherecht in Fragen der Außenpolitik und der nationalen Sicherheit.

Das hat – neben der Konkurrenz zwischen den einzelnen Waffengattungen – zur Zersplitterung auch innerhalb des Verteidigungsapparates beigetragen, die auch durch die Schaltzellenfunktion des *Office of the Secretary of Defense* (Büro des Verteidigungsministers; seit 1958) nicht behoben werden konnte. Dabei hat insbesondere die Doppelfunktion der Vereinigten Stabschefs zur Militarisierung der zivilen Führung beigetragen. Die *Joint Chiefs of Staff* (JCS) sind zugleich militärische Fachberater des amerikanischen Präsidenten und das zentrale militärische Gremium innerhalb des DOD. Die JCS wurden nach Anfängen im Ersten Weltkrieg im Zweiten Weltkrieg zur militärisch-strategischen Koordination und zur militärischen Beratung des Präsidenten geschaffen. Sie bestehen aus vier Mitgliedern: dem vom Präsidenten ernannten Vorsitzenden und den *Chiefs* der *Army, Navy* (Marine) und *Air Force* (Luftwaffe); der Kommandant des *Marine Corps* (einer Elitetruppe) ist bei allen Sitzungen anwesend. Über 400 militärische Beamte sind für die JCS tätig. 1947 wurde ihr Mitspracherecht im Sicherheitsrat institutionell festgelegt; daneben haben alle Mitglieder der JCS direkten Zugang zum Präsidenten.

Die Bedeutung des Verteidigungsministeriums entspricht den militärischen Implikationen besonders der amerikanischen Nachkriegspolitik. Über seinen Budget und seine militärischen Pläne und Aktionen beeinflußt es direkt und nachhaltig sowohl die nationale als auch die internationale Politik.
Die USA verfügen heute über das größte Zerstörungspotential, das je einer Nation zur Verfügung stand. Es im vollen Umfang einzusetzen, bedeutete eine internationale Katastrophe, von der auch die Vereinigten Staaten angesichts der Wahrscheinlichkeit eines nuklearen Gegenschlages nicht ausgenommen wären. Dabei können gerade jene amerikanischen Streitkräfte und Stützpunkte im Ausland, die amerikanisches Leben und Eigentum, Handel und Investitionen schützen sollen, zum Anlaß politischer und kriegerischer Auseinandersetzungen werden (und damit diese ›Interessen‹ wiederum gefährden).

»In der kommenden Dekade kann sich die Notwendigkeit, begrenzte Kriege zu führen, unter den verschiedensten Umständen ergeben. Wir haben viele Interessen in Übersee, die fremden Übergriffen ausgesetzt sind. Zu ihnen zählen das Leben und die Interessen unserer Bürger, unser Handel und unsere Investitionen, und unsere bewaffneten Streitkräfte und ihre Stützpunkte.« (General Maxwell Taylor, *Swords and Plowshares*. New York 1972, S. 10) Anfang 1970 waren noch ca. 1,2 Mio. der insgesamt 3,2 Mio. aktiven amerikanischen Soldaten (UdSSR: 3,3 Mio.) in 119 Ländern stationiert. In 30 Ländern unterhielten die USA ca. 3000 kleinere und um 400 größere Militärbasen, in ca. 50 Ländern Militärmissionen und militärische Beratergruppen (die Angaben schwanken). Daneben beschäftigte das Pentagon ca. 26 000 Zivilpersonen und ca. 255 000 ortsansässige Ausländer in Übersee. Darüber hinaus haben die USA an ca. 35 Staaten direkt Militärhilfe vergeben und jährlich etwa 10 000 Ausländer in 175 Ausbildungszentren in den USA und im Ausland ausgebildet.

Wenn auch die Zahl der im Ausland stationierten Militärs inzwischen ebenso zurückgegangen ist wie die Gesamtstärke der Streitkräfte, deutet das zwar eine Änderung der militärischen Strategie an, ändert jedoch nicht das weltweite militärische Engagement der Vereinigten Staaten, das Präsident Nixon auch für die Zukunft forderte: »Im Laufe dieser Administration waren die Vereinigten Staaten in Krisen im Nahen Osten, in Asien und in anderen Teilen der Welt verwickelt. Die jordanische Krise des Jahres 1970 zeigte, wie wichtig es ist, Kräfte einsetzen zu können, um eine örtliche Situation, die die Interessen der Großmächte berührt, zu stabilisieren. ... Es wird auch weiterhin wichtig sein, starke amerikanische Vorne-Dislozierungen beizubehalten und gleichzeitig angemessene militärische und wirtschaftliche Hilfe zu leisten.« (Präs. Nixon, 9. 2. 1972, S. 170 und 172)

1.18 Das Außenministerium (Department of State)

Die wachsende Bedeutung des Verteidigungsministeriums blieb nicht ohne Auswirkungen auf das Außenministerium, das in den USA ohnehin nicht die ›klassische‹ Rolle gespielt hat wie in Teilen Europas. In der »bürgerlichen Gesellschaft« der Vereinigten Staaten von Nordamerika (Ernst Czempiel) spiegelten sich die vielfältigen Aspekte von Außenpolitik von Anfang an auch in ihrer Organisation wider. Bereits unter den Gründungsvätern drückte sich diese Tendenz in einem organisatorischen Nebeneinander des zunächst vorrangig ausgebauten konsularischen (hauptsächlich mit Handelsfragen beschäftigten) und des diplomatischen Dienstes aus; 1830 gab es 141 amerikanische Konsulate, aber nur 10 diplomatische Außenstellen. In den zwanziger Jahren dieses Jahrhunderts hatte der Handelsminister Herbert Hoover, von 1929 bis 1933 dann Präsident der USA, praktisch ein Vetorecht über alle außenpolitischen Entscheidungen. Als Folge des Kalten Krieges bildeten zunehmend die ›Institutionen nationaler Sicherheit‹ den Kern der Phalanx in der Exekutive.
Wenn dem *State Department* nach dem Zweiten Weltkrieg auch »die Rolle eines Verteidigers der nationalen Interessen« zugeschrieben wurde, dessen Programm »die Resultante unserer nationalen Politik sein« soll (Hoover Commission, *Foreign Policy*, 1949, S. 102 und 106), konnte es in der Praxis dieser Aufgabe nur selten, wenn überhaupt nachkommen. Auch die ausführlichen *Clearance*-Vorschriften – alle Vertragsverhandlungen und Verträge müssen mit dem Außenministerium abgesprochen, Reden, Entwürfe, Artikel etc. außenkolitischen Inhalts von ihm genehmigt werden – blieben in bürokratischer Routine stecken, die wiederum auch das *State Department* in seiner Arbeit beeinträchtigte. 1969 wurde selbst der (im März 1947 gegründete) Planungsstab im Außenministerium aufgelöst.
Heute ist der Außenminister *(Secretary of State)* – wenn auch fachlich zuständiger, so doch nur – ein Berater unter anderen in außenpolitischen Fragen; der Präsident kann, muß ihn aber nicht anhören. Er ist zugleich

Vertreter der gesamten, auch der von ihm nicht getragenen Außenpolitik der Vereinigten Staaten im In- und Ausland, Leiter einer umfangreichen Behörde und oberster Diplomat eines weit verzweigten Auswärtigen Dienstes (*Foreign Service*), der in sich wiederum breit gefächert ist.

DEPARTMENT OF STATE

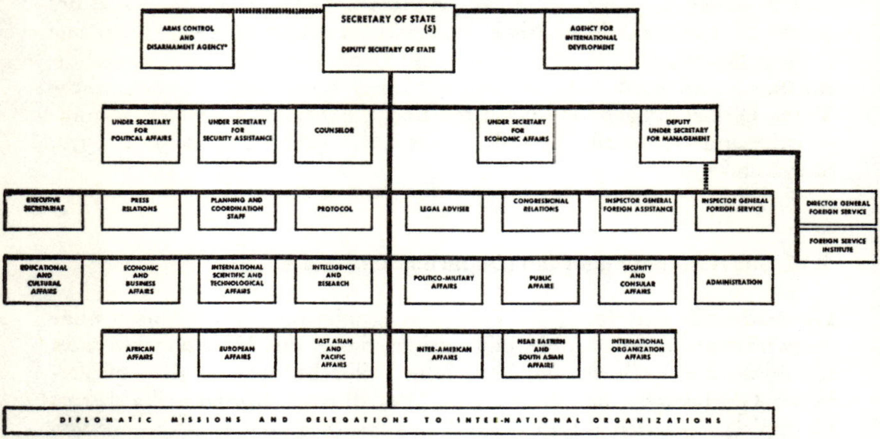

* A separate agency with the director reporting directly to the Secretary and serving as principal advisor to the Secretary and the President on Arms Control and Disarmament.

+ Die *Arms Control and Disarmament Agency* (Rüstungskontroll- und Abrüstungskommission) ist eine halb-selbständige Institution. Ihr Direktor berichtet direkt an den Außenminister und ist Hauptberater des Außenministers und Präsidenten in Abrüstungfragen.

Aus: *United States Government Manual 1973/74*. Washington 1973, S. 334 (Stand: Juli 1973).

Bereits innerhalb des Außenministeriums können Entscheidungen nur in einem umständlichen und zeitraubenden Prozeß getroffen werden (siehe etwa Krippendorff, *Die amerikanische Strategie*, 1971, S. 119–126). Es bleibt abzuwarten, ob die zentrale Stellung Henry A. Kissingers als Außenminister und Sicherheitsberater selbst die geforderte Effektivität und Rationalität amerikanischer Außenpolitik erhöht, die durch den bürokratischen Apparat eingeschränkt zu sein schien. Das *State Department* mit seinen nach Regionen und Funktionen angeordneten Abteilungen ist von einem ursprünglich kleinen Büro zu einem riesigen und schwerfälligen Mammutapparat angewachsen, auch wenn es nach Budget und Beschäftigtenzahl (ca. 40 000, davon sind etwa 8500 – und zusätzlich rund 10 000 ortsansässige Ausländer – im Auswärtigen Dienst) jeweils an vorletzter Stelle aller Ministerien steht. Besonders der 2. Weltkrieg beschleunigte sein Wachstum. Ende der vierziger Jahre war die Zahl amerikanischer Botschaften auf über 100 gestiegen (in den zwanziger Jahren lag sie noch bei 15), sein Personal 1948 fünfmal und sein Budget zwölfmal so hoch wie 1938. Anfang 1973 unterhielt es 117 Botschaften und 149 andere Auslandsstellen. Die internen Organisationsprobleme werden noch erhöht durch die Verbindung mit anderen quasiselbständigen Regierungsstellen. Ihm angeschlossen sind neben der USIA noch die folgenden im Jahre 1961 eingerichteten Behörden: die *Agency for International Development* (Auslandshilfebehörde, siehe Kap. 2.6) und die *U. S. Arms Control and Disarmament Agency* (ACDA).

Das Außenministerium ist im Laufe der amerikanischen Geschichte mehrmals reorganisiert worden. 1924 wurde die organisatorische Trennung von Politik und Handel schon angesichts der internationalen Entwicklung, aber auch des Interesses von Wirtschaft und ›progressiver‹ Reformer (siehe S. 28) an einer effektiveren Vertretung im Ausland in einem gemeinsamen Auswärtigen Dienst aufgehoben. Die nur zögernde Professionalisierung und Spezialisierung der Diplomaten hielt jedoch nicht Schritt mit diesem Funktionswandel.

Bereits im Mai 1914 hatte Außenminister William J. Bryan Vertretern der amerikanischen Exportwirtschaft erklärt, Amerikas Politik sei es, »die Türen aller schwächeren Länder für eine Invasion amerikanischen Kapitals und amerikanischer Unternehmen zu öffnen«, und versichert: »Mein Ministerium ist Ihr Ministerium; die Botschafter, die Minister und die Konsuln gehören allesamt Ihnen. Es ist deren Aufgabe, Ihre Interessen im Auge zu haben und Ihre Rechte zu schützen.« (Zit. nach Williams, *The Tragedy of American Diplomacy*, 1962, S. 78). Noch 1962 jedoch sprachen nur 88 von insgesamt 287 amerikanischen Diplomaten im Nahen Osten und in Südostasien die jeweilige Landessprache. Die niedrige (inzwischen aufgestockte) Bezahlung, ein überholtes Senioritäts- und Rotationsverfahren, das ›Generalisten‹ bevorzugt, und die Auswirkungen des Beutesystems, das seit Präs. Jackson (1829–1837) die Besetzung wichtiger Ämter mit Favoriten des jeweils gewählten Präsidenten bedeutet (aber durch ein langsam entstehendes Berufsbeamtentum eingeschränkt ist), haben die Spezialisierung auf bestimmte Länder oder Probleme nicht begünstigt. 1971 wurden auf 16 von 27 neu zu besetzenden Botschafterposten ›Freunde‹ des Präsidenten berufen. Botschafterposten im Austausch für erfolgreiche Wahlfinanzierung haben viel dazu beigetragen, das Bild des ›häßlichen Amerikaners‹ ins Ausland zu tragen.

Verstärkte die mangelnde Professionalisierung, der Umfang des *State Department* und seine Funktionserweiterung die internen Probleme des Außenministeriums, führte diese Entwicklung auch zu Rivalitäten und Konflikten mit anderen Ministerien, Behörden, Abteilungen etc., die ihrerseits außenpolitische Funktionen wahrnahmen. Der Aufbau eines separaten außenpolitischen Apparates im Weißen Haus erhöhte die Zersplitterung.

Zwar stellen die USA Anfang der siebziger Jahre ca. 12 % aller Diplomaten der Welt, doch ist der Anteil des *State Department* am gesamten Außendienst der USA nur gering und geht in einigen Botschaften nicht über 15 % hinaus. In einem Untersuchungsbericht über das amerikanische Auslandspersonal wurde 1962 darauf verwiesen, daß insgesamt 28 Regierungsstellen rund 32 000 Zivilisten im Ausland beschäftigten (Report of the Herter Committee on Foreign Affairs Personnel, *Personnel for the New Diplomacy*. Washington, D. C., 1962). Davon entfielen ca. 58 % auf das Verteidigungsministerium und 27 % auf das Außenministerium, die Auslandshilfe- und Informationsbehörde. Die Präsenz amerikanischer Soldaten erhöhte noch die Bedeutung des Verteidigungsministeriums und militärischer Lösungen in der Außenpolitik. So unterhielten die USA 1972 in

Südkorea, Südvietnam, Thailand, Japan, Taiwan, auf Okinawa und den Philippinen ca. 500 000 militärisches Personal: »Aufgrund der Anwesenheit amerikanischer Streitkräfte in diesen Gebieten entwickelten sich Ereignisse aller Art fast automatisch zu militärischen Problemen und fielen damit vorrangig in den Verantwortungsbereich des Verteidigungsministeriums.« (Nash, *American Foreign Policy*, 1973, S. 96)

Befürchtungen über ›Sicherheitsrisiken‹ im Außenministerium, die besonders in der Nachkriegszeit zu spektakulären Angriffen gegen das *State Department* führten, haben sich durchweg als grundlos erwiesen. Angesichts der Militarisierung der amerikanischen Außenpolitik sind auch in diesem Ministerium die »Manager der Nationalen Sicherheit« (Richard Barnet) tonangebend gewesen.

Diese Militarisierung war bereits 1952 ein Untersuchungsergebnis einer Studiengruppe der Wilson Foundation (siehe S. 34). In ihrem Bericht verwies diese Gruppe einerseits auf »die Dringlichkeit der Frage nationalen Überlebens in unserer Zeit«, andererseits auf »die öffentliche Neigung – so deutlich im Verhalten des Kongresses – direkte militärische Lösungen zu suchen und zu befolgen« und den daraus resultierenden Autoritätsverlust des *State Department:* »Wir sind der Überzeugung, daß der entscheidende Fehler des Außenministeriums in seiner völlig unangebrachten Neigung liegt, seine Interessen zu weit einzuschränken, besonders dann, wenn Auseinandersetzungen mit dem Verteidigungsministerium entstehen könnten. ... In der Tat sind diese zumeist privat ausgetragenen Kompetenzstreitigkeiten mindestens teilweise die Folge einer grundsätzlichen und vorläufigen Autoritätsübertragung. Das Außenministerium scheint ohne Einschränkung die nationale Überzeugung zu teilen, daß Gewalt und Politik irgendwie unterschieden sind. Damit ermutigt es die Fortdauer dieses Mythos und beeinträchtigt seine Kontrolle der amerikanischen Außenpolitik.« *(Bericht der Wilson Foundation*, 1952, S. 24, 101, 100). Auch David Horowitz, ein Vertreter der amerikanischen ›Neuen Linken‹, hat die grundsätzliche Übereinstimmung außenpolitischer Zielsetzungen im *State Department* und bei dessen schärfsten Kritiker, Senator Joseph McCarthy, hervorgehoben (siehe David Horowitz, *The Free World Colossus. A Critique of American Foreign Policy in the Cold War.* New York 1965).

Die eingeschränkte Funktionsfähigkeit des *State Department* wird in der Regel zurückgeführt auf
- den außenpolitischen Führungsstil des Präsidenten (dabei ist zwischen außenpolitisch aktiven und passiven Präsidenten unterschieden worden);
- den verhältnismäßig raschen Wechsel und die mangelnde Professionalisierung seines Personals;
- die Schwerfälligkeit seines Entscheidungsprozesses;
- die wachsende Konkurrenz mit anderen außenpolitischen Institutionen;
- die Konkurrenz (z. B. mit Handels-, Marine-etc.-Attachés in den Botschaften) und mangelnde Organisation in der eigenen Behörde;
- die Militarisierung der amerikanischen Außenpolitik;
- die Auswirkungen außerbürokratischer, vor allem wirtschaftlicher Faktoren;

– die Verbindung der ›klassischen‹ (auf Staaten bezogenen) mit einer ›neuen‹ (auf Völker bezogenen) Diplomatie und
– sein traditionell geringes Ansehen in der Öffentlichkeit und im Kongreß.

1.19 Zum außenpolitischen Instrumentarium der USA

Das *State Department* hat schon aufgrund der populären Abneigung gegen die ›*cookie-pushers in striped pants*‹, die Amerika in fremde Angelegenheiten zu verstricken und amerikanisches Geld an Fremde weiterzugeben drohten, des öftern die Rolle des Sündenbocks übernehmen müssen. Die Neigung seiner Diplomaten vor zu weitgehender Übereinstimmung mit der jeweils herrschenden Schicht in den Gastländern (allerdings nahezu ausschließlich der westlich-kapitalistisch orientierten) hat dieses Mißtrauen zum Teil erhöht. Dabei wurde Diplomatie als feudales Übrigbleibsel, als schlicht undemokratisch oder zumindest unamerikanisch (was zumeist gleichgesetzt wird) angesehen; ein Mißtrauen, das trotz der verstärkten Öffentlichkeitsarbeit seit Präsident Kennedy nicht völlig abgebaut werden konnte.

Darüber hinaus haben amerikanische Diplomaten sich schon frühzeitig bemüht, sowohl in ihrer Kleidung und in ihrem Auftreten als auch in ihrem Versuch, sich direkt an die Völker zu wenden, die Diplomatie zu demokratisieren (was zu Spannungen der noch jungen Republik besonders mit Frankreich führte). Unter dem Eindruck der Russischen Revolution – und als direkte Antwort auf entsprechende Erklärungen Lenins – knüpfte vor allem Präs. Wilson an diese Tradition an. Allerdings blieb sein Bekenntnis zu »offenen und öffentlichen Verhandlungen« ebenso wirkungslos wie die Bemühungen der Gründungsväter um eine veränderte Etikette.

Geheimdiplomatie gehört nach wie vor zum außenpolitischen Instrumentarium der USA (und der UdSSR). Sie ist u. a. eine der wesentlichen Voraussetzungen von Gipfeltreffen, deren Resultate sich schon zur Vermeidung »völlig unvorhersehbarer Gegensätze ... im Rahmen dessen bewegen, über das zuvor Übereinstimmung geschaffen wurde« (Kissinger, in einer Pressekonferenz vom 25. 6. 1973). Sie ist auch ein wesentlicher Bestandteil der Neuen Diplomatie der Vereinigten Staaten, deren Anforderungen vor allem das Außenministerium in seiner überkommenen Struktur nicht gewachsen zu sein scheint.

Diese Neue Diplomatie wird durchweg als Ergebnis der Entwicklung nach dem 2. Weltkrieg angesehen. Seit Präs. Truman soll eine neue, auf Völker (und nicht Staaten bzw. Regierungen) bezogene Diplomatie den traditionellen Austausch auf oberster Ebene erweitern. »Traditionelle Diplomatie war fast ausschließlich darauf abgestimmt, die Beziehungen zwischen Vertretern von Staatsoberhäuptern zu regeln. Heute schließen viele auswärtige Aktivitäten die Darstellung ganzer Völker vor Völkern anderer Gesellschaften ein.« (Herter Committee, *Personnel for the New Diplomacy*, 1962, S. 3) Dagegen soll die Neue Diplomatie »traditionelle Diplomatie, internationales Recht, Spionage, politische Aktionen, technische Hilfe, wirtschaftliche und militärische Hilfe, Propaganda, psychologische und konterrevolutionäre Programme« umschließen (Henderson, *The United States Information Agency*, 1969, S. 9). Private Auslandsinvestitionen, Reiseverkehr, Sportwettkämpfe, Musiksendungen, internationale Gewerkschaftstreffen, kulturelle und wissenschaftliche Austauschprogramme machen nach dieser Interpretation ihre »stille Seite« aus (ebda.). Besonders Präs. Kennedy verankerte diese Neue Diplomatie auch institutionell (etwa mit der *Agency for International Development*, der *Alliance for Progress*, dem *Peace Corps* etc.).

Die Bezeichnung Neue Diplomatie allerdings ist irreführend. Sich als Beispiel für eine bürgerlich-demokratische Ordnung direkt an die Völker anderer Gesellschaften zu wenden, war von Anfang an ein fester Bestandteil amerikanischer Politik. Neu an der Neuen Diplomatie war die Forderung nach einem offensiveren und – durch die technische Entwicklung ermöglichten – effektiveren Einsatz aller Mittel. Neu war auch die weltweite Bedrohung der amerikanischen Dominanz, die Amerika in die Defensive zu drängen und – bei einem Rückgriff alleine auf Gewalt – die militärische Kapazität und die ökonomischen Ressourcen der USA zu übersteigen drohte.

Diese Entwicklung hat Mitte der sechziger Jahre angesichts der Belastung durch den Indochina-Krieg die einander widerstreitenden Anforderungen an den amerikanischen Staat stärker hervortreten lassen und auch zu wachsender Kritik im ›liberalen Establishment‹ geführt: »Es gibt vier Mittel, mit denen eine Nation ihre Auswärtigen Angelegenheiten erledigen kann. Das erste ist die Diplomatie. Das zweite ist der Handel. Das dritte ist Kommunikation. Das vierte ist Gewalt. Die ersten drei ergänzen einander, das letzte wird alternativ eingesetzt. In der Tat als letzte Alternative. Es ist ein Indikator für die durcheinander geratenen Prioritäten unserer Zeit, daß wir 95 % unseres Geldes für auswärtige Beziehungen in das Mittel stecken, dessen Anwendung die anderen 5 % verhindern sollen.« (Frank Stanton, langjähriger Präsident des Fernsehnetzes CBS, u. a. Vorstandsmitglied der Rand Corporation und der Rockefeller Stiftung und seit 1973 Vorsitzender des Nationalen Roten Kreuzes der USA, im Jahre 1968 als Vorsitzender der *US Advisory Commission on Information*; zit. nach Kleinsteuber, *Fernsehen und Geschäft*, 1973, S. 161.)

Die institutionelle Zersplitterung ist ein Spiegelbild dieser Schwierigkeiten und Divergenzen, die durch Reorganisationen innerhalb der Exekutive nur schwerlich überwunden werden können. Auf der anderen Seite verhinderte diese Zersplitterung wiederum die Einsicht in die enge Verbindung aller außenpolitischen Faktoren.

Diese Entwicklung hob auch der Bericht der Wilson Foundation von 1952 hervor: »Auf dem Gebiet des *allumfassenden nationalen Interesses* [Hervorhebung im Original] sind die militärischen und politischen Aspekte der Außenpolitik ununterscheidbar. Beide betreffen die Art und Weise, wie die Regierung sich bindet. Die Instrumente der Gewalt und der Überredung bilden in Wirklichkeit eine Einheit, selbst wenn sie in der Bürokratie auf zwei größere Ministerien mit vielen Unterabteilungen aufgeteilt sind. Dazu ist die Wirtschaftspolitik, die vom Rat der Wirtschaftsberater ausgearbeitet wird, Teil desselben ›nationalen Interesses‹, in dem die militärische und politische Komponente nicht zu unterscheiden sind.... Auf jeden Fall gibt es keinen Grund, die Verwaltung des nationalen Interesses in eine Kriegs- und Friedensabteilung aufzuspalten. Was immer auf diesem Gebiet getan oder nicht getan wird, ist ein Teil Außenpolitik; Diplomatie ist ein leeres Gefäß ohne Inhalt. Sie wird nur zu einer Methode, Schwierigkeiten auszudrücken. Der wirkliche Inhalt ist darin zu finden, was das nationale Interesse abstützt.« (*Bericht der Wilson Foundation*, 1952, S. 189) Zugleich wiesen die Verfasser dieses Berichtes auf die Bedeutung der ›nationalen Sicherheit‹ in einer Zeit hin, in der es nach ihrer Meinung nicht mehr um ein Gleichgewicht der Kräfte, sondern um das eigene Überleben ging: »Unsere Diplomaten sind es gewohnt, mit Dilemmas zu leben, aber nicht mit solchen, deren Bedeutung von der Größenordnung des Überlebens bestimmt wird.... Heute kann es für freie Nationen nicht ausreichen, einfach Zeit zu gewinnen und eine Auseinandersetzung zu verhindern, indem durch die ausgeklügelten Methoden der Propaganda und von Allianzen in der diplomatischen Tradition Machtbündnisse durch Kompromisse und zur Schaffung eines neuen modus vivendi geschlossen werden. Amerikanische Staatskunst muß dieses Muster überkommen und im In- und Ausland ein Machtzentrum errichten, um Kriege soweit wie möglich zu verhindern oder sie ohne katastrophale Verluste zu gewinnen, falls dies notwendig sein sollte.« (ebda., S. 197/198)

Dabei bestimmte die Sorge um die ›nationale Sicherheit‹ zunehmend die amerikanische Politik. »Die nationale Sicherheit ist die weitaus wichtigste Aufgabe eines jeden amerikanischen Präsidenten.« (Präs. Nixon, 9.2.1972, S. 159) Bereits in der Präambel der US-Verfassung steht die Aufgabe der Regierung, »für die gemeinsame Verteidigung zu sorgen«, vor ihrer Verpflichtung zur Förderung des allgemeinen Wohls und der Aufrechterhaltung der »Ruhe im Innern«. Verteidigt werden soll nach allgemeiner Auffassung (siehe dazu vor allem *Vital Problems for American Society*, 1968, Kapitel 5):

1. das Leben und Eigentum amerikanischer Bürger,
2. Amerikas Souveränität,
3. die Souveränität verbündeter oder befreundeter Nationen,
4. »gewisse Beziehungen« zwischen Nationen (wie z. B. ein Gleichgewicht der Kräfte), und
5. der Einfluß oder das Prestige Amerikas bei einigen Nationen oder in der Welt.

Diese ›Interessen‹ können auf verschiedene Art und Weise verteidigt werden, und zwar durch den Einsatz von
1. Militär,
2. ökonomischen Ressourcen,
3. bilateralen oder multilateralen Verhandlungen (Diplomatie) und
4. Propaganda.

Dabei ist u. a. der Unterschied zwischen offensivem und defensivem Einsatz der zur Verfügung stehenden Mittel schon wegen der weiten Auslegung eines Angriffs auf amerikanische Interessen oder ihre Verletzung weitgehend verwischt worden. »Mit der Ausdehnung amerikanischer Interessen über die eigenen Interessen sind Angriffe auf andere Länder mit Angriffen auf Amerika gleichgesetzt worden. Verteidigung enthält nun eine Verpflichtung, Nationen in Europa und Asien zu verteidigen, selbst bevor amerikanisches Territorium oder Leben zerstört wurden. Darüber hinaus ist ein ›Angriff‹ nicht mehr länger als Invasion im klassischen Sinne, d. h. grenzüberschreitende Truppen, zu verstehen. Versuche einer anderen Bevölkerung, ihre Regierung zu stürzen, können als Angriff auf amerikanische Interessen angesehen werden, wenn sie von feindlichen (kommunistischen) Ländern unterstützt oder von Personen (Kommunisten) geführt werden, die gegen amerikanische Interessen in dieser Nation opponieren.« (*Vital Problems for American Society,* 1968, S. 264) Die Diskussion um eine ›realistische‹ Außenpolitik, d. h. einen möglichst effektiven Einsatz der außenpolitischen Mittel der USA, beruht im wesentlichen auf unterschiedlichen Auslegungen und dem Konflikt der Konzepte von ›nationalem Interesse‹ und ›nationaler Sicherheit‹.

Dabei ist auch auf die Vermischung von Überlebens- mit Macht- und Herrschaftsfragen hingewiesen worden: »Im weitesten Sinne bedeutet Sicherheit so etwas wie Imperium. Dieses Ziel kann für kein Volk gerechtfertigt werden. Es ist einfach unnatürlich für Amerikaner – 6 % der gesamten Weltbevölkerung – zu glauben, daß sie das Recht, die Pflicht oder die historische Mission haben, den dominierenden Einfluß in der Welt auszuüben. Eng definiert bedeutet Sicherheit einfach die Chance zu *überleben.* Dieses Ziel eines *Volkes* braucht kaum eine Rechtfertigung. Aber wir sollten nicht annehmen, daß das Überleben von *Staaten* Vorbedingung für das Überleben derjenigen ist, die sie bevölkern.« (Urban Whitaker, U. S. Security Through Multilateralism, in: *America's World Role in the 70s,* 1970, S. 128–140; Zitat: S. 129. Hervorhebungen im Original.)

Eine neue Außenpolitik der USA hat die Kritik an der Globalisierung amerikanischer Interessen und Sicherheit nicht bewirkt; lediglich die Mittel zur Behauptung der amerikanischen Stellung sind zum Teil überholt, zum Teil geändert worden. Die internationalen Auswirkungen dieser Politik, ihre historischen Strukturen und gesellschaftlichen Grundlagen sollen in den folgenden zwei Kapiteln untersucht werden.

2. Die internationalen Auswirkungen und Bedingungen amerikanischer Außenpolitik

2.1 Die Bedeutung der Wirtschaftsbeziehungen

Bei der Diskussion über die Außenpolitik der USA, ihre Inhalte, Ziele und Mittel, sind die Wirtschaftsbeziehungen oft entweder ausgeklammert (und von ›Fachleuten‹ gesondert behandelt) worden oder hinter anderen Aspekten zurückgetreten. In der klassischen, auf diplomatische und militärische Haupt- und Staatsaktionen oder geistesgeschichtliche Trends bezogenen Literatur machen sie in der Regel bestenfalls eine Fußnote aus. »Handelspolitik ist Außenpolitik« (so der Titel eines Beitrages des US-Ökonomen Richard N. Cooper in der USIA-Zeitschrift *Economic Impact*, No. 3, o. J., S. 6–12); diese Erkenntnis ist jedoch in der Praxis amerikanischer Außenpolitik eine Selbstverständlichkeit. Ernst Czempiel (*Das amerikanische Sicherheitssystem*, 1966, S. 35) hat darauf verwiesen, daß von den 26 großen internationalen Konferenzen der Alliierten zwischen Juli 1940 und August 1945 die Hälfte ausschließlich Wirtschaftsprobleme behandelte, die auch auf den restlichen noch eine bedeutende Rolle spielten. Bereits 1944 wurden im amerikanischen Bretton Woods (New Hampshire) die internationalen Wirtschafts- und Währungsabkommen getroffen, die als Grundlage aller ›westlichen‹ Außenwirtschaftsbeziehungen dienten und mehr als jedes andere Vertragswerk die internationalen Beziehungen der Nachkriegszeit bestimmten.

Zentrale Organisation des Systems von Bretton Woods wurde der Internationale Währungsfonds (IWF, bzw. *International Monetary Fund*, IMF), dessen Artikel am 27. 12. 1945 in Kraft traten (zum IWF siehe Kap. 2.3). Die Zahl seiner Mitglieder hat sich seitdem von 28 auf über hundert erhöht (31. 3. 1973: 122). Die Mitglieder der gleichzeitig gegründeten Internationalen Bank für Wiederaufbau und Entwicklung (*International Bank for Reconstruction and Development*, IBRD), kurz: Weltbank, müssen zugleich Mitglieder des IWF sein (was – bis auf Jugoslawien – die osteuropäischen Länder bisher ferngehalten hat). Die Weltbank ist offiziell eine Unterorganisation der UNO, die Gelder zur Entwicklung an Regierungen, staatliche Institutionen und – mit staatlicher Garantie – an private Unternehmen verleiht (zu ihren Unterorganisationen siehe auch Kap. 2.3). Ähnlich der Organisation des IWF wird sie von einem *Board of Governors* (Gouverneursrat) geleitet, in dem alle Mitglieder vertreten sind und gemäß ihren Einlagen abstimmen. Aus diesem Rat werden 16 Exekutivdirektoren gewählt, die den Präsidenten der Weltbank bestimmen. Bis 1950 gingen ihre Gelder vorwiegend an Europa, dann an die Entwicklungsländer (und hier besonders an Asien). Wendet sich die Weltbank unter dem ehemaligen US-Verteidigungsminister Robert McNamara in den siebziger Jahren verstärkt Problemen der Erziehung und Bevölkerungskontrolle zu, hatte sie zunächst einzelne Projekte gefördert (unter dem Wall Street Financier Eugene R. Black) und dann Maschinen und Material als allgemeine Entwicklungshilfe finanziert.

Das handelspolitische Gegenstück zum IWF ist das Allgemeine Zoll- und Handelsabkommen (*General Agreement on Tariffs and Trade*, GATT), das ebenfalls offiziell unter der Regie der United Nations steht. Es soll 1. das Prinzip der

Meistbegünstigung (siehe S. 87) im internationalen Rahmen garantieren, 2. Handelsbarrieren abbauen und 3. zu ständiger Konsultation verpflichten. Es hat keine eigenen Organe; zwischen den jährlichen Tagungen (in Genf) führt ein Ständiger Ausschuß von Vertretern der Hälfte der Mitglieder die Geschäfte. Das GATT wurde am 23. 10. 1947 in Genf von 23 Staaten unterzeichnet; Anfang der siebziger Jahre gehörten ihm 76 Staaten an. Im März 1948 beschlossen auf der von der UNO einberufenen Konferenz von Havanna 52 Staaten ein Statut, das die Überführung des GATT in eine Internationale Handelsorganisation (*International Trade Organisation,* ITO) vorsah. Aus Sorge vor einer Majorisierung der USA (ähnlich wie in der Vollversammlung der UNO) lehnte der amerikanische Kongreß eine Institutionalisierung dieser ›vorläufigen Dauereinrichtung‹ ab. Seine Aufgaben (verankert in 21 Artikeln) hat für die großen westlich-kapitalistischen Industrieländer weitgehend die Organisation für Wirtschaftliche Zusammenarbeit und Entwicklung (*Organization for Economic Co-operation and Development,* OECD) mit 23 Vollmitgliedern (sowie Jugoslawien und Neuseeland als assoziierten Mitgliedern) übernommen. Die OECD geht zurück auf das *Committee for European Economic Cooperation* (CEEC), das die Voraussetzungen für die amerikanische Marshall-Plan-Hilfe (siehe Kap. 2.6) schuf, und die *Organization for European Economic Co-operation* (OEEC) als Folge dieses Wiederaufbauprogramms. Am 30. 9. 1961 bildeten die USA und Kanada mit den 18 Vollmitgliedern der OEEC die OECD (Finnland, Japan und Australien traten inzwischen bei). Oberstes Organ ist der Rat, der sich entweder aus den Ministern der einzelnen Länder zusammensetzt (Ministerrat) oder aus den Vertretern der ständigen Delegationen in Paris. Alle Mitglieder sind verpflichtet, jährlich einen Bericht über die eigene Wirtschaftslage und -aussicht zu geben.

Die USA waren bisher der bestimmende Faktor in den großen internationalen Organisationen und Abkommen des Westens. Daneben haben sie bilaterale Handelsverträge und mit 39 Ländern (Stand: 1970) kombinierte Freundschafts-, Handels- und Schiffahrtsverträge *(Treaties of Friendship, Commerce, and Navigation)* unterzeichnet. Ihre weltweite Dominanz scheint jedoch von einem Kondominium abgelöst zu werden. »Wenn wir 5, 10 und vielleicht 15 Jahre vorausschauen, sehen wir fünf große ökonomische Supermächte: die Vereinigten Staaten, Westeuropa, die Sowjetunion, Kontinentalchina und Japan natürlich. ... Diese fünf werden die ökonomische Zukunft und die Zukunft der Welt auch in anderer Beziehung im letzten Drittel dieses Jahrhunderts bestimmen, weil ökonomische Macht der Schlüssel zu anderen Formen von Macht sein wird.« (Präs. Nixon am 6. 7. 1971 vor Medienvertretern in Kansas City; zit. nach *The Department of State Bulletin,* 26. 7. 1971, S. 96.)

Diese Verbindung ist weder neu noch lediglich das Ergebnis aufgestauter wirtschaftlicher Widersprüche, die periodisch aus ihrer ansonsten untergeordneten Rolle hervorbrechen (wie es zum Teil dargestellt wird). Wirtschaftliche Überlegungen haben durchweg die amerikanische Außenpolitik bestimmt. Die ›klassische‹ Formulierung der von Präsident Nixon hervorgehobenen Machtverschränkung lieferte bereits 1898 der amerikanische Senator Albert J. Beveridge, einer der eifrigsten Befürworter territorialer Expansion der USA auch über die Grenzen des amerikanischen Kontinents hinaus: »Für den Landhunger unserer Politiker, von Jefferson bis Grant, gab es keinen anderen Grund als den Propheten und den Angelsachsen in ihnen. Aber heute erzeugen wir mehr als wir konsumieren können. Deshalb müssen wir neue Absatzmärkte für unsere Produkte finden.... Die kommerzielle Suprematie unserer Republik bedeutet, daß diese Nation der unumschränkte Faktor für den Frieden in der Welt sein soll. Denn die Konflikte der Zukunft werden Wirtschaftsstreitigkeiten sein – Kämpfe um Märkte –, handelspolitische Kriege um die Existenz. Und die goldene Regel für den Frieden ist Unüberwindlichkeit der Position und Unbesiegbarkeit der Bereitschaft.... So beschert uns Hawaii einen Seestützpunkt im Herzen des Pazifik, die Marianen-Inseln, nur eine Reise davon entfernt, einen weiteren, Manila einen dritten vor den Toren Asiens – Asien, mit dem Abermillionen amerikanischer Kaufleute, Fabrikanten und Farmer mit gleichem Recht Handelsbeziehungen aufnehmen können wie die aus Deutschland oder Frankreich oder Rußland oder England;... Asien, dessen Türen sich dem amerikanischen Handel nicht verschließen dürfen. Innerhalb von fünf Jahrzehnten wird der Hauptteil des östlichen Handels unser sein.« (Zit. nach Oglesby/Shaull, *Amerikanische Ideologie*, 1969, S. 84)

Handelsbeziehungen sind in der amerikanischen Geschichte immer wieder instrumentalisiert worden. Ihr politischer Einsatz bedeutete in vielerlei Hinsicht eine direkte Intervention in die inneren Angelegenheiten anderer Staaten. Sie sind darüber hinaus ein notwendiger Bestandteil der entwickelten kapitalistischen Wirtschaft der USA und bestimmen wesentlich das Konzept ›nationaler Interessen‹ und ihrer Verteidigung. International schaffen sie Strukturen, in denen sich Außenpolitik abspielt.

»Der Kernpunkt unseres gesamten außenpolitischen Wirtschaftsprogramms für die Nachkriegszeit ist die Ausdehnung des privaten Handels und die Förderung der privaten Unternehmerinitiative – und zwar mit einem solchen Maß an Regierungsunterstützung, das notwendig ist, um das hohe Produktions- und Beschäftigungsniveau zu halten« (Außenminister Edward R. Stettinius, vormals US-Steel, 1944; zit. nach *Congressional Record*, 79. Congress, 1. Sitzung, Bd. 91, Teil II, S. 1658) Für Präsident Truman war 1947 (in einer Ansprache an der Baylor University) Frieden nur bei universeller Gültigkeit des Systems freien Unternehmertums – im Gegensatz zur ›regimented economy‹ – möglich: »Die ganze Welt sollte das amerikanische System übernehmen.‹ Auf der anderen Seite konnte dieses System nach seiner Meinung »in Amerika nur überleben, wenn es zum Weltsystem wird« (zit. nach Dena F. Fleming, *The Cold War and Its Origins.* New York 1961, S. 436). Sein Außenminister, der Wall Street Rechtsanwalt Dean Acheson, war 1945 »der Überzeugung, daß ohne ausländische Märkte Vollbeschäftigung und Wohlstand in den USA unmöglich sind« (zit. nach Gabriel und Joyce Kolko, *The Limits of Power. The World and United States Foreign Policy, 1945–1954.* New York 1972, S. 148). Diese »Überzeugung« läßt sich in den außenpolitischen Grundsätzen der unterschiedlichen Regierungen seit dem späten 19. Jahrhundert als Grundtenor wiederfinden.

Waren schon die ersten Auslandsvertretungen der Gründungsväter vor allem Handelskonsulate, bildete die Forderung nach Ausweitung des Handels nicht zuletzt in wirtschaftlichen Krisen, die immer zugleich soziale und politische Krisen waren, die Antriebskraft für die staatliche Kompetenzerweiterung und die amerikanische Expansion im 19. Jahrhundert. Die »Amerikaner betrachteten sich vom Anfang der Existenz ihres Staates als Empire« (Williams, *The Tragedy of American Diplomacy*, 1962, S. 25). Die wirtschaftliche Expansion sollte auch die ökonomischen und sozialen Widersprüche in den USA überwinden helfen – eine Lösung, die (u. a. von Hans-Ulrich Wehler) als ›Sozialimperialismus‹ bezeichnet worden ist.

Nach dem Abschluß der territorialen Expansion im Inland (›Schließung der Grenzen‹) bestimmte die Überzeugung, daß die amerikanische Wirtschaft ohne Expansion über die eigenen Grenzen hinaus zusammenbreche, die Außenpolitik der Vereinigten Staaten. »Für den amerikanischen Imperialisten [wie eine einflußreiche ›Gruppe‹ in den USA am Ende des 19. Jahrhunderts genannt wurde] lag die Lösung auf der Hand. Wo, wenn nicht im Ausland, war die Möglichkeit für die Vereinigten Staaten, neue Märkte, neue Vorräte und neue Gelegenheiten für Unternehmer zu finden?« (Calleo/Rowland, *America and the World Political Economy*, 1973, S. 34 f.) In diesem Zusammenhang ist von einem »Formwandel amerikanischer Expansion zum Imperialismus« (von Erich Angermann, dem Kölner Amerikawissenschaftler) gesprochen worden, andererseits aber auch – unter Einbeziehung der ›Außenpolitik‹ *auf* dem Kontinent – vom Übergang eines »kontinentalen Imperialismus« im 19. Jahrhundert zu einem »episodischen Imperialismus« zu Anfang des 20. Jahrhunderts und schließlich einem »globalen Imperialismus«, der sich auf den amerikanischen militärisch-industriellen Komplex stütze (so der US-Wissenschaftler Neal D. Houghton).
In der Politik der Offenen Tür *(Open-Door Policy)* wurde die entsprechende Forderung nach freiem Zugang der USA zu allen Märkten und Rohstoffgebieten verankert. Mit ihrer Forderung nach Gleichbehandlung in den internationalen Wirtschaftsbeziehungen ist sie in etwa das außenpolitische Gegenstück zur Chancengleichheit *(equality of opportunity)*, die innenpolitisch die demokratische Forderung nach Gleichheit ersetzt hat (siehe auch Kap. 3.5). Beide Begriffe tauchen z. B. im Neunmächtevertrag der Washingtoner Abrüstungskonferenz vom 6. 2. 1922 synonym nebeneinander auf.

Der Begriff der *Open Door* ist einem Rundschreiben des amerikanischen Außenministers John Hay vom 6. 9. 1899 an die Regierungen von Deutschland, Großbritannien, Frankreich, Rußland und Japan entnommen. Darin hieß es u. a.: »Die Vereinigten Staaten sind ernsthaft bemüht, jeden Anlaß für Spannungen zu beseitigen. Sie wünschen zugleich, allen Nationen in China die unbezweifelbaren Handelsvorteile zu sichern, die jene Mächte hätten, deren Anspruch auf ›Interessensphären‹ dort formell anerkannt würde. Sie wünschen, daß alle Nationen vollständige Gleichheit in der Behandlung ihres Handels und ihrer Schiffahrt innerhalb solcher Sphären genießen sollten.« (Zit. nach: U.S. Department of State, *Papers Relating to the Foreign Relations of the United States, 1899*. Wahington 1901, S. 129)

Diese Politik bildete auch die Grundlage für das ›liberale‹ Weltwirtschaftssystem der Nachkriegszeit, das von den USA im wesentlichen geschaffen und bestimmt wurde. War sie am Ende des 19. Jahrhunderts Ausdruck einer Nation, die international zur ökonomischen Vormacht strebte und Beschränkungen auf diesem Weg ausräumte, empfanden andere Nationen bei wachsender wirtschaftlicher und militärischer Stärke der USA das, was hier als *openess* proklamiert wurde, zunehmend als Penetration. »Dieses ökonomische System arbeitete nach Regeln, die Gleichheit vortäuschten und das Vorhandensein von Machtbeziehungen vertuschten.« (Morgenthau, *In Defense of the National Interest. A Critical Examination of American Foreign Policy.* New York 1951, S. 12)

Von dieser Doktrin – und der daraus resultierenden »indirekten Herrschaft« der USA (Hans J. Morgenthau) – waren (auch nach Meinung des konservativen US-Ökonomen Richard Lipsey) »sich neu entwickelnde Nationen, die sich spät industrialisierten«, niemals »sehr angetan«. 1899 hatten die USA in der Eisen- und Stahlproduktion Großbritannien bereits überflügelt, ihre militärische Stärke im Spanisch-Amerikanischen Krieg von 1898 unter Beweis gestellt und schickten sich an, an der Verteilung der Welt in »Anlagesphären« (Rudolf Hilferding, 1907) über die westliche Hemisphäre hinaus verstärkt teilzunehmen. »Die Politik der Offenen Tür ermahnte die europäischen Merkantilisten lediglich, jene Kanonenboot-Privilegien aufzugeben, an denen wir zufälligerweise keinen Anteil hatten. Ihr äußeres Prinzip bestand darin, daß der amerikanische Handel sich bei einem offenen Markt in jedem fairen Wettstreit behaupten konnte. Ihr inneres Prinzip bestand darin, daß sich die amerikanische Wirtschaft im Augenblick am kürzeren Konzessionshebel befand. Die Politik der Offenen Tür war – und genauso verhält es sich mit unserer oftmals praktizierten doppelten Moral bei der Ablehnung des ›ökonomischen Nationalismus‹ – ein freundlicher Decknahme für unsere asiatischen Expansionsabsichten. Amerika war das geworden, was man unter einer großen Weltmacht versteht, und es war auch darauf vorbereitet, wie eine große Weltmacht zu handeln.« (Carl Oglesby, in: Oglesby/Shaull, *Amerikanische Ideologie*, 1969, S. 68)

Die Politik der Offenen Tür legte nach den schweren Wirtschaftskrisen in den USA und dem Spanisch-Amerikanischen Krieg – mit der Eroberung der Philippinen, Puerto Ricos und (daraus folgend) des unabhängigen Hawaiis – den Grundstein für die mehr informelle Phase des *American Empire.* Dabei blieb allerdings die ökonomische Expansion eng mit der militärischen verbunden: »Da es für den Handel keine nationalen Grenzen gibt und der Industrielle die gesamte Welt als Markt verlangt, muß die Flagge seiner Nation ihm folgen; und die Türen jener Nationen, die verschlossen sind, müssen niedergerissen werden.« (Woodrow Wilson, Präsident der USA von 1913–1921, im Jahre 1907; zit. nach Williams, *The Tragedy of American Diplomacy*, 1962, S. 66) Kanonenbootdiplomatie und Dollarimperialismus der Vereinigten Staaten waren zwei Seiten derselben Münze im Spiel des amerikanischen industriellen Nachzüglers.

Von der Veränderung bis zur Verteidigung des Status quo haben sich zwar die Spielregeln geändert, doch hat sich diese Verbindung von ökonomischer und militärischer Macht auch für den heutigen industriellen und militärischen Giganten als durchaus dauerhaft erwiesen. »In der Nachkriegszeit waren Amerikas Rolle im Weltwährungssystem und Amerikas Rolle in der militärischen Allianz zwei Seiten derselben imperialen Münze. Der nuklearen Hegemonie in der NATO entsprach die Dollarhegemonie im IWF [Internationalen Währungsfond]. Dollars stützen Truppen, und Truppen stützen Dollars. Besonders in letzter Zeit ist es schwierig festzustellen, was mehr vom anderen abhängt.« (Calleo/Rowland, *America and the World Political Economy*, 1973, S. 87)

So war auch Indochina für die USA »ein politischer, ein ökonomischer und ein militärischer Grundstein in einem Gebiet politischer und militärischer Schwäche« (*New York Times*, 28. 2. 1954, Sect. 4, S. 3). Wenn auch zunehmend militärisch-strategische Erwägungen zu dominieren drohten (was wesentlich zur Reaktion in den USA beitrug; siehe Schlußteil), hat der Krieg in Indochina doch zugleich auch direkte ökonomische Auswirkungen gehabt. Zwischen 1955 und 1970, also während des Indochinakrieges, haben sich selbst kurzfristig die US-Exporte nach Asien um das Vierfache auf 10 Mrd. Dollar erhöht; nach Europa sind sie zur gleichen Zeit ›nur‹ um das Dreifache auf 14 Mrd. Dollar gestiegen. Darüber hinaus kann jedoch »in einem weiteren Sinne« angenommen werden, »*daß* unsere Investitionen und Märkte in Vietnam auf dem Spiel stehen. Vietnam gilt als Symbol für das Recht amerikanischen Kapitals, sich frei durch die Welt zu bewegen und heimzukehren. Die Tatsache, daß amerikanische Investitionen in Vietnam kaum der Rede wert sind und wahrscheinlich auch bleiben . . . ist dabei von zweitrangiger Bedeutung; die Herausforderung Amerikas durch eine ›zurückgebliebene‹ Nation kann nicht übersehen werden. . . . Eine nicht verhinderte ›Regierungsübernahme‹ des Vietcong bedeutete einen Schlag gegen den Mythos des amerikanischen way of life und freien Unternehmertums, nicht nur weil der revolutionäre Virus ansteckend ist und wie die asiatische Grippe zu den Philippinen, nach Südamerika, Afrika getragen werden könnte, sondern weil gerade das Konzept einer selbstgewählten Alternative zum amerikanischen Muster schädlich ist.« (Die amerikanische Schriftstellerin Mary McCarthy in: *The New York Review of Books*, Bd. 19, 25. 1. 1973, S. 11)

Die binnenwirtschaftliche Entwicklung (technologischer Sprung, Konzentrationsbewegung etc.) – zunächst abgestützt durch einen großen Binnenmarkt und vorhandene Rohstoffe –, die neuerprobte militärische Stärke und die Konkurrenzkämpfe der europäischen Mächte verhalfen der amerikanischen Politik der Offenen Tür historisch zum Erfolg. Sie war von Anfang an begleitet von wirtschaftlichen und militärischen Schutzmaßnahmen, der Behauptung einer ›geschlossenen Tür‹ für Lateinamerika und Angriffen »besonders gegen die Kolonien anderer Nationen, die amerikanischen Geschäftsleuten den Zutritt verweigerten« (Gar Alperovitz). Dabei wurde aus den Forderungen nach Chancengleichheit und Selbstbestimmung nach merkantilistisch niederländischem und klassisch englischem Vorbild die offensive Forderung nach und Behauptung von Chancen für die ökonomische Expansion der Vereinigten Staaten von Nordamerika.

Der spätere Präsident (1929–1933) Herbert Hoover deutete als Handelsminister – und ›heimlicher‹ Außenminister der zwanziger Jahre – mit seiner Erkenntnis, daß die »Erwartungen unseres Handels darin liegen, Niederlassungen amerikanischer Firmen im Ausland zu gründen, die amerikanischen Produkte unter amerikanischer Regie zu verteilen, im Ausland direkte amerikanische Finanzkontrollen zu errichten und – als wesentlichstes – in der russischen Industrie amerikanische Technologien einzuführen«, die Konturen dieser Politik an (zit. nach Williams, Monopole und amerikanische Außenpolitik, in: *Big Business und Kalter Krieg*, 1971, S. 67–101. Zitat: S. 83). Sie vollzog sich weniger hinter dem Rücken dieses Vertreters von ›rugged individualism‹ und seiner oft mißverständlich als isolationistisch (im Gegensatz zu interventionistisch) eingestuften Außenpolitik als mit seiner aktiven Unterstützung. Seine Nachfolger führten diese Politik weiter und sicherten sie innen- und außenpolitisch ab. »Der Welthandel wirkt sich auf den Lebensstandard und das Wohlergehen der Bürger unseres Landes – und jedes anderen Landes – aus. Aus diesem Grunde war die Beseitigung der Schranken für den freien Warenaustausch auf den internationalen Märkten ein wichtiger Eckstein der amerikanischen Politik seit den dreißiger Jahren.« (Präs. Nixon, 9. 2. 1972, S. 72)

Als Eckstein dieser Politik gilt der *Trade Agreements Act* von 1934, mit dem die USA aktiv die ökonomische Führung von Großbritannien übernahmen. Dieses Gesetz war eine Antwort auf die Auswirkungen der Weltwirtschaftskrise in den USA einerseits und die Wirtschaftspolitik vor allem Großbritanniens (›Sterling-Block‹), aber zunehmend auch Deutschlands und Japans andererseits, die Amerika von regionalen Märkten und Rohstoffgebieten auszuschließen drohte und darüber hinaus eine ›nationalistische‹ (sprich: eigenständige) Entwicklung der Länder der Dritten Welt einzuleiten schien.
Im *Trade Agreements Act* wurde auch die 1923 eingeführte Meistbegünstigungsklausel (*Most Favored Nation*, MFN) aufgenommen. Danach gestehen sich die jeweiligen Handelspartner gegenseitig alle Begünstigungen zu, die sie Dritten in den Handelsbeziehungen einräumen. Dadurch konnten die USA mit ihren Handelsverträgen nicht nur Vorteile aus dem Handel mit den Entwicklungsländern ziehen, die von Zollsenkungen nur selten profitierten, sondern auch Druck auf andere Industrieländer einer niedrigeren Entwicklungsstufe ausüben (z. B. 1934/35 mit der Nichtverlängerung der MFN in den Handelsbeziehungen mit Deutschland).

Vor allem die Entwicklungsländer wehren sich zunehmend gegen dieses Reziproksystem und fordern Präferenzen im Handel mit den Industrienationen zur Förderung ihrer Entwicklung (vgl. Rául Prebisch, ›Towards a New Policy for Development‹, *Proceedings of the United Nations Conference on Trade and Development.* Bd. II, New York 1964. Prebisch war Generalsekretär dieser ersten UNCTAD-Konferenz). Auf der anderen Seite beklagen die USA in der Wirtschaftspolitik Westeuropas, dessen ökonomische Integration sie zunächst gefördert hatten, eine Verletzung dieser Prinzipien. Schon in den sechziger Jahren erkannten sie in der Agrarpolitik (seit 1962) und dem Präferenzsystem (Zollabsprachen vor allem mit afrikanischen, aber auch mit einigen lateinamerikanischen Staaten) der Europäischen Gemeinschaft (EG, vormals Europäische Wirtschaftsgemeinschaft, EWG) eine gravierende »Verletzung der Regeln und des Geistes handelspolitischer Zusammenarbeit« (Cooper, ›Trade Policy is Foreign Policy‹, *Economic Impact,* No. 3, o. J., S. 9. Dieser Aufsatz in der Wirtschaftszeitschrift der USIA kann als knappe Zusammenfassung der offiziellen Position gelten).

Obwohl die USA mit ihrer Handelspolitik auf ähnliche Maßnahmen wie die Länder der EG zurückgegriffen haben, ihr – durch Überschußproduktion notwendiger – Agrarexport in die EG seit 1962 um 50 % gestiegen ist (Stand: 1973) und das europäische Präferenzsystem nur einen Bruchteil ihres Handels berührt, befürchten sie Anfang der siebziger Jahre angesichts der eigenen wirtschaftlichen Schwierigkeiten mit der Auflösung dieser Prinzipien durch die EG einen Zusammenbruch der internationalen Wirtschaftsordnung unter ihrer Führung. Dabei erkennen sie in der europäischen Agrarpolitik mit ihren Auswirkungen auf den Handelsfluß eine bedrohliche »internationale Einkommensverteilung« (Richard N. Cooper) und im europäischen Präferenzsystem den Ansatz zu zwei wirtschaftlichen Nord-Süd-Achsen (USA-Lateinamerika; EG-Afrika) – eine Entwicklung, die sich aufgrund der unterschiedlichen europäischen und amerikanischen Interessen auch im Nahen Osten anzudeuten scheint.

Über die Auswirkungen auf die Politik der Offenen Tür hinaus verweist Cooper auch auf die Gefährdung des innenpolitischen Gleichgewichts, die wiederum auf die internationale Ordnung umschlagen könne: »Wenn die Regeln zusammenbrechen oder nicht mehr als fair angesehen werden, können sie von Regierungen nicht mehr effektiv eingesetzt werden, um partikularistische Ansprüche im eigenen Land in Schach zu halten. Darin liegt eine große Gefahr für die internationalen Beziehungen, besonders für die USA.« (a. a. O., S. 11) Das neue, unter Präs. Nixon nicht mehr verabschiedete Handelsreformgesetz *(Trade Reform Act)* soll diese Entwicklung bremsen. Generell sieht es verstärkte Regulierungsfunktionen des amerikanischen Staates auch im internationalen Bereich, im einzelnen einschneidende Vollmachten des amerikanischen Präsidenten vor. Um »durch faire und gleiche Marktchancen und einen offenen und nicht diskriminierenden Welthandel das ökonomische Wachstum der USA zu stimulieren, ausländische Märkte für amerikanische Exporte zu behaupten und zu erweitern und die internationalen wirtschaftlichen Beziehungen der USA zu stärken«, fordert es u. a. eine Revision des GATT und gibt dem Präsidenten das Recht, Handelspräferenzen und -beschränkungen wahlweise für bestimmte Branchen und Länder zu bestimmen. Entwicklungsländer, die ausgewählten Industrieländern wechselseitig Präferenzen gewähren, sollen vom Präferenzsystem der USA ausgeschlossen bleiben.

2.2 Die USA nach dem Zweiten Weltkrieg und die internationale kapitalistische Konkurrenz

Die wirtschaftlichen Auseinandersetzungen zwischen den Industrieländern bestimmen wesentlich die amerikanische Politik. In diesen Auseinandersetzungen hatten die Vereinigten Staaten von Nordamerika 1945 – in der Nachfolge Großbritanniens aus dem 19. Jahrhundert – endgültig nicht nur die militärische, sondern auch die wirtschaftliche und finanzielle Dominanz übernommen. Die ›zweite industrielle Revolution‹ – wie die durch den Zweiten Weltkrieg sprunghaft vorangetriebene Automatisierung und Entwicklung vor allem der Chemie, Elektronik und Atomtechnik genannt wird – festigte den internationalen Vorsprung der USA.

»In den vierziger und den frühen fünfziger Jahren lag Europa am Boden – politisch, wirtschaftlich und militärisch. ... Damals waren die Vereinigten Staaten die dominierende Wirtschaftsmacht der Welt und trugen die Hauptverantwortung für die wirtschaftliche Lebensfähigkeit und Sicherheit eines großen Teils der nichtkommunistischen Welt. Wir nahmen den Marshallplan in Angriff, um Europa zu helfen, wieder auf die Beine zu kommen. Wir unterstützten die wirtschaftliche Wiedererholung Japans. Wir förderten die wirtschaftliche Zusammenarbeit in Europa. Gemeinsam mit anderen Nationen halfen wir mit bei der Gründung des Internationalen Währungsfonds, um die monetäre Zusammenarbeit auf der Welt zu fördern; des Allgemeinen Zoll- und Handelsabkommens (GATT), um einen Kodex und einen Apparat für die ordnungsgemäße Abwicklung des internationalen Handels zu schaffen, sowie der Weltbank, um den Wiederaufbau in Europa zu fördern und den Entwicklungsländern Hilfe zu gewähren. Sie bildeten die institutionelle Grundlage für ein internationales Wirtschaftssystem, das den sich ständig ausweitenden Fluß von Gütern und Hilfsquellen förderte, der zur Wiederherstellung der Prosperität der freien Welt erforderlich war. . . . Die Prosperität der Vereinigten Staaten und ihrer Verbündeten ist nach dem Krieg durch eine schnelle Ausweitung des Handels zwischen uns noch vergrößert worden. Diese Handelsbeziehungen bildeten eine solide Grundlage für unsere starken politischen Bindungen.« (Präs. Nixon, 9. 2. 1972, S. 41, 64 und 72)

Unter dem Eindruck dieser Entwicklung ist (zunächst besonders von Neomarxisten) von einem amerikanischen ›Superimperialismus‹ gesprochen worden – ein Vorwurf, der vor allem in der Diskussion um die multinationalen Konzerne allgemein aufgegriffen wurde. Amerikanische Firmen hätten mit staatlicher Rückendeckung und aufgrund ihrer Größe, überlegenen Technologie und ihres schnellen Wachstums die Leitsektoren der westeuropäischen Industrieländer – und voraussichtlich bald auch Japans – übernommen, die nationalen Bourgeoisien dieser Länder in Abhängigkeit von amerikanischem Kapital gebracht und mit diesen eine Koalition unter absoluter amerikanischer Vorherrschaft gebildet. Widersprüche zwischen diesen Ländern existierten zwar, seien aber entgegen dem Grundwiderspruch zwischen dieser Koalition und den Entwicklungsländern und angesichts des Systemantagonismus von Ost und West weitgehend aufgehoben.
Eine solche Koalition der ›reichen Länder‹ Westeuropas und Nordamerikas mit Japan, die mit einem Fünftel der Weltbevölkerung zwei Drittel aller Güter und Dienstleistungen, des Welthandels und der Direktinvestitionen auf sich vereinigen, ist keineswegs abwegig. Sie ist praktisch sowohl in der Zehnergruppe *(Club of Ten)* des Internationalen Währungsfonds (siehe Kap. 2.3) und in der Weltbank als auch in der Organisation für Wirtschaftliche Zusammenarbeit und Entwicklung, dem »Finanz- und Handelsclub des reichen Mannes« (Walt W. Rostow), bereits vorhanden. Pläne zu einer Festigung und Erneuerung dieser Koalition unter stärkerer Einbeziehung Japans spielen in der außenpolitischen Diskussion der Vereinigten Staaten eine große Rolle. »Es wird kein neuer Superstaat sein, aber ein magnetischer Kern – der Mittel- und Ausgangspunkt einer zukünftigen Weltordnung von Frieden, Freiheit und Gelegenheit.« (US-General Lauris Norstad; zit. nach Calleo/Rowland, *America and the World Political Economy*, 1973, S. 188)

Auch bei den neuen Überlegungen zur Institutionalisierung der ›vorläufigen Dauereinrichtung‹ GATT soll der Einfluß der westlichen Industrieländer gegenüber den anderen Mitgliedern verstärkt werden (siehe etwa die Empfehlungen des *Atlantic Council*), deren zahlenmäßige Bedeutung den amerikanischen Kongreß schon 1948 gegen die Überführung des GATT in die Internationale Handelsorganisation stimmen ließ. Der Einfluß der ›armen‹ Länder in der UNO

– bei einem bisher blockierten Sicherheitsrat, der nur in Ausnahmesituationen (wie im Korea-Krieg der USA, als die UdSSR ihr Stimmrecht nicht wahrnahm) von den USA instrumentalisiert werden konnte – hat solchen Erwägungen immer wieder Nahrung gegeben. »Wir möchten mit Japan, Europa, Kanada und Australien vollständigere Beziehungen zwischen uns allen entwickeln. Wir alle haben teil an Demokratie und Marktwirtschaft. Zusammen produzieren wir um 70 % aller Güter und Dienstleistungen der Welt. Wir haben viele gemeinsame politische und wirtschaftliche Interessen – unsere gemeinsamen Erfordernisse in der Energieversorgung sind eins davon. Die Notwendigkeit, unsere Politik gegenüber den Entwicklungsländern aufeinander abzustimmen, ist ein anderes. Unsere vielseitigen gemeinsamen wirtschaftlichen, politischen und sicherheitsbedingten Interessen legen die Notwendigkeit nahe, eine bessere Absprache und Zusammenarbeit zwischen uns allen zu entwickeln.« (Kenneth Rush als stellvertretender US-Außenminister in einer Pressekonferenz vom 15. 6. 1973)

Diesen Vorstellungen steht die wachsende wirtschaftliche Konkurrenz zwischen den westlichen Industrieländern *(die internationale kapitalistische Konkurrenz)* entgegen, die gerade die solide Grundlage für die politischen Beziehungen erneut zu zerstören scheint. Auch wenn seit 1948 ideologisch-militärische Auseinandersetzungen im Kalten Krieg mit der UdSSR offenbar im Vordergrund standen, bestimmten die rapide fortschreitende ›Internationalisierung‹ des Handels, des Kapitals und der Produktion und die weitgehende Oligopolisierung sowohl des Inlandmarktes als auch – unter Führung der USA – des Weltmarktes langfristig die internationalen Beziehungen der Nachkriegszeit. »Der europäische Zusammenschluß und Japans Status als drittgrößte Industriemacht führen zwangsläufig zu einem wirtschaftlichen Konkurrenzkampf zwischen uns.« (Präs. Nixon, 9. 2. 1972, S. 6)

Die wirtschaftlichen und währungspolitischen Maßnahmen der USA 1971 haben nur wenig dazu beigetragen, »daß der internationale Handel eine Quelle der Stabilität und Harmonie und nicht ein Anlaß für Brüche und Mißhelligkeiten wird« (Präs. Nixon am 26. 9. 1972 vor dem leitenden *Board of Governors* des IWF und der Weltbank). Sie verstießen grundsätzlich bereits gegen die Konsultationsvorschriften aller internationalen Abkommen der USA auf diesem Gebiet. Auch die neue internationale Ordnung, die Finanzminister Shultz für die USA diesem Gremium vorlegte, konnte die Widersprüche zwischen nationaler Politik und den Notwendigkeiten des internationalen Wirtschaftssystems nicht überwinden. Wie im Jahre 1900 (beim Einmarsch Rußlands in die Mandschurei) wird befürchtet, daß eine Änderung der Weltbalance »die amerikanische Gesellschaft bis auf ihre Grundfesten erschüttern und möglicherweise den Lebensstil, an den unser Volk gewöhnt ist, unmöglich machen würde. ... Heute muß die Nation wählen, ob sie ohne Rücksicht auf die Kosten weiter exportieren oder sich mit der Herankunft einer relativen Stagnation begnügen will.« (Brooks Adams, *America's Economic Supremacy.* New York 1900, S. 43 und 49)

Diese Auseinandersetzungen, die besonders von neomarxistischen Autoren als Anzeichen ›imperialistischer Konkurrenz‹ vermerkt werden, beeinflussen weitgehend die Außenpolitik der USA in den siebziger Jahren. »Die Zeit ist vorbei, in der die USA – führend in der Wissenschaft, Verkaufstechnik und in den Dienstleistungen – die Weltmärkte mit ihren technologisch hochstehenden Produkten und ihren fortgeschrittenen Produktionsmitteln beherrschen konnten. Die Zeit ist vorbei, in der die USA automatisch mehr im Ausland verkaufen als einkaufen konnten. Wir sehen uns neuen Herausforderungen im internationalen Wettbewerb gegenüber und sind somit in einer Periode weitgehender Anpassung in unseren Beziehungen mit unseren Handelspartnern.« (Präs. Nixon am 22. 2. 1973. Amerikanische Ausgabe, S. 20)

Der Anteil der USA am Weltexport (ohne kommunistische Länder) von 32,5 % im Jahre 1947 (1938: 14,5 %) gegenüber Westeuropa mit 17,1 % (1938: 43,8 %, mit England noch vor den USA) ist über 18,3 % im Jahre 1955 (Westeuropa: 41,2 %) 1972 auf 13,6 % gesunken (es folgten die BRD mit 12,6 %, Japan mit 7,7 %, Frankreich mit 7 % und England mit 6,8 %. Die UdSSR mit ca. 4 % rangiert bei einem Vergleich noch hinter Italien mit 5,1 %). 1971 verzeichneten die USA ein Handelsdefizit von 2 Mrd. Dollar, 1972 von 6,4 Mrd. Dollar. Im selben Jahr war zum ersten Mal nach dem Zweiten Weltkrieg ihr Handel mit Europa defizitär, nachdem sie bis 1971 einen jährlichen Überschuß von ca. 1–2 Mrd. Dollar hatten erzielen können. Japan und die BRD verfügten zu Anfang der siebziger Jahre über hohe Handelsüberschüsse und reiche Devisenpolster. 1973 hat sich schon aufgrund der Wirtschaftspolitik der USA ihre Handelsposition – vorübergehend? – verbessert (während besonders Japan Handelsrückgänge und eine negative Zahlungsbilanz verzeichnet).

Auch die amerikanischen privaten Direktinvestitionen im Ausland (nach Berechnungen des US-Handelsministeriums kontrollierten amerikanische Firmen 1970 78 Mrd. Dollar von insgesamt 120 Mrd. und 1971 86 Mrd. Dollar von insgesamt 165 Mrd. Dollar Buchwert aller langfristigen direkten Auslandsinvestitionen) sind in diesem Zusammenhang als Zeichen der Schwächung ausgelegt worden: »Die Emigration von Konzernen ist selbst ein Zeichen der ökonomischen und sozialen Malaise Amerikas« (Calleo/Rowland, *America and the World Political Economy*, 1973, S. 179). Einerseits Folge der Schwierigkeiten im Kapitalverwertungsprozeß (Profite können nicht mehr gewinnbringend im Inland angelegt werden), müßten amerikanische Konzerne andererseits aufgrund ihres sinkenden Exportanteils, der zum Teil mit den hohen US-Löhnen in Verbindung gebracht wird, zunehmend Produktionsstätten ins Ausland verlegen, um ihre Stellung im internationalen Konkurrenzkampf behaupten zu können.

Als weiteres Indiz ist der Anstieg der Direktinvestitionen westeuropäischer Unternehmen von 1960–1967 um 167 % (BRD: 316 %) gegenüber nur 51 % der USA genannt worden. Dabei erhöhte sich der Anteil ausländischer Direktinvestitionen in den USA von 3,4 Mrd. Dollar im Jahre 1950 auf 13,2 Mrd. Dollar Ende 1970. Andere, vor allem kurzfristige private und staatliche Geldanlagen allein westeuropäischer Länder liegen sogar bei weitem über entsprechenden amerikanischen Anlagen im Ausland (1967: 34 Mrd. zu 17,5 Mrd. Dollar). Von 1970 bis 1972 sind die gesamten ausländischen Investitionen in den USA von 44,8 Mrd. auf 60,0 Mrd. Dollar gestiegen. Davon waren 23 % Direkt-, 65 % Portfolio- und 12 % andere Investitionen (Portfolioinvestitionen: Kauf von Regierungsobligationen oder weniger als 25 % der Aktien bzw. Schuldverschreibungen von Unternehmen). Amerikanische Auslandsinvestitionen sind dagegen zu 74 % direkt. Abgesehen von der unterschiedlichen Qualität der Anlagearten hat auch die Erholung des Dollars und die Aufhebung der Beschränkungen für amerikanische Auslandsinvestitionen ab 1. 1. 1974 diese Entwicklung zumindest gebremst.

Des weiteren ist darauf verwiesen worden, daß europäische und japanische Firmen selbst vom technologischen Vorsprung der USA profitieren, kostspielige Entwicklungsverfahren vermeiden und sich inzwischen mit staatlicher Förderung ebenfalls zu Mammutkonzernen entwickeln konnten, die den Größenunterschied zu den amerikanischen Konkurrenten verringerten. Auf der anderen Seite trug die Entwicklung in den USA zum Abbau ihrer Vorrangstellung bei.

»Unsere Zahlungsbilanzdefizite, die unseren Verteidigungsverpflichtungen zuzuschreiben sind, bringen sowohl das internationale Währungssystem als auch unsere Militärplanung durcheinander. . . . Eine beschleunigte monetäre Expansion in den Vereinigten Staaten und ein Abfluß kurzfristigen Kapitals, der von einem Defizit in unserer Handelsbilanz begleitet war, führten dazu, daß Rekordmengen von Dollar in das Ausland abflossen. . . . Die Produktivität der amerikanischen Arbeiter und der amerikanischen Industrie ist nicht so schnell gestiegen wie dies bei einigen unserer wichtigsten Handelspartner der Fall war; unsere Inflationsrate war in den letzten Jahren untragbar hoch, und der Dollar wurde eine überbewertete Währung.« (Präs. Nixon, 9. 2. 1972, S. 48, 67 und 72) Zwar verzeichneten die USA auch einen geringeren Produktivitätsanstieg als ihre Hauptkonkurrenten; in derselben Zeit (1956–1968) stiegen allerdings die Stundenlöhne in Japan um 209 %, in der BRD um 147 % und in den USA nur um 55 %. Schon durch diese Angleichung des Lohnniveaus hat die Konkurrenzfähigkeit der anderen Industrieländer an Schwung verloren, der durch die währungspolitischen und anderen Maßnahmen der USA weiter eingedämmt wird.
Schon Präsident Johnson hatte versucht, der wirtschaftlichen und zahlungsbilanzpolitischen Misere mit gezielten außen- und binnenwirtschaftlichen Maßnahmen beizukommen. 1971 sah sich Präsident Nixon zu weiteren »einseitigen Maßnahmen« gezwungen: »Sie waren hart, aber notwendig, um die Basis für eine multilaterale Lösung eines Problems zu schaffen, das unerträgliche Ausmaße angenommen hatte.« (9. 2. 1972, S. 62) Zu den wichtigsten – und seitdem konsequent ergänzten (u. a. durch die Abwertung des Dollars und die Aufwertung von Konkurrenzwährungen) – Maßnahmen gehörten

1. die Verschiebung sozialer Reformen,
2. ein allgemeiner befristeter Lohn- und Preisstop,
3. heimische Investitionsförderung,
4. eine vorübergehende Verringerung militärischer Ausgaben und der Auslandshilfe,
5. die Aufhebung der 7%igen inländischen Verkaufssteuer auf Autos,
6. eine befristete 10%ige Importabgabe und
7. die Aufhebung der Umtauschbarkeit (Konvertibilität) des Dollars in Gold und andere Reservewährungen.

Ohne Zweifel erschütterte die – besonders im Korea-Boom – wachsende (und von den USA zunächst geförderte) Konkurrenzfähigkeit vor allem Japans und der in der E(W)G 1958 zusammengeschlossenen sechs (heute neun) westeuropäischen Länder die wirtschaftliche Vorrangstellung der USA. Die Widersprüche zwischen diesen Ländern und in den USA sind von entscheidender Bedeutung für die amerikanische Außenpolitik und die internationalen Beziehungen, werden aber angesichts des Nord-Süd-Konflikts und der Systemkonkurrenz von Ost und West (noch?) aufgefangen.

Schon die währungs- und wirtschaftspolitischen Maßnahmen der USA seit 1971 unterstreichen die weiterhin bestehende Vorherrschaft der USA, die sich über die internationalen Strukturen durchsetzt.
Diese Widersprüche haben weniger die Dominanz der USA als die Formen ihrer Behauptung geändert, die den »neuen Dimensionen des internationalen Lebens« angepaßt werden müssen, die durch »die noch nie dagewesenen wissenschaftlichen und technologischen Fortschritte geschaffen« wurden (Präs. Nixon, 9. 2. 1972, S. 3). »Die Neuanpassung, die gegenwärtig stattfindet, erfolgt nicht nur auf dem Gebiet der Wechselkurse; es ist eine Neuanpassung der Beziehungen zwischen Nationen und Regionen. Das Handels- und Zahlungssystem, das nach dem Zweiten Weltkrieg geschaffen wurde, verdankte seinen Erfolg der gewaltigen Wirtschaftskraft der Vereinigten Staaten und spiegelte die Grundsätze wider, die die Vereinigten Staaten zu verwirklichen, sowie die Verantwortung, die sie zu übernehmen bereit waren. In 25 Jahren hat sich das relative Kräfteverhältnis verändert, sei dies nun politisch oder wirtschaftlich, und die Verantwortung, die die Vereinigten Staaten unter den Bedingungen der späten vierziger und der frühen fünfziger Jahre getragen haben, können und sollten sie unter den Bedingungen der siebziger Jahre nicht mehr tragen. Das Handels- und Währungssystem muß notwendigerweise revidiert und erneuert werden, damit es sowohl unserer wirtschaftlichen Kapazität als auch unseren Zielen entspricht und in Übereinstimmung mit den politischen Zielsetzungen einer wünschenswerten internationalen Ordnung steht.« (Nathaniel Samuels, *Assistant Secretary* für Wirtschaftsangelegenheiten im US-Außenministerium, am 15. 11. 1971 vor dem Außenhandelskonvent der amerikanischen Wirtschaft. USIS, Dok. 35/1971. Deutsche Ausgabe, S. 1 f.)

2.3 Die internationale Bedeutung des Dollars

Seit dem Ende des Zweiten Weltkrieges bedeutete währungspolitische Anpassung weitgehend Anpassung an den Dollar. Bereits im Buren-Krieg Großbritanniens (1899–1902) fiel kurzzeitig die Rolle des internationalen Financiers an die Vereinigten Staaten, die sie nach dem Ersten Weltkrieg (bis zur Weltwirtschaftskrise) und schließlich vollends nach dem Zweiten Weltkrieg übernahmen. Der Vietnam-Krieg deutete für die Vereinigten Staaten eine ähnliche Schwächung an wie der Buren-Krieg für Großbritannien.
Als führende Industrie- und Handelsnation lösten sie England (London) nach der desolaten Währungssituation seit dem Ersten Weltkrieg auch als Finanzzentrum der Welt (Wall Street, New York) ab. Auf der *Finanz- und Währungskonferenz von Bretton Woods*, an der 44 Nationen (einschließlich der UdSSR, die allerdings den Vertrag nicht unterzeichnete) teilnahmen, wurde im Juli 1944 der Dollar zusammen mit Gold als internationale Leit-, Reserve- und Transaktionswährung eingesetzt. Sein Wert wurde mit 0,24 g Feingold (das sind 35 Dollar pro Unze) bestimmt; alle

Mitgliedstaaten legten einen grundsätzlich festen Wechselkurs zwischen ihrer Währung und Gold bzw. der Dollar-Leitwährung fest.

Die Mitgliedstaaten verpflichteten sich, Schwankungen dieses Kurses von mehr als einem Prozent (ab Dezember 1971 von 2,25 %) durch den Einsatz eigener Reserven oder durch Kredite des Internationalen Währungsfonds zu verhindern. Wenn diese Maßnahmen nicht ausreichten, sollte der Wechselkurs je nach Anlaß nach oben (Aufwertung) oder nach unten (Abwertung) verändert werden. Alle Veränderungen bis zu 10 % konnten nach einfacher Rücksprache (Konsultation) mit dem IWF, über 10 % nur mit seiner ausdrücklichen Zustimmung vorgenommen werden. Währungen sollten grundsätzlich frei konvertierbar sein. Der Zusammenbruch dieses Systems hat auch der Forderung nach einem Ersatz fester durch flexible (Angebot und Nachfrage angepaßte) Wechselkurse neue Nahrung gegeben.

Als zentrale Organisation dieses Währungssystems der westlich-kapitalistischen Länder wurde der Internationale Währungsfonds (IWF, bzw. *International Monetary Fund*, IMF) eingesetzt. Sein oberstes Verwaltungsorgan ist der *Board of Governors*, der die sechzehn Exekutivdirektoren mit der Leitung des IMF ermächtigt, die wiederum einen Generalsekretär wählen. Bei seiner Gründung haben sich die amerikanischen Vorstellungen gegenüber den englischen (vertreten von John M. Keynes) durchsetzen können. Weltbank, GATT und OECD basieren auf den Ergebnissen von Bretton Woods.

Der Stand der *Währung* hat Auswirkungen auf den »Kauf von Waren im Ausland, den freien Reiseverkehr, die freie Investitionstätigkeit wie auf die Unterhaltung von Streitkräften im Ausland« (Wirtschaftsbericht des *Council of Economic Advisers* vom 1. 2. 1974 an den Kongreß. USIS, 4. 2. 1974, S. 2). »Währung bezeichnet allgemein die Zahlungsmittel (Valuta) sowie die Verfassung und Ordnung des Geldwesens im nationalen und internationalen Rahmen. Ziele und Instrumente der Wä.-politik stehen somit unter dem doppelten Aspekt nationaler Geldpolitik und internationaler Wä.-politik, wobei die Interdependenz der beiden Aspekte um so deutlicher hervortritt, je stärker ein Land in die Weltwirtschaft integriert ist.« (Peter Czada, in: *Wörterbuch zur Politischen Ökonomie*, hrsg. von Gert von Eynern. Opladen 1973, S. 451)
Reserven dienen grundsätzlich zum Ausgleich von Schwankungen in der Bilanz. Wenn ein Land (Frankreich) zum Beispiel mehr aus einem anderen (den USA) importiert als es dorthin exportiert, es also weniger Dollar (in diesem Fall) aus den Exporten einnimmt als es für Importe zahlen muß, braucht es zusätzliche Dollar (Devisen), die es in der Regel aus seinen Reserven nimmt.
Nun unterhält ein Staat – hier stellvertretend für die Gesamtsumme aller privaten und öffentlichen Transaktionen – nicht nur mit einem, sondern mit einer Vielzahl von Partnern Handels- und Finanzbeziehungen; eine Entwicklung, die (verstärkt durch die gewaltige Steigerung des Welthandels nach dem Zweiten Weltkrieg) einen Weltmarkt hat entstehen lassen. Damit er nun nicht alle Währungen dieser verschiedenen Länder für eventuelle Defizite in Reserve halten muß und damit er das Defizit im Verkehr mit dem einen Land durch einen Überschuß an anderer Stelle ausgleichen kann, ist u. a. zur Erleichterung dieses zwischenstaatlichen Transfers schon frühzeitig ein ›Weltgeld‹ eingeführt worden, auf das alle nationalen Währungen je nach ihrem Wert bezogen werden. Geld und Währung bilden dabei keinen selbständigen, nach eigenen Gesetzen funktionie-

renden und von den übrigen ökonomischen Größen unabhängigen Bereich. Geld ist keine Substanz an sich, sondern erhält seinen Wert durch seine Funktion als Tauschmittel relativ zur Menge damit eintauschbarer Güter und Dienstleistungen, die in kapitalistischen Gesellschaften wiederum durch die ökonomischen Herrschaftsverhältnisse und dem daraus resultierenden Konflikt von Kapital und Arbeit bestimmt ist.

Dabei haben als ›Weltgeld‹ neben Gold und Silber zunehmend die Währungen der wirtschaftlich stärksten Länder (Reservewährungsländer) wie zunächst besonders England und dann die USA, andere ›harte‹ Währungen (etwa die DM) und die Reserven des in Bretton Woods geschaffenen Währungsfonds gedient, die als Kredite zum Stopfen von Reservelücken Währungskrisen vermeiden sollen.

Für jedes Mitglied ist – je nach dem Entwicklungsstand – eine bestimmte Quote als Einlage in den IWF festgesetzt. 25 % davon oder 10 % seiner offiziellen Gold- und Dollarguthaben müssen in Gold eingezahlt werden. Bis zu diesen 25 % seiner Einlagen (Goldtranche) kann jedes Mitglied für einen Höchstzeitraum von 12 Monaten fremde Währungen gegen eigene Währung kaufen (Ziehungsrecht). Bei Zahlungsbilanzschwierigkeiten hilft der IWF ferner mit *stand by*-Krediten aus. Angesichts der sich verschlechternden Wirtschaftslage Großbritanniens, aber auch bereits im Hinblick auf eventuelle Schwierigkeiten der USA erhöhten die zehn größten westlichen Industrieländer im IWF *(Club of Ten)* 1961/62 in Paris (deshalb auch *Paris Club*) diese Sonderkreditmöglichkeiten auf 6 Mrd. Dollar. Aufgrund der Währungskrisen seit 1967 ist sowohl diese Kreditmöglichkeit erweitert worden (Sonderziehungsrechte) als auch ein (Swap-)Abkommen in Kraft getreten, nach dem sich die Zentralbanken der einzelnen Länder als Umschlagstellen von nationaler und internationaler Währungspolitik gegenseitig Kredite gewähren können. Besonders die Sonderziehungsrechte (SZR) sind in den Währungsgesprächen von 1973/74 in den Mittelpunkt von Reorganisationsplänen gerückt.

Reservewährungen – also Währungen, in denen der größte Teil des Welthandels abgewickelt wird und die von den nationalen Bundes- bzw. Zentralbanken als Devisenreserve gehalten werden – müssen ›harte‹ Währungen sein, d. h. theoretisch in Gold eintauschbar (worauf in der Praxis zunehmend verzichtet wurde) und stabil. Zur Leitwährung werden Reservewährungen dann, wenn andere Länder ihren Wechselkurs (das ist der in einheimischer Währung zu zahlende Preis für ausländische Währungen) auf sie beziehen.
Nach dem Zweiten Weltkrieg erfüllten einzig die Vereinigten Staaten mit ihrem ökonomischen und militärischen Potential, ihrer dominierenden Stellung im Welthandel und den internationalen Kapitalbeziehungen als auch mit ihren Goldreserven, die eine regelmäßige Umtauschbarkeit in Gold zu sichern schienen, die notwendigen Voraussetzungen für die Verwendung ihrer nationalen Währung als Weltwährung. »Hinter dem Dollar stehen die große Produktionskraft der amerikanischen Wirtschaft, unsere großen Goldreserven, die Vertrauenswürdigkeit der Verpflichtung unserer Regierung, den Dollar in Gold umzutauschen, und die Stabilität unserer Regierungsform.« (So noch Steinberg, *The USA in the World Economy*, 1966, S. 6). Andererseits ist die Stellung des Dollars auch von der inter-

nationalen Position der Vereinigten Staaten nicht zu trennen. War die internationale Vorrangstellung des Dollars eine Folge der amerikanischen Dominanz in den internationalen Beziehungen, verstärkte sie diese Dominanz zunächst noch.

So fiel den USA im IWF wie in der Weltbank von Anfang an aufgrund ihrer Einlagen und einem darauf abgestellten Abstimmungsverfahren (›weighted voting‹) eine Sperrminorität zu (der EG erst 1968). Beschlüsse können ohne ihre Zustimmung nicht gefaßt werden. Zudem stellten die Vereinigten Staaten bisher alle Präsidenten der Weltbank. Auch in der 1956 gegründeten *International Finance Corporation* (IFC, Internationale Finanzkorporation) mit 96 Mitgliedern (Stand: 30. 6. 1972) und der 1960 gegründeten *International Development Association* (IDA, Internationale Entwicklungsvereinigung) mit 112 Mitgliedern (Stand: 31. 3. 1972) – Unterorganisationen der Weltbank – ist der amerikanische finanzielle Einfluß ebenso entscheidend wie in der *Inter-American Development Bank* (IAD) mit zunächst (1959) 20 Mitgliedern (19 lateinamerikanischen Staaten und den USA; inzwischen beigetreten sind Trinidad, Tobago, Barbados, Jamaica und Kanada) und der *Asian Development Bank* (von 1966) mit 38 Mitgliedern (davon 24 asiatischen Staaten; Stand: Juli 1973). Die IFC verleiht Gelder an Privatunternehmen (im Gegensatz zur Weltbank) ohne staatliche Garantien. Seit 1961 kann sie auch Aktien erwerben, übt aber kein Stimmrecht aus und veräußert diese Aktien wieder an Privatleute. Die IDA ist auf ›weiche Anleihen‹ (langfristige Kredite zu niedrigen Zinssätzen) und Projekte für Infrastruktur, Krankenhäuser, Schulen etc. (›social overhead projects‹) spezialisiert. Sie vergibt in der Regel zinslose Kredite mit 50jähriger Laufzeit, deren Amortisation nach 10 Jahren einsetzt und in eigener Währung erfolgen kann. IAD, Weltbank (und ihre Unterorganisationen) und IWF haben ihren Sitz in Washington, D. C.

Die zehn großen westlichen Industrieländer, deren Finanzminister und Zentralbankpräsidenten im Zehnerklub des IWF zusammengeschlossen sind, verfügen heute über 70 % aller Währungsreserven der im IWF vereinigten Länder. Der Einfluß der verschuldeten und weitgehend von Krediten abhängigen Entwicklungsländer ist auch im neugeschaffenen Zwanzigerklub, in dem neun von ihnen vertreten sind, nur minimal.
Bis 1965 waren die USA schon aufgrund der verhältnismäßig niedrigen Bestände des IWF die wichtigste Quelle internationaler Kredite; sie galten als Weltbankier. Auch die riesigen amerikanischen Banken finanzierten sowohl den Außenhandel der USA als auch Transaktionen zwischen Drittländern. Sie sind auch der bestimmende Faktor am Eurogeldmarkt (und weniger die von Präsident Nixon beschworenen »internationalen Spekulanten«, die sich neben Zentralbanken und den großen multinationalen Konzernen ebenfalls an diesem Geschäft beteiligen). Dieser Markt wird wegen des Umfanges dort gehandelter Dollars auch *Eurodollarmarkt* genannt: »Am Eurogeldmarkt werden Guthaben gehandelt, die bei Banken außerhalb des Geltungsbereiches der Währung angelegt sind, auf die diese Guthaben lauten. Er besteht aus Teilmärkten in verschiedenen Währungen. Den bei weiten wichtigsten Teilmarkt stellt der Eurodollarmarkt dar, d. h. der Markt für Dollarguthaben außerhalb der USA.« (Gerd Junne, ›Eurogeldmarkt, multinationale Konzerne und die

verminderte Wirksamkeit von Staatsinterventionen‹, *Leviathan*, 2. Jg., Februar 1974, S. 109–132; Zitat: S. 109/110)

»Mit dem Dollar als der führenden internationalen Währung und den Vereinigten Staaten als der Welt größter Exporteur und Importeur von Gütern, Dienstleistungen und Kapital ist es nur natürlich, daß sich die amerikanischen Banken anschicken, dieselbe relative Rolle in der internationalen Finanz zu spielen wie die britischen Finanzinstitute im 19. Jahrhundert.« (George S. Moore, Präsident der First National City Bank, ›International Growth: Challenge to U. S. Banks‹, *The National Banking Review*, Sept. 1963, S. 6) 1950 gab es in 24 Ländern Filialen amerikanischer Banken, 1967 in 55. Im Mai 1973 eröffnete David Rockefeller die erste amerikanische Bank nach dem Zweiten Weltkrieg in der UdSSR.

Der Bedarf der Entwicklungsländer und der westeuropäischen Industrieländer in ihrer Aufbauphase nach dem Zweiten Weltkrieg einerseits und die Suche amerikanischen Kapitals nach besseren Verwertungsbedingungen andererseits führten trotz des Rückflusses von Zinsen und Gewinnen zusammen mit den öffentlichen Ausgaben der USA zum amerikanischen Zahlungsbilanzdefizit, das angesichts der wachsenden Intensität des internationalen Wettbewerbs drohende Formen annahm. Dabei verringerte der Eurodollarmarkt den Druck auf die amerikanische Zahlungsbilanz zunächst schon dadurch, daß amerikanische Banken und Tochterfirmen durch ihre Kreditaufnahme auf diesem Markt den privaten Kapitalausfluß aus den USA in Grenzen hielten.

Zudem wirkten die (zum Teil durch die Zinspolitik der Zentralbanken, zum Teil durch Wechselkursänderungen anschwellenden) kurzfristigen Zu- und Abflüsse von Dollars auf europäische Länder bedeutend gravierender als auf die Vereinigten Staaten, die schon durch die Größe ihres Kreditvolumens (435,9 Mrd. Dollar Ende 1970 gegenüber 57 Mrd. Dollar auf dem Eurodollarmarkt) diese Verschiebungen besser neutralisieren konnten. Ohnehin hat das System der festen Wechselkurse als Träger von Inflationsraten (importierte Inflation) gewirkt. Darüber hinaus hat der enge internationale Konjunkturverband dazu geführt, daß sich sowohl konjunkturelle Schwankungen in den USA (hervorgerufen etwa durch einen Ausstand bei General Motors) als auch monetäre und fiskalische Maßnahmen der amerikanischen Zentralbank direkt weltweit auswirkten. In diesem Zusammenhang ist von der amerikanischen »Superökonomie« (Guido Carli, Präsident der Bank von Italien, 1970. Siehe auch Carli, Der Eurodollarmarkt und seine Kontrolle, in: *Internationales Währungssystem und Inflation.* Zürich 1973, S. 93–111.) gesprochen und behauptet worden, daß jedes westeuropäische Land zwei Zentralbanken habe – seine eigene und das amerikanische *Federal Reserve System* (Paul Bareau). »Wie immer spielt auch hier [bei der Duldung mengenmäßiger Importbeschränkungen im GATT] die Größe eine nicht zu umgehende Rolle: ob die amerikanischen Bilanzen ausgeglichen sind oder einen Überschuß bzw. ein Defizit ausweisen, wirkt stärker auf den Rest der Welt als das Ungleichgewicht jedes anderen Landes; wenn die Vereinigten Staaten Maßnahmen zur Anpassung ergreifen müssen, können die Auswirkungen auf den Rest der Welt groß sein; wenn andere ein amerikanisches Defizit zu finanzieren haben, sind die erforderlichen Summen groß.« (Diebold, *The United States and the Industrial World*, 1972, S. 233)

Erst als der hohe Abfluß von 27 Mrd. Dollar im Jahre 1971 mit den binnen- und außenwirtschaftlichen Schwierigkeiten der USA zusammenfiel, gab der Eurogeldmarkt als ›Totengräber des Dollars‹ Hilfestellung bei seiner vorübergehenden Abdankung als Reserve- und wohl endgültigen als Leitwährung.

Schon aufgrund der Bedeutung amerikanischer Banken kann der Eurogeldmarkt nur beschränkt als Beispiel ›internationalisierten Kapitals‹ gelten. Es zeigte sich jedoch hier die Tendenz, daß Kapital – und vor allem bisher amerikanisches – Profitmöglichkeiten auch unter Umgehung staatlicher Sanktionen (wie Mindestreservenforderungen, Devisenbeschränkungen etc.) und ungeachtet der möglichen schwerwiegenden internationalen Auswirkungen wahrnimmt.

Dennoch lebten die Vereinigten Staaten nach den hohen Überschüssen in der unmittelbaren Nachkriegszeit seit 1950 (mit Ausnahme von 1957 als Folge der Suezkrise) mit einer ständig negativen Zahlungsbilanz. Erst Ende 1971 und dann erneut im Februar 1973 wurde der Dollar um 6 bzw. 10 % abgewertet. Diese Abwertung wurde durch die Dominanz der USA und ihrer Währung zunächst verzögert und dann zu einem Zeitpunkt vorgenommen, als vor allem die BRD und Japan die Vereinigten Staaten sowohl auf dem Weltmarkt als auch auf dem heimischen Markt zu bedrängen drohten.
Entsprechend fiel der Wert des Dollars:

KURSENTWICKLUNG DES DOLLARS IN DM

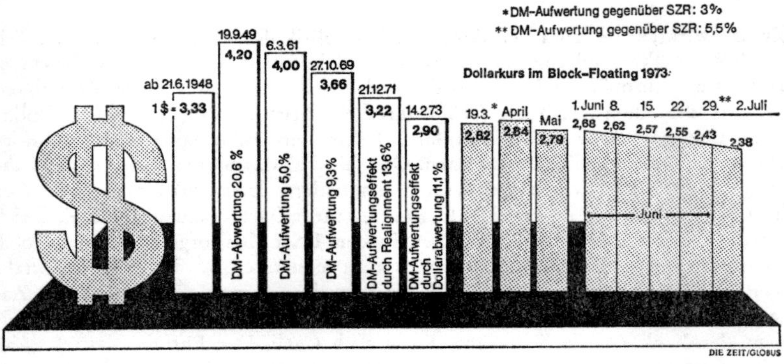

Tiefstand am 26. Juli 1973: DM 2,2860.
Floating: Der feste Wechselkurs ist aufgehoben; er wird ständig neu nach Angebot und Nachfrage am Devisenmarkt bestimmt. Der europäische Block hatte sich allerdings Anfang 1974 auf die BRD, die Be-Ne-Lux-Länder und – außerhalb der EG – Schweden und Norwegen reduziert.
Realignment: Wechselkursanpassung.

Aus: *Die Zeit*, 6. 7. 1973 (Wirtschaftsinformation).

Die positivere Entwicklung der amerikanischen Handelsbilanz, der Zufluß langfristigen Privatkapitals und die Maßnahmen der amerikanischen Zentralbank haben den Fall des Dollars gebremst. Nach der Senkung der 1963 eingeführten

Zinsausgleichssteuer für ausländische Wertpapierkäufer von 11,25 % auf 3,75 % (am 1. 1. 1974) ist auch Wall Street wieder in den Mittelpunkt des Wertpapiergeschäftes gerückt. Aber erst die ›Ölkrise‹ hat den erneuten, aber schwankenden Anstieg des Dollars (auf DM 2,87 im Januar 1974, im Mai 1974 um DM 2,40) bewirkt. Das internationale Ölgeschäft wird aufgrund der Dominanz amerikanischer Konzerne in Dollar abgewickelt. Die Nachfrage nach Öl selbst bei erhöhten Preisen hat zugleich die Nachfrage nach Dollar steigen lassen – und den Wert der Währung Japans und Europas sinken, deren Ökonomien von der Ölverknappung bedeutend stärker betroffen sind als die der USA. Dabei hat der gestiegene Anteil der ölproduzierenden Länder am Ölgeschäft zu Unsicherheit über die Folgen dieser Dollaranhäufung auf das Weltwährungssystem geführt. Allerdings muß diese Dollaranhäufung eher als eine teilweise ›Dollarverlagerung‹ von den Ölkonzernen auf diese Länder gesehen werden, die von den Ölkonzernen jedoch auf die Verbraucher abgewälzt und darüber hinaus zum Teil durch steigende Militärausgaben der Entwicklungsländer wettgemacht wird, die wiederum in die Metropolen (und hier besonders in die USA) fließen.

Von Anfang an bedeutete die internationale Stellung des Dollars zugleich seine Gefährdung; seine Verfügbarkeit bedrohte seine Sicherheit: »Kein Dollardefizit, keine internationale Liquidität« (William J. Diebold). Zudem wirkte jede Veränderung des internationalen Status quo auf die Vereinigten Staaten zurück. Damit erhielt die Sorge um ›stabile Regierungen‹ in aller Welt neue Nahrung und erhöhte die sicherheitspolitischen Ausgaben der USA, die wiederum zum *Zahlungsbilanzdefizit* beitrugen.

Ein Land mit einem Zahlungsbilanzdefizit versucht im Normalfall, dieses Defizit durch Reserven oder Kreditaufnahme zu decken, dann – wie die USA seit 1968 – mit binnen- und außenwirtschaftlichen Maßnahmen abzubauen. Ein anhaltendes und ansteigendes Defizit führt in der Regel zur Abwertung der Währung, d. h. zu einer Senkung des Wechselkurses.

Mit der Schließung der westeuropäischen Dollarlücke (1958) und der folgenden Dollarschwemme reichten die sinkenden amerikanischen Goldreserven nicht mehr aus, die wachsenden Dollarguthaben vor allem der westeuropäischen Zentralbanken in Gold umzutauschen. Die westeuropäischen Länder (mit Ausnahme Frankreichs, das 1965 100 Mio. Dollar in Gold umtauschte) finanzierten mit ihren Zahlungsbilanzüberschüssen aufgrund ihres – im Hinblick auf die handels-, finanz- und sicherheitspolitischen Verflechtungen – mehr oder minder freiwilligen Verzichtes auf Einlösung ihrer Dollars indirekt das Zahlungsbilanzdefizit und damit zum Teil auch die Sicherheitspolitik und die Direktinvestitionen der USA. Dabei erlaubte die Nachfrage nach amerikanischen Gütern und Kapital eine Überbewertung des Dollars – und damit der amerikanischen Exportpreise – so lange, wie diese Nachfrage durch den technologischen Vorsprung der USA, ihre Produktivität, relative und absolute Kapitalstärke und den Konzentrationsgrad ihrer Wirtschaft gesichert und überdies nicht durch (spekulative) Abwertungen der Währungen anderer Industrieländer – wie in den dreißiger Jahren dieses Jahrhunderts – gefährdet wurde.

Die Währungsbeschlüsse vom Dezember 1971 – »ein Sieg der gesamten freien Welt« (Präs. Nixon) – bewirkten neben der Abwertung des Dollars und der Aussetzung seiner Konvertibilität vor allem eine Aufwertung der DM und des japanischen Yen und damit eine Verschlechterung der Handelsposition der größten amerikanischen Konkurrenten auf dem Weltmarkt. Dagegen haben die Dollarabwertungen nach Meinung des *Under Secretary* für Wirtschaftliche Angelegenheiten im US-Außenministerium (des Währungsexperten William J. Casey) »unsere Wettbewerbssituation im internationalen Handel verbessert«. Amerikanische Touristen (und Importeure!) können nach dem Februar 1973 für ihr Geld zwar weniger im Ausland kaufen und ausländische Waren sind in den USA (auf Kosten der amerikanischen Verbraucher) teurer geworden, aber amerikanische im Ausland (zum Nutzen amerikanischer Weltunternehmen) billiger. Je nach dem Grad ihrer Verflechtung mit dem amerikanischen Handel, ihrem Anteil am Welthandel und ihren Dollarreserven wurden andere Länder davon betroffen. Einfache Gegenmittel dieser nationalen Ökonomien wie Zinssenkungen (billiges Geld) oder -erhöhungen (teueres Geld) waren jedoch aufgrund der nachfolgenden internationalen Kapitalströme weitgehend wirkungslos. Dabei hat sich erneut die Unvereinbarkeit von binnen- und außenwirtschaftlichem Gleichgewicht bei festen Wechselkursen und uneingeschränkter Konvertibilität erwiesen. Die resultierenden Zielkonflikte beschleunigten den Zerfall des Systems von Bretton Woods und ließen eine Neuordnung als wichtigste Aufgabe der westlich-kapitalistischen Länder zu Anfang der siebziger Jahre erscheinen. Dabei hat insbesondere das Zahlungsbilanzproblem »wichtige Auswirkungen auf die Außenpolitik. Die Anpassung von Zahlungsbilanzen ist ein außerordentlich empfindlicher Gegenstand, weil sie mit Handels-, Investitions- und Kapitalflüssen handelt, die das Leben von Völkern aller Nationen berühren. ... Offensichtlich kann keine Nation ihre Zahlungsbilanz voll kontrollieren. Die Aktionen eines Landes oder deren Ausbleiben beeinflussen die binnen- und außerwirtschaftliche Situation anderer Länder. Nationen verlangen naturgemäß so viel Kontrolle wie möglich über ihre Wirtschaftspolitik, um den sozialen und wirtschaftlichen Bedürfnissen ihrer Bürger gerecht zu werden. Aber die Unterlassung, sich den anderen anzupassen, schwächt die Weltwirtschaft zum Nachteil aller.« (Präs. Nixon, 3. 5. 1973, S. 164 und 165)

Ausmaß der Abwertungen 1948–1967

Region	Zahl der *Länder*	Gewogener Durchschnitt der *Abwertungen* (%)
Australien, Kanada, Neuseeland und USA	4	5,2
Europa	20	23,5
Mittlerer Osten	12	38,4
Asien (ohne Japan)	14	46,1
Afrika	36	47,6
Lateinamerika	23	62,2

Quelle: Margaret G. de Vries, ›The Magnitudes of Exchange Devaluations‹, *Finance and Development*, No. 2, 1968, S. 10. Frau de Vries ist Mitarbeiterin des IWF.

Bemerkung: Innerhalb der einzelnen Regionen lassen sich zum Teil ähnliche Abstufungen feststellen.

Der Stand der Wechselkurse bestimmt jedoch nicht nur den Wert der heimischen Währung und den Preis der Waren im internationalen Handel. Über ihn werden auch die unterschiedlichen Entwicklungsniveaus der einzelnen Länder im kapitalistischen System vermittelt, die sich bereits im Ausmaß der Abwertungen widerspiegeln.
Dabei bewirkten vor allem die steten Abwertungen der Entwicklungsländer schon aufgrund ihres Entwicklungsstandes, aber auch ihrer direkten Abhängigkeitsverhältnisse wiederholte Anpassungen der einheimischen Preisstruktur an die externe Preisstruktur des Welthandels und damit eine Verschlechterung ihrer *terms of trade* (das Verhältnis der Preisindices von Einfuhr- und Ausfuhrgütern). Die Notwendigkeit, ihre Zahlungsbilanzdefizite durch Kredite und finanzielle Hilfen aus dem Ausland auszugleichen, einerseits und Wechselkursmanipulationen (wie hohe Devisenkurse für ihre verarbeiteten Güter und niedrige für ihre Rohstoffe) andererseits verschärften noch diese Entwicklung. Erst die allgemeine Erhöhung der Rohstoffpreise seit 1973 scheint eine Wende einzuleiten. Die Benachteiligung der Exporte aus Entwicklungsländern durch diesen recht fragwürdigen Automatismus des Freihandels verhinderte bisher mit der Beschaffung notwendiger Devisen wiederum die Entwicklung dieser Länder.

2.4 Die amerikanischen Außenhandelsbeziehungen und der Nord-Süd-Konflikt

So hat trotz partieller, aber immer wieder bedrohter Entwicklung besonders in den (auch strategisch bedeutsamen) Subzentren der ›Dritten Welt‹ – wie im Iran, in Südkorea oder Brasilien – der schwedische Ökonom Gunnar Myrdal festgestellt, daß »die Armen immer ärmer und die Reichen immer reicher« werden. Dieser Nord-Süd-Gegensatz hat sowohl Zweifel an der klassischen ›liberalen‹ Außenhandelslehre als auch an der eng mit ihr verbundenen ›Mission‹ der Vereinigten Staaten genährt. Tendierte dieser Liberalismus dahin, »zur Ideologie einer anhaltenden amerikanischen Hegemonie zu werden« (Calleo/Rowland), bewirkte die US-Hegemonie wiederum, daß »der freie internationale Markt – wie selbst ›die freie Welt‹ – unter amerikanischen Bedingungen definiert« wurde (Gar Alperovitz).
Daß Handel grundsätzlich von Vorteil für alle Beteiligten sei, erschien lange nahezu als Gemeinplatz. Begründet wurde diese Ansicht durch die Theorie der komparativen Kosten (von David Ricardo, 1772–1823). Diese Theorie besagt, daß ein Land durch Spezialisierung auf die vergleichsweise (komparativ) mit geringstem Kostenaufwand zu produzierenden Güter selbst dann Vorteile aus dem Tausch mit einem anderen zieht, wenn es alle Waren billiger als dieses herstellen kann.

Gewinn durch Spezialisierung ist nach wie vor ein Grundstein der klassischen Lehre von den Außenwirtschaftsbeziehungen: »Wenn es keinen Handel gäbe, würde jeder selbst produzieren müssen, was er braucht. Durch den Handel spezialisieren sich verschiedene Gruppen von Völkern auf die Produktion verschiedener Güter. Handel resultiert daher in einer Zuteilung von Ressourcen, die unterschieden von einer Situation ohne Handel ist, und wenn wir die Quelle von Handelsgewinnen suchen, müssen wir die Gewinne durch eine Neuverteilung der Ressourcen berücksichtigen, die aus Handel resultieren.« (Richard G. Lipsey, *An Introduction to Positive Economics*, 2. Aufl. London 1969, S. 734) Diese Theorie ist seit dem Beginn des 19. Jahrhunderts schon mit dem Verweis auf ihren engen Modellcharakter (bei Ricardo: Beschränkung auf zwei Länder und zwei Waren: englische Tuche und portugiesischer Wein) und die nationale Unbeweglichkeit der Produktionsfaktoren Land, Arbeit und Kapital eingeschränkt worden. Darüber hinaus wurde auf die Auswirkungen unterschiedlicher Kauf- und Kapitalkraft, Inlands- und internationaler Preise, Lohnniveaus und Standorte ebenso verwiesen wie auf die Bedeutung nachlassender Nachfrage und der Spezialisierung auf Güter mit sinkenden Erträgen. Allerdings hat die internationale Vorrangstellung der englischen und dann amerikanischen Wirtschaftswissenschaftler eine Revision dieser Theorie lange verhindert. In ihren Freihandelsmodellen werden die einzelnen Akteure rein ökonomistisch als gleichwertige ökonomische Einheiten in Verbindung gesetzt.

»Vertragsfreiheit gibt es [jedoch] nur, wenn sich gleichstarke Partner gegenüberstehen.« Was Rudolf Wassermann, Oberlandesgerichtspräsident in Braunschweig, zum bürgerlichen Vertragsrecht sagt, kann *cum grano salis* auf die internationalen Beziehungen übertragen werden. Besonders die Untersuchungen lateinamerikanischer und französischer Wissenschaftler haben die Behauptung untermauert, daß »freie Marktbeziehungen zwischen ungleich entwickelten und ungleich großen Partnern« ein Abhängigkeitsverhältnis »des weniger entwickelten und weniger großen Partners durch den größeren, entwickelteren« bedingt (Gerd Junne). Diese international hergestellten Strukturen stecken den Rahmen ab, in dem sich die amerikanische Außenpolitik bewegt. Sie sind in der Regel auch in der wissenschaftlichen Diskussion über die Außenpolitik der USA bisher übersehen oder ausgeklammert worden.

Selbst da, wo die Verbindung ökonomischer, militärischer und ›politischer‹ Faktoren gesehen – aber zumeist zu einfach kausal erklärt (etwa: ohne wirtschaftliches Potential keine militärische Stärke) – wird, bleiben sowohl die nationalen als auch die internationalen Strukturen und ihre historischen Voraussetzungen vage (so bei Klaus Knorr, *Power and Wealth. The Political Economy of International Power*. New York 1973). Die Beschäftigung mit Macht – und weniger mit Herrschaft – hat diese Entwicklung begünstigt. So ist auch bei Knorr mit der Beschränkung auf bewußte, auf direkten Zwang gerichtete Mittel als Zeichen außenpolitischer Herrschaft schon rein semantisch zwischen Herrschaft (›domination‹) und Vorherrschaft (›dominance‹) – die er als ›gütige Führung‹ *(benevolent leadership)* den USA zuordnet – unterschieden worden, ohne daß er die weitgehenden Implikationen dieser Vorherrschaft näher untersucht.

»Die unglückliche Wirklichkeit ist, daß der steigende Lebensstandard in den Vereinigten Staaten auf einem ›set‹ internationaler politischer und wirtschaftlicher Beziehungen beruht, der arme Länder arm hält. Handel, Investitionen und Auslandshilfe der USA helfen diese Beziehungen aufrechterhalten.« (Barnet, ›Farewell to the Nation State‹, *New York Times*, 19. 6. 1971, S. 27). Nicht nur offene Übertragungen von Werten (wie Gewinnabfluß ins Ausland, Kapitalflucht etc.), sondern auch versteckte (wie Lohnunterschiede, unterschiedliche Arbeitsproduktivitäten und -intensitäten) haben aufgrund ihrer Vermittlung über und Wertbestimmung auf dem Weltmarkt zum ungleichen Tausch an sich gleichwertiger Güter geführt.

Im Rahmen der internationalen, oft von Großunternehmen vor allem der USA bestimmten Arbeitsteilung sind neben extraktiven (Rohstoffe) hauptsächlich arbeitsintensive (niedrige Löhne), umweltverschmutzende (geringe Auflagen) und technologisch rückständige Industrien (fehlende ausgebildete Arbeitskräfte) in diese Länder verlagert worden. 1973 stammten über 40 % der exportierten verarbeiteten Güter Lateinamerikas von ausländischen Zweigbetrieben (gemeinsam geführte oder Betriebe mit ausländischer Beteiligung nicht mitgerechnet). Dabei hat gerade die Spezialisierung der Entwicklungsländer auf Güter mit niedrigem Technologieeinsatz wegen ihrer geringen Entwicklungsanreize (›spin-off-Effekt‹) langfristig gesellschaftliche und wirtschaftliche Strukturen und damit Unterentwicklung weiter verfestigt.

»Wir begrüßen die internationale Arbeitsteilung als ein Mittel, den Lebensstandard in der ganzen Welt zu heben. Wir glauben, daß es im allgemeinen Interesse liegt, wenn jede Nation und jedes Unternehmen tut, was es am besten tun kann. Das wechselt mit der Zeit, in der die Wirtschaft sich entwickelt. Wenn ein bestimmtes Unternehmen in einem bestimmten Land in der Lage ist, in eine profitablere und weniger arbeitsintensive Tätigkeit zu wechseln, sollte es das tun dürfen, und der Rest von uns sollte sich anpassen. Es scheint eine Industrialisierungsleiter zu geben, auf der sich Unternehmen und Nationen aufwärtsbewegen, und der gesunde Menschenverstand würde eingeben, daß man diesen Fortschritt anerkennen und mit ihm zusammenarbeiten sollte. Deshalb unterstützen wir traditionsgemäß – und wir hoffen weiterhin – amerikanische Investitionen im Ausland, wo es die entsprechenden Geschäftsleute für sinnvoll halten, ebenso wie wir ausländische Investitionen in den USA unterstützen, wann immer sie [wem?] sinnvoll erscheinen.... Eng verbunden mit unserer Unterstützung der Idee einer internationalen Arbeitsteilung ist unsere Ermutigung weltweiter freier Handelsbeziehungen, wann immer das möglich erscheint.« (*OECD-Bericht*, 1970, S. 103)

Was hier auch von Wissenschaftlern oft als »Interdependenz« (wechselseitige Abhängigkeit) oder, in ähnlichem Zusammenhang, als »internationale Arbeitsteilung« bezeichnet wird, erweist sich bei näherem Hinsehen nicht zuletzt als Folge von Kolonialismus, Imperialismus und ihren modernen Ausformungen. Sie haben nach Meinung der US-Wissenschaftler Calleo/Rowland auch die Beziehungen der USA zu den anderen westlichen Industrieländern geprägt: »In ihrer praktischen Auswirkung bedeutete Interdependenz die Behauptung der amerikanischen wirtschaftlichen und politischen Vorherrschaft über Europa und Japan in der Nachkriegszeit. Somit war das internationale Wirtschaftssystem, das wir unterstützt haben, liberal und zugleich imperial. Aber die – in der unmittelbaren Nachkriegszeit natürliche und nützliche – imperiale Dominanz der USA bricht nun zusammen.« (*America and the World Political Economy*, 1973, S. 251) Der ›Osten‹ konnte sich in einer solchen Zeit innerkapitalistischer Auseinandersetzungen und Schwächung (Erster Weltkrieg) aus der engen Verklammerung der kapitalistischen Weltarbeitsteilung lösen (und entwickelte seinerseits ein Muster von Arbeitsteilung). Dagegen bleibt ihr der ›Süden‹ schon aufgrund seiner inneren Widersprüche, die zum Teil wiederum von dieser aufgezwungenen Arbeitsteilung bedingt sind, auch nach der formalen Dekolonialisierung und seiner wachsenden ›politischen‹ Bedeutung im globalen sozioökonomischen Konflikt zwischen West (Kapitalismus) und Ost (Sozialismus) verhaftet.

Historisch gesehen sind die Entwicklung des ›Nordens‹ (besser: der Zentren oder Metropolen) und die (relative und absolute) Unterentwicklung des ›Südens‹ (der Peripherie) – ähnlich der inneren Entwicklung kapitalistischer Gesellschaften – komplementäre Vorgänge. Dabei hat es sich allerdings gezeigt, daß in Krisen des kapitalistischen Systems selbständige Entwicklung möglich ist. Von daher gewinnt auch die Sorge der USA über eine Gefährdung der 1934 von ihnen geschaffenen und in Bretton Woods bestätigten Prinzipien und das Bemühen der westlich-kapitalistischen Länder um eine neue internationale Ordnung an Dimension.
Besonders in vielen Ländern Lateinamerikas, die sich als »Schwesterrepubliken« »einzigartiger« und »dauerhafter« Beziehungen mit den USA erfreuen (Präs. Nixon), aber auch in den unterentwickelten Ländern Afrikas und Asiens wird Entwicklung sowohl durch die Weltmarkt-, Techno- und internationale Konzernstruktur als auch durch bestehende interne Wirtschafts- und Sozialstrukturen verhindert. Diese Strukturen werden wiederum international von den USA abgesichert: »Konfrontation und Extremismus sind destruktiv. Aus diesem Grund unterstützen die Vereinigten Staaten auch weiterhin die Bemühungen ihrer Partner, subversive Gewalttätigkeit zu bekämpfen, und zwar sowohl mit materieller und Ausbildungshilfe für Sicherheitsprogramme als auch mit Hilfe für die Förderung der Institutionen und Prozesse des demokratischen, sozialen und wirtschaftlichen Fortschritts.« (Präs. Nixon, 9. 2. 1972, S. 100)

So sind Amerikas arabische Partner durchweg König- und Scheichtümer, in Asien und Lateinamerika vor allem Militärdiktaturen. Nach Meinung eines amerikanischen Wissenschaftlers der ›Neuen Linken‹ erkennen Amerikaner »in linken Revolutionen kaum eine Möglichkeit für arme Völker, der Armut zu entrinnen. Statt dessen betrachten sie sie als Bedrohung – zunächst der Vereinigten Staaten, dann für den Weltfrieden und dann für einen Mythos von Freiheit und Demokratie. Sie hoffen völlig aufrichtig, daß die Welt dem ›anständigen‹ amerikanischen, demokratischen, kapitalistischen Muster folgen werde – daß eine freie Welt nach amerikanischem Vorbild errichtet wird. Aber sie sind so oft von ihrer Furcht – und ihrem Idealismus – verblendet, daß sie sich keinen anderen Weg einer ›Guten Gesellschaft‹ als den amerikanischen vorstellen können. Sie erkennen nicht, daß diese Politik ein Gewebe ineinanderübergreifender Beziehungen einerseits zwischen amerikanischen Diplomaten und internationalen Konzernen und andererseits zwischen Landbesitzern, konservativen Geschäftsleuten und lokalen Politikern geschaffen hat, das in vielen Nationen, die der informellen amerikanischen Macht unterworfen sind, Stagnation, Elend, ökonomischen Niedergang und ungehinderten diktatorischen Terror für einen Großteil des Landes bewirkt hat. Dementsprechend sind viele, die eine *offene* Intervention ablehnen, blind gegenüber ihrer informellen Ausprägung.« (Gar Alperovitz, *Cold War Essays,* 1970, S. 89 f. Hervorhebung im Original.)

Auch in diesem Zusammenhang ist von ›internationalisierten Brückenköpfen‹, ›Stellvertretern‹ oder ›Kompradoren‹ gesprochen worden, die ihre nationalen Ökonomien in das kapitalistische Weltwirtschaftssystem integrieren. Dabei ist in vielen Ländern der Dritten Welt in der Allianz mit dem Auslandskapital das Großgrundbesitzertum von der aufsteigenden Industriebourgeoisie verdrängt worden. Von dieser Entwicklung eines nationalen Kapitalismus wird auch eine Emanzipation der Entwicklungsländer erwartet.

Auch von konservativer Seite ist den USA eine bewußte Verhinderung dieser Entwicklung vorgeworfen worden. Indem sie sich gegen gewaltsame Veränderungen in der Dritten Welt stellten, machten sie sich zur »Schutzmacht eines Status quo, der sich den gewaltigen Kräften in der Dritten Welt, die ihr politisches und wirtschaftliches Schicksal durch die Schaffung selbständiger Nationalstaaten meistern wollten, mit totaler Abneigung widersetzte« (Calleo/Rowland, *America and the World Political Economy,* 1973, S. 247). Gerade die Hilfe des Westens, dessen Märkte und Kapital nach wie vor von Bedeutung seien, könnte eine solche notwendige Entwicklung weniger »blutig« gestalten als es bisher in der Geschichte üblich gewesen sei (ebda.). Wie der Verweis auf die engen westlichen Verbindungen und Geburtshelferdienste sowie die Betonung der Selbständigkeit und Nationalstaatlichkeit andeutet, sind über solche nationalkapitalistische Bewegungen hinausgehende Bestrebungen allerdings unausgesprochen ausgenommen. Was gefördert – und dann getrost sich selber überlassen – werden soll, sind ›nationale Kräfte‹, die (ungeachtet etwa ihrer mangelnden politisch-demokratischen Verfassung) wirtschaftlich dem westlich-amerikanischen Muster entsprechen. »Die Länder und Regionen der Dritten Welt müssen ihre eigenen Märkte sein. Wie der Westen müssen sie nicht nur lernen, die Produktion zu erhöhen, sondern auch sie aufzunehmen. Arme Länder sollten ebensowenig wie reiche erwarten, ihre internen Schwierigkeiten zu exportieren. Neue Länder müssen wie alte das Problem angehen, lebensfähige nationale Gemeinschaften aufzubauen. Das Zeitalter des Nachtwächterstaates sollte heute vorüber sein.« (Calleo/Rowland, a. a. O., S. 259)

Auf der anderen Seite hat der ›Nationalismus‹ auch der westlich orientierten Entwicklungsländer zu Spannungen besonders mit den USA geführt, eine allgemeine Entwicklung jedoch kaum bewirkt. Noch bevor der Effekt des ungleichen Tausches in der internationalen Arbeitsteilung weithin erkannt wurde, verwiesen insbesondere lateinamerikanische Wissenschaftler und Politiker auf die Unmöglichkeit von Entwicklung und Emanzipation innerhalb des kapitalistischen Weltsystems (vgl. dazu die Beiträge zur *dependencia*-Debatte in *Imperialismus und strukturelle Gewalt. Analysen über abhängige Reproduktion,* hrsg. von Dieter Senghaas. Frankfurt/M. 1972). Durchaus vergleichbare – und selbst stets verglichene – Erfahrungen mit dem als ›Kolonieansatz‹ bezeichneten Konzept des *black capitalism* und der *liberation in America* führten auch viele Afroamerikaner zu der Einsicht, daß »es uns nicht möglich [ist], die Kontrolle über die Institutionen in unseren Gemeinden zu übernehmen, wenn draußen ein kapitalistisches System existiert« (Bobby Seale), das wiederum die Entwicklung drinnen entscheidend vorstrukturiert.

So findet man in nahezu allen Entwicklungsländern (auf Unterschiede in der Entwicklung kann hier nicht eingegangen werden) hohe Arbeitslosigkeit bzw. Unterbeschäftigung (in Lateinamerika ca. 30 %) und extreme Einkommens- und Vermögensunterschiede. Sie müssen in der Regel mehr importieren als sie exportieren können – selbst an Nahrungsmitteln. Ihr Devisenabfluß wird verstärkt durch die illegale Kapitalflucht und Korruption regierender Eliten, Gewinntransfers ausländischer Unternehmen, die Emigration ausgebildeter Fachkräfte *(brain drain)*, Zahlungen für Patente, Lizensen, Fracht und Versicherung, Rückzahlungen von Krediten und Zinsen etc., aber auch durch zunehmende Militärausgaben, die zum Teil durch amerikanische Kredite finanziert werden.

Entwicklungshilfezahlungen der Industrieländer haben die Defizite der Entwicklungsländer bisher ausgeglichen und damit Abhängigkeiten verfestigt. Werden sie andererseits nicht angehoben, übersteigen die laufenden Zahlungsverpflichtungen dieser Länder in wenigen Jahren ihre Einnahmen. Diese ›Hilfen‹ sind jedoch nur zum Teil unentgeltlich (1971 nur 38 %, 1960 noch 51 %) und oft an Lieferklauseln gebunden, die wiederum überteuerte Importe aus den Geberländern bewirken können (siehe Kap. 2.6). Allerdings bahnt sich mit der Erhöhung der Rohstoffpreise und den Ansätzen einer Zusammenarbeit der Entwicklungsländer, die zum Teil die Konkurrenzsituation der Industrieländer ausnutzen, unter Umständen eine Wende an, die jedoch von der fortschreitenden Militarisierung dieser Länder und ihren gesellschaftlichen Widersprüchen aufgefangen werden könnte.
Angesichts des amerikanischen Engagements einerseits und der ›Nettobilanz des Nehmens statt Gebens‹ im Verhältnis von Nord und Süd andererseits hat man insbesondere den Vereinigten Staaten als dem bis heute führenden und größten Freihandelsland vorgeworfen, durch das ›freie Spiel der Kräfte auf dem Markt‹ Abhängigkeitsverhältnisse herstellen bzw. verlängern zu wollen.
Neben dem Verweis auf das humanitäre, aber auch wirtschaftliche Interesse der USA an einer Entwicklung dieser Länder (nach dem Motto: »Reichere Völker bedeuten bessere Märkte.«) ist diesem Vorwurf im Hinblick auf den sinkenden Anteil der USA am Welthandel – sowie dessen Verlagerung auf die Industrieländer – und den niedrigen Anteil der Exporte (ca. 4 %) und der Importe (ca. 3 %) am amerikanischen Bruttosozialprodukt die relative Abkapselung der USA mit ihrem großen Binnenmarkt entgegengehalten worden. Dazu müssen allerdings u. a. folgende Einschränkungen gemacht werden:

– Zunächst ist der relative Anteil der USA am Welthandel zwar auf 13,6 % gesunken, absolut aber mit der raschen Ausdehnung des Welthandelsvolumens nach dem 2. Weltkrieg deutlich gestiegen (der Wert der Exporte von 1950–1970 etwa um das Vierfache). Dieser Anteil (1971: 104,7 Mrd. Dollar) übersteigt das Bruttosozialprodukt der meisten Länder dieser Welt ebenso wie die amerikanischen Exporte (1973: ca. 50 Mrd. Dollar) deren jeweilige Gesamtproduktion. Im Vergleich stehen dem 13,6 %-Anteil allein der USA und den über 60 % des Zehnerklubs an den Weltexporten mit steigenden Erlösen die 19 % (1967) aller Entwicklungsländer (1953 noch 27 %) bei insgesamt stagnierenden (seit 1951) und erst seit 1973 ansteigenden Erlösen entgegen, wovon noch ca. 5 % auf Erdöl entfallen, das auf wenige Staaten konzentriert ist (siehe Schaubild). Selbst ihr Anteil als Rohstofflieferanten ist von 54 % (1953) auf 43 % (1967) gesunken (so auch *Der Pearson-Bericht. Bestandsaufnahme und Vorschläge zur Entwicklungspolitik.* Bericht der Kommission für Internationale Entwicklung. Wien et al. 1969). Dabei ist der Preisanstieg der Rohstoffe (einschließlich Öl) im Jahre 1973 und die selbstbewußtere Politik der Entwicklungsländer mit diesen Rohstoffen einerseits Ergebnis der geschwächten Ordnung des kapitalistischen Weltsystems, andererseits durchaus Nachholbedarf. Die Folgen für die Industrieländer sind sicherlich nicht zu unterschätzen. Der in den USA (und auch in der BRD) erhobene Vorwurf der Erpressung übersieht jedoch nicht nur diesen Zusammenhang, sondern kann auch dazu dienen, weitergehende Maßnahmen gegen diese Länder zu rechtfertigen.

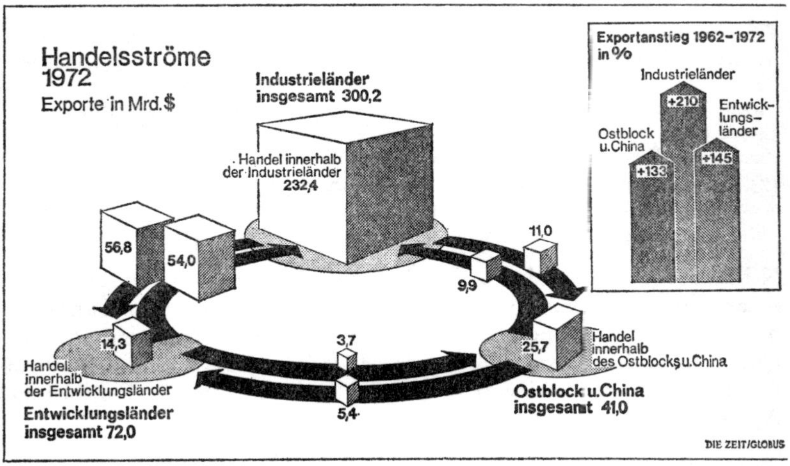

Aus: *Die Zeit,* 21. 9. 1973 (Wirtschaftsinformation), nach Angaben des GATT und des IWF.

– Der amerikanische Anteil erhöht sich beträchtlich, wenn die schwer einschätzbaren versteckten Exportanteile – bei Gütern, in deren Produktionsgang verschiedene andere eingegangen sind und im Endprodukt indirekt mit exportiert werden – und die Verkäufe amerikanischer Tochterfirmen im Ausland einbezogen werden. Diese Verkäufe beliefen sich 1968 – bei einem Buchwert der beteiligten Firmen von 64 Mrd. Dollar – auf 128 Mrd. Dollar (gegenüber 34,6 Mrd. Dollar an Exporten) und machten ca. vier Fünftel des gesamten US-Außenhandels aus. Judd Polk vom *U. S. Council* der *International Chamber of Commerce* (dem internationalen Arm des amerikanischen Unternehmerverbandes) errechnete mit Verkaufsanteilen aus anderen Investitionen sogar eine amerikanische Auslandsproduktion von 220 Mrd. Dollar (zit. nach *Fortune,* Dezember 1971, S. 57).

– Im Gegensatz zur Situation des nördlichen ›big brother‹ macht der offizielle Handel mit den Vereinigten Staaten besonders für viele Länder in Lateinamerika den überwiegenden Anteil ihres Handelsvolumens aus. In Bolivien, Kolumbien, Ecuador, Guatemala, Haiti (60 % – 60 %), Honduras, Mexiko (63 % – 54 %), Peru, der Dominikanischen Republik (55 % – 87 %) und Venezuela übersteigt dieser Anteil 40 % sowohl bei den Importen als auch bei den Exporten. Von den Industrienationen ist insbesondere Kanada mit jeweils 70 % mit den Vereinigten Staaten verbunden.

– Diese Länder werden von amerikanischen *Handelsbarrieren* mit besonderer Härte getroffen. Zwar sind die Zölle der USA seit der Handelsgesetzgebung von 1934 und 1962 von 50 % im Jahre 1930 (Weltwirtschaftskrise) auf 9,6 % im Jahre 1970 (EG: 8,1 %) gesunken, doch haben die USA schon in ihren Handelsverträgen durch die Meistbegünstigungsklausel vor allem von den Entwicklungsländern Vergünstigungen erhalten, die diese Länder auf der anderen Seite nicht wahrnehmen konnten. Zudem haben gerade diese Länder weniger Spielraum für protektionistische Maßnahmen und werden zumeist besonders dort getroffen, wo sie auf Expansion angewiesen sind. So liegen auch die Zoll- und Quotenbedingungen der USA zum Schutz der entsprechenden heimischen Wirtschaft für Agrar- und Halbfertigerzeugnisse auf einem hohen Niveau. Sie nehmen mit dem Verarbeitungsgrad der eingeführten Waren zu und treffen vor allem arbeitsintensiv hergestellte Güter (vgl. dazu den im Auftrag des GATT erstellten Haberler Report, *Trends in International Trade.* Genf: Oktober 1958). Dem Präferenzsystem der EG-Länder haben sich die USA (noch?) nicht angeschlossen. 1967 hätten diese Präferenzen für Halb- und Fertigwaren den Entwicklungsländern einen zusätzlichen Gewinn von 396 Mio. Dollar gebracht; auf die USA wären 273 Mio. Dollar entfallen. Zudem sind auch Kredite aus den USA, von der Weltbank und dem IWF oft mit Forderungen nach Aufhebung von Handelsschranken zum Vorteil amerikanischer Exporte verbunden.

Neben Zöllen *(tariffs)* sind andere Handelsbarrieren zwar weniger spektakulär, aber oft wirkungsvoller. Ca. ein Fünftel aller amerikanischen Importe fallen unter mengenmäßige Beschränkungen (Kontingente oder Quoten). Darüber hinaus haben sich die USA stets das Recht auf Ausnahmeregelungen *(escape clause)* vorbehalten und besonders für Textilien und Agrarerzeugnisse in Anspruch genommen.

Zu den amerikanischen Handelsbeschränkungen gehören neben Zöllen, Quoten und Ausnahmeregelungen u. a. direkte und indirekte Subventionen der heimischen Industrie (wie Anpassungshilfen, die ausländische Exporteure gerade dann treffen, wenn sie in Amerika Fuß gefaßt haben), ›freiwillige Abmachungen‹ (von denen es 1962 insgesamt sieben, 1972 bereits über siebzig gab), *countervailing duties* (Erhebungen zum Ausgleich von Exportsubventionen im Ausland), Sonderbestimmungen für Exportindustrien, staatliche Kredite, Devisenkontrollen, Zollprozeduren, Sicherheits-, Reinlichkeits- und Gesundheitsvorschriften, Bestimmungen gegen Preisunterbietungen *(anti-dumping), buy-American*-Auflagen besonders für Regierungseinkäufe, *American Selling Prices* (den Zöllen wird der höhere amerikanische Preis zugrundegelegt) etc.

›Non-tariff‹-Barrieren nehmen an Bedeutung zu; besonders die Vereinigten Staaten fordern ihre Aufhebung (u. a. von Japan und der EG). Auf der anderen Seite gehören sie durchaus zum Instrumentarium der amerikanischen Außen- und Handelspolitik. Sie sind zugleich ein Indiz für unterschiedliche Wirtschaftsinteressen in den USA, die sich vor allem in Krisen bemerkbar machen.

Von daher bedeutet die Verlagerung des Welthandels auf die westlichen Industrieländer bei anwachsender Konkurrenz dieser Länder zugleich eine Verschärfung der inneren und äußeren Gegensätze. Etwa ein Drittel des gesamten Welthandels wird Anfang der siebziger Jahre zwischen den kapitalistischen Staaten abgewickelt (siehe Schaubild 10); entsprechend gehen auch ca. zwei Drittel der amerikanischen Exporte in diese Länder – und 73,4 % (1970) der exportierten Fertigerzeugnisse, die wiederum ca. zwei Drittel der US-Exporte ausmachen. Erkennen einige Interpreten in dieser Verlagerung die Möglichkeit selbständiger Entwicklung, hat nach anderer Meinung diese ›ungütige Vernachlässigung‹ der Entwicklungsländer wiederum Unterentwicklung verstärkt und zugleich strukturelle Mechanismen aufgezeigt, die eine Art von Interventionismus signalisieren, in dessen Instrumentarium die ›Politik mit dem Hunger‹ nur eine extreme Form der Verwendung von Handel als Druckmittel ist: »Die USA mit ihrem landwirtschaftlichen Potential, kombiniert mit anderen Ressourcen, sind die einzige Nation, die erfolgreich die Führerschaft im Zeitalter der Hungersnöte ergreifen kann. Die heutige internationale Strategie der Machtpolitik basiert auf dem Besitz von Atomwaffen und dem Taktieren mit diesem Besitz bis an die Grenze der atomaren Auseinandersetzung. Noch vor dem Ende der siebziger Jahre aber wird die Machtpolitik auf dem Besitz von Nahrungsmitteln basieren. Wer über Nahrungsmittel verfügt, wird entscheiden müssen, welche der hungernden Länder einen Teil dieser Nahrungsmittel erhalten und welche nicht. Das Atomzeitalter wird in das Zeitalter der Nahrungsmittel einmünden.« (William und Paul Paddock, *Vor uns die mageren Jahre?* Aus dem Amerikanischen. Bern/München/Wien 1969, S. 278)

Entsprechend wird oft übersehen, daß seit Anfang 1973 nicht nur die Preise für Öl, sondern auch für Weizen – einem der Hauptexportartikel der amerikanischen Landwirtschaft – um das Dreifache gestiegen sind. Die amerikanischen Weizenverkäufe an die UdSSR und China zu *Dumping*-Preisen im Jahre 1972 haben dabei nicht nur noch immer Gewinne für die USA abgeworfen, sondern mit zur weltweiten Verknappung und Verteuerung beigetragen, die wiederum direkte Auswirkungen etwa auf die internationalen Hilfsaktionen in der Hungerkatastrophe Äthiopiens hatten. Die amerikanische Landwirtschaft – gekennzeichnet durch hochmechanisierte (und hoch subventionierte) Großfarmen – hat eine chronische Überschußproduktion. Ihre Güter machen etwa 20 % der amerikanischen Exporte aus und sind weitgehend durch Handelsbarrieren geschützt. Daneben haben amerikanische Unternehmen in den Entwicklungsländern auch auf diesem Gebiet riesige Imperien gebildet. Wenn auch 76 % der US-Agrarexporte (darin sind die Erzeugnisse dieser Imperien nicht enthalten) in den Jahren 1966–1970 auf Westeuropa, Japan und Kanada entfielen (was vor allem die Auseinandersetzungen mit der EG verschärfte), machte ihr Anteil für die Entwicklungsländer 1968 doch 46,7 % aller US-Exporte in diese Länder aus.

2.5. Die Bedeutung von Importen, Exporten und Direktinvestitionen für die USA

2.5.1 Importe

Der niedrige Anteil der Exporte und Importe am amerikanischen Bruttosozialprodukt verführt dazu, ihre Bedeutung für die Vereinigten Staaten einerseits und für die internationalen Beziehungen andererseits zu unterschätzen. »Für bedeutende Zweige der Wirtschaft stellt der ausländische Anteil [jedoch] einen größeren Teil des Ganzen dar als die Zahlen vermuten lassen – ob man nun Exporte, Importe, Dienstleistungen oder Investitionen berücksichtigt.« (Diebold, *The United States and the Industrial World*, 1972, S. 404) Gerade dem Vorwurf des ›Superimperialismus‹ liegt die weitverbreitete Überzeugung von der amerikanischen Rohstoffabhängigkeit zugrunde, die – nach dem Verbrauch vieler heimischer Rohstoffreserven (Rohstoffe machten 1820 61 % aller US-Exporte aus) – besonders durch die behauptete Energielücke neue Nahrung erhalten hat. Der Preiskampf um das Öl vor allem der arabischen Staaten verschärfte die Situation.

Dabei hat – wie es Senator Jackson (Washington) mit Blick auf die Situation im Nahen Osten schon am 21. 5. 1973 im Senat ausdrückte – »die wachsende Abhängigkeit der Vereinigten Staaten von importiertem Öl zur betroffenen Erkenntnis der Gefährdung unserer nationalen Ökonomie geführt.« Öl ist von entscheidender Bedeutung für die gesamte (auch Rüstungs-)Produktion, den Transport, die Heizung etc. sowie die Aufbereitung nahezu aller anderen Rohstoffe und ihre eventuelle Substitution (Ersatz).

Werden heute etwa 23 % des amerikanischen Ölverbrauchs durch Importe gedeckt, sollen es 1980 – eine gleichbleibende Energieversorgung vorausgesetzt (siehe jedoch unten) – bei steil ansteigendem Verbrauch und sinkenden Reserven schon 50 % sein. Ca. drei Fünftel aller bekannten Reserven liegen im Mittleren und Nahen Osten.

Zuerst unter nahezu ausschließlicher Kontrolle englischer und französischer Konzerne, sind diese Vorräte den USA nach Beteiligungsabsprachen in den zwanziger Jahren 1945 in den Auseinandersetzungen mit Großbritannien, das lediglich im Iran (zunächst) die alleinigen ›Rechte‹ behielt, unumschränkt zugänglich gemacht worden. Im Scheichtum Saudi-Arabien, dem Land mit den meisten bekannten Reserven, erhielten die amerikanischen Konzerne die alleinigen Bohrrechte, nachdem sie sich bereits 1933 dort vertraglich die ergiebigsten Gebiete gesichert hatten. Im Iran (wo im Oktober 1942 die erste amerikanische Militärmission eingerichtet wurde) verbuchten sie nach dem (unter ihrer entscheidenden Mitwirkung erfolgten) Sturz der Regierung Mossadegh vom Schah die Einladung zur gemeinsamen Förderung der Erdölvorräte und eine 40%ige Investitionsbeteiligung. Noch heute sind amerikanische Firmen mehr oder weniger an ca. zwei Dritteln der nachgewiesenen Erdölreserven außerhalb der kommunistischen Staaten beteiligt, wenn auch ihre direkte Kontrolle weitgehend eingeschränkt wurde. 1968 entfielen 42,2 % aller amerikanischen Direktinvestitionen in Entwicklungsländern – und 71 % der Gewinne aus diesen Investitionen – auf Öl.

Am Beispiel Öl lassen sich grob vier wesentliche Bedingungen des amerikanischen Interesses an Bodenschätzen und Rohstoffen ablesen:

1. der Bedarf der amerikanischen Wirtschaft und privater Haushalte,
2. das Profitinteresse amerikanischer Unternehmen (und ihr ›Wachstums-Imperativ‹, siehe unten),
3. die rüstungswirtschaftliche und militärische Rolle,
4. und – aus 1.–3. resultierend – die außen-, sicherheits- und gesellschaftspolitische Bedeutung.

Jedoch hat der amerikanische Bedarf zu leicht dazu verführt, von einer nationalen Abhängigkeit der USA zu sprechen. In Sachen Öl hatte bereits der Zusammenschluß der ölproduzierenden und -exportierenden arabischen Länder (OAPEC) im Jahre 1960 und deren Forderungen (seit 1971!) nach Beteiligung und höheren Preisen solche Befürchtungen in den USA erhöht. Sie wurden verschärft durch die Erweiterung der *OAPEC* durch außerarabische Länder in der OPEC *(Oil Producing and Exporting Countries)*, deren elf Mitgliedstaaten über die Hälfte der Ölförderung bestreiten (wobei Algerien, Indonesien und Venezuela ein eigenes Preissystem haben). Wenn auch diese Abhängigkeit der USA nicht unterschätzt werden sollte, so ist sie doch weitaus mehr mit Einschränkungen zu versehen als etwa bei den europäischen Staaten und Japan, die ungleich stärker vom Öl im Nahen Osten und zum großen Teil vom amerikanischen Verteilernetz abhängig sind (vgl. u. a. *Erdöl für Europa,* hrsg. von Hartmut Elsenhans. Hamburg 1974).

– Für die meisten Rohstoffe gibt es konkurrierende Anbieter, die zudem nicht alle Entwicklungsländer sind (siehe Tabelle Anhang 3); der Anteil der Entwicklungsländer am Weltrohstoffhandel ist nach dem Zweiten Weltkrieg ständig gesunken. Bei Öl – abgesehen von der Künstlichkeit der Krise durch die Politik der großen Ölkonzerne und einer starken amerikanischen Lobby, die Ölimporte (zum Teil gegen Konkurrenz im selben Konzern) lange Zeit niedrighalten konnte, andererseits aber Steuervergünstigungen für Auslandsproduktion verbuchte – haben amerikanische Unternehmen nicht nur im Nahen Osten investiert. Den weitaus größten Teil ihres Bedarfs decken die USA aus ihren kanadischen Investitionen; beträchtliche Mengen liefern US-Konzerne aus Venezuela. Weitere Lieferanten sind der Iran, Indonesien, West- und Nordafrika; in Südostasien bohren vor allem US-Unternehmen. Aus dem Mittleren und Nahen Osten beziehen die USA etwa 5 % ihres Bedarfs (und ca. 15 % ihrer Importe; Westeuropa dagegen ca. 70 %). Zudem konnte Präsident Nixon in seinem Energieprogramm vom November 1973 schon mit Hinblick auf die Ölvorräte in Alaska (und Substitutionen, s. u.) die Autarkie der USA in der Energieversorgung fordern (und damit zugleich umweltschützende Hindernisse u. a. für das Alaskaöl aus dem Wege räumen).
– Die rohstoffproduzierenden, vor allem die auf einen Rohstoff (wie Öl) festgelegten Länder sind weitgehend von der Nachfrage nach ihren Produkten abhängig. Ein Boykott (oder ein Rohstoffersatz oder -wechsel wie von Kupfer und Zinn auf Aluminium) der importierenden Länder hätte – wie im Iran unter Mossadegh – weitreichende Folgen mit gesellschaftspolitischen Konsequenzen, die auch die ›arabischen Freunde‹ der USA trotz ihrer enormen Devisenpolster treffen könnten.
– Sowohl die Einleitung wie die Verhinderung eines Boykotts setzen Einigkeit

der betroffenen Länder voraus. Trotz der Spannungen zwischen Westeuropa, Japan und Nordamerika (und dort zwischen Kanada und den USA) und den Bemühungen dieser Länder um Sonderabkommen ist z. B. eine Einigung zwischen den ölimportierenden Ländern schon aufgrund ihrer ähnlichen gesellschafts- und sicherheitspolitischen Interessen zumindest noch in den siebziger Jahren wahrscheinlicher als unter den ölproduzierenden Ländern. Selbst in der OAPEC gibt es weitreichende Auseinandersetzungen, die durch das Ausscheren Saudi-Arabiens und die Haltung des Irak dokumentiert werden. »Es käme erst noch darauf an, wer wohl auf die Dauer uneiniger ist – die Europäer oder die Araber.« (Theo Sommer, in: *Die Zeit*, 9. 11. 1973, S. 1)
Auch die Unterstützung der kupferproduzierenden Länder für Chile nach der Enteignung der amerikanischen Mammutkonzerne blieb schon deshalb rein verbal, weil die Weltmarktpreise für Kupfer zwischen März 1970 und Mai 1972 um die Hälfte sanken (zum Teil aufgrund des Einsatzes amerikanischer Reserven auf dem Weltmarkt und zum Teil aufgrund der konjunkturell bedingten eingeschränkten Nachfrage der Industrieländer). »Nationen entwickeln nicht leicht eine gemeinsame Politik, und das ist ein Trost für die Nation, die global operiert« (Kenneth Waltz).

– Des weiteren sind gerade die auf einen Rohstoff spezialisierten Länder selbst auf die Einfuhr auch anderer Rohstoffe angewiesen, die sie zum Teil wiederum von den Industrieländern beziehen. 80 % der arabischen Importe überhaupt kommen aus dem Westen. Eines der wesentlichsten Druckmittel auf diese Länder könnten die Nahrungsmittellieferungen der USA sein.
– Nicht nur die Nachfrage schränkt den Handlungsspielraum der rohstoffproduzierenden Länder selbst bei erfolgreicher Nationalisierung ausländischer Betriebe ein, sondern auch die Abhängigkeit von Aufbereitung, Verarbeitung und Verteilung ihrer Güter, die vor allem unter amerikanischer Regie stattfindet. So sind auch viele Länder in Europa für Gas und Öl (ca. 24 % aller privaten US-Investitionen in Europa entfallen auf Ölraffinerie, Produktion von Nebenprodukten aus Öl und ›marketing‹ für Öl) wie auch Japan (zusätzlich für Uran) auf die Vereinigten Staaten angewiesen.
– Selbst die immer wieder behauptete hohe Abhängigkeit der USA von ›kritischen‹, d. h. für die Rüstung wesentlichen Rohstoffe ist zumindest fragwürdig. Solche Rohstoffe und Materialien sind immer wieder amerikanischen Importbeschränkungen entzogen und Exportbeschränkungen unterworfen worden (was z. B. im Handel mit den kommunistischen Ländern bis zum fast völligen Embargo und entsprechenden Druck auf die Verbündeten geführt hatte). So hat der amerikanische Kongreß u. a. auch die Einfuhr von Chrom aus Rhodesien aufgrund der kritischen Bedeutung von den internationalen Sanktionen gegen dieses Land ausgenommen. Dabei haben Untersuchungen ergeben, daß Chrom nur zu einem Bruchteil für die Rüstungs-, in der Hauptsache jedoch für die Automobilproduktion benötigt wird (siehe W. A. E. Skurnik, ›Recent United States Policy in Africa‹, *Current History*, Bd. 64; No. 379, März 1973, S. 97–101 und 135/136). Zumindest in diesem Fall haben enge wirtschaftliche, aber vor allem preispolitische Interessen die Politik der Vereinigten Staaten bestimmt. Für Öl hat ein Untersuchungsausschuß des Senats inzwischen die gleichen Anklagen erhoben. Wenn auch das Problem in der Diskussion generell noch ungeklärt ist, sollten diese Ergebnisse doch zu denken geben. Die Ölkrise hat solche Bedenken erhöht.
– Ebenfalls ungeklärt – und eng damit wie mit der Nachfragesituation verbunden – sind die Möglichkeiten des Ersatzes, der Substitution, von Rohstoffen. So sind in den USA, die zuvor auf die Einfuhr von Kautschuk (u. a. aus

Indochina) angewiesen waren, inzwischen ca. 80 % des verbrauchten Gummis synthetischer Herkunft. Mit der technischen Entwicklung und bei anhaltendem Druck können solche Substitutionen zunehmen. Nach Schätzungen der amerikanischen Regierung soll der Anteil von Öl am amerikanischen Energieverbrauch von 43 % im Jahre 1968 auf 39 % (1980) und 31 % (2000) sinken.

Dabei ist allerdings nicht nur die Frage entscheidend, wie leicht ein Substitutionsvorgang durchzuführen ist und wie lange Zeit er in Anspruch nimmt, sondern auch wie teuer er der Gesamt- und Privatwirtschaft kommt. »Nicht die Fähigkeit amerikanischer Technologie, das Rohstoffproblem zu lösen, ist in Frage gestellt. Unsere Zivilisation versagt nicht in ihrer Forschungskapazität, sondern in der Auswahl von Prioritäten.« (Heather Dean, *Scarce Resources. The Dynamics of American Imperialism.* Detroit 1966; zit. nach *The Radical Attack on Business*, 1972, S. 116) »Die Frage heute ist nicht, ob wir alternative Quellen entwickeln müssen – das auf jeden Fall –, sondern ob wir im Schnellverfahren zu hohe Kosten tragen und ob wir das Öl der arabischen Staaten vorzeitig aufgrund äußerer politischer Gründe abschreiben müssen.« (Senator Fulbright am 21. 5. 1973 im Senat) Diese Kosten spielen angesichts der inneren Probleme der USA sowohl gesamtgesellschaftlich als auch für die einzelnen Unternehmen eine große Rolle. »Für Gesellschaften wie Standard Oil of New Jersey, Gulf, Standard Oil of California und Texaco sind die Investitionen und Reserven im Nahen Osten von entscheidender Bedeutung für ihr Überleben.« (Barber, *Die Herrschaft der Manager*, 1970, S. 312) Abgesehen von den direkten Interessen dieser Unternehmen an der Gewinnung von Rohstoffen (hohe Profite) ist für die führenden Unternehmen in der oligopolistischen Wirtschaftsstruktur der Vereinigten Staaten die Versorgung mit Rohstoffen zu konstanten Preisen für ihre Produktion bzw. die Kontrolle über den Fluß der Rohstoffe zur Sicherung ihres Marktanteils Voraussetzung ihres Wachstums und ein entscheidender Faktor im Konkurrenzkampf zur Behauptung ihrer Stellung. Die amerikanischen Konzerne haben (vgl. auch Kenneth Galbraith, *Die moderne Industriegesellschaft.* München 1968) drei Imperative:
1. konstantes Wachstum,
2. Kontrolle der Rohstoffversorgung zu konstanten Preisen,
3. Kontrolle ihrer Märkte.

»Das Problem ist deshalb nicht Abhängigkeit der Vereinigten Staaten von ausländischen Rohstoffen, sondern die Abhängigkeit der Monopolindustrie aufgrund ihres Monopolcharakters von der Kontrolle über diese Lieferungen.« (Harry Magdoff, ›The Logic of Imperialism‹, *Social Policy*, Sept./Okt. 1970, S. 20–29; Zitat: S. 28) Zudem hat sich gezeigt, daß die Politik mit dem Erdöl nahezu völlig von den großen Ölkonzernen, den ›sieben Schwestern‹, gemacht wurde (British Petroleum, Royal Dutch Shell und die amerikanischen Texaco, Standard Oil of California, Gulf, Mobil und Exxon bzw. Standard Oil of New Jersey), die sich zu einem ›internationalen Ölkartell‹ zusammengeschlossen hatten (in dem wiederum die US-Konzerne dominierten, die auch eng mit anderen Bereichen der amerikanischen und internationalen Wirtschaft verbunden sind). Diese Konzerne hielten aus Profit- und Kostengründen nicht nur bereits bekannte Substitutionen zurück, sie bestimmten auch jahrzehntelang Produktionsmengen, Verteilung und

Preise von Öl. Ihre Gewinne wurden durch soziale Kosten in den Verbraucherländern (d. h. den Industrieländern), vor allem aber in den produzierenden Entwicklungsländern wettgemacht. Ihre Abgaben an die Ölscheichs konnten sie in den USA von den Steuern absetzen. Erst als diese Länder nach der Ausbeutung durch die Konzerne, die ihre Investitionen inzwischen mehrfach verzinst (und abgeschrieben) haben, zu Ansätzen einer eigenständigen Politik fanden, die diese Investitionen und damit die allgemeine Energieversorgung berührten, sahen sich die Regierungen (im Gegensatz zu ihrer Haltung gegenüber der Preispolitik dieser Konzerne) zum Eingreifen gezwungen.

Der Konkurrenzkampf bleibt nicht auf den Binnenmarkt beschränkt. Treffen vor allem die ›multinationalen‹ amerikanischen Konzerne über den Weltmarkt und mit ihren Töchtern (die ebenfalls Rohmaterialien benötigen) auf ihre ausländischen Konkurrenten, ist die Kontrolle über Rohstoffe auch eine Trumpfkarte im Konkurrenzkampf der einzelnen Staaten und Systeme. »Lage, natürliche Rohstoffe und Bevölkerungspotential der unterentwickelten Gebiete sind dergestalt, daß die USA bei einem vollzogenen Anschluß dieser Staaten an den kommunistischen Block zur zweitrangigen Weltmacht würden.« (Walt W. Rostow, zit. nach Magdoff, *The Age of Imperialism,* 1969, S. 54) Aus Rohstoffen wurden ›Ressourcen für die Freiheit‹ (*Resources for Freedom,* so der Titel eines Berichtes der von der amerikanischen Regierung eingesetzten *National Commission on Materials Policy* von 1952).

Der Wiederaufstieg Europas – und dessen wirtschaftliche Beziehungen zu den Entwicklungs- und kommunistischen Ländern – hat diese Tendenz verstärkt. Dabei gilt in den USA sowohl auf staatlicher als auch auf privater Ebene der Verlust der Kontrolle über wesentliche Rohstoffgebiete selbst bei eigener Unabhängigkeit von diesen Rohstoffen oft als Gefährdung der eigenen Vorrangstellung mit außen-, sicherheits- und gesellschaftspolitischen Folgen. »Die USA sind technisch in der Lage, eine Möglichkeit zu finden, Mangan vom Meeresboden zu fördern. Aber solange indische Kulis 50 % des Erzes mit hölzernen Spaten abkratzen, ist es ökonomisch lächerlich, es mit zwanzigfach höheren Kosten zu produzieren. Sowohl die Russen als auch die Chinesen verfügen über beträchtliche Reserven der meisten Mineralien, die Amerika und Europa brauchen. Solange sie ihre billigen Erze auf dem Markt anbieten, werden die Amerikaner auf den Weltmärkten kaufen und andere Reserven in Asien, Afrika und Lateinamerika ›auf Eis legen‹. Aber da der Status quo in diesen Ländern ein – sinkender – Lebensstandard unter dem Existenzminimum ist, kann er nur mit Gewalt aufrechterhalten werden.« (Dean, *Scarce Resources,* zit. nach *The Radical Attack on Business,* 1972, S. 116)

Eine solche Politik ist von Grund auf darauf ausgerichtet, jede Veränderung im internationalen System unter Kontrolle zu halten. Sie hat auch weitreichende militärische Eingriffe der USA – oder ihrer Verbündeten (mit amerikanischer Unterstützung) – notwendig gemacht. Einerseits statussichernd hat sie andererseits oft gerade die (gesellschaftspolitischen) Gefahren heraufbeschworen, die sie verhindern wollte.

So hat der amerikanische Verteidigungsminister die arabischen Staaten am 7. 1. 1974 kaum noch kryptisch davor gewarnt, »das Schicksal nicht dadurch zu versuchen, daß sie das Konzept nationaler Souveränität zu weit auslegten« und damit »den größeren Teil der industrialisierten Welt lähmten« (Pressekonferenz). Berichte über die Vorbereitung amerikanischer Elitetruppen *(Marines)* auf »Probleme« bei einer Verwicklung der USA »mit einer Wüstenmacht, vor allem in Nordafrika oder dem östlichen Mittelmeer«, hatten die militärischen Implikationen der Ölpolitik schon zuvor deutlich hervorgehoben (siehe *Die Zeit*, 14. 9. 1973, S. 38).

Auch die Diskussion der beiden demokratischen US-Senatoren Fulbright und Jackson am 21. 5. 1973 über die (Öl-)Politik der Vereinigten Staaten im Nahen Osten deutete diese Verwicklungen an, wenn sie auch die Interessen amerikanischer Konzerne außer acht ließ und die gesellschaftlichen Auswirkungen in den arabischen Staaten zu einseitig auf die US-Politik gegenüber Israel bezog (nach einer anderen Interpretation schränkt gerade die Fixierung auf einen äußeren Feind – Israel – revolutionäre Bewegungen in den arabischen Staaten ein). Sie soll wegen ihrer weit über den Anlaß hinausgehenden Bedeutung ausführlich angeführt werden (Quelle: USIS Bonn).

Senator Fulbright: »Zur Zeit besteht grundsätzlich nicht die Gefahr eines allgemeinen Boykotts, besonders nicht von seiten Saudi-Arabiens, dem bei weitem größten Produzenten mit den bei weitem größten Reserven. Aber selbst König Faisal, der den Kommunismus haßt und fürchtet und die USA immer noch als Freund und Hauptstütze seines Königtums sieht, warnt des öfteren, daß die proisraelische Politik der USA schließlich unheilvoll für Amerikas Freunde in einer zunehmend radikalisierten arabischen Welt sein wird. In dieser Hinsicht ist die Vorhersage von Zusammenbruch und Revolution in den ölproduzierenden Ländern nicht von der Hand zu weisen. Die Frage ist, ob es nicht unsere eigene Politik ist, die Amerikas arabische Freunde zu Radikalisierung und Revolution treibt. Und selbst wenn unsere Politik nicht zu Aufruhr in den ölproduzierenden Staaten führt, könnte sie gut zu einem auf die USA beschränkten Boykott zusammen mit exklusiven politischen und wirtschaftlichen Übereinkünften dieser Länder mit Europa und Japan führen.

Für die unmittelbar vor uns liegenden Jahre zeichnet sich jedoch auch eine andere, verhängnisvollere Möglichkeit ab. In der Einsicht, daß selbst ein Schnellprogramm zur Entwicklung alternativer Energiequellen uns wahrscheinlich für eine Übergangszeit von einer Dekade oder länger in höchstem Maße von Ölimporten abhängig ließe, könnten unsere gegenwärtigen Entscheidungsträger und -beeinflusser zu dem Schluß gelangen, daß militärische Aktionen angebracht sind, um unsere Ölreserven im Mittleren Osten, unsere bloßgelegte ›Achillesferse‹, zu sichern. Wenn davor gewarnt wird, daß der große Reichtum, der nun den ölproduzierenden Staaten am Persischen Golf zufließt, irgendwie in die Hände größerer Mächte übergehen könnte, bedeutet das zwar keine Unterstützung solcher militärischen Pläne, aber doch mehr als nur einfache Besorgnis.

Unsere Fähigkeit, die ölproduzierenden Staaten im Mittleren Osten mit Gewalt zu übernehmen, steht außer Frage. Sie sind militärisch ohne Bedeutung und bilden – in der Sprache der Geopolitik – ein ›Machtvakuum‹. Wir brauchten es noch nicht einmal selbst zu tun, da uns in dieser Region militärisch starke Ersatzkräfte zur Verfügung stehen. Es ist bekannt, daß der Schah von Persien eine ›Schutzfunktion‹ für den Persischen Golf übernehmen möchte. Ein israelischer Wissenschaftler auf Besuch in den USA äußerte seine Besorgnis, daß seine Regierung daran gehen könnte, mit der Übernahme von Kuweit die Energieprobleme der USA zu ›lösen‹ ...«

Senator Jackson (der den Plan Fulbrights ablehnte, selbst gegen den Willen der Betroffenen eine von der UNO beschlossene Lösung durchzusetzen):

»Ich glaube, daß ein starkes Israel ebenso wie ein starker Iran von ausschlaggebender Bedeutung [vital] für amerikanische Interessen im Mittleren Osten und am Persischen Golf ist. . . . Diese beiden Länder – zusammen mit Saudi-Arabien verläßliche Freunde der USA – haben dazu gedient, solche unverantwortlichen und radikalen Elemente in gewissen arabischen Ländern wie Syrien, Libyen, dem Libanon und Irak zu hemmen und einzudämmen, die – wenn sie könnten – in der Tat eine schwerwiegende Bedrohung unserer Hauptquelle von Erdöl im Persischen Golf bedeuteten. Zu den zahlreichen Anomalien des Mittleren Ostens muß sicherlich das Ausmaß gerechnet werden, in dem Saudi-Arabien und die Scheichtümer (von denen wir, neben dem Iran, in den folgenden Jahren den Großteil unserer Ölimporte beziehen) bei der Erhaltung regionaler Stabilität von der Fähigkeit Israels abhängen, eine Umwelt zu garantieren, in der gemäßigte Regierungen im Libanon und in Jordanien überleben können und in der Syrien eingedämmt wird. Der Iran, ohne dessen schützendes Gewicht Kuweit unweigerlich an den Irak fiele, spielt eine ähnliche und noch direktere Rolle am Persischen Golf selbst.«

2.5.2 Exporte und Direktinvestitionen

Auf die internationalen Subzentren (oder ›Brückenköpfe‹) konzentrieren sich auch die Exporte und neuen Investitionsflüsse der USA (sowie die Auslandshilfe) in die Entwicklungsländer. Im Vergleich liegen sie wiederum weit hinter den entsprechenden Transaktionen mit den anderen Industrieländern, und hier wegen der besonderen historischen Entwicklung Japans vor allem mit Kanada und den Ländern der EG.

Heute werden nicht nur zwei Drittel des gesamten Welthandels, sondern auch zwei Drittel aller *Direktinvestitionen* unter den westlichen Industrieländern getätigt. Direktinvestitionen nehmen schon aufgrund ihres hohen Wachstums (von 1950–1970 stiegen sie um das Siebenfache, Exporte um das Vierfache) an Bedeutung zu. Die USA bestreiten – trotz zunehmender Aktivitäten der anderen kapitalistischen Staaten und bei nahezu völliger Enthaltung der Sowjetunion (mit staatlichen Anfängen allerdings besonders im Raum des Rates für Gegenseitige Wirtschaftshilfe, dem osteuropäischen Pendant der EG) – noch immer nahezu zwei Drittel aller Direktinvestitionen im Ausland und über die Hälfte dieser Investitionen in Entwicklungsländern. 1971 entfielen von insgesamt ca. 165 Mrd. Dollar direkter Auslandsinvestitionen (Buchwert) ca. 86 Mrd. Dollar auf amerikanische Unternehmen. Deren wirklicher (Handels-)Wert wurde von der Zollkommission des US-Kongresses auf 203 Mrd. Dollar veranschlagt. Fast spiegelbildlich zur generellen Situation waren davon ca. zwei Drittel in den anderen Industrieländern und ebenfalls zwei Drittel in der Fertiggüterindustrie, im Handel und in der verarbeitenden Industrie angelegt. Aufgeteilt entfielen 41,2 % auf Fertigwaren, 28,2 % auf Erdöl (und verbundene Industrien), 7,8 % auf Bergbau und 22,8 % auf verschiedene Sparten (nach Sidney Weintraub, *Deputy Assistant Secretary* aus dem US-Außenministerium; Rede vor dem *National Foreign Trade Council* der US-Wirtschaft; zit. nach *The Department of State Bulletin,* Bd. 67, No. 1745, 4. 12. 1972, S. 657–660).

Diese Entwicklung ist verhältnismäßig neu. Vor dem Ersten Weltkrieg hatten amerikanische Firmen noch 60 % ihrer Auslandsdirektinvestitionen in der ›Dritten Welt‹, vor allem in Lateinamerika getätigt. 1957 (vor der Gründung der EG) entfielen 16,3 % auf (West-)Europa und 28,9 % auf

Lateinamerika, 1970 bereits 31,3 % auf Westeuropa und nur noch 18,8 % auf Lateinamerika. Der Anteil Kanadas fiel in dieser Zeit auf 29,2 %, obwohl er nach wie vor – auch im internationalen Rahmen – einen hohen Prozentsatz des kanadischen BSP bedeutet, der die kanadische Wirtschaft (und trotz kanadischer Ressentiments auch die kanadische Politik) im hohen Maße von den USA abhängig sein läßt.

Die US-Direktinvestitionen im Ausland

Region/Land	1960 in Mill. $	1960 in v. H.	1970 in Mill. $	1970 in v. H.
Kanada	11.198	34,1	22.801	29,2
Lateinamerika	9.271	28,3	14.683	18,8
Mexiko	795	2,4	1.774	2,3
Brasilien	953	2,9	1.843	2,4
Venezuela	2.569	7,8	2.696	3,5
Europa	6.645	20,3	24.471	31,3
EWG	2.644	8,1	11.695	15,0
Großbritannien	3.194	9,7	8.015	10,3
Übrige Regionen	5.652	17,3	16.136	20,7
Afrika	925	2,8	3.476	4,5
Asien	2.315	7,1	5.613	7,2
Australien	856	2,6	3.305	4,2
Welt insgesamt	32.765	100,0	78.090	100,0
Industrieländer	19.236	58,7	53.111	68,0
Entwicklungsländer	12.111	37,0	24.417	31,3
Internat. Organisationen	1.418	4,3	562	0,7

Quelle: *Die Zeit*, 17. 8. 1973, S. 30.

Die Umverteilung der Direktinvestitionen scheint vorläufig anzuhalten. Von den für 1973 angekündigten Neuinvestitionen amerikanischer Firmen im Ausland in Höhe von 16,3 Mrd. Dollar – eine Steigerung von 7 % gegenüber 1972 – sind 6,1 Mrd. Dollar für Westeuropa (1972: 5,9), 3,3 Mrd. für Kanada (3,2), 2,0 Mrd. für Lateinamerika (1,9) und 900 Mio für Japan vorgesehen, was für Japan eine Steigerung von 24 % bedeutet (siehe den Westberliner *Tagesspiegel* vom 29. 5. 1973, S. 19). Die Wachstumsrate der amerikanischen Direktinvestitionen – bei einer 11%igen Steigerung für Mineralöl – betrug von 1967–1972 für die Industrieländer 32,7 % und die Entwicklungsländer 26,9 %, die allerdings recht unterschiedlich ausfiel: Afrika 62,1 %, Asien 48,5 % und Lateinamerika 22,5 % (nach Weintraub, a. a. O.).

Diese Verschiebungen sind ebenfalls zum Anlaß genommen worden, das nachlassende Interesse der USA an den Entwicklungsländern zu dokumentieren. Dabei ist u. a. sowohl die Tatsache, daß der amerikanische Handelsüberschuß mit den Entwicklungsländern in den Jahren 1964–1968 85 % des gesamten Handelsbilanzüberschusses der USA ausmachte, übersehen als zu wenig zwischen alten und neuen Investitionen unterschieden worden. Alte Investitionen der Vereinigten Staaten gingen vor allem in die extraktive Industrie zur Förderung von Rohstoffen und Bodenschätzen; noch 1950 dominierten die Anlagen für Erdöl (auch 1968 mit ca. 42 % an der Spitze der Investitionen in den Entwicklungsländern) und Bergbau und unter den Ländern Kanada, Lateinamerika und der Nahe Osten.

Diese Investitionen brachten trotz ihres relativen Rückganges (absolut sind auch sie gestiegen) besonders hohe Profitraten – ein Umstand, der ebenfalls zu leicht übersehen worden ist (und sich zum Teil durch den hohen Ölanteil, zum Teil durch den leichteren Gewinntransfer aus Entwicklungsländern erklärt). Erzielten amerikanische Konzerne von 1965–1968 in Industrieländern auf ihre Investitionen eine Rendite von 7 %, erreichten sie in den Entwicklungsländern 17,5 % (ohne Erdöl 11 %), davon in Asien 34,7 %. Einige Branchen erwiesen sich (neben Öl) besonders gewinnträchtig: so erzielten von 1965–1968 fünfzehn US-Pharmaunternehmen in *Lateinamerika* eine Verzinsung ihres Kapitals in Höhe von 136,3 % (nach *Der Spiegel*, 6. 5. 1974, S. 72). Amerikanische Privatinvestitionen in 19 lateinamerikanischen Ländern brachten bis zum Jahre 1957 eine durchschnittliche Rendite von 20 % (Öl: 27 %; öffentlicher Versorgungsbereich: 8 %) des eingesetzten Kapitals nach Steuern. Von 1960 bis 1965 wurden für 985 Mio. Dollar Neuinvestitionen in Lateinamerika getätigt; zur gleichen Zeit flossen Erträge aus amerikanischen Investitionen in Höhe von 6,7 Mrd. Dollar zurück in die USA (nach Benjamin Rowland, Economic Policy and Development: The Case of Latin America, in: *Retreat from Empire? The First Nixon Administration*, hrsg. von Robert E. Osgood et al. Baltimore/London 1973, S. 241–277; Zitat: S. 266). 1968 machten diese Einnahmen aus den gesamten Entwicklungsländern 59,5 % aller Einnahmen aus privaten US-Direktinvestitionen im Ausland aus.

Der hohe Gewinntransfer, der u. a. durch Reinvestitionen und zunehmend durch die Gründung von *joint ventures* eingeschränkt wird, erklärt auch die Förderung gerade dieser Investitionen durch die amerikanische Regierung, die dem Kapitalabfluß nach Westeuropa mit seinen unüberblickbaren Folgen für die Zahlungsbilanz dagegen recht unsicher gegenübersteht (siehe Kap. 3.8). Zu ihrer Absicherung hat die US-Regierung mit dem *Investment Guaranty Program* seit 1948 selbst das Unternehmerrisiko übernommen.

Dieses Programm dient als Schutz vor 1. Einschränkungen beim Umtausch ausländischer Währungen in Dollar (Sicherung des Gewinntransfers), 2. Verlusten durch Enteignungen und Nationalisierungen und 3. Schäden an beweglichem Eigentum durch Krieg, Revolution und Aufstände. Zunächst – auf Empfehlung des amerikanischen Juristenverbandes *(American Bar Association)* – im *Economic Cooperation Act* (Marshall-Plan, siehe Kap. 2.6) verankert, wurden diese Versicherungen im Laufe der Zeit inhaltlich und geographisch in den Gesetzen zur Gemeinsamen Sicherheit *(Mutal Security Acts)* und zur Auslandshilfe *(Foreign Assistance Acts)* erweitert. Ende 1964 konnten sich amerikanische Unternehmen – und ihre ausländischen Töchter (seit 1963) – gegen insgesamt 1261 Risiken versichern lassen. Das Programm, ursprünglich nur für Europa vorgesehen (das 1959 dann davon ausgeschlossen wurde), wurde seit 1951 ständig erweitert. Unter Präsident Nixon hatte neben der *Export-Import Bank* die 1971 gegründete staatliche *Overseas Private Investment Corporation* (Gesellschaft für Private Auslandsinvestitionen) einen Großteil seiner Aufgaben übernommen.

Der Vorteil solcher und ähnlicher Programme (etwa gegenüber dem *Hickenlooper Amendment*, siehe S. 127) wird darin gesehen, daß der »Nettoverlust ... über alle Steuerzahler verteilt und nicht auf die begrenzt wird, die Eigentum im Ausland verloren haben« (Lillich, *The Protection of Foreign Investment*, 1965, S. 204). Dafür werde der amerikanischen Regierung in Zukunft von amerikanischen Investoren auch ein – bisher gemiedenes – Mitspracherecht zugestanden werden: »Kurz, der Schutz von Investitionen im Ausland erfordert in absehbarer Zukunft Zusammenarbeit und Konzessionen sowohl von der Wirtschaft als auch von der Regierung« (ebda., S. 205).

Der relative Rückgang der Investitionen (bei allerdings absolutem Anstieg) ist zum Teil mit den ›instabilen‹ Verhältnissen in diesen Ländern und drohenden Enteignungen amerikanischer Firmen, aber auch mit der weitgehenden Verteilung der bisherigen Fördergebiete zu erklären. Die Suche nach neuen Quellen ist teuer, erfordert technisches *know-how* und liegt vorerst nicht im Interesse der Konzerne, die allein dazu in der Lage wären, aber ihre alten Investitionen nicht gefährden wollen.

Die Möglichkeit für Neuinvestitionen nahm unter diesen Umständen ab, spielt aber etwa für *Afrika* und Asien durchaus noch eine Rolle. 1970 entfielen von ca. 3.476 Mio. Dollar amerikanischer privater Direktinvestitionen für Afrika insgesamt 2.088 Mio. auf Erdöl und 440 Mio. auf die Hebung und Bearbeitung von Bodenschätzen sowie unter den Ländern 1.009 Mio auf Libyen (Kautschuk) und 864 Mio. auf die Republik Südafrika. »Die amerikanischen Privatinvestitionen für Afrika nehmen mit einer Jahresrate von 14 % zu – eine Tatsache, die größte Verheißungen für die wirtschaftliche Zukunft Afrikas in sich birgt. Privatinvestitionen werden zweifellos eine wichtige Rolle dabei spielen, den Kontinent mit dem notwendigen Kapital und technischen Wissen zu versorgen. Wir werden weiterhin alle Anstrengungen unternehmen, um zu amerikanischen Privatinvestitionen in Afrika zu ermutigen. Es wird nicht nur Afrika, sondern auch der Welt nützen, wenn die wirksame Erschließung der Hilfsquellen Afrikas an Erdöl, Bodenschätzen und landwirtschaftlichen Erzeugnissen gefördert wird. ... Die Export-Import-Bank und die Gesellschaft für Private Auslandsinvestitionen stehen bereit, solche Unternehmungen zu erleichtern, wo unsere Beteiligung gewünscht wird und wo sie auf der Grundlage beiderseitigen Nutzens erfolgen kann. Afrikaner, die eine solche Beteiligung wünschen, müssen natürlich ein günstiges Klima für Privatinvestitionen schaffen.« (Präs. Nixon, 9. 2. 1972, S. 107)

Neue Investitionen gehen vor allem in die Fertigwarenindustrie. Dabei sind einerseits billigere und von staatlichen Maßnahmen (wie Umweltschutzbedingungen) weniger betroffene Produktionsmöglichkeiten von Interesse (besonders in den ›unterentwickelteren‹ Ländern oder Regionen), andererseits aber Marktanteile für diese Produkte. So entfallen auch von den 538 Mio. Dollar amerikanischer Direktinvestitionen in Afrika auf diesem Gebiet 438 Mio. allein auf die Republik Südafrika. »Die Tatsache, daß private Investitionen und kommerzielle Kredite vor allem in den letzten Jahren einen starken Anstieg zu verzeichnen haben [in absoluten Zahlen], kann nur für einige Entwicklungsländer als Ausgleich angesehen werden. Die direkten Privatinvestitionen konzentrieren sich auf die Gewinnung von Bodenschätzen und auf jene Entwicklungsländer –

wie Mexiko –, die bereits ihre Fähigkeit, selbsttragendes und rasches Wirtschaftswachstum zu erreichen, bewiesen haben.« (*Der Pearson-Bericht*, 1969, S. 102)
Besonders *Europa* hat aufgrund seiner entwickelten Infrastruktur, seines enormen Wachstums und Kapitalbedarfs in der Nachkriegszeit und seiner steigenden Kaufkraft amerikanische Firmen angezogen. Der Buchwert ihrer Töchter belief sich 1973 auf ca. 35 Mrd. Dollar, ihr tatsächlicher (Markt-)Wert wird auf über 100 Mrd. Dollar geschätzt. Sie sind (neben Öl) vor allem in fortgeschrittenen bzw. wachstumsorientierten Industrien wie Computer, Elektronik und Raumfahrt engagiert.
Entsprechend sind auch die entwickeltsten unter den ›unterentwickelten‹ Ländern – wie Brasilien (das seinerseits mehr in Argentinien investiert als die BRD), Mexiko, Argentinien, Südkorea und Südafrika – bevorzugte Zielgebiete dieser neuen US-Investitionen. Dabei ist weniger ihre aktuelle als potentielle Bedeutung als Markt- und Rohstofflieferant entscheidend: »Viele dieser Länder haben Energiereserven und Rohstoffe, die wir in zunehmendem Maße brauchen werden. Einige von ihnen sind schnell wachsende Märkte für unsere Exporte geworden. Fast ein Drittel aller US-Exporte gingen 1972 in Entwicklungsländer, und das zukünftige Wachstum dieser Länder wird unsere Märkte erweitern.« (Präs. Nixon am 3. 5. 1973, S. 172)

Erneute Verschiebungen in der Richtung des Investitionsflusses sind durchaus denkbar, wenn auch die Furcht traditioneller Sektoren in der amerikanischen Wirtschaft vor neuer Konkurrenz (etwa Stahl aus der UdSSR) die Entwicklung hemmen kann. So wird *Japan* weiter ›geöffnet‹ werden. Der Ostblock – der nach der Aufhebung des amerikanischen Embargos im Jahre 1971 amerikanischen Unternehmen im Wettbewerb vor allem mit europäischen »potentielle Märkte« (Präs. Nixon) zu bieten scheint – kann schon aufgrund seiner Absatzgarantien, entwickelten Infrastruktur, geringen Gefahr von Enteignungen und Streiks, kurz: seiner Stabilität, ebenso an Bedeutung gewinnen wie nach Meinung einiger Wirtschaftswissenschaftler erneut die Entwicklungsländer: »Das Potential für profitable, wahrhaft großangelegte, auf diese ungeheuren Probleme – und riesigen Märkte – gerichtete unternehmerische Initiativen ist weitgehend ungenutzt.« (Barber, *Die Herrschaft der Manager*, 1970, S. 275) Ob ›mehr Hunger‹ allerdings ›mehr Gewinn‹ – das *sine qua non* auch im sozialindustriellen Komplex der USA – bringen wird, ist fraglich.

Die Suche nach Märkten für amerikanische Güter – und ihre Sicherung – ist ein wesentlicher Bestandteil der amerikanischen Außenpolitik: »Handelsstatistiken verschleiern jedoch die Realitäten des neuen ökonomischen Globalismus« (Richard J. Barber).
Für einzelne Produktionszweige – wie für den Maschinenbau, die Landwirtschaft, aber auch die Raumfahrt- und Rüstungsindustrie, die ca. 10 % der US-Exporte und 40 % des Weltrüstungshandels stellt – sowie für einzelne Firmen ist der Auslandsanteil schlechthin entscheidend. Die Auslandsinvestitionen dieser Firmen haben ihre ›Abhängigkeit‹ noch erhöht.

So erzielte etwa IBM 1970 über 50 % ihrer Gewinne aus den Verkäufen ihrer internationalen Verkaufs- und Produktionsorganisation in 108 Ländern. Während ihr Einkommen aus dem Inlandsgeschäft von 601 Mio. Dollar (1968) auf 505 Mio. Dollar (1970) sank, stieg der Auslandsanteil von 270,5 Mio. (1968) auf 512,5 Mio. Dollar (1970). Die Entwicklung etwa bei Standard Oil in New Jersey (mit einem Auslandsanteil von 52 % im Jahre 1970), Dow Chemical (44 %), National Cash Register (über 50 %), aber auch General Electric (21 %) oder General Motors (19 %) ist ähnlich. Ihr Auslandsgeschäft glich 1970 weitgehend den Rückgang des Inlandseinkommens aus: »Wir waren sehr froh, unser Auslandsgeschäft zu haben, und unsere Diversifikation sowohl in den Produkten also auch in den Märkten hat genau den Erfolg gezeigt, den wir gesucht haben: wir haben ein Mittel gefunden, um das Auf und Ab in der Wirtschaft und in der Währungspolitik auszugleichen.... Wir erwarten den Zeitpunkt, an dem unser internationales Geschäft einen größeren Anteil des Ganzen ausmacht als unser Inlandsgeschäft. Wir haben noch immer nicht die Durchdringung (›penetration‹) anderer Märkte erreicht, die wir wünschen, aber ich glaube, daß in den frühen achtziger Jahren dieses Jahrhunderts unsere internationalen Verkäufe die 50%-Grenze überschritten haben.« (Der Vize-Präsident der Minnesota Mining and Manufacturing Company, die 1970 ca. 29 % ihrer Produkte im Ausland umsetzte; zit. nach der *New York Times*, 6. 6. 1971, Section F, S. 2. Siehe dort auch die obigen Angaben.)

Das internationale Geschäft dieser ›multinationalen‹ amerikanischen Konzerne wirkt wiederum auf die gesamte Wirtschaft zurück; es hat 1970 wesentlich zur Dämpfung der Rezession beigetragen. »Die 80 Mrd. Dollar privater amerikanischer Direktinvestitionen im Ausland – in Wirklichkeit von höherem Wert als dieser Buchwert anzeigt – sind genau genommen Teil der amerikanischen Wirtschaft, obwohl sie nicht in die traditionellen Grenzen von Zollbarrieren, in Gebiete mit dem Dollar als gesetzlichem Zahlungsmittel oder in die geographisch-statistische Einheit fallen, die normalerweise die Definition eines Landes in den internationalen Wirtschaftsbeziehungen ausmachen. ... Die Vereinigten Staaten sind mit anderen Märkten eindeutig vor allem durch lokale Produktionsstätten und nicht durch Handel verbunden.« (Judd Polk; zit. nach Diebold, *The United States and the Industrial World*, 1972, S. 175)

Amerikanische Produktionsstätten im Ausland stellen jährlich für rund 200 Mrd. Dollar Güter her. Das sind etwa 20 % des amerikanischen BSP und mehr als das BSP aller anderen Länder der Welt außer den USA und der UdSSR. Der Anteil der Mutterfirmen an den Gesamtgüterexporten der USA (ohne Auslandsproduktion) liegt zudem bei nahezu 60 % – und bei den Importen um 40 % (siehe Betty L. Barker, ›U.S. Foreign Trade Associated with U.S. Multinational Companies‹, *Survey of Current Business*, Bd. 52, Dez. 1972, S. 20–28). Während sich ihre Handelsüberschüsse in der Zeit von 1966–1970 beträchtlich erhöhten, sank der Überschuß in der amerikanischen Handelsbilanz und erreichte 1972 ein Defizit von 6,4 Mrd. Dollar.

Im internationalen Rahmen hat die Gründung amerikanischer Tochtergesellschaften, Zweigniederlassungen und Verkaufsbüros im Ausland, der Aufkauf ausländischer Firmen oder die (Wertpapier-)Beteiligung (Portfolio-Investitionen) das Gewicht der Vereinigten Staaten vor allem in den von Freihandelsmechanismen unabhängigeren Industrieländern wesentlich verstärkt. Direktinvestitionen haben insofern eine andere Qualität als Handelsbeziehungen, als sie direkt Entscheidungen über die Verteilung von Ressourcen in den Gastländern und deren Wirtschaftspolitik beeinflussen können. Die Sicherung dieser Direktinvestionen hat andererseits auch militärische Eingriffe der USA notwendig erscheinen lassen.

Im übrigen gilt auch bei Investitionen grundsätzlich das, was vom Handel gesagt worden ist. Zwar machen die amerikanischen privaten Direktinvestitionen im Ausland bisher nur einen Bruchteil der riesigen Investitionen im Inland und der direkt ausgewiesenen Profite aus diesen Gesamtinvestitionen aus (und stellen 1970 – wie 1914 – ca. 7 % vom BSP), ihre Bedeutung für die nationalen Wirtschaften und die internationalen Wirtschaftsbeziehungen kann nicht überschätzt werden. »Insgesamt sind die amerikanischen Investitionen in Europa nicht besonders groß, da sie jedoch zum größten Teil in wenige wichtige, wachstumsorientierte Industriezweige geflossen sind, stellen sie eine deutliche Gefährdung der lokalen Unabhängigkeit dar.« (Barber, *Die Herrschaft der Manager,* 1970, S. 299)

Vielfach – und zu Unrecht – übersehen wird dabei das wesentliche (und vielleicht entscheidende) Problem der *Verteilung.* Die USA haben mit ihren Direktinvestitionen über die ganze Welt ein Verteilernetz aufgezogen, das ihre wirtschaftliche Dominanz in vielen Märkten selbst bei Verlust ihrer Produktionsstätten (etwa bei Enteignungen) abstützt. Durch dieses Netz werden nicht nur Rohstoffe und Produkte amerikanischer Firmen in den USA und im Ausland verkauft bzw. weiterverarbeitet, sondern auch von Firmen, die entweder voll im ausländischen Besitz sind oder gemeinsam mit amerikanischen Unternehmen arbeiten *(joint ventures)* und damit indirekt in amerikanische Abhängigkeit geraten. »Ausländische [d. h. hier amerikanische] Investoren sind gewohnt zu exportieren, und sie sorgen oft für ein äußeres Netz, um Exportmärkte anzuzapfen.« (Sidney Weintraub, siehe S. 116, führt diesen Umstand allerdings als entwicklungsfördernd an.)

So waren auch über 50 % aller Verkäufe der 1972 vom US-Handelsministerium untersuchten Firmen an ihre ausländischen Mehrheitstöchter für den Wiederverkauf, die Verpachtung oder Vermietung im Ausland gedacht – das waren im Jahre 1970 31 % (1966: 27 %) der Gesamtexporte dieser Firmen. Da die Verkäufe an die Töchter im Gegensatz zu den Direktexporten nicht in Endverkaufspreisen gerechnet werden, erhöht sich dieser Anteil noch beträchtlich.

Dennoch ist diese *Internationalisierung der Produktion* und ihrer Verteilung unter amerikanischer Vorherrschaft erst ein Trend, der jedoch durch die zunehmende Oligopolisierung des amerikanischen Marktes (siehe Kap. 3.9.1) gefördert wird. Mit der technischen Entwicklung – und steigenden Kosten für neue Produkte – ist Massenproduktion schon aufgrund sinkender Produktionskosten bei großen Serien (besonders deutlich in der Rüstungsindustrie) eine Voraussetzung des amerikanischen Wirtschaftssystems. Sie beschleunigt wiederum die oligopolistische Konzentration und erfordert – vor allem in Krisen bei drohender Überproduktion oder Kapazitätsstillegung – die kontinuierliche Ausweitung des Binnen- und des Außenmarktes. Diversifikation der Produkte und der Märkte stellt dabei ein Stadium der kapitalistischen Entwicklung dar, in dem Wachstum als Voraussetzung von Profiten zum Ziel und Allheilmittel erhoben worden ist und auch die innergesellschaftliche Stabilisierung garantieren soll.

»Wie ich weiß, hat keine Gruppe, die sich mit diesem Problem beschäftigt hat – und das waren viele, wie Sie wissen –, jemals angenommen, daß unsere heimischen Märkte unter unserem gegenwärtigen System unsere gesamte Produktion aufnehmen könnten. Wenn Sie Handel und Einkommen, also das Leben des Volkes in den USA insgesamt, kontrollieren wollen, könnten Sie es vielleicht einrichten, daß alles, was hier produziert, auch hier konsumiert wird. Aber das würde völlig unsere Verfassung, unsere Beziehung zu Eigentum und menschlicher Freiheit und unsere rechtlichen Grundlagen verändern. Und niemand erwägt das. Deshalb sind wir gezwungen, nach anderen Märkten Ausschau zu halten, und solche Märkte sind in Übersee.« (Außenminister Dean Acheson; zit. nach Michael Tanzer, *The Sick Society. An Economic Interpretation.* Chicago et al. 1972, S. 77, und Gabriel Kolko, *The Politics of War.* New York 1969, S. 254) Was Außenminister Acheson 1944 angesichts der Neuordnung der internationalen Wirtschaftsbeziehungen am Ende des Zweiten Weltkrieges formulierte, hatte Präs. F. D. Roosevelt bereits 1935 in einer anderen Krisensituation (Weltwirtschaftskrise) erkannt: »Auslandsmärkte müssen zurückgewonnen werden, wenn die amerikanischen Produzenten eine ausgelastete und dauerhafte Inlandwirtschaft für unser Volk wieder aufrichten sollen. Es gibt keinen anderen Weg, wenn wir schmerzhafte ökonomische Umstrukturierungen, soziale Umschichtungen und Arbeitslosigkeit vermeiden wollen.« (Präs. Roosevelt, 1935; zit. nach *The Public Papers and Addresses of Franklin D. Roosevelt.* Bd. IV. New York 1938, S. 463)

Es ist bereits vielfach darauf verwiesen worden, daß der Exportanteil (ohne Auslandsproduktion) zwar nur einen geringen Prozentsatz des amerikanischen BSP ausmacht, aber daß schon dieser Bestandteil von ausschlaggebender Bedeutung für die gesamte Volkswirtschaft sein kann. »Hohe Reallöhne der amerikanischen Arbeiter hängen zu einem wesentlichen Teil von der Expansionsfähigkeit der amerikanischen Wirtschaft ab, die ihrerseits wieder Anpassung erfordert, die durch ausländische Investitionen (oder Aufkäufe) erhöht werden kann« (Diebold, *The United States and the Industrial World,* 1972, S. 188). Vom amerikanischen *Export* hängen direkt über 3 Mio. Arbeitskräfte ab; allein ihre Gefährdung hätte bei der ohnehin hohen Zahl von Arbeitslosen weitreichende gesellschaftliche Folgen.
Damit geht der amerikanische Außenhandel weit über die Bedürfnisse einzelner Firmen oder Produktionszweige hinaus. Er entspringt einerseits der Struktur des amerikanischen Wirtschaftssystems und trägt andererseits zur Behauptung sowohl nationaler Stabilität als auch der internationalen Stellung der Vereinigten Staaten bei: »Die Sorge um unsere Zahlungsbilanz und den kürzlichen Goldabfluß ist durchaus gerechtfertigt. Es ist notwendig, daß wir weiterhin einen beträchtlichen Überschuß unserer Exporte über unsere Importe erzielen, um unsere internationalen Verpflichtungen abzudecken – unsere Streitkräfte in der ganzen Welt, unsere diplomatischen Verpflichtungen, unsere Militärhilfe und unsere Unterstützung für unterentwickelte Nationen.« (John F. Kennedy am 12. 10. 1960 in einer

Wahlrede vor der *Associated Business Publications Conference*). Ähnlich verweist auch ein Bericht des Gemeinsamen Wirtschaftsausschusses im Kongreß aus dem Jahre 1962 auf Exporte »als Mittel unserer politischen und militärischen Stellung in der Welt« zur Sicherung von Positionen, »die zu verlieren wir uns nicht leisten können« (zit. nach Krippendorff, *Die amerikanische Strategie*, 1971, S. 393). Dieser zumeist unterschätzte Bestandteil der Außenbeziehungen ist zudem oft als direktes Instrument der amerikanischen Außenpolitik eingesetzt worden.

So drohten die Vereinigten Staaten im ›Währungskrieg‹ von 1971 ihren europäischen Partnern ebenso mit handelspolitischen Sanktionen wie zuvor u. a. Kuba, das mit seiner Zuckerproduktion weitgehend von amerikanischer Nachfrage abhängig war und nur durch die finanzielle Unterstützung der UdSSR vor wirtschaftlichem Ruin bewahrt wurde. Das folgende Embargo sollte »Castros Willen und Fähigkeit einschränken, Subversion und Gewalt in andere amerikanische Staaten zu tragen; dem kubanischen Volk deutlich machen, daß Castros Regime nicht seinen Interessen dienen kann; den Völkern der amerikanischen Republik zeigen, daß der Kommunismus keine Zukunft in der westlichen Hemisphäre hat und die Kosten der Sowjetunion bei der Erhaltung eines kommunistischen Vorpostens in der westlichen Hemisphäre erhöhen.« (Dean Rusk, Außenminister unter Präsident Kennedy; zit. nach Knorr, *Power and Wealth*, 1973, S. 148) Auch gegenüber der UdSSR und der Volksrepublik China fand im ›Kalten Krieg‹ die Empfehlung des ›heißen‹ Anwendung, Exporte gegebenenfalls zu untersagen zum Zwecke der »Förderung der Außenpolitik der Vereinigten Staaten und als Beitrag zur Erfüllung unserer internationalen Verpflichtungen, sowie die notwendige Wachsamkeit über Exporte walten zu lassen vom Standpunkt ihrer Bedeutung für die nationale Sicherheit der USA aus« (*Export Control Act* von 1940, Sect. 2). Das Embargo wurde mit beträchtlichem organisatorischen Aufwand aufrechterhalten, mit der Gewährung von Auslandshilfe gekoppelt (im *Mutual Security* oder *Battle Act* von 1951) und selbst in der UNO und gegen die Verbündeten mit wirtschaftlichem Druck durchgesetzt. 1971 wurde es schließlich aufgehoben, nachdem es angesichts der erhofften »Umsatz- und Gewinnchancen« und der Abkapselung des Ostens »vom Einfluß der amerikanischen Ideologie« als »eine schlechte Wirtschaftspolitik und eine noch schlechtere Außenpolitik« charakterisiert worden war (Richard J. Barber).

Darüber hinaus – und damit verbunden – dienen Privatinvestitionen und privates Unternehmertum als Mittel gesellschaftlicher Stabilisierung: »Der Welthandel muß wiederhergestellt werden – und er muß dem privaten Unternehmertum zurückgegeben werden.« (Präs. Truman am 23. 3. 1946). Aus der Stabilisierung bürgerlich-privatwirtschaftlicher Gesellschaften ergab sich zugleich eine ›Eindämmung‹ *(containment)* auch des Bolschewismus. Bei der Neuschaffung einer »globalen Ordnung« ist auch in den siebziger Jahren der langfristige Einfluß des »durchdringenden ökonomischen Vorteils« der USA nicht zu übersehen (vgl. George Liska, The Third World: Regional System and Global Order, in: *Retreat from Empire?*, 1973, S. 279–343). Die amerikanische Auslandshilfe ist eng mit dieser ideologischen Zielrichtung verbunden.

2.6 Die amerikanische Auslandshilfe

Privatinvestitionen gelten als wesentlicher Bestandteil der amerikanischen (und westlichen) Entwicklungshilfe. Sie werden oft ohne klare Unterscheidung von öffentlichen Leistungen ausgewiesen, die sich wiederum aus humanitärer, Erziehungs-, Wirtschafts- und Militärhilfe zusammensetzen (im folgenden wird Auslandshilfe als Sammelbegriff verwandt). Privatinvestitionen sind auch von den Auslandshilfeorganisationen der USA – und den internationalen Organisationen unter amerikanischer Vorherrschaft – bewußt gefördert und nach dem Wiederaufbau Westeuropas zur Entwicklung der Länder der ›Dritten Welt‹ eingesetzt worden. Besonders in Lateinamerika, das als »Laboratorium« amerikanischer Außenpolitik (Ernst Czempiel) bezeichnet worden ist und dessen Vertreter auf der Konferenz von Bogotá (31. 8. 1947) vergeblich einen ›kleinen‹ Marshall-Plan (siehe unten) erwarteten, diente diese Form der Auslandshilfe als einflußreiches direktes Instrument amerikanischer Außenpolitik. »Kurz: die Vereinigten Staaten sind überzeugt, daß private Investitionen Entwicklung fördern können. Wie wirksam das allerdings ist, hängt zum Teil vom Investor, aber entscheidender von der gesamten wirtschaftlichen und politischen Ausrichtung der Gastregierung ab. ... Kapital ist eine knappe Ware, viel knapper als Gelegenheiten, es einzusetzen. Privates Kapital wird im In- und Ausland dahin gehen, wo sein Gewinn am höchsten und seine Risiken am geringsten sind.« (*Deputy Assistant Secretary* Weintraub, *The Department of State Bulletin*, 4. 12. 1972, S. 658)

Eine Umfrage der UNO in den USA, bei der 1180 Antworten ausgewertet wurden, brachte Anfang der sechziger Jahre das Ergebnis, daß folgende Faktoren nach ihrer Reihenfolge Investitionsentscheidungen von Privatunternehmen beeinflußten: 1. Verfügbarkeit von Arbeitskräften, 2. Angemessenheit des Marktes, 3. Verfügbarkeit von Eigentum, 4. Arbeitskosten, 5. Verfügbarkeit von Rohstoffen, 6. Einfluß der Gewerkschaften, 7. Zusammenarbeit lokaler Stellen, 8. Sitz des Management, 9. Klima etc. Die gleichen Überlegungen gelten auch im internationalen Rahmen. Private Auslandsinvestitionen werden demnach getätigt, um

- Kosten zu senken (billigere Arbeitskräfte, günstigere Standorte etc.);
- Märkte für die Produkte amerikanischer Firmen,
- die Rohmaterialienversorgung und damit
- Wachstum, Profite und
- führende Stellung zu sichern;
- die heimischen Produktionskapazitäten voll ausnutzen zu können;
- Konjunkturschwankungen und Einbußen im Inland auszugleichen;
- staatliche Barrieren (wie Zölle, Währungsunterschiede etc.) und Auflagen (wie Umweltschutz, hohe Steuern, Diskontsätze etc.) als auch
- Arbeitskämpfe mit einer organisierten Arbeiterschaft zu umgehen und
- bessere Verwertungsbedingungen für amerikanisches Kapital zu finden.

Die Erfordernisse der Entwicklungsländer haben auf diese Überlegungen keinen – oder kaum – Einfluß. Zudem ist man allzuoft »der Meinung, eine Straße, eine Brücke oder ein Wasserkraftwerk seien schon an und für sich etwas Gutes. Allzuoft vernachlässigt man die Frage, ob die Straße oder die Brücke so angelegt ist, daß sie die Organisierung der Bevölkerung und ihre Einbeziehung in die

Nation fördert; ob das Wasserkraftwerk so eingerichtet ist, daß es mehr Menschen billigeren Strom liefert. Unsere Hilfe hat in Wirklichkeit Lateinamerika sehr wenig verändert.« (George C. Lodge, ›US-Hilfe für Lateinamerika. Unterstützung eines radikalen Wandels‹, *Aus Politik und Zeitgeschichte*, Nr. B 47, 22. 11. 1969, S. 3–11; Zitat: S. 5)

Privates Unternehmertum erscheint nicht nur als bestes Mittel zur Entwicklung, sondern auch als Garant guter Führung. Von Entwicklungsländern wird als Voraussetzung für private Investitionen erwartet, »politische Stabilität und finanzielles Verantwortungsbewußtsein« zu entwickeln, »sich zum Prinzip der Achtung von Verträgen« zu bekennen und »ein gerechtes Steuersystem« aufzubauen (Neil H. Jacoby, vorm. im *Council of Economic Advisers* und US-Vertreter im Wirtschafts- und Sozialrat der UNO; ›Der Einfluß der multinationalen Gesellschaften‹, *Perspektiven USA*, USIS, 1. Jg., 1971, Nr. 1, S. 21–31; Zitat: S. 23). »Solche Bedingungen für den Empfang von Entwicklungshilfe laufen im wesentlichen auf eine ›semi-koloniale Situation‹ hinaus.« (Knorr, *Power and Wealth*, 1973, S. 171)

Dabei diente die öffentliche Hilfe insbesondere dazu, für diese Privatinvestitionen (wie im Inland) »die gesunde wirtschaftliche und soziale Umwelt zu schaffen, die Voraussetzung der Existenzfähigkeit jedes Konzerns ist« (David Rockefeller; zit. nach Jules Cohn, ›Is Business Meeting the Challenge of Urban Affairs?‹, *Harvard Business Review*, März–April 1970, S. 62–82; Zitat: S. 70). »Unsere Regierung soll alles unternehmen, um private Investitionen im Ausland zu fördern. Das bedeutet, daß unsere Außenpolitik alles daransetzen muß, um ein günstiges Klima für derartige Investitionen im Ausland zu schaffen.« (Präs. Eisenhower in seiner Kongreßbotschaft von 1953) Diese Hilfe besteht sowohl aus finanziellen Zuwendungen (zumeist Krediten) als auch aus Lieferungen von Gütern, ›Wissen‹ und Ausbildung, die vor allem dazu geführt hat, »klassische Lehrmethoden zu zementieren, die von autoritären Lehrern (Ausländern wie Einheimischen) vorgetragen werden, die einem Typus entsprechen, wie er vor 100 Jahren geprägt wurde« (*Der Pearson-Bericht*, 1969, S. 245).

Entwicklung erscheint bei einem solchen Programm vor allem als Entwicklung freien Unternehmertums, das in den USA immer wieder mit Demokratie gleichgesetzt wurde: »Zwei Dinge sind in unserer Entwicklung von herausragender und dominierender Bedeutung gewesen: unser System repräsentativer Demokratie und unser System individuellen Unternehmertums. ... Unausweichlich und unwiderruflich gehen diese beiden Hand in Hand.« (Aus einer Studie des amerikanischen Unternehmerverbandes *National Association of Manufacturers;* zit. nach Francis X. Sutton et al., *The American Business Creed*. New York 1962, S. 25 f)

Allerdings zeigte bereits die (1950 ohne offizielle Anforderung gewährte) Anleihe Spaniens weniger um die Sorge um Demokratie als die grundsätzlich ›strategische‹ Ausrichtung der US-Auslandshilfe. Auch die von Präsident Kennedy initiierte, im August 1961 in Punta del Este (Uruguay) von 19 lateinamerikanischen Staaten unterzeichnete und in den siebziger Jahren völlig einflußlose *Alliance for Progress* (Allianz für den Fortschritt) richtete sich vor allem gegen den kubanischen revolutionären ›Virus‹. Unter Präsident Kennedys Nachfolger stützte sie sich in ihrem »Krieg gegen die Armut in Lateinamerika« (Präs. L. B. Johnson) zunehmend auf privates Kapital einerseits und autoritäre Regimes andererseits. Der Fehlschlag der »linksdemokratischen Strategie« unter Präs. Kennedy ist in diesem Zusammenhang auf ihre Unfähigkeit zurückgeführt worden zu erkennen, »daß Demokratie ein Luxus ist, den sich arme Länder in ihrem Streben nach rascher Entwicklung nur schlecht erlauben konnten« (Rowland, Economic Policy and Development: The Case of Latin America, in: *Retreat from Empire?*, 1973, S. 375).

Auf der anderen Seite haben Beschlagnahmungen und Enteignungen amerikanischer Unternehmen auch durch ›nationale Bewegungen‹ (die sich in Lateinamerika besonders gegen die amerikanische Vorherrschaft im öffentlichen Sektor ihrer Länder wandten) die in den zwanziger Jahren eingeleitete und von Präsident F. D. Roosevelt offiziell erklärte Politik ›der Guten Nachbarschaft‹ mit den lateinamerikanischen Ländern immer wieder empfindlich gestört. Ähnlich wie in der Innenpolitik angesichts wachsender Forderungen an die Wirtschaft ist auch in diesem Zusammenhang von einem zunehmend ›unfreundlichen Klima‹ gesprochen worden. Militärische Interventionen der USA wie aus der Zeit der Kanonenbootdiplomatie waren als Folge der Bedrohung solcher Privatinteressen zwar selten, aber doch nie als *ultima ratio* ausgeschlossen. Generell ging die amerikanische Regierung dazu über, bei fehlender »sofortiger, angemessener und effektiver Entschädigung« – wie es auch das Völkerrecht recht vage vorschreibt – sowohl bilateriale Auslandshilfe an diese Länder einzustellen als auch mit ihrem überragenden Einfluß in den entsprechenden internationalen Organisationen multilaterale Hilfe zu verhindern.
Diese Politik ist durch einen Zusatz des Senats zum Auslandshilfegesetz *(Foreign Assistance Act)* von 1962 offiziell verankert worden *(Hickenlooper Amendment)*. Nach Ansicht eines amerikanischen Juristen bedeutet dieses Amendment eine »rohe und plumpe Sanktion, die nur im Ausmaß vom Einsatz des Kanonenbootes abweicht und die guten Beziehungen der USA mit zahlreichen Nationen gefährdet hat« (Lillich, *The Protection of Foreign Investment*, 1965, S. 137 f).

Initiator dieses Amendments war Senator Hickenlooper, nach Meinung des amerikanischen Wirtschaftsjuristen Stanley D. Metzger der »Agent einiger Öl- und anderer Unternehmen im Kongreß«. Anlaß war die (nach Angaben der ITT) ohne genügende Entschädigung vorgenommene Nationalisierung einer Zweigfirma der International Telephone and Telegraph Company (ITT) durch den Gouverneur eines brasilianischen Staates sechs Wochen vor dem Besuch des brasilianischen Präsidenten Goulart in den USA. Wenn auch nicht das Amendment, sondern die »allgemeine Verbesserung der politischen Situation in Brasilien« – womit Lillich (a. a. O., S. 142) offensichtlich die Machtübernahme durch das brasilianische Militär im Jahre 1964 meint – eine für die ITT günstige Regelung ermöglichte, wurde diese »Verbesserung« wesentlich von den Folgen des Amendments auf die amerikanische Auslandshilfe für Brasilien eingeleitet. Dabei stand die Exekutive der US-Regierung dem Amendment zunächst ablehnend gegenüber. Außenminister Dean Rusk betonte, daß die USA »nicht ihr Interesse in anderen Ländern aufgrund einer bestimmten privaten Investition in einer bestimmten Situation aufs Spiel setzen« könnten (zit. nach Lillich, a. a. O., S. 119, Fußnote 15). Präsident

Kennedy hielt es auf einer Pressekonferenz für eine »unkluge« Maßnahme gegen ein Land, das wie Brasilien »von ausschlaggebender Bedeutung ist, eine Schlüsselstellung einnimmt und mit dem wir die engsten Beziehungen haben müssen« (zit. nach *New York Times*, 8. 3. 1962, 14 : 8).
Jedoch ist das Hickenlooper Amendment als Blankovollmacht des Kongresses in der Auslandhilfe an die Exekutive zunehmend als vielseitiges Instrument amerikanischer Außenpolitik erkannt und eingesetzt worden. Nach wie vor fraglich ist jedoch, was insbesondere unter »ausreichender und wirksamer Entschädigung« verstanden wird. Darüber gehen die Vorstellungen weit auseinander. Betroffene amerikanische Unternehmen, die ihre Investitionen zumeist steuerlich abgeschrieben haben, lehnen oft selbst eine Entschädigung gemäß ihren Steuerangaben im Gastland als zu niedrig ab (was entweder auf überhöhte Forderungen oder Steuerhinterziehung schließen läßt). Auf der anderen Seite rechnen die Entwicklungsländer zum Teil bisher entnommene Gewinne – und vorenthaltene Entwicklung – der Entschädigungssumme an. Wenn auch ein Abwägen dieser Faktoren nicht leicht ist, ist bisher offensichtlich doch das Interesse der Investoren vorrangig berücksichtigt worden.

Die Abhängigkeit der Entwicklungsländer von ausländischem Kapital gibt der Auslandshilfe ein entscheidendes Gewicht sowohl als global gesellschaftspolitisches als auch als vielseitig verwendbares taktisches Instrument amerikanischer Außenpolitik (etwa als direkte Wahlhilfe oder – wie in Brasilien und 1973 in Chile – als Mittel zur entscheidenden Schwächung einer ohnehin gefährdeten Regierung). Die private und öffentliche Auslandshilfe der USA war von Anfang an mit Auflagen für eine bestimmte Außenhandels- und Finanzpolitik der Empfängerländer verbunden. Schon in der Diskussion um das anglo-amerikanische Finanzabkommen nach der abrupten Beendigung des (ebenfalls mit wirtschaftspolitischen Auflagen versehenen) Leih- und Pachtabkommens der USA mit Großbritannien nach dem Zweiten Weltkrieg wurde im Kongreß beschlossen, »daß alle internationalen Anleihen als integrierender Faktor in der Außenpolitik angesehen werden sollten« (zit. nach Czempiel, *Das amerikanische Sicherheitssystem*, 1966, S. 178). Auch die europäischen Empfänger der Marshall-Plan-Hilfe (siehe unten) wurden verpflichtet, ihre Produktion zu steigern, Währungen stabil und konvertierbar zu halten, für ein ausgeglichenes Budget zu sorgen und Handelsbarrieren abzubauen. Ein ausgedehntes Verteilungs- und Überwachungssystem *(Economic Cooperation Administration)* mit starken Auswirkungen auf die Wirtschafts-, Steuer-, Handels- und Militärpolitik der Empfängerländer sorgte für die Einhaltung dieser Auflagen und schloß osteuropäische Staaten von Anfang an von dieser Hilfe aus. Zwar mischten sich die USA nicht in konkrete politische Einzelentscheidungen, »aber sie veränderten einen großen Teil des Feldes, aus dem die Politik erwächst: die wirtschaftliche Struktur. Auf dem ökonomischen Gebiet beeinflußten die USA so gut wie jede Maßnahme und jeden Entschluß des Empfängerlandes« (Czempiel, a. a. O., S. 239). Die ›sowjetische Gefahr‹ diente bei der Durchsetzung dieser Politik als oft einzige Legitimation der amerikanischen Maßnahmen.
Die amerikanische Auslandshilfe hat drei Phasen durchlaufen. Im Gegensatz zum Programm der Umgestaltung der beiden folgenden Phasen ging

es in der 1. Phase vorwiegend um den Wiederaufbau von Ländern mit ähnlichen Gesellschaftssystemen und einem hohen Entwicklungsniveau (Europa). Seit der 2. Phase von 1950 an (Korea-Krieg) ist die US-Hilfe vor allem in Entwicklungsländer geflossen (die UdSSR vergibt an sie seit 1955, die Volksrepublik China seit 1956 Hilfe). Dabei ist der Einsatz von Auslandshilfe in den Entwicklungsländern von seiner (in der 2. Phase) mehr defensiven Zielsetzung zur Eindämmung des Kommunismus in der 3. Phase zum offensiven Instrument der Veränderung geworden.

So erkannte Präsident Kennedy in der Auslandshilfe nicht nur ein Negativprogramm gegen den Kommunismus, sondern auch ein Mittel, um den »historischen Beweis« zu erbringen, »daß im 20. Jahrhundert ebenso wie im 19. auf der südlichen Halbkugel ebenso wie auf der nördlichen wirtschaftliches Wachstum und politische Demokratie Hand in Hand gehen können« (22. 3. 1961). Sein Optimismus gründete sich vor allem auf den Erfolg des *European Recovery Program* (ERP, Europäisches Wiederaufbauprogramm) vom 3. 4. 1948, das am 5. 6. 1947 von US-Außenminister General George Marshall offiziell verkündet und nach ihm benannt wurde *(Marshall Plan)*. Die europäischen Empfängerländer – vertreten durch die Organisation für die Wirtschaftliche Zusammenarbeit Europas (der späteren OECD) – forderten in ihrem Wiederaufbauprogramm 22 Mrd. Dollar, die über vier Jahre verteilt ausgezahlt werden sollten. Der Kongreß bewilligte 1948 17 Mrd. Dollar; ausgezahlt wurden schließlich 12,5 Mrd. Dollar (wovon die spätere BRD 1,5 Mrd. erhielt). Von daher entfiel auf Westeuropa bisher der größte Teil der amerikanischen Auslandshilfe.

Entgegen einer weitverbreiteten Annahme scheint bereits beim *Marshall-Plan* weniger die direkte Gefährdung der zentralen Länder Westeuropas durch ›den Kommunismus‹ ausschlaggebend gewesen zu sein (obwohl sie eine Rolle spielte) als vielmehr offensiver

a) die kurzfristige Suche nach Absatzmärkten in der befürchteten Nachkriegsrezession und nach Verwertungsmöglichkeiten amerikanischen Kapitals,
b) die aktive Förderung einer Kooperation Europas nach amerikanischem Muster (Abbau der Handelsbarrieren, Vereinheitlichung des europäischen Marktes etc.) und damit
c) seine langfristige Einbeziehung in ein globales Gesellschafts-, Sicherheits- und Handelssystem (›Freie Welt‹), von dem sich auch die USA Wohlstand und Sicherheit versprachen.

Außenminister Marshall griff in seiner berühmten Rede vom 5. 6. 1947 an der Harvard University alle diese Punkte auf: »Das moderne System der Arbeitsteilung, auf das sich der Warenaustausch gründet, steht vor dem Zusammenbruch.

In Wahrheit liegt die Sache so, daß Europas Bedarf an ausländischen Nahrungsmitteln und anderen wichtigen Gütern – hauptsächlich aus Amerika – während der nächsten drei oder vier Jahre um so viel höher liegt als seine gegenwärtige Zahlungsfähigkeit, daß beträchtliche zusätzliche Hilfeleistungen notwendig sind, wenn es nicht in einen wirtschaftlichen, sozialen und politischen Verfall sehr ernster Art geraten soll.

Die Lösung liegt in einer Durchbrechung des Circulus vitiosus und in der Wiederherstellung des Vertrauens bei den europäischen Völkern auf die wirtschaftliche

Zukunft ihrer Länder und ganz Europas. Der Fabrikant und der Landwirt in weiten Gebieten müssen gewillt und in der Lage sein, ihre Produkte für eine Währung in Tausch zu geben, deren fester Wert außer Zweifel steht. Abgesehen von der demoralisierenden Wirkung auf die ganze Welt und von der Möglichkeit, daß aus der Verzweiflung der betroffenen Völker sich Unruheherde ergeben könnten, dürfte es auch offensichtlich sein, welche Folgen dieser Zustand auf die Wirtschaft der Vereinigten Staaten haben muß.
Es ist nur logisch, daß die Vereinigten Staaten alles tun, was in ihrer Macht steht, um die Wiederherstellung gesunder wirtschaftlicher Verhältnisse in der Welt zu fördern, ohne die es keine politische Stabilität und keinen sicheren Frieden geben kann. Unsere Politik richtet sich nicht gegen irgendein Land oder irgendeine Doktrin, sondern gegen Hunger, Armut, Verzweiflung und Chaos. Ihr Zweck ist die Wiederbelebung einer funktionierenden Weltwirtschaft, damit die Entstehung politischer und sozialer Bedingungen ermöglicht wird, unter denen freie Institutionen existieren können.... Aber eine Regierung, die durch Machenschaften versucht, die Gesundung der anderen Länder zu hemmen, kann von uns keine Hilfe erwarten. Darüber hinaus werden alle Regierungen, politische Parteien oder Gruppen, die es darauf abgesehen haben, das menschliche Elend zu einem Dauerzustand zu machen, um in politischer oder anderer Hinsicht Nutzen daraus zu ziehen, auf den Widerstand der Vereinigten Staaten stoßen.« (zit. nach *Europa-Archiv*, August 1947, S. 821)

Die amerikanische Auslandshilfe hat ohne Zweifel in vielen Ländern (einschl. der BRD) viel zur Linderung unmittelbarer Not getan, besonders dann, wenn sie über internationale Organisationen vergeben wurde. Hatte jedoch bereits ihr Einsatz als Mittel im nun global ausgeweiteten Kalten Krieg ihre humanitären Zielsetzungen mehr und mehr überlagert, bewirkte die Erfahrung in den Entwicklungsländern Reaktionen sowohl der Geber als auch der Empfänger. Wirtschaftliches Wachstum ist nur in wenigen Bereichen der Entwicklungsländer festzustellen und politische Demokratie so ›unterentwickelt‹, daß die Vereinigten Staaten im internationalen Rahmen geradezu als Verbündete reaktionärer Regimes erscheinen: »Man vergleiche nur für einen Moment das Zusammentreffen der Entstehung von Militärdiktaturen in den neuen unterentwickelten Ländern und die Konzentration von Auslandshilfe auf ihre zentralisierten Regierungsstellen« (Heinrich Kronstein, Government and Business in International Trade, in: *The Corporation Take-Over*, 1964, S. 150–172; Zitat: S. 153).

Daß Wachstum kein Allheilmittel ist, stellte bereits die Kommission für Internationale Entwicklung fest *(Pearson-Bericht)*. Zudem drohten die ›perversen Effekte‹ der Schenkungen in der bisherigen Form wie in der Innenpolitik gerade Ungleichheit zu verstärken, so daß ein Ziel der Hilfe, durch ökonomische Stärkung der Empfängerländer die Attraktion kommunistischer bzw. als kommunistisch empfundener Ideen einzuschränken, nur bei denen Erfolg hatte, die ohnehin an der Erhaltung des Status quo interessiert waren. Als weiterer Effekt ergab sich, daß selbst den nationalen Bourgeoisien der Empfängerländer aufgrund innenpolitischen und/oder außenpolitischen Drucks diese offensichtlich enge und direkte Verbindung mit den USA im Interesse eigener Herrschaftssicherung zunehmend nicht mehr opportun erscheint. Diese Entwicklung – etwa im Nahen Osten, aber auch in Lateinamerika, wo zwischen 1968 und 1971 von nahezu allen politischen Richtungen (wie in Chile) ca. 2 Mrd. Dollar an US-Eigentum verstaatlicht wurden (eine Summe, die alle Verstaatlichungen der vorhergehenden Dekade in Lateinamerika übertraf) – hat wesentlich die außenpolitischen Schwierigkeiten der USA erhöht und wahrscheinlich die Annäherung an die Sowjetunion beschleunigt.

Humanitäre Gründe waren bisher bei der Vergabe amerikanischer Auslandshilfe von untergeordneter Bedeutung. Sie wurde vor allem als Mittel zur Erreichung kurz- und langfristiger politischer Ziele vergeben.

So sollte die Lebensmittelhilfe der USA »den Verbrauch amerikanischer landwirtschaftlicher Erzeugnisse im Ausland steigern, die auswärtigen Beziehungen der USA verbessern sowie sonstigen Zwecken dienen« (Einleitung zum *Agricultural Trade Development and Assistance Act* von 1954. Im folgenden wurden die einzelnen »politischen Ziele des Kongresses« – wie Ausdehnung des internationalen Handels, Förderung des nationalen Wohlstandes der USA, Absatz der Überschußproduktion, Verwendung der Deviseneinnahmen, z. B. für Militärausgaben und den Rohstoffimport – aufgeführt.). Auch für Eugene R. Black, den ehemaligen Präsidenten der Weltbank und Präsidentenberater unter L. B. Johnson, bedeutete »unser Auslandshilfeprogramm einen deutlichen Vorteil für die amerikanische Wirtschaft« (1965; zit. nach Lens, *The Military-Industrial Complex*, 1970, S. 28): »Die drei wesentlichen Nutzeffekte sind:
(1) die Auslandshilfe schafft einen umfangreichen und unmittelbaren Markt für amerikanische Güter und Dienstleistungen;
(2) die Auslandshilfe regt die Entwicklung neuer ausländischer Märkte für US-Unternehmen an;
(3) die Auslandshilfe richtet nationale Ökonomien auf das System freien Unternehmertums aus, in dem US-Firmen gedeihen können.«

Kurzfristig soll demnach die Auslandshilfe
1. die eigene Exporttätigkeit und
2. die Produktion von Rohmaterialien für den eigenen Bedarf anregen,
3. helfen, Überschüsse abzustoßen,
4. Einfluß gewinnen, verstärken oder signalisieren,
5. die Sicherheit pro-amerikanischer Regierungen gegen inländische Opposition oder ausländische Aggression gewährleisten.

Langfristig soll sie
1. ein günstiges Klima für das System freien Unternehmertums und damit
2. Märkte für amerikanisches Kapital und amerikanische Güter sowie
3. eine internationale ‹stabile Ordnung› schaffen und
4. die eigene militärische und wirtschaftliche Stellung im internationalen Rahmen sichern.

Im Mai 1973 fand Frank Church, U. S.-Senator aus Idaho und Mitglied des Außenpolitischen Ausschusses im Senat, »das anti-kommunistische Argument bankrott«, das »Entwicklungsargument von Mißerfolgen geschwächt« und die Fortführung des Auslandshilfeprogrammes zumindest in seiner derzeitigen Form als fragwürdig für das »nationale Interesse« (Leserbrief von Church an *The Washington Monthly*, Mai 1973, S. 4 f.). Dafür sind neben der grundsätzlich privatwirtschaftlichen Ausrichtung der Hilfe viele Gründe genannt worden, darunter unter anderem:

– Die Auslandshilfe ist zu niedrig.

Die USA liegen selbst bei Berücksichtigung auch der privaten Leistungen unter dem Satz von 1 % des BSP, der auf der Welthandelskonferenz von Neu Dehli 1968 (und im *Pearson-Bericht*) als notwendiges Minimum angesetzt wurde, und beträchtlich unter dem Satz von 2–3 % des BSP, den der *Council of Economic Advisers* 1947 vorgeschlagen hatte. Auch hier gilt jedoch, daß Beträge, »die im Verhältnis zur Wirtschaft eines Landes klein sein mögen, dennoch entscheidend sein können« (Waltz, *Foreign Policy and Democratic Politics*, 1967, S. 194, beschränkt allerdings diese Erkenntnis auf die Auslandshilfe). Die USA stehen zwar mit diesem niedrigen BSP-Anteil bei einem Vergleich mit anderen Ländern am unteren Ende der Rangskala (siehe Schaubild), stellen aber ca. 50 % der gesamten Auslandshilfe der westlichen Länder, die wiederum über 70 % der Weltausgaben für Hilfe bestreiten. Die UdSSR – mit etwa der Hälfte des amerikanischen BSP – hat seit 1955 Leistungen in der Höhe von etwa einem Siebtel der US-Auslandshilfe (und ca. einem Drittel der US-Militärhilfe) erbracht.

DIE AUSLANDSHILFE DER USA IM VERGLEICH

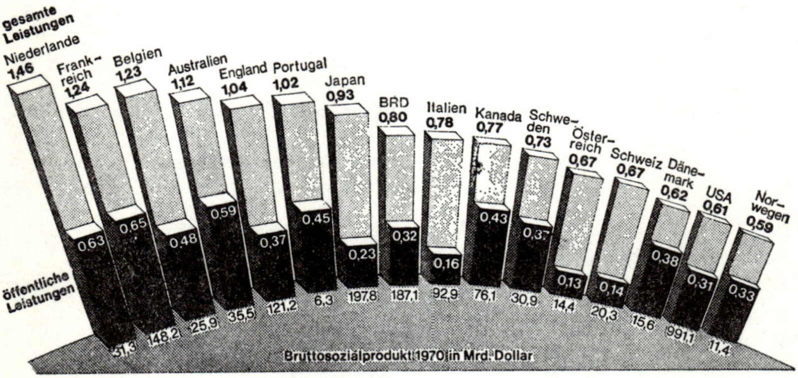

Aus: *Die Zeit*, 7. 4. 1972 (Wirtschaftsinformation); nach Angaben der OECD.

– Die Auslandshilfe ist nicht kostenlos.

Bestand die amerikanische Auslandshilfe ursprünglich zu 90 % aus Schenkungen (Marshall-Plan), hielten sich Ende der fünfziger Jahre Schenkungen und Kredite die Waage; seitdem überwiegen Kredite (1964: 60 %). In den siebziger Jahren dürfte ihr Anteil schon aufgrund der Zahlungsbilanzschwierigkeiten ansteigen. Nahrungs- und Barschenkungen – allerdings nicht Dienstleistungen, an denen die USA ohnehin verdienen – sind seit 1969/70 rückläufig. Dementsprechend ist die Schuldenlast der Entwicklungsländer beträchtlich. Sie belief sich Mitte 1967 bei 92 Entwicklungsländern auf insgesamt 43,6 Mrd. Dollar mit einem jährlichen Schuldendienst von über 4 Mrd. Dollar. Zuammen mit dem Gewinntransfer ausländischer Unternehmen übersteigt diese Belastung die Gesamtsumme neuer Auslandshilfe. Zudem sind selbst amerikanische Lebensmittellieferungen nach dem *Agricultural Trade Development and Assistance Act* oder *Public Law* (P. L.,

›Bundesgesetz‹) *480* (seit Präs. Kennedy auch *Food for Peace*, dem offiziellen Titel des Nachfolgegesetzes von 1966) ohnehin nur insofern Schenkungen, als sie nicht in Dollar zu zahlen sind. Die Waren werden in den betreffenden Ländern zu lokalen Preisen und in einheimischer Währung verkauft. Über die Verwendung des Erlöses haben die USA Mitspracherecht. Zwei Drittel werden als Entwicklungskredite vergeben, 10 % stehen den USA für Ausgaben im Land (Finanzierung von US-Botschaften etc., aber zum Teil auch für amerikanische Touristen und Investitionen) zur Verfügung, die sonst als Dollarzufluß die Zahlungsbilanz des betroffenen Landes erleichtert hätten; der Rest wird für andere Zwecke (u. a. für Rüstungskäufe der Länder) eingesetzt. Darüber hinaus werden auch diese Lieferungen seit 1966 zunehmend auf Dollar umgestellt. Eine der Folgen dieser Entwicklung war, daß z. B. in Indien ca. zwei Drittel der im Umlauf befindlichen Rupien Mitte der sechziger Jahre den USA verpfändet waren.

– Die Auslandshilfe ist eine indirekte Subvention der amerikanischen Wirtschaft.

Vor allem die direkte Bindung der Hilfe (seit 1959) an Einkäufe in den USA hat einerseits kostspielige Überschüsse abtragen und Engpässe besonders bei den weniger wettbewerbsfähigen amerikanischen Produkten (vor allem Eisenbahnwesen, Eisen- und Stahlproduktion, Düngemittel etc.) beseitigen helfen, andererseits überhöhte Einkaufspreise für die Empfängerländer bewirkt. 1966/67 waren 77,9 % der gesamten öffentlichen (Mitte 1950 nur ca. 40 %) und 95,6 % der bilateral vergebenen Hilfe der USA direkt liefergebunden – ein Indiz auch für die ökonomischen Schwierigkeiten in den USA. Auch die Lebensmittelhilfe stammt zumeist aus Überschüssen, deren Lagerkosten oft die Kosten der Überlassung überschreiten. Zudem sind 50 % aller Warenlieferungen der US-Auslandshilfe gesetzlich (im *Economic Cooperation Act* von 1948) an den Transport durch amerikanische Schiffe gebunden, deren Besitzer im Finanzjahr 1971 insgesamt 78 Mio. Dollar an Transporten für Lieferungen der offiziellen US-Auslandshilfebehörde in Entwicklungsländer verdienten. Darüber hinaus dient die Auslandshilfe dazu, Nachfrage nach amerikanischen militärischen und zivilen Gütern erst anzuregen und die traditionellen Handelswege zu stärken. In diesem Sinne sind auch die Hilfeleistungen der internationalen (d. h. westlichen) Organisationen, die nach Präsident Nixon »in starkem Maße« auf die »Informationen und technischen Angaben« der US-*Agency for International Development* (AID) »zurückgegriffen haben«, oft mit Forderungen nach einer ›gesunden‹ Handels-, Finanz- und Währungspolitik verbunden.

– Die Auslandshilfe richtet sich nicht nach den Bedürfnissen der Entwicklungsländer.

Die US-Auslandshilfe wird vorrangig nach ökonomischen und strategischen Gesichtspunkten vergeben. Schon deshalb ist sie (wie auch die sowjetische, die mit der amerikanischen vor allem in Indien und dem Iran konkurriert) auf wenige Länder konzentriert. Zwar haben von 1945–1968 insgesamt 130 Staaten Auslandshilfe der USA erhalten, doch sind 80 % davon in Länder an der kommunistischen Peripherie gegangen. Hauptempfängergebiete waren (neben Europa) vor allem Indochina, Indien, Südkorea und Taiwan in Asien, Brasilien in Lateinamerika, Äthiopien in Afrika und die Türkei und der Iran im Nahen Osten (abgesehen von Israel). Dabei wurde das Gros der Hilfe bilateral (d. h. direkt von den USA an die jeweiligen Staaten) vergeben. Der Anteil der multilateralen Hilfe – etwa durch die UNO, Weltbank, die Interamerikanische oder Asiatische

Entwicklungsbank – beläuft sich auf ca. 5 %. Selbst die Lebensmittelhilfe wird zu 85 % in den »wirksameren bilateralen Programmen« (Präs. Nixon) vergeben, die eine stärkere außenpolitische Instrumentalisierung der Auslandshilfe ermöglichen.

– Die Auslandshilfe besteht zum großen Teil aus Militärhilfe.

1972 wurde in den USA erstmalig offiziell zwischen Sicherheits-, humanitärer und Wirtschaftshilfe als ›eigentlicher‹ Entwicklungshilfe unterschieden. Von den insgesamt 133,5 Mrd. Dollar Auslandshilfe von 1945–1968 waren nach Angaben der amerikanischen Regierung insgesamt 38,8 Mrd. Dollar Militärhilfe (an ca. 35 Staaten), die wiederum zu 90 % aus Geschenken bestand. Zudem entfiel ein nicht ausgewiesener Betrag unterstützender Wirtschaftshilfe (etwa für den Bau von Flugplätzen, Straßen etc.) auf diese Sicherheitskosten. Im Finanzjahr 1971 waren darüber hinaus in den 1,13 Mrd. Dollar Militärhilfe (von 4,716 Mrd. Dollar Auslandshilfe) militärische Lieferungen an Laos und Südvietnam nicht enthalten, die – wie auch der Krieg in Kambodscha – aus Mitteln des Pentagon finanziert wurden (auch zum folgenden siehe u. a. Miles D. Wolpin, *Military Aid and Counterrevolution in the Third World*. Lexington 1973).
Geliefert werden nicht nur Waffen aller Art und Größe, sondern auch Militärberater direkt in die bedrohten Gebiete. Sie sind zum Teil (besonders im Nahen, Mittleren und Fernen Osten) »im Interesse der Weltstabilität sowie der nationalen Ziele und in Ausübung der Verantwortlichkeiten, die unsere Weltstellung uns auferlegt hat« (Außenminister Byrnes am 21. 11. 1945; zit. nach Czempiel, *Das amerikanische Sicherheitssystem*, 1966, S. 181), in den Ländern verblieben, zu deren militärischer Unterstützung sie im Zweiten Weltkrieg eingesetzt worden waren. Unter dem *Military Assistance Program* (MAP) der USA wurden darüber hinaus von 1950 bis 1970 ca. 320 000 ausländische Militärs (davon rund 80 % aus der ›Dritten Welt‹) ausgebildet. Theoretische Unterschiede zwischen staatlicher Militärhilfe und privaten Rüstungsverkäufen verlieren in diesem Zusammenhang vollends an Bedeutung, wenn zur Finanzierung der letzteren an die Käufer – wie bereits in den sechziger Jahren durch die Export-Import-Bank (ohne Zustimmung des Kongresses) – zunehmend staatliche Kredite vergeben werden (so 1973 an Griechenland, Taiwan und Libyen).

Auch bei der Militärhilfe ist eine Abkehr von Schenkungen auf Kreditfinanzierungen und Barverkäufe festzustellen. Dabei stiegen die vom Verteidigungsministerium getätigten Barverkäufe von 5 Mrd. Dollar in den Jahren 1952–1961 auf 15 Mrd. Dollar von 1962–1971. Hand in Hand damit geht eine Übertragung dieser Barverkäufe auf die Privatindustrie (Verquickung von Handels- und Sicherheitspolitik).

»Wirtschaftliche Erholung ... muß von einem gewissen Maß an Schutz gegen innere und äußere Aggression begleitet sein« (Präs. Truman am 17. 3. 1948 an den Kongreß). Die amerikanische Militärhilfe sollte zur Heranbildung eines solchen Schutzes beitragen. Sie diente der Stabilisierung von Herrschaftsverhältnissen nach innen und außen und erfüllte (mehr oder minder) vor allem zwei Aufgaben: »die innere Ordnung

aufrechtzuerhalten und den ersten Phasen eines Angriffs von außen Widerstand zu leisten« (Präs. Truman am 25. 7. 1949 an den Kongreß). Die Militärhilfe der USA war eine Folge ihrer Wirtschaftshilfe; auch an Europa wurde sie nicht aufgrund der NATO, sondern wegen des *European Recovery Program* vergeben. Wirtschafts- und Militärhilfe gehören »wie Zwillinge zusammen« (Czempiel, *Das amerikanische Sicherheitssystem*, 1966, S. 368). Der militärische Aufbau stellte nur die Kehrseite des wirtschaftlichen dar. Beide erst garantierten die Stabilität, die von den USA in den internationalen Beziehungen erwartet wurde. Beide sollten die Notwendigkeit militärischer Präsenz der USA im internationalen Rahmen auf ein Minimum reduzieren; die Auslandshilfe enthielt von Beginn an wesentliche Momente der Nixon-Doktrin (siehe auch Kap. 2.7): »Die Sicherheitshilfe bildet einen Eckpfeiler unserer Außenpolitik und der Sicherheit der freien Welt und war dies bereits seit den ersten Tagen des Zweiten Weltkrieges. Unser Programm ist den sich ändernden Gegebenheiten angepaßt worden, aber unser Ziel bleibt unverändert – denen zu helfen, die bereit sind, für Frieden und Fortschritt zu arbeiten.« (Präs. Nixon, 9. 2. 1972, S. 188)
Die Sicherheitshilfe der USA – und der damit verbundene hohe US-Anteil am Welt-Rüstungshandel – hat Entwicklung nicht gefördert. Sie hat im Gegenteil (und zum Teil in Konkurrenz mit der UdSSR, die bis 1965 ca. drei Viertel ihrer Militärhilfe in den Nahen Osten und Südostasien, vor allem Indonesien, vergab) wesentlich mit zur Militarisierung der Entwicklungsländer beigetragen, die 1966 bereits so viel für ihre Rüstung ausgaben wie sie an ausländischer Hilfe erhielten. Darüber hinaus hat gerade dieser Teil der amerikanischen Auslandshilfe – neben der Vergeudung von Hilfe, der Korruption führender Schichten und der Lieferung wenig entwicklungsfördernder Güter – den Vorwurf erhärtet, lokale politische Eliten im Interesse bestehender wirtschafts- und gesellschaftspolitischer Querverbindungen zu stärken und oppositionelle Bewegungen zu leichthin als »von außen unterstützte Insurgenz« (Präs. Nixon über Thailand) oder direkt als ›kommunistische Aggression‹ zu diffamieren und zu unterdrükken.

Das sind Befürchtungen, die von der Wirtschafts- und Militärhilfe an Portugal im Jahre 1971 über die Proteste in Afrika und der Afro-Amerikaner hinweg verstärkt wurden. Auch der Entwicklungshilfeausschuß der OECD hat auf den geringen Nutzen der Auslandshilfe für die ärmsten Bevölkerungsschichten verwiesen (siehe *Handelsblatt* vom 5. 12. 1972, S. 4). Dabei ist festgestellt worden, daß mit der öffentlich finanzierten Auslandshilfe die Armen der reichen Länder nicht nur die Reichen der armen Länder, sondern indirekt auch die Reichen der reichen Länder unterstützen (Gerd Junne).

Andererseits ist Militärhilfe als Ersatz für die eigene Aufrüstung in der amerikanischen ›Öffentlichkeit‹ und im Kongreß durchweg auf Kritik gestoßen (siehe Czempiel, *Das amerikanische Sicherheitssystem*, 1966, passim). In einem Hearing des *Senate Foreign Relations Committee* wies der ehemalige Konteradmiral und heutige Vorsitzende des industrienahen *Center for Defense Information* Gene La Rocque 1973 darauf hin, daß die amerikanische Militärhilfe »weder unsere nationale Verteidigung verstärkt noch unsere nationale Sicherheit verbessert [hat]. Wir können die Verantwortung für die Verteidigung der Vereinigten Staaten nicht in die Hände eines fremden Landes legen. Unsere Verteidigung ist etwas, was wir selbst tun müssen.« (21. 6. 1973, USIS) Entsprechend dieser Kritik hat im Kongreß, in dem das *House Foreign Affairs Committee* vorrangig für die Auslandshilfe zuständig ist, eine Koalition von ›liberalen‹ und ›konservativen‹ Mitgliedern von ihrem Kürzungs- und Einspruchsrecht wiederholt und weitgehend Gebrauch gemacht. Diese Entwicklung wurde durch die Kompetenzüberschneidung in der Exekutive zunächst erleichtert.

Mit der *Agency for International Development* (AID) sollten 1961 die Hilfsprogramme verschiedener Institutionen zentral verbunden und langfristig geplant werden. Die AID mit ihren zahlreichen Unterorganisationen ist eine halbautonome Behörde, die zwar dem Außenminister (und direkt dem Präsidenten) verantwortlich, deren Personal jedoch weder dem *State Department* noch den einzelnen Botschaften im Ausland direkt verbunden ist.

AGENCY FOR INTERNATIONAL DEVELOPMENT

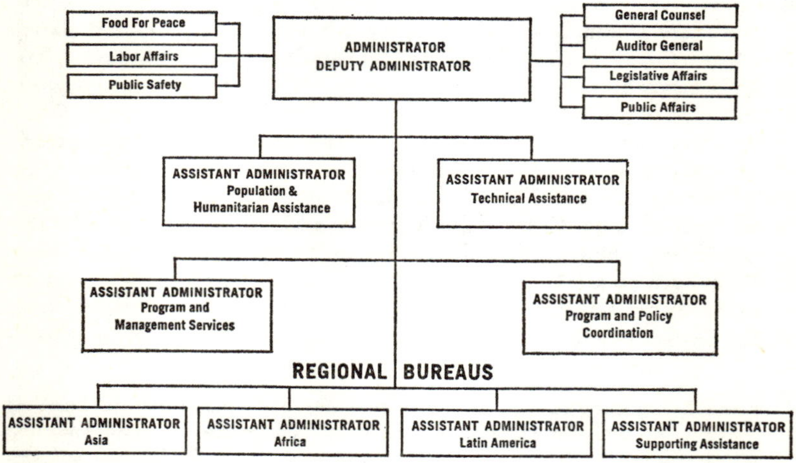

Includes Director of Equal Opportunity Programs.

Aus: *United States Government Manual 1973/74*. Washington 1973, S. 335 (Stand: Juli 1973).

Die AID beschäftigte zu Anfang der siebziger Jahre über 14 000 Personen, von denen ca. die Hälfte Ausländer sind. Etwa 5000 Amerikaner vertreten die AID in über 80 Ländern. Dazu sind nach wie vor neben den internationalen Organisationen (zum Teil unter amerikanischer Leitung) vor allem die Export-Import-Bank, das Verteidigungs- und das Landwirtschaftsministerium und andere Institutionen für die Auslandshilfe der USA zuständig. Dem Landwirtschaftsministerium angegliedert ist auch das Lebensmittelüberschußprogramm, das – wie die AID – wiederum direkt dem Präsidenten unterstellt und dem Exekutivbüro angeschlossen ist (vgl. Bernd V. Dreesman, ›Entwicklung und Tendenzen der US-Auslandshilfe‹, *Aus Politik und Zeitgeschichte*, Nr. B 47, 22. 11. 1969, S. 13–29). Präsident Nixon wollte dem Außenministerium die Gesamtkoordination übergeben, das Auslandspersonal der AID verringern und die Verwaltung reorganisieren, private amerikanische Organisationen verstärkt hinzuziehen und Privatinvestitionen vor allem durch die Gesellschaft für Private Auslandsinvestitionen intensivieren.

Daß bisher keine verbindliche mittel- oder langfristige Planung der Auslandshilfe in den USA existiert, liegt schon aufgrund der widerstreitenden lokalen Wirtschaftsinteressen am Kongreß und seiner vorwiegend nationalen Ausrichtung. Aber auch hier hat die grundsätzliche Spannung zwischen kurzfristiger Taktik und langfristiger Strategie zur Unbestimmtheit der Exekutive beigetragen, die dadurch allerdings für ihre Außenpolitik zusätzlichen Spielraum gewinnen konnte. Dieser Spielraum ließ sich durch den Verweis auf drohende Kürzungen durch den Kongreß erweitern, der in der Regel ohnehin bei seinen jährlichen Verabschiedungsverfahren rigoroser ›unfreundliche‹ Länder (wie zeitweise Indien) ausschloß.
Trotz seiner wiederholten Eingriffe hat es der Kongreß jedoch nicht vermocht – oder gewollt –, den Ausbau der Hilfe etwa für Vietnam zum militärischen Engagement zu verhindern. Erst im nachhinein (1966/67) stellte der Außenpolitische Senatsausschuß fest, daß »das Auslandshilfeprogramm in der Zukunft nicht etwa als Ersatz für einen Vertrag oder für andere verfassungsmäßige Bindungen amerikanischer Streitkräfte gelten kann. ... Das amerikanische Volk muß sichergehen, daß die Lieferung von Hilfe keine Hintertür-Verpflichtung für militärischen Einsatz in einer potentiellen Reihe von Ländern überall in der Welt darstellt.« (Zit. nach Krippendorff, *Die amerikanische Strategie*, 1971, S. 421) In Vietnam war u. a. auch die Auslandshilfe selbst zum Anlaß des militärischen Eingreifens der USA geworden.

2.7 Die Doktrin und ihre Folgen

Senator Church: »Glauben wir immer noch an das Recht auf Revolution?«
Assistant Secretary of State Meyer: »Wir glauben an das Recht auf Revolution?«
Senator Church: »Wir glauben daran. Das ist in Wirklichkeit unser nationales Geburtsrecht – oder nicht?«
(Aus einem Hearing des *Subcommittee on Western Hemisphere Affairs* des Außenpolitischen Senatsausschusses vom 8. 7. 1969. Das Thema wurde nicht weiter verfolgt.)

Offizieller Ausgangspunkt des weltweiten militärischen Engagements der USA nach dem Zweiten Weltkrieg war die Botschaft Präsident Trumans vom 12. 3. 1947 an den amerikanischen Kongreß, »daß es die Politik der Vereinigten Staaten sein muß, die freien Völker zu unterstützen, die sich der Unterwerfung durch bewaffnete Minderheiten oder durch Druck von außen widersetzen. ... Das ist nichts weiter als ein offenes Zugeständnis der Ansicht, daß totalitäre Regimes, die freien Völkern durch direkte oder indirekte Aggression aufgezwungen werden, die Grundlagen des internationalen Friedens und damit die Sicherheit der Vereinigten Staaten untergraben.« (Zit. nach *Europa-Archiv,* August 1947, S. 820)

Am 21. 2. 1947 unterrichtete der englische Geschäftsträger die amerikanische Regierung von der Einstellung englischer Unterstützung für die griechische Regierung. Die USA, die bereits im Rahmen des Hilfsprogramms der UNO (UNRRA) Auslandshilfe an Griechenland geleistet hatten, übernahmen vollends die Rolle Großbritanniens in diesem Gebiet und unterstützten im griechischen Bürgerkrieg das etablierte reaktionäre Regime mit Wirtschafts- und Militärhilfe sowie mit Militärberatern. Militärisch-strategische Interessen der USA bestimmten auch die gleichzeitige (und unangeforderte) amerikanische Militärhilfe an die Türkei. Präsident Truman nutzte diese Gelegenheit, öffentlich den Gegensatz zur UdSSR zu dokumentieren (so auch Czempiel, *Das amerikanische Sicherheitssystem,* 1966, S. 194 ff.). Seine ›Doktrin‹ bestimmte im wesentlichen die Haltung der Vereinigten Staaten im Kalten Krieg und lieferte zugleich die Rechtfertigungen für die amerikanische Definition nationaler Sicherheit. »Von Korea über Berlin und Kuba bis Vietnam bestimmte die Truman-Doktrin die amerikanische Haltung gegenüber der kommunistischen Welt. Zwar veränderte sich die Taktik – von ›massiver Vergeltung‹ bis zu ›begrenzter Kriegsführung‹ und ›Aufstandsniederschlagung‹ –, doch waren diese Veränderungen nur Variationen einer klassischen Formulierung, die auf Grundsätzen beruhte, die nur wenige wirklich in Frage stellten. Von einem schwerfälligen Kongreß unterstützt, sahen sich die Entscheidungsträger der vierziger, fünfziger und frühen sechziger Jahre niemals gezwungen, die Grundlagen der Truman-Doktrin zu überprüfen oder sie auch nur in konstruktiven Verfahren gegenüber Gegnern zu verteidigen. ... Nur im Kontext der Grundsätze der Truman-Doktrin konnte der Krieg in Vietnam jemals mit amerikanischer Sicherheit oder amerikanischen Interessen in Verbindung gebracht und gerechtfertigt werden.« (Senator Fulbright, ›In Thrall to Fear‹, *The New Yorker,* 8. 1. 1972, S. 41 und 53)

Die *Truman-Doktrin*

1. machte nicht nur die Praxis zur Methode, ›to scare the hell out of the country‹, d. h. durch den Appell an die Furcht – und hier vor dem Kommunismus – die Unterstützung auch des Kongresses für außenpolitische Maßnahmen der Regierung zu sichern. Sie
2. führte auch wirtschaftliche und militärische Hilfe als Mittel ein, um in anderen Nationen ›genehme‹ Regierungen an der Macht zu halten bzw. an die Macht zu bringen. Sie
3. rechtfertigte darüber hinaus einseitige expansionistische Maßnahmen der USA zur Aufrechterhaltung amerikanisch definierter internationaler Stabilität und
4. vertrat eine interventionistische Strategie, die mit der Errichtung eines *American Empire* weit über unmittelbare Sicherheitsbedürfnisse des amerikanischen Volkes hinausging und kaum auf eine ›Weltmacht wider Willen‹ (Ernst Fraenkel) hinweist.

Mit der Behauptung, daß bei einem Fall Griechenlands oder der Türkei nach dem Rückzug der Engländer aus diesen Gebieten ein europäischer bzw. östlicher Staat wie ein Stein nach dem anderen an den Kommunismus fallen werde, wurde dabei erstmals offiziell die *Domino-Theorie* vertreten. In einer bezeichnenden Mischung militär-strategischer und wirtschaftlicher Überlegungen mit freiheitlicher Rhetorik diente sie immer wieder der Erklärung amerikanischer Interventionen auch in Asien (siehe etwa *Die Pentagon-Papiere*, 1971, S. 26).

Wie Präsident Trumans Überzeugung, daß »Gewalt das einzige ist, was die Russen verstehen« (*Memoirs*. Bd. I. Garden City 1955, S. 411 f.), ist auch die Domino-Theorie noch in den siebziger Jahren von Einfluß auch auf die Diskussion über die Stationierung amerikanischer Truppen in Europa: »Ohne die NATO wäre der Westen ungeschützt sowjetischem Druck und sowjetischen Versuchen, ein Land nach dem anderen zu übernehmen, ebenso ausgesetzt wie gefährlicher Instabilität und der Bedrohung des Friedens.« (General Andrew J. Goodpaster, amerikanischer Oberkommandierender der Alliierten Streitkräfte in Europa, am 11. 7. 1973 vor dem *House Foreign Affairs Committee*)

Der Domino-Theorie zugrunde liegt die Vorstellung eines monolithischen kommunistischen Blocks, dessen ›Kommandozentrale‹ je nach Anlaß – und unter Umgehung sowohl der Unterschiede als auch der Schwäche beider Länder nach dem Weltkrieg – in Moskau oder Peking gesehen wurde. »Im Grunde genommen war niemand von Einfluß der Hypothese zugänglich, daß das sowjetische Ungestüm eher Schwäche als Stärke verriet.« (Senator Fulbright, ›In Thrall to Fear‹, *The New Yorker*, 8. 1. 1972, S. 42)

Selbst John F. Dulles, unter Präsident Eisenhower Außenminister der USA, bestätigte im März 1949, daß die Sowjetunion »den Krieg nicht als ein Instrument ihrer Politik erwägt« (zit. nach Lens, *The Military-Industrial Complex*, 1970, S. 21. Vgl. auch die zahlreichen Hinweise bei Czempiel, *Das amerikanische Sicherheitssystem*, 1966, passim). »Die Wahrheit ist«, resümierte am 28. 7. 1969 der bekannte amerikanische Journalist I. F. Stone (in seiner Einmannzeitschrift *I. F. Stone's Weekly*), »daß wir eine Billion Dollar ausgegeben haben ... aufgrund eines gigantischen Betrugs. Die Vereinigten Staaten gingen aus dem Zweiten wie aus dem Ersten Weltkrieg im wesentlichen unbeschädigt hervor, enorm bereichert und – mit der Atombombe – unmeßbar mächtiger als es je eine Nation auf der Welt war. Die Vorstellung, daß ihnen ein Angriff von einer verwüsteten Sowjetunion drohte mit 25 Millionen Kriegsgefallenen und einer Generation in der industriellen Entwicklung zurück, war ein böses Trugbild. Aber dieser Mythos bildete die Grundlage des Militärapparates und der Kriegsmaschinerie.«

Auf dieser (zum Teil bewußt aufrechterhaltenen) Vorstellung zentral gelenkter kommunistischer Aggressivität – bei grundsätzlich defensiver Haltung der USA – basierte auch die Gleichsetzung von »direkter und indirekter Aggression« in der Truman-Doktrin. Sie erlaubte den Vereinigten Staaten, in die inneren Angelegenheiten anderer Nationen einzugreifen, um ein »gleichbleibendes Muster kommunistischer Machtübernahme« (*New York Times*, 2. 5. 1954, S. 8E) zu verhindern. »Die Nähe, selbst die Möglichkeit einer kommunistischen Bedrohung hat (wie in der Dominikanischen Republik) für eine Vielzahl von Interventionen genügend Rechtfertigungen gegeben.« (Barnet, *Der amerikanische Rüstungswahn*, 1971, S. 257). Dabei schien den USA jede Insurgenz (Aufstand) gegen befreundete

Regierungen oder auch eine demokratisch erfolgte, jedoch als ›links‹ verdächtige Regierungsbildung von ausländischen Regierungen oder Ideologien beeinflußt zu sein und somit als kommunistische Aggression und potentielle Bedrohung der USA. Selbst für das amerikanische Prestigeblatt, die *New York Times,* schien das Problem »nicht mehr länger Nationalismus oder Kolonialismus« zu sein, sondern »ein Problem organisierter kommunistischer Aggression sowohl gegen die vorhandene als auch potentielle Freiheit von Völkern bei ihrem Versuch, sich aus der kolonialen Welt zu erheben« (aus einem Leitartikel vom 25. 4. 1954, S. 10E).

Mit der *Eisenhower-Doktrin* vom 9. 3. 1957 bekräftigte Präsident Trumans Nachfolger die Bereitschaft der USA, durch militärische und wirtschaftliche Hilfe und gegebenenfalls mit militärischer Intervention auch einer ›kommunistischen Aggression‹ im Nahen Osten zu begegnen, »wenn der Präsident dies für nötig hält und wenn Hilfe verlangt wird.« Präsident Johnson realisierte die weltweiten (und nicht nur auf Europa bezogenen) Implikationen der Truman-Doktrin durch das militärische Eingreifen der USA in die internen Auseinandersetzungen der Dominikanischen Republik und den Sturz des Präsidenten Juan Bosch. Die bei dieser Gelegenheit am 2. 5. 1965 in einer Fernsehansprache aufgestellte *Johnson-Doktrin* modifizierte die ursprüngliche Doktrin nur unwesentlich: »Wir wissen, daß viele der Revolutionäre keineswegs eine kommunistische Tyrannei anstreben. Wir halten es in der Tat für tragisch, wie ihre aufrichtigen Motive durch eine kleine Gruppe von Verschwörern mißbraucht werden, die ihre Anweisungen aus dem Ausland erhalten. Wir glauben, daß ein Wandel der Verhältnisse eintreten wird, und sind darüber froh. Doch dieser Wandel sollte durch Fortschritt in Frieden herbeigeführt werden. Revolution im Innern ist eine Angelegenheit, die allein Sache des betreffenden Landes ist. Sie wird lediglich dann eine Angelegenheit, die Schritte seitens der übrigen Staaten dieser Hemisphäre erforderlich macht, wenn ihr Ziel die Errichtung einer kommunistischen Diktatur ist.«

Seit der *Monroe-Doktrin* (nach Präsident Monroes Botschaft an den Kongreß vom 2. Dezember 1823) ist Lateinamerika für die Vereinigten Staaten Teil ›ihrer‹ Hemisphäre:

»Wir haben niemals an den Kriegen der europäischen Mächte, die sie um ihre eigenen Angelegenheiten führten, teilgenommen, und es verträgt sich nicht mit unserer Politik, dies zu tun. Nur wenn unsere Rechte angetastet oder ernsthaft bedroht werden, empören wir uns über das Unrecht oder bereiten wir uns auf unsere Verteidigung vor. Mit den Begebenheiten in dieser Hemisphäre sind wir notwendig näher verbunden, und zwar aus Gründen, die allen aufgeklärten und unparteiischen Beobachtern einleuchten müssen. Das politische System der verbündeten Mächte [Europas] unterscheidet sich in dieser Hinsicht wesentlich von dem Amerikas. ... Wir sind es deshalb der Aufrichtigkeit und der Freundschaft zwischen den Vereinigten Staaten und diesen Mächten schuldig zu erklären, daß wir jeden Versuch ihrerseits, ihr System auf irgendeinen Teil dieser Hemisphäre zu übertragen, als gefährlich für unseren Frieden und unsere Sicherheit betrachten würden. Mit den bestehenden Kolonien europäischer Mächte haben wir keine Händel, und wir werden uns nicht in ihre Angelegenheiten mischen. Was aber Regierungen betrifft, die ihre Unabhängigkeit erklärt und verteidigt haben und deren Unabhängigkeit wir nach reiflicher Überlegung und aufgrund rechtmäßiger Prinzipien anerkannt haben, so können wir keinerlei (auswärtige) Einmischungen mit dem Ziel, sie zu unterdrücken oder ihr Schicksal einer europäischen Macht zu überantworten, als etwas anderes ansehen als den Beweis einer unfreundlichen Haltung gegenüber den Vereinigten Staaten.« (Zit. nach *A Compilation of the Messages and Papers of the Presidents*, 1789–1897, hrsg. von James D. Richardson. 10 Bände, Bd. II. Washington 1898, S. 207–220. Zitat: S. 218).

Die weitreichenden Folgen dieser Doktrin (die bereits 1821 in ähnlicher Form gegen russische Ansprüche auf Gebiete im Norden Amerikas formuliert worden war) traten erst mit wachsender ökonomischer und militärischer Stärke der USA zutage. Unter Präsident Th. Roosevelt diente sie 1904 ausdrücklich zur Rechtfertigung der amerikanischen Intervention in die Dominikanische Republik. In seiner Kongreßbotschaft vom 6. Dezember 1904 beanspruchte der amerikanische Präsident in ihrem Namen und sie zugleich erweiternd für die Vereinigten Staaten eine »internationale Polizeigewalt« *(Roosevelt Corollary):*

»Jedes Land, dessen Bevölkerung sich anständig verhält, kann auf unsere herzliche Freundschaft rechnen. Wenn eine Nation zeigt, daß sie sich mit geziemender Tüchtigkeit und Anständigkeit aufzuführen weiß . . ., wenn sie die Ordnung aufrechterhält und ihren Verpflichtungen nachkommt, braucht sie keinerlei Einmischung seitens der Vereinigten Staaten zu befürchten. Ständige Missetaten oder eine Unfähigkeit, die eine allgemeine Auflösung des Zusammenhalts einer zivilisierten Gesellschaft zur Folge hat, kann letztlich in Amerika wie anderswo die Intervention einer zivilisierten Nation erforderlich machen; und in der westlichen Hemisphäre kann das Festhalten der Vereinigten Staaten an der Monroe-Doktrin die Vereinigten Staaten, wenn auch widerstrebend, dazu zwingen, in flagranten Fällen solcher Missetaten oder bei Unfähigkeit eine internationale Polizeigewalt auszuüben.« (Zit. nach Schoenthal, *Amerikanische Außenpolitik*, 1964, S. 295 f.)

Aufgrund dieser ›Erweiterung‹ intervenierten die USA u. a. 1909 und 1926/27 in Nicaragua, 1915 in Haiti und 1916 erneut in der Dominikanischen Republik. Anlaß für ein amerikanisches Eingreifen war nicht mehr nur der ›Übergriff‹ ausländischer (europäischer) Mächte auf den amerikanischen Kontinent, sondern bereits die Störung innerer Ordnung – und das bedeutete ausschließlich privatkapitalistisch orientierter Ordnung (so auch Krakau, *Die Kubanische Revolution und die Monroe-Doktrin.* Frankfurt/Berlin 1968, S. 203). Solche Störungen wurden nach dem Zweiten Weltkrieg erneut als ausländisch, d. h. ›kommunistisch‹ gesteuert dargestellt (direkt z. B. auf der 10. Interamerikanischen Konferenz von Caracas im März 1954). Schon in den regierungsinternen Auseinandersetzungen um die amerikanische Außenpolitik nach dem Zweiten Weltkrieg wurde die Ausdehnung der Monroe-Doktrin auch auf Europa gefordert (vgl. Czempiel, *Das amerikanische Sicherheitssystem*, 1966, passim), nachdem sie zuvor vom nationalsozialistischen Deutschland als Vorbild für seine ›Großraumpolitik‹ reklamiert worden war. Ihre ›Erweiterung‹ hat wesentlich die Neuformulierungen amerikanischer Sicherheitspolitik seit der Truman-Doktrin beeinflußt. Nach dem Zweiten Weltkrieg haben die Vereinigten Staaten von Nordamerika im globalen Maßstab die von Präsident Th. Roosevelt geforderte »internationale Polizeigewalt« ausgeübt.

Die besonderen Beziehungen zu Lateinamerika – die den USA u. a. seit 1903 die Panama-Kanalzone sichern – waren erneut nach der kubanischen Revolution auf der Konferenz von Punta del Este (Uruguay) am 31. 1. 1962 offiziell verankert worden. In der 4. Resolution dieser Konferenz wurde unter starkem Druck der USA – u. a. gegen den Einspruch der Vertreter Argentiniens, dessen Präsident kurze Zeit darauf von einheimischen Militärs gestürzt wurde –
»Beschlossen
1. Daß die Anlehnung irgendeines Mitglieds der OAS [Organisation Amerikanischer Staaten] an den Marxismus-Leninismus mit dem interamerikanischen System unvereinbar ist und die Verbindung einer solchen Regierung mit dem kommunistischen Block einen Bruch der Einheit und Solidarität der Hemisphäre bedeutet;
2. Daß die gegenwärtige Regierung auf Kuba, die sich offiziell als marxistisch-leninistisch bezeichnet, mit den Prinzipien und Zielen des interamerikanischen Systems unvereinbar ist.« (Zit. nach *The Department of State Bulletin,* Bd. 46, 1962, S. 281)

Zwar hatten die Vereinigten Staaten in ihrer Geschichte wiederholt in die inneren Verhältnisse vor allem der unterentwickelten Länder militärisch eingegriffen, doch galt diese als ›imperialistisches Stadium‹ bezeichnete Phase – und damit war zumeist die Zeit vom Spanisch-Amerikanischen (1898) bis zum Ersten Weltkrieg (1914–1918) gemeint – als abgeschlossen. Seit dem Ersten Weltkrieg (und der Intervention amerikanischer und alliierter Streitkräfte im Verlauf der Russischen Revolution), aber vor allem nach dem Zweiten Weltkrieg bestätigte jedoch ›der Kommunismus‹ die Vereinigten Staaten erneut in ihrer von Anfang an weltweit verstandenen – und immer wieder defensiv und mit Bezug auf die unterentwickelten Länder antikolonial ausgelegten – gütigen Rolle als »Wärter an der Mauer der Freiheit« (John F. Kennedy, 1960) für die Sache des Friedens. »Wir intervenieren nicht, um unseren Willen anderen aufzuzwingen, sondern um andere vor Beherrschung zu retten. Wir intervenieren in der Sache der Freiheit. Wir intervenieren in der Sache des Friedens.« (*Representative* Lodge vom *House Foreign Affairs Committee* im Dezember 1947; zit. nach Czempiel, *Das amerikanische Sicherheitssystem,* 1966, S. 329 f)

1973 griff der bekannte US-Historiker Henry Steele Commager diese Rolle desillusioniert auf: »Unser Streben nach Frieden basiert auf der Annahme, daß wir – weitaus mehr als andere große Mächte – selbstlos, idealistisch und friedensliebend sind. Wenn dies tatsächlich der Fall ist, dann folgt daraus logisch, daß unsere Kriege Ausdruck dieser Qualität sind. Wenn wir das vollendetste Waffensystem entwickeln, ist es für den Frieden; wenn wir 2000 Militärstützpunkte im Ausland unterhalten, ist es für den Frieden; wenn wir die CIA beauftragen, in 60 Ländern geheime Operationen durchzuführen und solche Regierungen zu stürzen, die wir nicht unterstützen, ist es für den Frieden. Wir tauschten die Regierung von Guatemala für den Frieden aus, wir griffen Kuba für den Frieden an, wir sandten für den Frieden ›marines‹ nach Santa Domingo, wir unterstützten die Generäle in Brasilien und Griechenland und die Kolonialherren in Portugal für den Frieden, wir halfen Diem und Thieu für den Frieden. Nachdem der Krieg in Vietnam zu Ende ist, bombardieren wir täglich Kambodscha in einer Art von Friedensmission. Was dabei am meisten erschreckt ist, daß von Herrn Nixon abwärts das amerikanische Volk diese märchenhafte Logik gedankenlos verdaut.« (Henry Steele Commager, ›The Shame of the Republic‹, *The New York Review of Books,* 19. 7. 1973, S. 10–15; Zitat: S. 12)

Mit der offensichtlichen Auflösung des kommunistischen ›Blocks‹ und der *Détente* (Entspannung) zwischen den Großmächten ist eines der wesentlichen Probleme der amerikanischen Regierung, »eine wohldurchdachte amerikanische Antwort auf politische Vielfalt und Nationalismus« (Präs. Nixon, 9. 2. 1972, S. 95) zu finden. Dabei ist unter dem Zeichen internationaler Friedenssicherung zunehmend der Schutz des nationalen Interesses (= nationale Sicherheit) als Motiv außenpolitischen Handelns der USA hervorgehoben worden.

Henry Steele Commager spricht in diesem Zusammenhang von einer »Paranoia nationaler Sicherheit«: »... wenn auch der gegenwärtige *cri de coeur* nicht mehr länger einfach Kommunismus oder internationale Verschwörung ist, sondern ›Schutz des nationalen Interesses‹, so sind Haltung und Logik doch dieselben geblieben. Die gegenwärtige Phrase ist potentiell sogar gefährlicher als ihre Vorläufer.« (›The Shame of the Republik‹, a. a. O., S. 12 und 13) Sie richtet sich tendenziell gegen alle unliebsamen (und damit friedenstörenden) Veränderungen des nationalen und internationalen Status quo. »Deshalb ist im weitesten Sinne nicht die militärische Intervention von Bedeutung, sondern die prinzipielle Opposition gegen Instabilität und Revolutionen, die sich als ›links‹ erweisen können. Diese Haltung erklärt, warum die amerikanischen Interventionen nicht nur als eine Serie zufälliger Ereignisse oder vielleicht als allgemeine Unterstützung für Demokratie eingeschätzt werden können. Wenn es nur das letztere wäre, müßte man die Vereinigten Staaten ungefähr ebensooft auf der Seite linker Revolutionen wie rechter Revolutionen intervenieren sehen.« (Alperovitz, *Cold War Essays,* 1970, S. 84)

Das ›Mutterland der Revolution‹, das selbst nur mit äußerer (vor allem französischer) Hilfe seine Unabhängigkeit von England erringen konnte und von Anfang an heimische revolutionäre Bewegungen unterdrückte, hat sich durchweg als anti-revolutionäre Macht erwiesen, die zur Sicherung ihrer dominanten Stellung auch im internationalen Rahmen als friedensliebende Hüterin des Status quo auftritt. An die Stelle der alten, auf Seeherrschaft gegründeten *Pax Britannica* ist dabei die (ebenso nach römischem Vorbild benannte) *Pax Americana* getreten, ein Frieden unter amerikanischer Schirmherrschaft.

Bereits 1923 bekräftigte der amerikanische Außenminister (und spätere Oberste Richter) Charles E. Hughes in einer Würdigung der Monroe-Doktrin das Ziel der USA, Revolutionen zu verhindern und Privateigentum zu schützen (›Centenary of the Monroe Doctrine‹, *The Annals of the American Academy of Political and Social Science,* Supplement zu Band CXI, Januar 1923). Auf diesem Weg seien die USA bestrebt, »eine Pax Americana zu errichten, die nicht durch Waffengewalt, sondern durch gegenseitigen Respekt, guten Willen und den klärenden Prozeß der Vernunft erhalten wird« (ebda., S. 17). Hughes bezeichnete die USA als »Beispiel für die Gerechtigkeit« und schloß – unter Ver-

meidung des Begriffs Intervention – »interpositions of a temporary character« (›vorübergehende Vermittlungen‹) durch die USA nicht aus.
Pax Americana war auch der Titel einer Studie des Rüstungsunternehmens Douglas Aircraft Corporation im Jahre 1965. Sie wurde erstellt im Auftrag des Forschungsbüros der US-Army, der auch die maßgebende Rolle in diesem ›Friedensprogramm‹ zufiel. Wahrscheinlich mehr ein Dokument der Rivalität zwischen den Waffengattungen ist diese Studie doch auch zugleich ein Hinweis auf die Militarisierung der Politik der USA in den sechziger Jahren, deren »imperiale Verantwortung« auch von amerikanischen Wissenschaftlern (wie etwa George C. Liska) betont wurde: »Obwohl die Vereinigten Staaten keine imperialistische Nation sind, zeigen sie viele der Charakteristika vergangener Imperien und haben in der Praxis imperiale Verantwortung übernommen. Die Armee wird das wesentliche militärische Instrument zur Aufrechterhaltng amerikanischer Führung sowohl im Inland als auch im Ausland sein. Die vielleicht bedeutsamste Aufgabe der Armee wird in Zukunft ihre Rolle beim nationalen Aufbau sein (das bedeutet innere Befriedung und bürgerliche Aktivität) und die Verantwortung, die Grenzen des amerikanischen Imperiums zu sichern. In diesem Zusammenhang von Bedeutung ist die vergangene und gegenwärtige Rolle der Armee auf den Philippinen, Taiwan, in Europa, Südkorea, Thailand und nun Südvietnam.« (Zit. nach Michael T. Klare, *War Without End*. New York 1972, S. 26 f.)

Es ist dieser Frieden, der »in zunehmendem Maße und ohne Wanken mit jedem Mittel verfolgt werden muß, das uns zur Verfügung steht« (Kissinger am 17. 10. 1973 auf einem Dinner der *Association of the U. S. Army*). Sein Bestand ist im In- und Ausland zunehmend gefährdet. Dabei scheint neben dem Nahen Osten in Afrika trotz der Balkanisierung (Vielstaatlichkeit) dieses Kontinents eine neue Bedrohung heranzuwachsen.
Die Vereinigten Staaten lehnen offiziell Gewalt ab, die sie einseitig als militärische Gewalt definieren. »Meine Administration wird es nicht gutheißen, wenn jemand zur Gewalt greift, sei es als Mittel, um die Unterordnung einer Mehrheit unter eine Minderheit zu erzwingen, oder als Mittel, um notwendige soziale Veränderungen zu erreichen.« (Präs. Nixon über Afrika, 9. 2. 1972, S. 109) Mit der von Außenminister Stimson anläßlich der Besetzung der Mandschurei durch Japan 1932 verkündeten Doktrin (Stimson-Doktrin) verweigerten sie auch die Anerkennung gewaltsamer Eroberungen. Alternativen für »notwendige soziale Veränderungen« angesichts von Herrschaftsverhältnissen, die als »strukturelle Gewalt« (Johan Galtung) oder (mit jeweils anderem Akzent) als »stille«, »kollektive« oder »institutionalisierte Gewalt« bezeichnet worden sind und das Überleben von Völkern bedrohen, wurden jedoch von den USA kaum aufgezeigt. Ohnehin haben sie selbst auf militärische Gewalt als Mittel ihrer Politik keineswegs verzichtet.

Im Verlauf ihrer Geschichte haben die USA insgesamt ca. 160mal offen militärisch interveniert (ohne die Indianerverfolgungen, CIA- und ähnliche Aktionen), davon alleine 90mal – und das hat wesentlich die ›besonderen Verhältnisse‹ in der westlichen Hemisphäre gestaltet – in Lateinamerika. Von 1775 bis 1935 führten sie insgesamt 77 Kriege, mehr als Rußland bzw. die UdSSR in dieser Zeit. Zwischen 1945 und 1969 griffen sie direkt militärisch in 25 der mit offensichtlicher ausländischer Beteiligung (also ebfs. ohne CIA-Aktionen) geführten

Bürger- und Befreiungskämpfe ein (vgl. Thomas A. Bailey, *America Faces Russia*, New York 1950, und die Untersuchungen von L. P. Bloomfield und A. Leiss). Alles in allem haben sie in der Nachkriegszeit »ungefähr alle 18 Monate eine größere militärische Intervention oder ein Unternehmen der CIA in einem unterentwickelten Land durchgeführt« (Barnet, *Der amerikanische Rüstungswahn*, 1971, S. 33).

Dabei verfolgten die Vereinigten Staaten – quasi auf einer höheren Ebene (siehe auch unten) und wiederum ähnlich der ehemaligen Weltmacht Großbritannien – eine Strategie, die irreführend (weil sie bei Erhaltung der eigenen Vormachtstellung nur das Gleichgewicht der anderen meint) mit Gleichgewichtspolitik *(balance of power)* umschrieben worden ist. »Trotz der wechselnden Rhetorik unserer Führer haben die Vereinigten Staaten in diesem Jahrhundert in kritischen Situationen ständig aufgrund der Annahme gehandelt, ein dauerndes Interesse daran zu haben, daß keine große Macht in Europa oder Asien dominiert oder sich in der westlichen Hemisphäre eine solche Stellung verschafft, die einen möglichen militärischen Druck oder Feindseligkeiten erlaubt. Unsere bestehenden Verpflichtungen, Budgets für Militär- und Auslandshilfe, Strukturen militärischer Gewalt und tägliche Diplomatie sind auf diese Annahme gerichtet.« (Walt W. Rostow, *The Diffusion of Power. An Essay in Recent History*. New York 1972, S. 593)
Die *Nixon-Doktrin*, zuerst am 26. 7. 1969 auf der Insel Guam offiziell verkündet, bedeutete keine Abkehr von der bisherigen amerikanischen Strategie, wenn sie auch von konservativen Kritikern mit Denkschablonen aus dem Kalten Krieg als Einladung zum Chaos mißverstanden worden ist. Um ›law and order‹ auch auf internationaler Ebene sicherzustellen, geht die Doktrin auf militärische Taktiken besonders der Regierung Eisenhower zurück. Unter dem Eindruck der Rezession von 1969/70, der Belastung der amerikanischen Zahlungsbilanz und der weitgehenden Kosten des Indochinakrieges ist dabei versucht worden, mit dem Prinzip der geteilten Verantwortung, d. h. der Verlagerung ordnungs- und sicherheitspolitischer Aufgaben der ›unteren Ebene‹ auf die Hauptalliierten, nach europäischem Muster eine günstigere Verteilung der Kosten zur weltweiten Aufrechterhaltung des Status quo zu erreichen. »Der Grund ist klar: die Strategie verspricht, die überkommene Machtstruktur zu erhalten, einschließlich Amerikas führender Rolle, die der relativ sicheren und berechenbaren internationalen Ordnung zugrunde liegt, die sich im Verlauf des Kalten Krieges herausgeschält hat – aber sie verspricht es zu erträglichen ökonomischen und politischen Kosten und zu einem erträglichen Risiko bewaffneter Verwicklungen.« (Robert E. Osgood, Einleitung: The Nixon Doctrine and Strategy, in: *Retreat from Empire?*, 1973, S. 22)
Mit seiner Doktrin konnte sich Präsident Nixon über den Anti-Kommunismus der Truman-, Eisenhower- und Johnson-Doktrin hinaus auf Präsident F. D. Roosevelt und dessen ›Politik der Guten Nachbarschaft‹ mit Lateinamerika berufen. Gemäß dieser Politik hieß es bereits im Dezember 1933 – also ebenfalls in einer, wenn auch schwerwiegenderen Wirtschaftskrise –, daß die »Aufrechterhaltung von Gesetz und ordentlichem Regie-

rungsprozeß in dieser Hemisphäre« zunächst Aufgabe jeder einzelnen Nation sei: »Nur wenn der Mißerfolg dieser Prozesse die anderen Nationen beeinflußt, ist es auch ihre Sache; und was dabei besonders hervorgehoben werden muß: ein solcher Fall wird zur gemeinsamen Angelegenheit eines gesamten Kontinents, auf dem wir alle Nachbarn sind.« (Diese verbale Abschwächung des *Roosevelt Corollary* und frühe Version der Johnson-Doktrin ist zit. nach Karl A. Weinberg, *Manifest Destiny.* Baltimore 1935, S. 446.)

Darüber hinaus ist bereits die Johnson-Doktrin aufgrund ähnlicher regionaler Ansprüche und – bei allerdings ideologischer Verkehrung – einer nahezu identischen Begründung mit der von Breschnew anläßlich des sowjetischen Einmarsches in die ČSSR aufgestellten Doktrin verglichen worden (siehe Thomas M. Franck und Edward Weisband, *Word Politics. Verbal Strategy Among Superpowers.* New York 1971). Beide Supermächte haben auch einer Resolution der UN-Vollversammlung vom Dezember 1965 zugestimmt, in der jede Intervention, »direkt oder indirekt, aus welchem Grunde auch immer, in die internen oder externen Angelegenheiten jedes anderen Staates« ebenso ausgeschlossen wurde wie jede Unterstützung »subversiver, terroristischer oder bewaffneter Aktivitäten, die auf den gewaltsamen Umsturz anderer Regierungen gerichtet sind«, und alle Eingriffe in die internen Auseinandersetzungen anderer Staaten. »Kurz: beide Supermächte bekennen sich als prinzipielle Gegner von Interventionen, vorausgesetzt, daß kein übergeordnetes Prinzip eine Intervention rechtfertigt.« (Morgenthau, *A New Foreign Policy for the United States,* 1969, S. 113)
Abgesehen von unterschiedlichen Motiven ist diese Angleichung bereits seit Kuba (›heißer Draht‹ im Juni 1963) durch eine taktische Kooperation beider Großmächte ergänzt worden: »Wir glauben, daß wir mit der Sowjetunion ein gemeinsames Interesse daran haben, eine friedliche Ordnung zu schaffen.« (Kissinger, in einer Pressekonferenz vom 25. 6. 1973) Das hat zwar nicht die taktische Verwendung des Anti-Kommunismus in den USA ausgeschlossen, aber doch dessen Funktion als Legitimationsgrundlage amerikanischer Innen- und Außenpolitik eingeschränkt. An seine Stelle ist allgemein ›nationale Sicherheit‹ bzw. die ›Verteidigung nationaler Interessen‹ getreten, die auch in Zukunft das weltweite militärische Paktsystem und hohe Rüstungsausgaben der USA rechtfertigen: »Zu keinem Zeitpunkt im Nuklearzeitalter war es so wichtig, über eine möglichst umfassende Skala glaubhafter Optionen für die Verteidigung der amerikanischen Interessen zu verfügen. Die näherrückende strategische Parität mit der Sowjetunion und die im Aufbau begriffene Nuklearkapazität Chinas mögen den Bereich von Konflikten, vor denen allein strategische Streitkräfte abzuschrecken vermögen, durchaus vermindert haben. ... Das Näherrücken der strategischen Parität bedeutet auch, daß die Wahrscheinlichkeit von Herausforderungen auf der Ebene unterhalb eines Nuklearwaffenkrieges mit allen Mitteln oder eines konventionellen Krieges wächst.« (Präs. Nixon, 9. 2. 1972, S. 170)

Die Kooperation der beiden Supermächte als internationale Ordnungskräfte setzt – wie schon nach Kriegsende (Yalta) – eine mehr oder minder stillschweigende Abgrenzung von Einflußsphären voraus. Dabei scheinen sowohl die USA als auch die UdSSR angesichts des nuklearen Patts bestrebt zu sein, lokale oder regionale Konflikte – wie in Indochina, der Dominikanischen Republik oder der ČSSR – nicht in einen globalen Konflikt umschlagen zu lassen. Das trägt zwar zur Vermeidung einer katastro-

phalen weltweiten nuklearen Auseinandersetzung bei, erhöht jedoch zugleich die Wahrscheinlichkeit von Repressionen auf der ›unteren Ebene‹ mit all ihren Auswirkungen für die jeweils betroffene Bevölkerung. Darüber hinaus sind vor allem in den nicht ›zugeteilten‹ Gebieten – wie im Nahen Osten (wie die amerikanische Mobilmachung im Nahostkrieg von 1973 unterstrich) oder in Afrika – weitgehende Interessengegensätze der beiden Großmächte keineswegs ausgeschlossen.
Grob eingeteilt operieren die Vereinigten Staaten im globalen Maßstab auf drei Ebenen:

1. auf der oberen bipolar mit der anderen Supermacht, der UdSSR, wobei (verbunden mit der amerikanischen Gleichgewichtspolitik) die Volksrepublik China den Annäherungsprozeß beiderseits beschleunigt hat;
2. auf einen mittleren mit den alliierten Industrieländern und (zum Teil) den ›entwickelteren‹ Entwicklungsländern, wobei die amerikanische Regierung die weltweiten Interessen der USA den regionalen dieser Alliierten gegenüberstellt,
3. und auf der unteren Ebene mit den Entwicklungsländern, wobei die UNO als Instrument der amerikanischen Außenpolitik (wie etwa in Korea) gerade durch den wachsenden Einfluß der Entwicklungsländer in dieser Organisation an Bedeutung verloren hat (was u. a. die USA neben zum Teil heftigen Angriffen zu einer Kürzung ihrer Beiträge bewog).

2.8 Die Militärbündnisse der USA

> »So kann man schließen, daß die nichtkommunistische Welt seit Bretton Woods und dem Marshall-Plan erfolgreich Strukturen geschaffen hat, in denen Macht sicher aufgeteilt werden konnte. Die wichtigsten und am weitesten realisierten dieser Strukturen sind die, die Westeuropa, Nordamerika und Japan konstruktiv zusammenhalten: besonders die NATO, der japanische Sicherheitspakt und die OECD.« (Walt W. Rostow, *The Diffusion of Power*, 1972, S. 585)

Die weltweiten amerikanischen Interessen haben sich in einem globalen Paktsytem niedergeschlagen. Heute sind die USA mit 42 Nationen in der ganzen Welt allein durch Verteidigungsabschlüsse verbunden; mit 30 weiteren Staaten sind sie ›Beistandsverpflichtungen‹ eingegangen (die UdSSR mit 14). Die regionalen Schwerpunkte dieser Verpflichtungen sind in vier großen multilateralen Vertragswerken ausgedrückt:

- dem *Rio-Pakt (Inter-American Treaty of Reciprocal Assistance)* mit 19 lateinamerikanischen Staaten (ohne Nicaragua und Ecuador) von 1947. 1948 wurde in Bogotá auf seiner Grundlage – und nach panamerikanischen Ansätzen des 19. Jahrhunderts – die Organisation Amerikanischer Staaten (OAS, 1973 mit 24 Mitgliedstaaten) gegründet, aus der Kuba 1962 ausgeschlossen wurde;
- dem *Nordatlantikpakt* (*North Atlantic Treaty Organization*, NATO) von 1949, zu dessen zwölf Signatarstaaten (USA, Kanada, Großbritannien, Frankreich, Be-Ne-Lux-Staaten, Norwegen, Dänemark, Island, Italien, Portugal) Griechenland und die Türkei (1952) sowie (1955) die BRD kamen, während

Frankreich sich 1966 (wie Griechenland 1974 im Zypern-Konflikt) der militärischen Integration entzog (ohne jedoch seine Mitgliedschaft aufzukündigen). Spanien hat im Pakt von Madrid (1953) mit den USA der Errichtung amerikanischer Militärbasen auf seinem Gebiet zugestimmt und gehört somit indirekt zum Bereich der NATO;
- dem *ANZUS-Pakt* von 1951 mit *A*ustralien, Neuseeland (*N*ew Zealand) und den *US*A und
- dem *SEATO-Pakt* (*Southeast Asia Treaty Organization*) von 1954, von dessen acht Signatarpartnern neben den USA, Großbritannien, Frankreich, Australien und Neuseeland nur Thailand, Pakistan und – beschränkt – die Philippinen als asiatische Länder vertreten sind. Südvietnam, Laos und Kambodscha wurden in einem Protokoll in den Schutzbereich dieses Vertragswerks einbezogen.

Im *CENTO-Pakt (Central Treaty Organization)* zwischen der Türkei, dem Iran, Pakistan und Großbritannien, der nach dem Austritt des Irak (24. 3. 1959) den ursprünglichen Bagdad-Pakt (*Middle East Treaty Organization*) von 1955 ablöste, sind die USA mit Beobachtern vertreten. Regelmäßig teil nehmen sie an der Arbeit des Militär- und Wissenschaftskomitees sowie des Komitees für Wirtschaftliche Angelegenheiten und Antisubversionstätigkeiten. »Die Hauptbedrohung von morgen« kommt auch in diesem Bereich »wie heute und gestern aus dem Innern der verschiedenen Länder« (Richard Butwell, South and Southeast Asia, in: *America's World Role in the 70s,* 1970, S. 105–116; Zitat: S. 114). Abgesehen von ihren Bindungen an Israel haben die USA ferner gleichlautende bilaterale Sicherheitsabkommen mit dem Iran, der Türkei und Pakistan abgeschlossen und unterstützen vor allem Jordanien mit militärischer und wirtschaftlicher Hilfe.

Darüber hinaus hat *Japan* (Sicherheitspakt von 1951) aufgrund seiner wachsenden ökonomischen Stärke und strategischen Position zunehmend Ordnungs- und Sicherheitsaufgaben in Asien übernommen, nachdem der SEATO-Pakt nur ungenügend die amerikanischen Vorstellungen einer asiatischen NATO (mit Einschluß auch Indiens, Indonesiens und Japans) erfüllt hat. Japan soll
1. Bollwerk gegen ›den Kommunismus‹ (d. h. gesellschaftliche Veränderungen) in Asien sein;
2. den kommerziellen Interessen der USA offenstehen (während es selbst in China einen Markt finden soll) und
3. eine mögliche Entwicklung Chinas zur wirtschaftlichen Hegemonie verhindern.

Dabei hat die Volksrepublik *China*, die in den Befreiungskämpfen der ›Dritten Welt‹ an die Stelle der UdSSR zu treten drohte, unter dem Zeichen der Détente nach amerikanischer Auffassung eine ähnliche Rolle für die Erhaltung von Ruhe und Ordnung in Asien übernommen wie die Sowjetunion für Europa: »Ein Hauptbrennpunkt des Konflikts hat sich in letzter Zeit von Europa nach Asien verlagert, weil die zu einer Großmacht gewachsene Sowjetunion sich für einen Status quo zu interessieren begonnen hat. Der Zweck der wirksamen Zähmung des kommunistischen China besteht darin, in seinen Ansichten einen ähnlichen Wandel herbeizuführen. Das ist das Kernproblem in Vietnam. Dafür kämpfen wir. Darum sind wir dort.« (George Ball, vorm. *Assistant Secretary* im State Department, in der *New York Times*, 1. 2. 1966; zit. nach Oglesby/Shaull, *Amerikanische Ideologie*, 1969, S. 41). 1973 konnte sich der amerikanische Sicherheitsberater Kissinger (mit Blick auf die UdSSR) sogar »schwer einen militärischen Angriff irgendeiner Nation auf die Volksrepublik China vorstellen, der nicht den internationalen Frieden und die internationale Sicherheit gefährdete« (Pressekonferenz vom 25. 6. 1973).

Die Verträge mit der Volksrepublik China tragen dieser Entwicklung ebenso Rechnung wie das neue amerikanische Werben um den japanischen Inselstaat, das jedoch durch die wachsende ökonomische Konkurrenz beider Staaten und die militärische Präsenz der USA in Japan immer wieder empfindlich gestört wird. Im Friedens- und Sicherheitsvertrag mit Japan von 1951, der wiederum die Besorgnisse Australiens vor dem Einfluß Japans erhöhte und – auch mit Blick auf die erstarkende japanische Linksbewegung – ein wesentlicher Anlaß für den Abschluß des ANZUS-Paktes (ohne Großbritannien!) war, sicherten sich die USA die militärische und politische Hegemonie. Auf ökonomischem Gebiet wurde Japan zur Meistbegünstigung verpflichtet. Die USA übernahmen auch japanische Inselgruppen (wie die Ryukyu-, Daito- und Vulkaninseln), die noch heute unter amerikanischer Militärverwaltung stehen. Die Japan vom Völkerbund übertragenen ehemaligen deutschen pazifischen Inseln (Marianen – ohne Guam, das bereits 1898 an die USA fiel –, Karolinen und Marshall Inseln) werden aufgrund eines Treuhandschaftsabkommens mit der UNO von 1947 von den USA verwaltet, wobei für einige ›strategische Zonen‹ Ausnahmeregelungen geschaffen wurden, die kaum Unterschiede zu kolonialem Besitz zulassen. Anfangs der siebziger Jahre unterhalten die Vereinigten Staaten darüber hinaus im nur mäßig wiederaufgerüsteten Land ihres Hauptwidersachers aus dem Zweiten Weltkrieg insgesamt 148 militärische Basen u. a. für die 7. See- und die 5. Luftwaffenflotte. Diese pazifische Front (im Zweiten Weltkrieg auf ca. 200 Militärbasen ausgebaut) wird durch die Anlagen auf Guam, den Philippinen (als ehemalige Kolonie der USA seit dem 4. 7. 1946 offiziell unabhängig), Südkorea, Thailand und den amerikanischen Treuhandinseln wirksam ergänzt.

»Unser grundlegendes politisches Prinzip – ein wohlbegründetes – ist die Wiederherstellung eines Gleichgewichts der (politischen, wirtschaftlichen und auch militärischen) Kräfte in der Welt durch die Schaffung eines Systems kollektiver Sicherheit und durch das Wiederauftauchen (einschließlich der Wiederbewaffnung) Deutschlands und Japans als große Mächte.« (Hanson Baldwin, der Militärexperte der *New York Times*, am 18. 4. 1954, Sect. IV, S. 28) Die Bundesrepublik Deutschland – mit 124 Militärbasen an zweiter Stelle der Rangliste amerikanischer militärischer ›Außenstellen‹ – erfüllt im atlantischen Raum eine ähnliche Funktion wie Japan im pazifischen (und mit ähnlichen Widersprüchen).

Die gesamten militärischen Anlagen der USA in Europa stellen – ähnlich den Direktinvestitionen auf ökonomischem Gebiet – die drittgrößte militärische Potenz in der Welt dar. Dabei ist gerade für Europa die Verbindung von wirtschaftlicher Prosperität und amerikanischer Sicherheit immer wieder hervorgehoben worden: »Die Unabhängigkeit und Sicherheit Westeuropas ist für jeden Amerikaner wegen des entscheidenden Einflusses auf seine Sicherheit, sein wirtschaftliches Wohlergehen und das Überleben seines demokratischen way of life lebenswichtig. Die Unabhängigkeit Westeuropas hängt von der Beibehaltung einer glaubwürdigen Abschreckung und Verteidigung gegen einen Angriff ab, und in einer solchen Verteidigungshaltung spielen die amerikanischen Streitkräfte eine entscheidende Rolle ... Unser lebenswichtiges Interesse an Westeuropa ist auch keinesfalls nur eine Angelegenheit der Geschichte oder Gewohnheit. Unsere gesamte Prosperität wird von ihm abgestützt. Es ist in der Tat zu einem immer mächtigeren Zentrum der Weltwirtschaft geworden. Es ist unser bedeutendster Markt und unser bedeutendster Lieferant. Amerikanische Firmen haben über 28 Milliarden Dollar in Westeuropa investiert [sic!], die amerikanischen Investoren nahezu 3 Milliarden Dollar jährlich einbringen. Machen Sie keinen Fehler. Unsere Prosperität und die Prosperität der ganzen Welt wird von Westeuropa weitgehend beeinflußt. Das bedeutet amerikanische Arbeitsplätze, amerikanische Dividenden und den amerikanischen Lebensstandard.« (Der ehemalige stellvertretende Außenminister Kenneth Rush vor dem *House Foreign Affairs Committee* am 10. 7. 1973)

Dieses westliche System der *kollektiven Sicherheit* hat die Vereinigten Staaten von Einzelaktionen nicht abgehalten, die wesentlich mit zur Unterhöhlung des Paktsystems beigetragen haben. In der Praxis haben die Verträge (durchaus im Sinne Washingtons und Jeffersons, siehe Kap. 2.11) die Funktion traditioneller abgestufter Beistandspakte gehabt, auf die je nach Interessenlage zur Erhaltung des ›Gleichgewichts‹ oder zur Niederschlagung unliebsamer Revolutionen von den USA vor allem zur Rechtfertigung ihrer Eingriffe zurückgegriffen wurde.

Besonders der SEATO-Pakt beschränkt sich weitgehend auf diese Funktion. Im Indochinakrieg stellten die Partner der USA bestenfalls (Thailand) symbolische Truppenkontingente, Frankreich (nach seiner Niederlage von 1954 in Vietnam, seiner ehemaligen Kolonie) nur noch den Rahmen für internationale Konferenzen. In der NATO fällt dem amerikanischen Oberkommandierenden ein »Hegemonialkommando« (Calleo/Rowland) zu; im Rio-Pakt unterstreicht schon die Einrichtung des organisatorischen Hauptquartiers *(Pan American Union)* in Washington, D. C., die Dominanz der USA.

Auch in ihrer Militärpolitik behaupteten die USA von Anfang an ihre Vormachtstellung. »In Washington war man sich darüber klar, daß Macht – also militärische und wirtschaftliche Fähigkeit, den eigenen Willen durchzusetzen – die Grundlage aller amerikanischen Außenpolitik bildete.« (Czempiel, *Das amerikanische Sicherheitssystem*, 1966, S. 99) Mit seiner Mahnung, »den Präsidenten der Vereinigten Staaten niemals als den Führer der zweitstärksten Nation in der Welt zu Verhandlungen mit irgendjemandem« zu schicken, hatte Präsident Nixon (am 24. 5. 1973 vor Kriegsheimkehrern) die Bedeutung dieser Vormachtstellung erneut hervorgehoben. Was von den konservativen Kritikern der internationalen amerikanischen Wirtschaftspolitik (siehe Kap. 3.9.3) zumeist übersehen oder ausgeklammert wird, ist die Tatsache, daß gerade in ihrer Militärpolitik die USA »das Gerüst des Nationalstaates, auf das sich 1935 die Politik der Neutralität gestützt hatte, unverändert in die Epoche der Kollektiven Sicherheit« (Ernst Czempiel) übernommen hatten. Die Vereinigten Staaten von Nordamerika setzten ihre überragende Militärmacht durchweg als Instrument ›nationaler‹ Politik ein.

2.9 Die Militärstrategie

Dem globalen Wirtschafts- und Paktsystem entspricht die militärstrategische Doktrin der Vereinigten Staaten. Dabei hat nach der Verlagerung des militärischen Gleichgewichts im Zweiten Weltkrieg der Besitz von Nuklearwaffen diese Strategie zunächst wesentlich beeinflußt.

Der Abwurf der amerikanischen Atombomben auf Nagasaki und Hiroshima in Japan bestätigte kraß die militärische Bedeutung dieser Waffen, die rein militärisch-strategisch selbst die kurzfristige Teilabrüstung der USA nach 1945 mehr als wettmachte und den Vorwurf »atomarer Diplomatie« (Gar Alperovitz) begründete. »Der Atombombendemonstration lag ein anti-sowjetischer Charakter zugrunde« (so auch Hugh Seton-Watson in einem Diskussionsbeitrag zu *America and the Origins of the Cold War*, hrsg. von James V. Compton. Boston 1972, S. 156). Der nach dem amerikanischen Financier, New Dealer und Organisator der Kriegsbürokratie benannte Baruch-Plan hätte von den anderen Nationen mit der Zustimmung zur geplanten Nichtweitergabe von Atomwaffen die Zustimmung zum atomaren Monopol der USA bedeutet. Sein Scheitern, die Zündung der ersten sowjetischen Atombombe (1949) und – mit der Entwicklung von Trägerwaffen – die nukleare Bedrohung des amerikanischen Festlandes erforderte eine Veränderung im nuklear-strategischen Konzept der *Abschreckung*.

Zwischen Eindämmung des Kommunismus *(containment)* – mit dem Konzept minimaler Abschreckung – und seiner Zurückdrängung *(roll back)* – mit der Doktrin des ersten entscheidenden Schlages – schwankend, vertraten besonders Außenminister Dulles und die Mehrzahl der Militärs die *Strategie der massiven Vergeltung (massive retaliation):* »Bei einem kommunistischen Angriff in Asien werden notwendig Atom- und Wasserstoffbomben auf die großen Industrien Chinas und Rußlands geworfen« (Dulles, zit. nach *New York Times*, 17. 3. 1954, S. 44).

Die Vereinigten Staaten sollten damit in die Lage versetzt werden, »unmittelbar mit Mitteln und an Plätzen eigener Wahl zurückzuschlagen« (Dulles, zit. nach *New York Times*, 13. 1. 1954, S. 2). Dulles erkannte zwar die Notwendigkeit ›lokaler Verteidigung‹, war jedoch überzeugt, »daß es aber keine lokale Verteidigung gibt, die allein die mächtige Landmacht der kommunistischen Welt eindämmen kann. Die lokale Verteidigung muß durch die weitere Abschreckung einer massiven Vergeltungsmacht verstärkt werden« (ebda.). General Taylor schien solch ein militärisches Programm »einen Ausweg aus der Situation zu bieten, in schmutzige und kostspielige Bodenkämpfe mit den kommunistischen Massen verwickelt zu werden« (*An Uncertain Trumpet.* New York 1960, S. 13).

Bereits das erste Eingreifen der USA in den Indochinakrieg (1954) zeigte die Schwäche dieser Strategie auch auf ihrer ›unteren Ebene‹; »die städtezerstörende H-Bombe« war »für begrenzte Kriege ohne Wert«, sie hatte »nur Hintergrundbedeutung – der Schatten von Kraft im ›Kalten Krieg‹« (*New York Times*, 18. 4. 1954, Sect. IV, S. 28) An ihre Stelle ist die *Doktrin der flexiblen Vergeltung (flexible response)* getreten, die eine weitreichende Aufgliederung des Militärapparates und seine Anwendung auf allen möglichen Ebenen vorsieht.

Diese Theorie ist besonders unter Präsident Kennedy, Verteidigungsminister McNamara und General Taylor entwickelt worden. Sie umfaßte neben der generellen nuklearen Abschreckung als Schutzschild sowohl den abgestuften kontrollierbaren Einsatz von Nuklearwaffen *und* konventionellen Streitkräften auf mittlerer Ebene – »wenn unser Interesse dies erfordern sollte« (der stellv. Verteidigungsminister Gilpatric; zit. nach *New York Times*, 22. 10. 1961, S. I) – als auch die Bekämpfung (*counter-insurgency*) nationaler Befreiungsbewegungen durch Guerillaeinsatz im subkonventionellen Bereich *(Taylor-Doktrin)*, die weitgehend der CIA übertragen wurde. Eingeplant war dabei unter dem nuklearen Schild die gleichzeitige Durchführung von $2^{1}/_{2}$ Kriegen: je ein größerer in Europa und Asien und – je nach Bedarf – eine kleinere ›Befriedungsaktion‹ in irgendeinem Teil der Welt.

Die zunehmende Amerikanisierung dieser Auseinandersetzungen auf unterer Ebene – bei Vermeidung größerer Konflikte und dem weitgehenden Ersatz offener kriegerischer Einsätze durch Subversion und geheime Intervention, aber auch Militärhilfe, ökonomischen Druck und Propaganda – bedeutete zugleich einen Anstieg der nationalen und internationalen ›Kosten‹ der USA sowohl in finanzieller als auch in ideologischer Hinsicht. Präsident Nixon versuchte, diesem Dilemma mit dem *Konzept der realistischen und ausreichenden Abschreckung* beizukommen. Dieses Konzept sieht eine militärisch-strategische Vorausplanung von $1^{1}/_{2}$ Kriegen vor und die Übertragung lokaler bzw. regionaler militärischer und ordnungspolitischer Maßnahmen auf die »Hauptalliierten« (Nixon-Doktrin): »Diese Doktrin war zentral für unser Verhalten gegenüber unseren Hauptverbündeten im Atlantik und Pazifik. Sie formte jedoch auch unsere Beziehungen zu jenen in Lateinamerika, Asien und Afrika, mit denen wir durch formale Allianzen oder Freundschaften verbunden waren.« (Präs. Nixon, 3. 5. 1973, S. 8)

Suffizienz setzt nach dieser Doktrin (in Anlehnung an Präsident Kennedy) Streitkräfte voraus, »die in quantitativer Hinsicht ausreichen und die erforderlichen qualitativen Charakteristika aufweisen, um ein stabiles strategisches Gleichgewicht trotz technologischer Veränderungen aufrechtzuerhalten« (Präs. Nixon, 9. 2. 1972, S. 164). Sie sollen in der Lage sein, eine »größere Bedrohung in Europa oder Asien« (1) und gleichzeitig einen »geringen Notfall irgendwo« (1/2) abzuwenden (Präs. Nixon, 3. 5. 1973, S. 185). Daneben soll gleichzeitig das Potential der »bedrohten Nationen« im verstärkten Maße herangezogen werden, um die Verantwortung für ihre regionalen Gebiete selbst zu übernehmen. Was ›realistisch‹ und ›ausreichend‹ sowohl auf amerikanischer als auch ausländischer Seite ist, hängt nach dieser Doktrin vom »Grad der Gefahr« ab (Henry A. Kissinger). »Das amerikanische Ziel ist nicht, mehr Raketen und Bomber als sonst jemand zu haben, sondern genügend, um für die nationale und internationale Sicherheit zu sorgen.« (John L. McLucas, *Under Secretary* für die US-Luftwaffe, am 4. 1. 1974 in einem Kommentar für USIS) Eine Verminderung des globalen Engagements ist unter diesen Umständen kaum zu erwarten: »Unter den freien Nationen der Welt ist keine – weder Japan, wie Sie wohl wissen (obwohl es über die wirtschaftliche Stärke verfügt, hat es nicht die militärische Stärke und kann sie unter seiner Verfassung auch nicht erreichen), noch eine Nation in Europa alleine oder Europa insgesamt –, die die Kraft hat, der Friedensstifter der Welt zu sein.« (Präs. Nixon am 24. 5. 1973)

2.10 Die amerikanische Mission und der Ost-West-Konflikt

Angesichts der »Herausforderung einer mächtigen Aggression, die – wie der Kommunismus auf seinem Kreuzzug – die Welt verändern will«, verlangte Anfang 1952 eine Studiengruppe der *Wilson Foundation* den »Glauben an eine Mission«: »Das Konzept des nationalen Interesses, das Schutz nur für das vorsieht, was der unmittelbaren Befriedigung der ökonomischen Anforderungen einer Nation dient, und die daraus resultierenden außenpolitischen Richtlinien zum Schutz dieser Art nationaler Ziele haben nur wenig Aussicht, auf einer stabilen Basis genügend Macht hinter sich zu vereinen. ... Demokratien müssen deshalb Moralität mit Macht verbinden.« (*Bericht der Wilson Foundation*, 1952, S. 20 f.)
Diese Verbindung hat eine reiche Tradition in den Vereinigten Staaten von Nordamerika; sie hat im Glauben an eine amerikanische Mission ihren Niederschlag gefunden. »Bis zur kürzlichen Ernüchterung durch den Vietnam-Krieg hatten wir uns davon überzeugt, unsere Weltrolle oder ›Mission‹ sei es, als Verteidiger der Demokratie und ihrer Synonyme zu handeln. Wir übernahmen eine zeitgenössische ›Bürde des weißen Mannes‹ und rechtfertigten sie durch den beruhigenden Wortschwall einer amerikanischen außenpolitischen Tradition, die wir als gütig und vor allem besorgt um die Erhaltung ›freier Institutionen‹ interpretierten.« (Abdul A. Said, Commentary: Changing Requirements of U.S. Security, in: *America's World Role in the 70s*, 1970, S. 1–15; Zitat: S. 1)

Dieser Missionsgedanke ist mit *Manifest Destiny* umschrieben worden. Der Begriff tauchte zuerst in einem Artikel der Zeitschrift *Democratic Review* vom Juli/August 1845 über die Annexion von Texas als Folge des Krieges gegen Mexiko auf. Danach diente er immer wieder zur Rechtfertigung der territorialen Expansion der Vereinigten Staaten, u. a. bei den langen Auseinandersetzungen mit Rußland, Großbritannien und Spanien um Oregon, beim Kauf Alaskas 1867 und der Annexion Hawaiis im Jahre 1898. Er liegt auch der Einschätzung der USA als »Hüter des Prinzips nationaler Unabhängigkeit und menschlicher Freiheit auf der ganzen Welt« zugrunde (so Walt W. Rostow, *View fom the Seventh Floor*. New York 1964, S. 53).

Den Amerikanern – so hieß es immer wieder – sei als »auserwähltem Volk« (Senator Albert J. Beveridge, 1899) die Aufgabe übertragen worden, ihr System als »den einzig sicheren Weg menschlichen Fortschritts« (Präs. Hoover; zit. nach Williams, *The Tragedy of American Diplomacy*, 1962, S. 94) zunächst kontinental und dann über neue *frontiers* hinweg international durchzusetzen bzw. seine grundsätzlich universelle Gültigkeit zu verteidigen. »Der Mantel der Führung wurde nicht auf unseren Wunsch und nicht, um Eroberungen zu machen, um unsere Schultern gelegt.« (Präs. Nixon; zit. nach *New York Times*, 10. 3. 1971, S. 14)

In diesem Konzept der *Manifest Destiny* vereinigten sich frühzeitig Stolz auf die eigenen Errungenschaften und Opposition gegen undemokratische Systeme (in Europa) mit rassistischen und imperialistischen Forderungen. Noch für Dean Rusk, Außenminister unter den Präsidenten Kennedy und Johnson, waren die USA »letztlich ein angelsächsisches Land« (zit. nach Alba P. Schwartz, *The Open*

Society. New York 1968, S. 119). Besonders Senator Albert J. Beveridge, einer der führenden amerikanischen ›Imperialisten‹ in den neunziger Jahren, stellte diese Verbindung immer wieder her: »Gott hat die englischsprechenden und teutonischen Völker nicht 1000 Jahre vorbereitet, um sie nur in vergebliche und selbstgefällige Selbstbetrachtung und -bewunderung fallen zu lassen. Nein. Er hat uns zu den Hauptarchitekten der Welt gemacht, um System da einzuführen, wo Chaos herrschte. Er hat uns mit dem Geist des Fortschritts versehen, um die Mächte der Reaktion auf der ganzen Erde zu überkommen. Er hat uns zu Könnern in der Kunst des Regierens gemacht, damit wir die Regierung wilder und seniler Völker übernehmen. Gäbe es nicht eine solche Kraft, versänke die Welt erneut in Barbarei und Dunkelheit. Und aus unserer gesamten Rasse hat Er das amerikanische Volk als Seine auserwählte Nation gezeichnet, um endlich die Welt zur Erlösung zu führen.« (Beveridge 1899 im Senat; zit. nach Ernest Lee Tuveson, *Redeemer Nation: The Idea of America's Millenial Role*. Chicago/London 1968, S. VII)

Dabei wurde auch der Einsatz von Gewalt dann als moralisch und gerecht angesehen, wenn sie »zum Wohle der gesamten zivilisierten Welt« (Präs. Th. Roosevelt) und dann der »Freien Welt« gegen Gewalt bzw. auch ›potentielle Gewalt‹ eingesetzt wurde.

Für Präsident Truman hatten die USA selbst die Atombombe »in Übereinstimmung mit dem Willen und den Plänen Gottes« entwickelt (zit. nach Krakau, *Missionsbewußtsein und Völkerrechtsdoktrin*, 1967, S. 153). Auch hier hat Senator Beveridge zur Zeit des Spanisch-Amerikanischen Krieges die ›klassischen‹ Formulierungen gefunden: »Soll das amerikanische Volk seinen Weg zur kommerziellen Vormachtstellung in der Welt weitergehen? Sollen freie Institutionen ihre segensreiche Herrschaft ausbreiten, da die Kinder der Freiheit an Stärke zunehmen, bis das Imperium unserer Prinzipien in den Herzen der gesamten Menschheit wohnt? ... Hat Gott uns, mehr als wir verdienten, mit Gaben bedacht und uns als das Volk Seiner besonderen Gnade gezeichnet, nur damit wir in unserer eigenen Selbstsucht verkommen? ... Hawaii ist unser, Puerto Rico muß unser werden; nach dem Flehen seines Volkes wird Kuba schließlich unser sein; auf den Inseln des Ostens, selbst bis zu den Toren Asiens müssen zumindest Kohlenstationen unser sein; die Flagge freiheitlicher Regierungen muß über den Philippinen wehen; möge es das Banner sein, das Taylor in Texas entrollte und Frémont an die Küste trug. Unsere Gegner sagen uns, daß wir kein Volk gegen seinen Willen regieren sollten. Ich antworte darauf: Der Grundsatz der Freiheit, daß alle rechtmäßigen Regierungen ihre Autorität aus der Zustimmung der Regierten beziehen, kann nur für jene gelten, die zur Selbstverwaltung fähig sind. Wir regieren die Indianer ohne ihre Zustimmung, wir regieren unsere Territorien ohne ihre Zustimmung, und wir regieren unsere Kinder ohne ihre Zustimmung.... Der Dampf ist mit uns, die Elektrizität ist mit uns – die wichtigsten Elemente sind mit unserem Schicksal im Bunde. Kuba kein benachbartes Land! Puerto Rico kein benachbartes Land! Hawaii und die Philippinen keine benachbarten Länder! Die Ozeane machen sie zu benachbarten Ländern. Und unsere Kriegsflotte wird sie zu benachbarten Ländern machen.« (Beveridge, 1898; zit. nach Williams, *The Contours of American History*, 1956, S. 433 f.)

Führte diese Haltung zunehmend zu Problemen auch der moralischen Rechtfertigung, füllte zunächst ›der Faschismus‹ und dann – bruchlos vermittelt über das (pseudowissenschaftliche) Konzept des ›Totalitarismus‹ – ›der Kommunismus‹ als eigentlicher Gegner diese Lücke aus. Außenminister Dulles erkannte während eines Senatshearings – in Übereinstimmung mit der Interpretation der rechtsextremen *John Birch Society* – im Kommunismus das Werk dunkler Verschwörergruppen, die (als Werkzeuge des Antichrist?) nach ihrem Erfolg im zaristischen Rußland nun ein Land nach dem anderen zu übernehmen drohten (zit. nach Krakau, *Missionsbewußtsein und Völkerrechtsdoktrin,* 1967, S. 211). Auf der anderen Seite war etwa für Präsident Eisenhower (wie auch für den FBI-Präsidenten, J. Edgar Hoover) die Anerkennung eines »obersten Wesens« (Supreme Being) »der erste, der grundlegende Ausdruck des Amerikanismus. Ohne Gott könnte es weder die amerikanische Regierungsform noch den amerikanischen way of life geben« (zit. nach Michael Parenti, *The Anti-Communist Impulse.* New York 1969, S. 64). Anti-Kommunismus wurde unter diesen Umständen – ähnlich wie die wohl älteste Anti-Bewegung der Welt, der Antisemitismus – nahezu zur christlichen Verpflichtung. Kritik an dieser Mission wurde dabei oft als aktive Verschwörung gegen den gesamten *American way of life,* als Anti-Amerikanismus, gebrandmarkt.

Anti-Amerikanismus ist ein kaum hinterfragter Begriff, zwar vergleichbar mit dem Vorwurf des Anti-Sowjetismus gegen sowjetische Intellektuelle in seiner Funktion, in seinem Inhalt jedoch bedeutend umfassender. Er ist insbesondere von doktrinären Rechtsgruppen (wie dem *Ku Klux Klan* und den Anhängern Senator Joseph McCarthys) zur Diffamierung politischer, wissenschaftlicher und persönlicher Gegner eingesetzt worden. In diesem Sinne hat er auch in der Bundesrepublik Deutschland schon aufgrund deren ›besonderer Beziehungen‹ zu den USA Bedeutung erlangt.

In diesem Kampf zwischen gut und böse konnte nach amerikanischer Tradition nur der Gerechte siegen – und ›gerecht‹ war, der Erfolg hatte (vgl. Krakau, *Missionsbewußtsein und Völkerrechtsdoktrin,* 1967, S. 57). Fehlschläge wurden – wie mit Bezug auf Vietnam – lediglich als eine Reihe von »Fehleinschätzungen« oder »Irrtümern« (so etwa der US-Politologe Louis J. Halle) oder auch durch kunstvolle Manipulationen der durchaus »idealistischen Motive« Amerikas durch lokale Führer (so die *New York Times,* 7.5.1972, Sect. IV, S. 14) oder »unbedeutende Kriegsherren, eifersüchtige vietnamesische Generäle, Schwarzmarkthändler oder große Rauschgifthändler« (Senator Mike Gravel) erklärt. Neutralität war auch in diesem Kampf der USA grundsätzlich nicht möglich. »Neutralität wurde so zur unnatürlichen Haltung, und wir scharrten uns um die Sache des Anti-Kommunismus und unterstützten Regimes, die diese Haltung unterstützten, ohne Rücksicht darauf, wie verrucht [›sordid‹] diese waren.« (Said, Commentary, in: *America's World Role in the 70s,* 1970, S. 2)
Knud Krakau (*Missionsbewußtsein und Völkerrechtsdoktrin,* 1967) hat auf diese Verbindung von Politik und Religion in den Vereinigten Staaten deutlich verwiesen, ihre ideologischen Wurzeln jedoch kaum untersucht. Ideologie aber war – so Abdul A. Said (ebda.) – »das tragische Element amerikanischer Außenpolitik.« Sie erschöpfte sich nicht in einem System von Begriffen, sondern erstreckte sich auf die gesamte amerikanische

Lebensweise, den *American way of life,* und hatte sich in einzelnen Handlungsweisen zu konkretisieren. Die Vertreter oder ›Produzenten‹ dieser Ideologie mögen dabei einerseits unzweifelhaft selbst überzeugt von der Allgemeingültigkeit ihrer Aussagen und Handlungen gewesen sein. Andererseits vertraten sie persönlich zum Teil durchaus andere Überzeugungen, die sich jedoch gegenüber den institutionellen, sozio-ökonomischen und ideologischen Strukturen nicht durchsetzen konnten (vgl. ähnlich zum Rassenproblem u. a. *Institutional Racism in America,* hrsg. von Louis L. Knowles und Kenneth Prewitt. Englewood Cliffs 1969). Sie sind keine Verschwörer, sie sind »in höchstem Maße das stolze Produkt des amerikanischen Systems freien Unternehmertums« (so Steele Commager über die ›Watergate-Verschwörer‹, ›The Shame of the Republic‹, *The New York Review of Books,* 19. 7. 1973, S. 14).

»Viele amerikanische politische Entscheidungsträger sind in der Tat häufig idealistisch; Kritik an ihnen – selbst an Lyndon B. Johnson oder Richard Nixon – verhüllt mehr als sie enthüllt. Kritiker sollten betonen, daß die Bemühungen selbst der Gutwilligen eingebunden und gestaltet sind durch die vorhergehende amerikanische Expansion, die von Konzernen dominierte Wirtschaft und die Struktur der amerikanischen Gesellschaft, Politik und Tradition, so daß die praktische Politik regelmäßig entweder Reaktion passiv unterstützt oder schlimmstenfalls unterschiedslos gegen Revolutionen einschreitet. Männer machen Fehler bei ihren Entscheidungen – aber das ›System‹ setzt die Bedingungen ihrer Entscheidungen fest. Und – wie wir letztlich schließen müssen – es ist das ›System‹ und seine Tradition, das hinterfragt werden muß.« (Alperovitz, *Cold War Essays,* 1970, S. 91) Die Teilwahrheiten und oft emotionsgeladenen und mystischen Beschwörungsformeln der amerikanischen Ideologie dienen objektiv der Rechtfertigung bestehender Herrschaftsverhältnisse. In diesem Zusammenhang ist von einem »gesellschaftlichen Instinkt der Systemerhaltung« (Werner Hofmann) gesprochen worden – und umgekehrt: »Die Ideologisierung der Unterdrückten ist somit immer eine Form der Internalisierung gesellschaftlichen Zwanges.« (Peter Weinbrenner, ›Zur Ideologiekritik wirtschafts- und sozialkundlicher Lehr- und Lernmittel‹, *Aus Politik und Zeitgeschichte,* B 35/73, 1. 9. 1973, S. 6)

So ist besonders die Verbindung eines »wahrhaften Idealismus« in den USA mit »einfachen und oft rohen ökonomischen Interessen« hervorgehoben worden (William A. Williams). Bereits John Quincy Adams (Präsident der USA von 1825–1829) stellte »Handel zwischen den Nationen« als »moralische Verpflichtung« dar – »ganz und ausschließlich auf das christliche Konzept gegründet, Deinen Nächsten wie Dich selbst zu lieben.« Präsident McKinley befand nach seiner berühmt gewordenen Selbstdarstellung im Spanisch-Amerikanischen Krieg erst »nach langem nächtlichem Gebet«, daß »uns nichts anderes übrigblieb, als sie alle zu nehmen und die Filipinos zu erziehen, sie zu verbessern [›uplift‹], zu zivilisieren und zu christianisieren« (zit. nach Bailey, *A Diplomatic History of the American People,* 1947, S. 520).

Besonders unter jüngeren amerikanischen Wissenschaftlern hat dieser Moralismus zu einer stärkeren (allerdings oft erneut, wenn auch unter anderen Vorzeichen, moralisierenden) Betonung der ›Grundlagen der amerikanischen Außenpolitik‹ geführt. Auch der konservative englische Wissenschaftler Hugh Seton-Watson stufte die amerikanische Mission der ›Befreiung‹ *(liberation)* als »eine absurde Phrase« und ›Freie Welt‹ als »einen äußerst bedeutungslosen Ausdruck« ein (in: *America and the Origins of the Cold War, 1972*, S. 156). Paul A. Baran schließlich, der Doyen des amerikanischen Neomarxismus, ironisierte in Anlehnung an die zuvor von Großbritannien reklamierte ›Bürde des weißen Mannes‹ die amerikanische Haltung nicht zu Unrecht als »Bürde, Gewinne zu machen.«

2.11 ›Formal‹ oder ›informal Empire‹

Die Vorstellung von einer auferlegten Verpflichtung der USA hat ihre Darstellung als eine ›Weltmacht wider Willen‹ stark beeinflußt. Die Monroe-Doktrin wird dabei oft als bedeutender Ausdruck dieser Sendung gesehen. Doch zeigt gerade deren Hegemonialanspruch für den gesamten Kontinent, daß die USA nicht – wie es wiederum von Großbritannien behauptet worden war – »in einem Anflug von Geistesabwesenheit« (Sir John Seeley) ihr ›Imperium‹ aufgebaut haben; noch allerdings in einer geplanten Folge verschwörerischer Anschläge ›der Kapitalisten‹ (oder – wie es rechtsextreme amerikanische Gruppen auch von der Industriemacht USA annehmen – von ›Plutokraten‹ oder ›Antichristen‹). Darüber hinaus ist zu Recht auch vor der »roboterhaften Auslegung eines ökonomischen Determinismus« (Gar Alperovitz) gewarnt worden, nach dem die amerikanische Entwicklung auf eine Serie von Telefonabrufen aufgrund ökonomischer Notwendigkeiten reduziert wird. Das *American Empire* scheint vielmehr das Ergebnis wirtschaftlicher und sozialer Entwicklungen im Innern und internationaler Veränderungen gewesen zu sein, die eine amerikanische Expansion und Hegemonie begünstigten. Der amerikanische ›moralische Imperialismus‹ (William A. Williams), wie er sich z. B. im Missionsgedanken ausdrückt, rechtfertigte einerseits diese Expansion und diente andererseits als Instrument ihrer Durchsetzung.
Bereits den Vätern der Verfassung gelang es mit Hilfe wechselnder Allianzen sich nicht nur vom Mutterland (Großbritannien) zu lösen, sondern auch den selbständigen Status der neuen Nation zu behaupten. Diese kurzfristigen Zweckbündnisse mit wechselnden Partnern waren bedingt durch die militärische Schwäche der ehemaligen Kolonie und die Notwendigkeit innerer Konsolidierung; sie wurden ermöglicht durch ihre günstige Lage und die Rivalitäten der europäischen Mächte, auf die sich Außenpolitik zu dieser Zeit im wesentlichen bezog. Präsident Washingtons Abschiedsbotschaft (*Farewell Address*) vom 17. September 1796 entsprach diesen Notwendigkeiten.

»Europa hat spezifische Interessen, die für uns keine oder nur sehr entfernte Bedeutung haben. Es ist häufig in Auseinandersetzungen verwickelt, deren Gründe unseren eigenen Belangen im wesentlichen fernliegen. Es wäre deshalb unklug, uns unnötig zu binden und uns dadurch in das übliche Wechselspiel seiner Politik sowie seiner Bündnisse und Zwistigkeiten hineinziehen zu lassen. Unsere abgelegene und entfernte Lage lädt uns ein und befähigt uns, einen anderen Kurs zu wählen. Wenn wir weiterhin ein geeintes Volk unter der Leitung einer starken Regierung bleiben, werden wir bald keine äußeren Bedrohungen unserer

Wohlfahrt zu fürchten haben. Dann werden wir unserer Neutralität, für die wir uns jederzeit entschließen können, Achtung verschaffen können. Die kriegführenden Nationen werden sich hüten, uns leichtfertig zu provozieren, wenn sie merken, daß sie von uns keine Konzessionen erwarten können, und wir werden in der Lage sein, uns je nach unserem Interesse und geleitet von Gerechtigkeit selbst für Krieg und Frieden zu entscheiden. ... Es ist unsere wahre Politik, dauerhafte Bündnisse mit jedem Teil des Auslands zu vermeiden.« (Zit. nach *A Compilation of the Messages and Papers of the Presidents, 1789–1897*, 1898, Bd. I, S. 213–224; Zitat: S. 222 und 223) Ernst Czempiel (*Das amerikanische Sicherheitssystem,* 1966, S. 10) zitiert dagegen – mit Blick auf die ›amerikanische Mission‹ einerseits und den Kalten Krieg andererseits – den folgenden Passus dieser Botschaft als strukturelle Komponente amerikanischer Außenpolitik: »Beobachten Sie guten Glauben und Gerechtigkeit gegenüber allen Nationen. Pflegen Sie Frieden und Harmonie mit allen. Zu dieser Haltung verpflichten Sie Religion und Moral. Und kann es denn sein, daß eine gute Politik nicht ebenfalls dieses Verhalten auferlegt? Es wird einer freien, aufgeklärten und bald auch großen Nation würdig sein, der Menschheit das großherzige und ganz neue Beispiel eines Volkes zu geben, das sich stets von erhabener Gerechtigkeit und von Wohlwollen leiten läßt.« Zwar ist nach Meinung Czempiels in diesen »reinen Wein« der »Abkehr von der innen- und außenpolitischen Praxis der europäischen Höfe« im Verlauf der amerikanischen Geschichte »eine Menge Wasser geschüttet« worden, doch habe sich »die Substanz der Anschauung« – wie Czempiel sie von dem amerikanischen Politologen und außenpolitischen ›Realisten‹ Hans J. Morgenthau vertreten sieht – »ohne Zweifel« in der Ausrichtung auf »Toleranz, gewaltlosen Ausgleich und auf Frieden« erhalten (ebda., S. 10 f.).

»Die ersten Präsidenten leiteten die schlechte Angewohnheit ihrer Nachfolger ein: eine opportunistische Politik durch die Anrufung von *Prinzipien* zu rechtfertigen, die für diese Gelegenheit aufgestellt wurden.« (Henry Pachter, ›The New Shape of Foreign Policy‹, *Dissent,* Oktober 1971, S. 435–449; Zitat: S. 436, Fußnote 1. Hervorhebung im Original.) So ist auch aus dieser nahezu kanonisierten Abschiedsbotschaft neben der frühen Bestimmung der ›gütigen Führung‹ der USA in der Diskussion um eine realistische amerikanische Außenpolitik immer wieder die Warnung vor »dauerhaften Bündnissen« *(permanent alliances)* zitiert worden. Zusammen mit Präsident Jeffersons späterer Ablehnung »verstrickender Bündnisse« *(entangling alliances),* mit der sie oft verwechselt wird, gilt sie weithin als Grundlage eines amerikanischen Isolationismus.

Dabei wurde konstant Präsident Washingtons Forderung übersehen, sich in Zukunft selbst für Krieg und Frieden entscheiden zu können (was – bereits im Sinne des *fortress America* unter Präsident Hoover – militärische Stärke voraussetzte), wie auch seine – angesichts der Umstände notwendige – Beschränkung auf ›eigene Interessen‹, die noch nicht mit europäischen kollidierten und für die kurzfristige Zweckbündnisse (sowohl mit Frankreich als auch mit Großbritannien) realistischer erschienen. Auch Präsident Jefferson verlangte trotz seiner Warnung vor »verstrickenden Bündnissen«, die Amerika zur Partei in Auseinandersetzungen werden ließen, deren Sieger durchaus nicht feststand, zwei Jahre später, »sich der britischen Flotte und Nation zu vermählen«. 1812 erkannte Präsident Madison in der Blockade Amerikas durch diese Flotte eine Einmischung in die amerikanischen Handelsbeziehungen und einen Anlaß zum Krieg gegen Großbritannien, den der Kongreß am 18. 6. 1812 (zum Teil mit weitergehenden

Zielen der *war hawks* wie der Eroberung Kanadas und Floridas) offiziell erklärte.

Sowohl die – zweckgerichtete – Einordnung des Handels als ›unpolitisch‹ als auch das – zweckgebundene – Abrücken von langfristigen Verpflichtungen hat in verschiedenen historischen Situationen (wie in den zwanziger und dreißiger Jahren und erneut unter Präsident Nixon) unter Verweis auf das klassische Muster irreführend von einem Neo-Isolationismus der Vereinigten Staaten reden lassen. Amerika war jedoch »niemals isoliert und niemals isolationistisch« (Carl Oglesby). Isolationismus wurde zumeist rein militärisch als nicht- oder anti-interventionistisch definiert und auf Europa beschränkt. Grundsätzlich spiegelte er jedoch lediglich Uneinigkeit über die Form der amerikanischen Expansion wider. Dabei war auch der militärische und ideologische Isolationismus »nur die Kehrseite des kontinentalen Imperialismus und bis zum Beginn des Ersten Weltkrieges [sic!] durchaus im Einklang mit Interventionen in dieser Hemisphäre, in Afrika, Asien und Polynesien sowie selbst mit dem Erwerb von Kolonien« (Pachter, ›The New Shape of Foreign Policy‹, *Dissent*, Oktober 1971, S. 437). An dieser Politik hat sich auch seit dem Ersten Weltkrieg grundsätzlich nichts geändert.
»Unsere Haltung gegenüber anderen Nationen muß davon ausgehen, die Handelsbeziehungen zu ihnen zu verbessern, die politischen Bindungen hingegen auf ein Minimum zu reduzieren.« (Präs. Washington; zit. nach *A Compilation of the Messages and Papers of the Presidents, 1798–1897*, 1898, Bd. I, S. 222) Ging die junge Nation aufgrund ihrer prekären Lage militärisch nur Zweckbündnisse ein und grenzte sich ideologisch vom ›dekadenten Europa‹ ab, hatte dieser verbale Isolationismus von Anfang an keine Auswirkungen auf ihre Politik gegenüber »schwächeren Nationen« (Präs. Wilson) und auf die Handelsbeziehungen, deren Bedeutung für die informelle Herrschaft der USA zumeist übersehen wird. »Frieden, Handel und aufrichtige Freundschaft mit allen Nationen, verstrickende Bündnisse mit keiner« (Präs. Jefferson); »Handel gegen Freundschaft tauschen« (Benjamin Franklin) war das Prinzip schon der aufstrebenden Vereinigten Staaten, ohne daß dieses Prinzip allerdings Handelsrivalitäten und auch deren militärische Konsequenzen hätte verhindern können.

Dabei wurde nach dem Zweiten Weltkrieg Isolationismus oft mit Konservatismus gleichgesetzt. Auf der anderen Seite galt ›Internationalismus‹ – der als Erkenntnis der notwendigen internationalen Verflechtungen der USA und der Übernahme der daraus erwachsenden ›Verpflichtungen‹ definiert wurde – als ›liberal‹; so galt auch der Indochinakrieg weithin als ›Krieg der Liberalen‹. Von daher zählten konservative, an der Erhaltung oder Vertiefung des Status quo interessierte Eliten zumindest in der Außenpolitik zu den Liberalen – zumal dann, wenn sie (wie etwa Senator Fulbright) über den realistischen Einsatz der militärischen Macht der USA anderer Meinung waren. Dagegen wurden liberale Kritiker der amerikanischen Militär- und Handelspolitik zum Teil – wenn auch nicht direkt als konservativ, so doch – als provinziell-rückwärtsgewandt eingestuft. Diese Einordnung hat dazu beigetragen, die Verwirrung über die Begriffe ›liberal‹ und ›konservativ‹ in den Vereinigten Staaten zu erhöhen. Erst die Kritik der Neuen Linken an der amerikanischen Außenpolitik hat diese künstlichen Widersprüche aufgehoben. Sie hatten u. a. dazu gedient, »die Liberalen zu fragmentieren und dabei zu helfen, einigen Druck von der Forderung nach Sozialreformen im eigenen Land abzuleiten« (Richard F. Hamilton, *Class and Politics in the United States.* New York et al. 1972, S. 118).

Wenn auch die handelspolitische Expansion nach der durch fragwürdige Kaufverträge oft erst nachträglich legalisierten und gegen die Indianerstämme mit äußerster Brutalität geführten Landnahme auf dem Kontinent (die zumeist aus den Erörterungen amerikanischer Außenpolitik ausgeklammert wird) der territorialen durchweg vorgezogen wurde, erforderte dieses *informal Empire* sowohl in seiner Aufbau- und Konsolidierungsphase als auch in seiner Verteidigungsphase durchgehend (formellen) militärischen Einsatz. Der amerikanische Schutzschild ist die Kehrseite des amerikanischen Handelsimperialismus. Die globale Rolle des Militärapparates einerseits und seine Bedeutung für die amerikanische Ökonomie und Gesellschaftsform andererseits lassen heute seine Auflösung ohne weitreichende gesellschaftspolitische Folgen im In- und Ausland unmöglich erscheinen. »Unsere Außenpolitik muß unsere Ideale und Zwecke widerspiegeln« (Präs. Nixon am 5. 6. 1974 vor der *U.S. Naval Academy* in Annapolis, Maryland). Die gesellschaftlichen Grundlagen der Entwicklung der USA, ihre Widersprüche und ihre demokratische Legitimierung sollen im nächsten Kapitel untersucht werden.

3. Die gesellschaftlichen Voraussetzungen amerikanischer Außenpolitik

3.1 Das Militär und der ›militärisch-industrielle Komplex‹

Der ›militärisch-industrielle Komplex‹ in den USA ist ein deutliches Beispiel für die enge Verbindung von Innen-, Außen- und internationaler Politik. Dem Ausmaß der Militarisierung der amerikanischen Außenpolitik angesichts der Entwicklungen in den internationalen Beziehungen entspricht die zentrale Bedeutung des Verteidigungsbudgets für die amerikanische Gesellschaft und die daraus resultierende Willfährigkeit des Kongresses. Eine starke Luftwaffe – so hieß es etwa am 1. März 1948 in einem Bericht des *Temporary Congressional Aviation Policy Board* – könne »Aggression entmutigen, die nationale Sicherheit schützen und die gesamte soziale und wirtschaftliche Wohlfahrt der Vereinigten Staaten fördern« (zit. nach Czempiel, *Das amerikanische Sicherheitssystem*, 1966, S. 360).

Der militärisch-strategische Globalismus hat zunächst sowohl die stufenweise Vergrößerung des Militärapparates mit seiner *overkill*-Kapazität als auch die Diversifikation und zum Teil Verdoppelung der Waffensysteme und damit die Vergeudung im militärischen Sektor beschleunigt. Bei dieser Entwicklung haben sich die traditionellen Differenzen zwischen den einzelnen Waffengattungen über neue Waffensysteme und militärische Teilstrategien vor allem im Wachstum des Verteidigungsbudgets niedergeschlagen. Abstrichen am Militäretat stehen alle grundsätzlich ablehnend gegenüber. Darüber hinaus versuchte (und versucht) jede Waffengattung, durch direkte oder indirekte Beeinflussung der Öffentlichkeit und des Kongresses »ihren gerechten Anteil« am Krieg zu sichern (vgl. Oberst a. D. James A. Donovan, *Militarismus in den USA*. Düsseldorf 1971), der zugleich auch den Anteil der Rüstungsindustrie erhöhte.

Diese ›Öffentlichkeitsarbeit‹ wird u. a. ergänzt durch Interessengruppen in der Tradition der *Navy League*, der vor dem Ersten Weltkrieg mit J. P. Morgan, H. C. Frick, J. H. Schiff, C. H. Dodge, H. C. DuPont, J. Astor, H. P. Whitney, Ch. Schwab etc. die Großen aus Industrie und Finanz angehörten. Nach dem Zweiten Weltkrieg hat eine personelle Verflechtung zwischen Rüstungsindustrie und Militärapparat die Interessenverflechtung verstärkt. Angehörige der US-Streitkräfte übernahmen zunehmend hohe Posten (vor allem) in der Rüstungsindustrie. Beschäftigten 1959 die hundert größten Lieferanten des Pentagon 721 ehemalige hohe Offiziere (Colonel aufwärts), waren es 1968 bereits 2072 (siehe Senator William Proxmire, *Report from Wasteland*. New York 1970). 100 der

435 *Representatives* und 35 der 100 Senatoren waren in diesem Jahr aktive, inaktive oder ehemalige Offiziere.

Neben solchen direkten Verbindungen, der hohen Zahl ehemaliger Kriegsteilnehmer in der amerikanischen Bevölkerung (ca. 45 % der männlichen Bevölkerung) und den ca. 1,5 Millionen Reservisten und Angehörigen der Nationalgarde dienen besonders die amerikanischen *back stop associations* als Transmissionsriemen dieser Interessen. Zu diesen zivilen Organisationen, die ihre Aufgabe in der Unterstützung der Streitkräfte sehen, gehören u. a. die *American Legion*, die *Veterans of Foreign Wars*, die *Navy League*, die *National Rifle Association*, die *National Guard Association*, die *Reserve Officers Association* etc. Die *American Legion* ist die größte dieser Organisationen. Ihr gehören etwa 2,6 Millionen ehemalige Kriegsteilnehmer an, die sich in 16 900 Distrikten organisiert haben (1 Millionen Frauen und Kinder haben sich angeschlossen). »Die Mitglieder dieser Veteranenorganisationen votierten aufgrund ihrer Erfahrungen im allgemeinen für militärische Lösung der in der Welt entstehenden Konflikte und äußern sich meist dahingehend, daß es die Pflicht der jungen Generation sei, ihren Dienst und die von ihnen erwiesene Opferbereitschaft zu wiederholen. Die amerikanische Bevölkerung hat sich in immer stärkerem Maße an den Militarismus, an Uniformen, an den Kult der Schußwaffe und an die Gewalttätigkeit des Krieges gewöhnt. Ganze Generationen sind unter Kriegsnachrichten und Propaganda herangewachsen.« (U. S.-Marine-Corps-General a. D. David Shoup, Der neue amerikanische Militarismus, in: Dieter Senghaas (Hrsg.), *Zur Pathologie des Rüstungswettlaufs*. Freiburg 1970, S. 359–373. Zitat: S. 361 f.)

Dieser Resonanzboden wird sowohl durch das Pentagon als auch durch die mit ihm verbundenen industriellen, gewerkschaftlichen und lokalen Interessen in Schwingung gesetzt. »Der Komplex ist keine Volksbewegung mit uneigennützigen Zielen. Er ist vielmehr ein Verbund von Eliten – einer militärischen Elite, einer industriellen Elite, einer finanziellen Elite, einer Arbeiterelite, einer akademischen Elite –, die sich selbst durch eine globale Expansion zu stärken suchen.« (Lens, *The Military-Industrial Complex*, 1970, S. 145).
Zugleich ist das Verteidigungsministerium der größte Auftrags- und Arbeitgeber in den Vereinigten Staaten; jede Veränderung im Militärbudget hat notwendig Auswirkungen auf die amerikanische Gesellschaft. Eine Abrüstung oder Verlagerung der Rüstungsausgaben auf soziale Projekte bleibt nicht ohne Folgen für die politischen und ökonomischen Institutionen des Landes. Solche Maßnahmen erforderten nach Meinung eines amerikanischen Ökonomen (Richard B. DuBoff) vielmehr einen »anhaltenden Angriff auf die obere Schwelle der sozialpolitischen Pyramide« und »radikale Reformen im amerikanischen Kapitalismus.« Abgesichert durch das ›nationale Interesse‹ lassen Militärausgaben auf der anderen Seite »bestehende politisch-ökonomische Institutionen intakt und fördern sie in vieler Hinsicht: Privatbesitz an den meisten Kapitalgütern, vergleichsweise wenig regulierte Verbrauchermärkte, einen untergeordneten öffentlichen Sektor, die bundesstaatlich/einzelstaatlich/lokale Regierungsstruktur mit der verbreiteten Korruption durch spezielle Interessen und, vielleicht am wichtigsten, eine Außenpolitik, die auf Wirtschaftsexpansion über die eigenen Grenzen hinaus und uneingeschränkten Zu-

gang zu den ›Reserven‹ der Welt gegründet ist.« (DuBoff, ›Converting Military Spending to Social Welfare: The Real Obstacles‹, *The Quarterly Review of Economics and Business*, Bd. 12, Spring 1972, S. 7–22. Zitat: S. 13)

Dementsprechend sind der Rüstungsökonomie drei historisch gewachsene Funktionen zugeschrieben worden (von Fritz Vilmar, *Rüstung und Abrüstung im Spätkapitalismus. Eine sozio-ökonomische Analyse des Militarismus.* 6. überarb. und erw. Aufl. Reinbek 1973, S. 42 ff.):

1. Sie ist ein konstitutives Element imperialistischer Politik, wobei es »dem Imperialismus der nachkolonialen Phase« nicht mehr darum geht »durch militärisch-ökonomische Expansion sich vor wirtschaftlichen Krisen zu retten, sondern durch militärisch-ökonomisch-politische Präsenz sich vor der Bedrohung seiner gesamtgesellschaftlichen Existenz zu retten« (S. 205). Diese Politik richtet sich sowohl gegen die Ostblock- und (als eigentlich ›imperialistisch‹) Entwicklungsländer als auch – zur Disziplinierung – gegen Demokratisierungstendenzen im Innern.
2. Sie ist eine Form spätkapitalistischer Konjunkturpolitik (seit 1934), die in den USA seit 1945 bewußt als anti-zyklisches Instrument eingesetzt wird.
3. Sie ist Promoter des technologischen Fortschritts, wobei der Staat die Kosten dieser Entwicklung weitgehend übernommen hat.

»Ausgaben für Schulen, Parks und Armenfürsorge lösen dieses Problem der Garantie und Planung des Industriesystems nicht.« (Galbraith, *Die moderne Industriegesellschaft*, München 1968, S. 348) Wie DuBoff, Vilmar u. a. hat auch der Westberliner Politikwissenschaftler Richard Löwenthal bereits 1948 (unter dem Pseudonym Paul Sering) in einem Vergleich der »Rüstungsökonomie« des nationalsozialistischen Deutschland mit der »Wohlfahrtsökonomie« des *New Deal* auf diese Konsequenzen hingewiesen und durch das »grundlegende Dilemma aller kapitalistischen Produktion: die Abhängigkeit jeder Produktionssteigerung von wachsendem Verbrauch einerseits, wachsendem Profit andererseits«, erklärt [Paul Sering, *Jenseits des Kapitalismus.* 3. Aufl. Nürnberg 1948 (1946), S. 105 f.]. Sowohl der militärische als auch der wohlfahrtsstaatliche Versuch zur Überwindung der ökonomischen Krise bedeutete verstärkte staatsinterventionistische Maßnahmen und einen defizitären Staatshaushalt. Während jedoch das deutsche Großkapital [wie nach dem Zweiten Weltkrieg das amerikanische] die Rüstungsökonomie zunächst vorbehaltlos unterstützte, stießen die wohlfahrtsökonomischen Maßnahmen Präsident F. D. Roosevelts von Anfang an auf Widerstände in der amerikanischen Wirtschaft: »Obwohl viele Unternehmer von der Tatsache der Ankurbelung nur zu gewinnen hatten, gleichgültig auf welche Weise sie zustande kam, fürchteten doch alle, durch Roosevelts Sozialpolitik auf die Dauer zu verlieren; sie fühlten, daß dieser Plan ihr Risiko nicht beseitigte, sondern es eher von der politischen Seite her erhöhte.« (Ebda., S. 107).
Diese gesellschaftspolitische Situation spiegelt sich in der bis heute nur zögernden Entwicklung der USA zum Wohlfahrtsstaat wider. Zwar haben die Vereinigten Staaten unzweifelhaft Fortschritte auf diesem Gebiet zu verzeichnen, doch nehmen sich diese im Vergleich mit anderen Industrieländern recht bescheiden aus (vgl. Frederic L. Pryor, *Public Expenditures in Communist and Capitalist Nations.* London 1968, Kapi-

tel 5). »Der Geltungsbereich ist begrenzt, die Leistungen sind beschränkt, und die Qualität dieser Leistungen läßt viel zu wünschen übrig.« (Hamilton, *Class and Politics in the United States*, 1972, S. 511) Als Wohlfahrtsstaat sind die USA im Vergleich etwa mit Europa ›unterentwickelt‹. Auch eine Umstellung der amerikanischen Wirtschaft auf ›soziale Aufgaben‹ erscheint schon aufgrund dieser Erfahrungen weniger konfliktlos zu sein als vielfach zu optimistisch angenommen wird.

Andererseits kann die Gefährdung des innenpolitischen Konsensus Maßnahmen in diese Richtung notwendig machen. Besonders die Rassenunruhen in den Vereinigten Staaten hatten 1967 das »soziale Gewissen« auch der amerikanischen Wirtschaft geweckt; Anfang der siebziger Jahre frischten eine sinkende Arbeitsmoral (aufgrund der Arbeitsbedingungen) und ein ›unfreundliches Klima‹ dieses Gewissen wieder auf. »Mehr und mehr Geschäftsleute werden sich dessen bewußt, daß sozialer Einsatz kein Luxus ist. Sie erkennen, daß entweder sie sich ändern müssen oder ihnen eine Änderung aufgezwungen wird. Ihr Ziel ist es, soziale Reformen ohne eine wirkliche Revolution zu schaffen.« (*Time Magazine*, 20. 7. 1970, S. 63) Allerdings hat sich gezeigt, daß dieser »soziale Einsatz« immer dann nachließ, wenn die kurzfristigen Investitionen auf diesem Gebiet »sich nicht in Profiten auszahlen oder wenn keine überschüssigen Profite für längerfristige Investitionen zur Verfügung stehen« (Charles Perrow, in: *The Radical Attack on Business*, 1972, S. 219. Vgl. auch Bevis Longstreth und H. David Rosenbloom, *Corporate Social Responsibility and the Institutional Investor.* A Report to the Ford Foundation. New York et al. 1973). Diese Aktionen haben soziale Maßnahmen des Staates nicht ersetzen können; in wirtschaftlichen Krisen der USA haben sie bisher nur eine untergeordnete Rolle gespielt. Auch unter Präsident Roosevelt beendete erst die Ankurbelung der Rüstungsproduktion die Auswirkungen der Weltwirtschaftskrise in den USA: »... die Vereinigten Staaten, die 1940 eine Arbeitslosigkeit von 14,6 % hatten, konnten zu einem bedeutenden Anteil den Krieg bestreiten, indem sie müßige Leute und brachliegende Industrien einsetzten. Das amerikanische Bruttosozialprodukt stieg von 1940–1944 um 50 % in konstanten Dollar; sogar ein leichter Anstieg – von etwa 10 % – in den Ausgaben für den persönlichen Verbrauch war zu verzeichnen. Diese Welle ökonomischer Stärke der USA wurde durch die besonderen Entwicklungen der Kriegsjahre verstärkt. Zunächst wurden Wissenschaft und Technik massiv und systematisch militärischen Zwecken nutzbar gemacht. Neben der Produktion solcher Güter wie Atombomben, Raketen und Turbinen lernten die Vereinigten Staaten, Menschen und Institutionen zu organisieren, um einen ständigen Fluß, und nicht nur gelegentliche militärische Innovationen zu produzieren.« (Walt W. Rostow, *The Diffusion of Power*, 1972, S. 1 f.)

Seit dem Zweiten Weltkrieg ist die staatlich angekurbelte und zum Teil durch das Pentagon gelenkte Rüstungswirtschaft ein wesentlicher Faktor zur Stabilisierung der amerikanischen Wirtschaft. Sie ist »in Wirklichkeit der einzige über einen längeren Zeitraum überprüfte Mechanismus, um einen hohen Beschäftigungsstand und eine hohe Kaufkraft in der US-Wirtschaft aufrechtzuerhalten« (Richard DuBoff).

So brauchte »die Nation« nach Meinung des Präsidenten von General Electric und Vizepräsidenten des *War Production Board* der amerikanischen Kriegsbürokratie, Charles E. Wilson, auch nach dem Krieg »eine permanente Kriegsökonomie.« Der Kalte Krieg, innenpolitisch abgestützt durch einen vehementen Anti-

Kommunismus, verhalf ihr dazu. Er »hebt die Nachfrage nach Gütern, hilft ein hohes Beschäftigungsniveau aufrechtzuerhalten, beschleunigt den technischen Fortschritt und hilft so dem Land, seinen Lebensstandard zu heben. ... Wir können deshalb den Russen danken, daß sie uns dabei behilflich waren, den Kapitalismus in den USA besser denn je florieren zu lassen.« (Sumner Slichter, Ökonomie-Professor an der Harvard University, vor Bankiers; zit. nach Fred Cook, *The Warfare State*. Toronto 1964, S. 183)
1968 lebten ca. 10 % der gesamten arbeitenden Bevölkerung direkt von den Ausgaben des Pentagon; jeder 6. bis 7. Bürger war wirtschaftlich von den militärischen Aufwendungen abhängig. Seit 1948 haben (mit geringfügigen Ausnahmen) offensichtlich nur hohe Rüstungsausgaben die offizielle Arbeitslosenzahl unter 4 % halten können (1951–1953, 1966–1969); ihre vorübergehende Kürzung trug wesentlich mit zum erneuten Anstieg der Arbeitslosigkeit bei. Über 22 000 Firmen – von Blumenzüchtern, die 1968 Aufträge des Pentagon über 6000 Dollar erhielten, über Textilfabrikanten, General Motors (1968 an 10. Stelle der Pentagon-Lieferanten, 1971 bereits an 7. vor DuPont), General Electric (3.) und American Telephone and Telegraph (5.) bis zu den völlig abhängigen Rüstungsindustrien – haben direkte Kontakte mit dem DOD, diese wiederum ca. 100 000 Unterkontakte (etwa mit Gemischtwaren- oder Zubehörhändlern). Der Anteil der Rüstungsaufträge ist in verschiedenen Landesteilen ausschlaggebend für das Wachstum des BSP. In ca. 360 der 435 Wahldistrikte für das Repräsentantenhaus gibt es um 1000 große Rüstungsbetriebe und verteidigungsorientierte Installationen der amerikanischen Regierung. Zudem baut das Pentagon u. a. Krankenhäuser und Wohnungen, vergibt Stipendien und versichert seine Angehörigen mit niedrigen Beiträgen (vgl. u. a. Dieter Senghaas, *Rüstung und Militarismus*. Frankfurt/M. 1972, und *The Economic Impact of the Cold War. Sources and Readings*, hrsg. von James L. Clayton. New York et al. 1970).

Die Verteidigungsausgaben sind nicht nur ein wesentlicher Bestandteil des amerikanischen Kapitalismus, sie haben auch zur Konzentrationsbewegung in den Vereinigten Staaten beigetragen (siehe Kap. 3.9.1). Rüstungsaufträge wurden überwiegend (fast 90 %) ohne öffentliche Ausschreibung vergeben; die Profite lagen bis Ende der sechziger Jahre weit über dem nationalen Durchschnitt. Der Staat übernahm nicht nur die Kosten für Forschung und Entwicklung, sondern durch eine praktische Abnahmegarantie auch das unternehmerische Risiko: »Ironischerweise sind die 22 000 Hauptlieferanten des Pentagon alle eifrige Befürworter des Systems freien Unternehmertums und des Wettbewerbs – sich selbst allerdings ausgenommen. ... Dies ist eine Form ›privaten Sozialismus‹, in dem die Öffentlichkeit das Risiko übernimmt und die Unternehmen den Profit.« (Lens, *The Military-Industrial Complex*, 1970, S. 5) Anfang der siebziger Jahre stützte die amerikanische Regierung durch staatliche Kredite selbst unwirtschaftlich arbeitende Rüstungsbetriebe (wie Lockheed) vor dem Bankrott.

Die Aufträge des DOD sind zumeist auf die größten Firmen der jeweiligen Branche konzentriert. Im Fiskaljahr 1971 entfielen auf die größten zwei Pentagon-Lieferanten 10 %, die größten zehn 35 % und die größten hundert 72,1 % aller Aufträge. Kleine Firmen erhielten insgesamt 15 %; ihr Anteil erhöhte sich zwar durch Unterkontakte, blieb aber immer noch verhältnismäßig gering. Zwischen 1961 und 1970 machten diese Unterkontakte 37–42 % von einem Drittel der Gesamtausgaben aus (vgl. u. a. Senghaas, *Rüstung und Militarismus*, 1972). Bereits im Ersten Weltkrieg verstärkten auch die staatlichen Anlagen, die im Auftrag der Regierung vor allem von den größten Unternehmen übernommen wurden (37,5 % fielen allein an DuPont), deren Stellung in den zwanziger Jahren. Im Zweiten Weltkrieg waren die hundert größten amerikanischen Unternehmen für ca. 75 % aller öffentlichen militärisch relevanten Produktionsanlagen zuständig. An sie gingen zwei Drittel aller großen Regierungskontrakte. Öffentliche Ausgaben für Forschung und Entwicklung gingen zu zwei Drittel an die 68 führenden Unternehmen, zu zwei Fünftel an die ersten zehn. Ende 1946 veräußerte die amerikanische Regierung 70,1 % ihrer im Krieg mit öffentlichen Mitteln ausgebauten Produktionsstätten an die meistbietenden 250 größten Unternehmen, 48 % allein an die ersten sechs unter ihnen (siehe John Blair, *Economic Concentration*. New York 1972, S. 67 f. und 372 f.).

Am 17. Januar 1961 wies Präsident Eisenhower in seiner Abschiedsbotschaft an die Nation u. a. auf die Gefahren dieser Entwicklung hin: »Die Verbindung eines riesigen militärischen Establishment mit einer großen Rüstungsindustrie ist eine neue Erfahrung für Amerika. Ihr gesamter Einfluß – wirtschaftlich, politisch, selbst intellektuell – ist in jeder Stadt, in jedem Staatsparlament, in jedem Amt der Bundesregierung spürbar. Wir erkennen die zwingende Notwendigkeit dieser Entwicklung. Doch dürfen wir nicht ihre ernsten Folgen übersehen. Unsere Arbeit, unsere Kräfte und unser Lebensunterhalt sind ebenso betroffen wie die grundlegende Struktur unserer Gesellschaft.« Der Einfluß dieser »Verbindung« nach dem Zweiten Weltkrieg ist heute unbestritten und – in Anlehnung an Präsident Eisenhower – oft mit dem Begriff ›militärisch-industrieller (-wissenschaftlicher) Komplex‹ umschrieben worden. Zwar erhielt dieser Komplex seine offensichtliche Bedeutung erst durch die Erfahrungen in der Weltwirtschaftskrise und im Zweiten Weltkrieg, seine Wurzeln reichen jedoch tiefer zurück.

Abgesehen von den institutionellen Vorläufern im Bürgerkrieg und der gesamtgesellschaftlichen Bedeutung des ›amerikanischen Imperialismus‹ in den Wirtschaftskrisen am Ende des 19. Jahrhunderts eröffnete insbesondere der *Council of National Defense* (Rat für Nationale Verteidigung) der Bürokratie des Ersten Weltkrieges »einen neuen und direkten Kanal für die Kommunikation und Zusammenarbeit zwischen der Wirtschaft, Wissenschaft und allen Abteilungen der Regierung« (Woodrow Wilson im Oktober 1916). Erklärtes Ziel dieser Koordination in der Kriegsbürokratie war es, »die ganzen Vereinigten Staaten als ein einziges Unternehmen unter einem Management zu betreiben« (Bernard Baruch). Im New Deal und Zweiten Weltkrieg konnte man auf diese Erfahrungen zurückgreifen. Nach Paul A. C. Koistinen (einem amerikanischen Wissenschaftler) war der Erste Weltkrieg die »Wasserscheide« des ›militärisch-industriellen-wissenschaftlichen Komplexes‹ in den USA, der Zweite Weltkrieg sein Höhepunkt. Für die Nachkriegszeit forderte General Eisenhower am 27. 4. 1946 im Interesse der ›nationalen Sicherheit‹ die Fortsetzung dieser Zusammenarbeit, vor deren Folgen er in seiner Abschiedsbotschaft als Präsident warnen sollte: »Die bewaffneten Streitkräfte hätten den Krieg nicht alleine gewinnen können. Wissenschaftler und Geschäftsleute steuerten Techniken und Waffen bei, die es uns ermöglichten, den Feind zu überlisten und zu überwältigen. Ihr Verständnis für die Notwendigkeiten der Armee machte höchstmögliche Zusammenarbeit möglich. Dieses Integrationsmuster muß seine Entsprechung in Friedenszeiten finden. Dabei soll die Armee nicht nur mit den Fortschritten in Wissenschaft und Industrie vertraut gemacht werden, sondern alle zivilen Quellen, die zur Verteidigung des Landes beitragen können, müssen in unsere Planung für nationale Sicherheit einbezogen werden.« (Zit. nach Seymour Melman, *Pentagon Capitalism. The Political Economy of War.* New York 1970, S. 231 f.)

Das im Reorganisationsplan von 1947 grundsätzlich geregelte Verhältnis von militärischer und ziviler Gewalt innerhalb der Exekutive zugunsten ziviler Kontrolle hat den Einfluß des Komplexes eher gefördert. Zwar ist jede Waffengattung einem zivilen Staatssekretär und der gesamte Militärapparat dem Verteidigungsminister unterstellt, doch hat diese Straffung und Zentralisierung des Verteidigungsministeriums unter ziviler Kontrolle sein Gewicht im außenpolitischen Entscheidungsprozeß bestätigt, sogar qualitativ verstärkt und dem Kongreß auch noch die theoretisch vorhandene Möglichkeit genommen, durch Ausspielen von Gegensätzen innerhalb des Militärapparates an Einfluß zu gewinnen. Darüber hinaus hat sie die Militarisierung der Zivilisten innerhalb und außerhalb der Exekutive offensichtlich werden lassen: »Die führenden Militaristen der Vereinigten Staaten tragen Anzüge mit drei Knöpfen. Sie sind in jeder Hinsicht Zivilisten, nur nicht in ihrer Weltanschauung. Nicht die Generäle, sondern die zivilen Manager – die Politiker, Geschäftsleute und Staatsbeamte, die durch die getäfelten Büros des Pentagon, des Außenministeriums, der CIA, der Atomenergiebehörde und des Weißen Hauses zirkulieren – sind für die nationale Sicherheitspolitik verantwortlich.« (Barnet, *Der amerikanische Rüstungswahn*, 1971, S. 57) Amerikanische Wissenschaftler lieferten für diese Politik sowohl die Mittel als auch die Rechtfertigungen. Ihre auf Effizienz ausgerichteten Produkte richteten sich nach der Nachfrage, die auch nach dem Zweiten Weltkrieg vor allem militärischer Natur war.

Allerdings hat der ›man on horseback‹ (Mann zu Pferde), wie Militärangehörige oberer Ränge in den USA genannt werden, in der amerikanischen Geschichte eine größere Rolle gespielt als gemeinhin angenommen wird. Allein vor 1896 waren von 51 nominierten Präsidentschaftskandidaten 21 Generäle oder ehemalige Generäle, von denen acht gewählt wurden.

Zudem läßt die Hervorhebung solcher als unmilitärisch bezeichneten Präsidentengeneräle wie George Washington und Dwight D. Eisenhower und die Überbetonung der – vorhandenen und wichtigen – antimilitaristischen Tradition in den Vereinigten Staaten zu leicht übersehen, daß auch die USA durch militärischen Einsatz (sowohl gegen ›Rebellionen‹ im Innern als auch u. a. gegen Mexiko, bei der Eroberung des Westens oder beim ›Kauf‹ Floridas in den auswärtigen Beziehungen) groß geworden sind und durch militärischen Einsatz die innere Stabilität und die äußere Position verteidigten. Die Einsicht in den gewalttätigen Charakter ihrer Gesellschaft – von den Indianermassakern über die Lynchmorde an Afro-Amerikanern und die blutigen Verfolgungen streikender Arbeiter bis zur Ausrottung eines ganzen vietnamesischen Dorfes (My Lai) und der Erschießung von Studenten der Kent State University – gehört mit zu den bitteren Erfahrungen der Amerikaner im Indochinakrieg.

Auf der anderen Seite ist – vor allem in einseitiger Auslegung Präsident

Eisenhowers und angesichts des Indochinakrieges – die ›amerikanische Misere‹ auch den Militärs zugeschrieben worden: »Das Land sucht einen Sündenbock. Erst war es die Wehrpflicht, dann Dow Chemical – und jetzt sind es die verdammten Generäle.« (Generalmajor Melvin Zais, Kommandant der 101. Luftlandedivision in Vietnam; zit. nach Barnet, *Der amerikanische Rüstungswahn*, 1971, S. 57)

Erfolg ist auch in der Außenpolitik der USA von ausschlaggebender Bedeutung. Vietnam erschien dagegen einer größeren Öffentlichkeit als politisches Desaster. Daß Amerika nicht hätte verwickelt werden sollen wie es ist – diese Erkenntnis ist weitverbreitet. Über die Ursachen besteht allerdings Uneinigkeit. ›Rechte‹ Kritiker haben den »Ausverkauf Amerikas« durch die Zivilisten – als Werkzeuge einer internationalen (jüdisch-kommunistischen) plutokratischen Verschwörung – angeprangert (so General Curtis Le May 1968 als Kandidat für die Vizepräsidentschaft unter dem rechtsradikalen George Wallace). Auf der anderen Seite griffen ›linke‹ und ›linksliberale‹ amerikanische Kritiker gerade den übermäßigen Einfluß des militärisch-industriellen Komplexes auf, wobei der dogmatischere Teil ebenfalls einer Verschwörung nachjagte. ›Unabhängigen‹ Kritikern galt die Unfähigkeit eines ansonsten gutgewillten Präsidenten und die Schwerfälligkeit der Bürokratie als ausschlaggebendes Moment – eine Interpretation, die mit dem ›sins of business‹-Ansatz (Sünden der Wirtschaft) korrespondierte. Nach diesem Ansatz sind Fehler gemacht worden (von einzelnen Unternehmen oder Personen), aber in ursprünglich durchaus ehrenwerter Absicht (›honest mistakes‹, aber auch Abenteuer); mehr Regulierung (entweder durch Selbsteinsicht oder den Staat) schaffe leicht Abhilfe. Ohnehin habe der amerikanische Unternehmer zunehmend sein ›soziales Gewissen‹ entdeckt. Diese Erklärung wird weitgehend auch von den amerikanischen ›Liberalen‹ übernommen, die (wie etwa die Mitarbeiter am Bericht der *Wilson Foundation*, siehe S. 34) zum Establishment gerechnet werden (wobei diese Einteilung in Wirklichkeit ohnehin weniger strikt ist als es hier notwendig erscheint). Dieses ›liberale Establishment‹ machte darüber hinaus – zusammen mit Teilen der Wirtschaft – das Überwiegen rein militärischer Erwägungen verantwortlich. Grundsätzlich jedoch bedeutete die liberale Kritik »keinen Bruch mit dem außenpolitischen Konsensus der Nachkriegszeit, sondern das Verlangen, diesen Konsensus den wechselnden Umständen im In- und Ausland anzupassen« (Robert W. Tucker).

Es gibt in den Vereinigten Staaten keinen Militarismus europäisch-preußischer Prägung. Das amerikanische Militär ist weder »Staat im Staate« noch eine Verschwörergruppe; sein Einfluß ist weniger direkt auf die Gesellschaft als indirekt durch die Gesellschaft. Auch die nahezu landläufige These, in den Vereinigten Staaten gebe es einen militärisch-industriellen Komplex, der neben anderen Interessengruppen die nationale Politik bestimme, ist kaum ausreichend. Seine Wurzeln gehen nicht »auf eine ›Überreaktion auf die sowjetische Bedrohung‹ noch auf eine Folge bürokratischer Irrtümer oder Verstöße der Legislative durch eine Kabale von Neandertal-Abgeordneten zurück, obwohl solche Faktoren die beträchtliche Interessengemeinschaft verstärkt haben. Der militärisch-industrielle Komplex ist die Antwort auf eine innere Dynamik des amerikanischen Kapitalismus.« (DuBoff, ›Converting Military Spending to Social Welfare: The Real Obstacles‹, *The Quarterly Review of Economics and Business*, Spring 1972, S. 8)

Die Bedeutung der Rüstung für die Wirtschaft und Gesellschaft der Vereinigten Staaten einerseits und die innere und äußere Absicherung der aus diesem ›amerikanischen System‹ resultierenden globalen Expansion im ›nationalen Interesse‹ andererseits führte auch zur zunehmenden Militarisierung der amerikanischen Außenpolitik und zu Ansätzen einer gesellschaftlichen Verfestigung des Systemantagonismus von Ost und West durch den militärisch-industriellen Komplex. Die Hoffnung, durch eine »breite Gegenbewegung« (Sidney Lens) für Humanismus und sozialen Fortschritt diesen Komplex zu überwinden, muß angesichts einer solchen Verschränkung von Interessen utopisch erscheinen.

3.2 Die Militarisierung der ›öffentlichen Meinung‹

Die ökonomischen, wissenschaftlichen und propagandistischen Möglichkeiten der »Manager der Nationalen Sicherheit« (Richard J. Barnet) bewirkten, daß von ihnen betriebene oder bereits gefällte Entscheidungen durch eine scheinbar pluralistisch entstandene ›öffentliche Meinung‹ sanktioniert wurden. Die von allen Autoren beobachtete Militarisierung der amerikanischen Öffentlichkeit ist einerseits Folge dieser Entwicklung, andererseits ihre Legitimation. »Wenn man die relativ leichte Beeinflußbarkeit bedenkt, die einen Großteil der Reaktion der amerikanischen Bevölkerung auf außenpolitische Streitfragen kennzeichnet, so bestand die Folge einer solchen Beeinflußbarkeit in der Herausbildung eines offenkundigen Konsensus der Bevölkerung zugunsten eines politisch nachdrücklich verfochtenen Antikommunismus, hoher militärischer Bereitschaft und der Intervention in Ländern, die – wie es hieß – vom Kommunismus bedroht seien.« (Milton J. Rosenberg et al., *Vietnam and the Silent Majority: The Dove's Guide*. New York 1970, S. 11)

Bereits in den fünfziger Jahren ist auf die Fragwürdigkeit des demokratischen Konsensus in der amerikanischen Öffentlichkeit hingewiesen worden [siehe besonders Samuel A. Stouffer, *Communism, Conformity, and Civil Liberties*. Gloucester 1963 (Garden City 1955)]. Zwar stimmte die überwiegende Mehrheit in Meinungsumfragen *(polls)* allgemeinen demokratischen Werten zu, zeigte aber bei ihrer Anwendung eine deutliche Intoleranz: Freiheit der Meinungsäußerung: ja – aber nicht für ›Kommunisten‹ oder Arbeitslose auf einer Kundgebung in ihrer Stadt. Besonders der amerikanischen Arbeiterschaft und den ›unteren Mittelschichten‹ wurde in der Folge immer wieder eine autoritäre Grundhaltung bescheinigt (zum Gesamtproblem der ›öffentlichen Meinung‹ vgl. u. a. *Public Opinion and Politics. A. Reader*, hrsg. von William Crotty. New York et al. 1970). »Diese Theorie, die als eine klare Darstellung der technischen Vorbedingungen für die Erhaltung demokratischer Herrschaft vorgestellt wird, enthält – wie man feststellen kann – eine Rechtfertigung der bestehenden Machtverhältnisse, der bestehenden Verteilung von Einkommen und anderer Vorteile und – wenn auch sehr vornehm – der Notwendigkeit, die Wünsche großer Teile der Bevölkerung zu zähmen. Damit soll darauf hingewiesen werden, daß die Theorie trotz ihrer wissenschaftlich-technischen Erscheinungsform sehr gut eine beträchtliche ideologische Bedeutung haben kann.« (Hamilton, *Class and Politics in the United States*, 1972, S. 33)

Als Grundlage der beobachteten pseudodemokratischen Haltung der amerikanischen Bevölkerung ist vor allem eine weitgehende Ignoranz besonders außenpolitischer Zusammenhänge verantwortlich gemacht worden. Meinungsumfragen zeigten wiederholt auf, »daß die Leute keine sehr gut ausgeprägten und durchdachten Meinungen über öffentliche Fragen haben – selbst nicht über solche, die so bedeutend sind und breit diskutiert wurden wie der Krieg in Indochina« (Rosenberg et al., *Vietnam and the Silent Majority*, 1970, S. 24). Je entfernter der Gegenstand, desto weniger zeigten sich die in *polls* Befragten informiert, desto unsicherer war ihre Meinung und desto größer ihre Bereitschaft, sich der Führung ihrer Regierung anzuvertrauen. Diese wiederum benutzte die weitverbreitete Unwissenheit auch zur Manipulation der ›öffentlichen Meinung‹.

»Meinungsumfragen scheinen anzudeuten, daß der Präsident erfolgreich diesen Willen manipuliert hat und daß er dazu in der Lage war, weil die Öffentlichkeit – zusätzlich zu ihrem üblichen Desinteresse und ihrer Veranlagung, der Führung des Präsidenten in der Außenpolitik zu folgen – ambivalent gegenüber Vietnam verblieben war. Es gibt natürlich keine Ambivalenz im Verlangen der Öffentlichkeit, die Verwicklung der Nation in diesen Krieg zu beenden.« (Robert W. Tucker, The American Outlook: Change and Continuity, in: *Retreat from Empire?*, 1973, S. 29–73; Zitat: S. 33) Entsprechend ist auch die These von der autoritären Grundhaltung der Mehrheit der Bevölkerung wiederholt in Frage gestellt worden (siehe dazu insbesondere Hamilton, *Class and Politics in the United States*, 1972). Neue Meinungsumfragen – und eine gründliche Überprüfung der alten – haben die grundsätzliche Liberalität der ›schweigenden Mehrheit‹ vor allem in ökonomischen Fragen ihrer näheren Umwelt ergeben, die sie besonders beschäftigen. Gerade diese Interessen sind im demokratischen Prozeß bisher weitgehend untergegangen und durch abgelegene, weniger bekannte Probleme ersetzt bzw. abgelenkt worden.

Ist einerseits auf die Langzeitwirkung ›ablenkender Probleme‹ verwiesen worden, die wie der Antikommunismus über Dekaden hinweg quasi eintrainiert wurden, haben andere Interpreten die autoritären Meinungen der Mehrheit der Bevölkerung als »situationsbedingte Reaktionen« (Richard F. Hamilton) eingeordnet. In der Tat spiegelten diese Reaktionen im großen Ausmaß die Praxis der führenden Eliten als auch der Regierung wider.

So ist der erzkonservative Senator Goldwater als Präsidentschaftskandidat der *Republican Party* im Jahre 1964 national vor allem von der weißen oberen Mittelschicht gewählt worden. Andererseits berücksichtigte die Verallgemeinerung des hohen Stimmenanteils aus der Arbeiterschaft der Südstaaten für den rechtsextremen George Wallace im Jahre 1968 nicht die besondere (durch tradierte Rassengegensätze und hohe Armut auch unter den weißen Arbeitern gekennzeichnete) Situation im Süden der USA. Auch die Ergebnisse der Meinungsumfragen der fünfziger Jahre fallen in die Zeit der offiziellen Kommunistenverfolgungen nach dem Zweiten Weltkrieg. Die dominierende Figur bei diesen Aktionen war Senator Joseph McCarthy, sein Instrument das *Senate Government Operations Committee*. Während sich das (bereits Ende der dreißiger Jahre gegründete und 1968 in *Committee on Internal Security* umbenannte) *House Un-American Activities Committee* besonders den ›Intellektuellen‹ widmete, richtete Senator McCarthy seine Angriffe gegen das Außenministerium und vor allem gegen

Vertreter des *New Deal.* Seine Angriffe können (neben durchaus möglichen persönlichen Ambitionen des Senators) als Indiz für Bemühungen gelten, die wohlfahrtsökonomischen Ansätze unter Präsident Roosevelt mittels der Furcht vor dem Kommunismus durch die Rüstungsökonomie des Zweiten Weltkriegs als gesellschaftsstabilisierendes Element auch in Friedenszeiten zu ersetzen. Zugleich wurden in den öffentlich geführten Verhören beider Komitees zunehmend auch die Spielregeln der amerikanischen Demokratie verändert. Verfolgt wurden nicht nur Aktionen, die gegen das Gesetz verstießen, sondern auch Personen, die (zu dieser Zeit oder früher) Mitglieder der Kommunistischen Partei waren oder – schwerwiegender – der ›Sympathie‹ für die Ziele dieser Partei verdächtigt wurden. Abgesehen davon, daß die KPUS kaum jemals eine »öffentliche und gegenwärtige Gefahr« für die USA gewesen ist (was die einzige verfassungsrechtliche Ausnahme für diese Abschaffung demokratischer Rechte hätte sein können und besonders in den beiden Weltkriegen so ausgelegt wurde), hat vor allem der Vorwurf der Disloyalität wie schon nach dem Ersten Weltkrieg (siehe S. 173) politischen Rufmord bewirkt, der Tausende Amerikaner auch in ihrer beruflichen Existenz traf. Wenn auch die in der Form von ›Verhören‹ durchgeführten Hearings der beiden Komitees bestenfalls das Material für eine eventuelle gerichtliche Klärung liefern konnten, blieb dieser in den öffentlichen Sitzungen erhobene, weit publizierte, kaum nachprüfbare und nur in wenigen Fällen durch eine Parteimitgliedschaft ›erhärtete‹ Vorwurf nicht ohne Auswirkungen. Zwar hat sich inzwischen nahezu die gesamte Wissenschaft und – zumindest verbal – auch die politische Führung der USA von der ›McCarthy-Ära‹ distanziert; zu seiner Zeit wurden die Aktionen des Senators jedoch von den führenden Politikern entweder gebilligt oder zumindest hingenommen (zumindest solange sich McCarthy auf *New Dealer* beschränkte). Richard M. Nixon gewann durch geschickt geführte Verhöre in den Verhandlungen des *House Committee* die Vizepräsidentschaft der USA unter General Eisenhower.

»Die Massen korrumpieren sich nicht selbst; wenn sie korrumpiert sind, so sind sie korrumpiert worden.« (Key, *Public Opinion and Democracy*, 1961, S. 558) Daraus ist oft der Schluß gezogen worden, daß eine eng miteinander verbundene und allwissende Elite ihre klar erkannten Interessen aufgrund ihrer gesellschaftlichen ›Monopolstellung‹ durch eine umfassende Manipulation der Bevölkerung durchsetze. Wenn auch diese Eliten weniger ›gentil‹ sind als es vor allem in der Literatur (u. a. bei William Faulkner) dargestellt wird, so bestehen doch auch zwischen ihnen Unterschiede, die schon aufgrund verschieden strukturierter Interessen auch die Rationalität ihrer Entscheidungen beeinflussen. Dennoch ist zu Recht über diese Unterschiede hinaus ihr grundsätzlicher Konservatismus hervorgehoben worden, der sie weitergehenden Veränderungen (wie etwa durch wohlfahrtsstaatliche Maßnahmen) zurückhaltend bis ablehnend gegenüberstehen läßt. »Die wahren Wunder bei der Rettung von Millionen vor Armut sind z. B. vom System freien Unternehmertums und nicht durch Programme der Regierung gegen die Armut bewirkt worden. ... Wir sollten deshalb nicht leichtfertig mit dem fein ausbalancierten sozialen, ökonomischen und politischen System umgehen, das dafür verantwortlich ist, aus diesem Land den besten Platz auf der Erde zu leben gemacht zu haben – und das ein gewaltiges Potential hat, alle die Mängel zu berichtigen, die noch bestehen mögen.« (Präs. Nixon in seiner Kongreßbotschaft vom 22. 3. 1973, S. 24) Es sind diese »Grundanschauungen« (Ernst Czempiel), die sich über das gesellschaftliche System der Vereinigten Staaten auch in ihrer Außenpolitik widerspiegeln.

So stellten auch in Untersuchungen über Haltungen zur US-Militärpolitik gerade die besser Informierten, besser Ausgebildeten und besser Verdienenden sowohl die meisten »Falken« als auch die meisten Kritiker der Regierungspolitik (vgl. u. a. Richard F. Hamilton, ›A Research Note on the Mass Support for ›Tough‹ Military Initiatives‹, *The American Sociological Review,* Bd. 33, Juni 1968, S. 439–445, und Andre Modigliani, ›Hawks and Doves, Isolationism and Political Distrust: An Analysis of Public Opinion on Military Policy‹, *The American Political Science Review,* Bd. 66, No. 3, September 1972, S. 960–978). Die entsprechend Unterprivilegierten zeigten sich einerseits vertrauensvoller der Exekutive gegenüber, andererseits vor allem bei solchen Aktionen der USA im Ausland recht zurückhaltend, die bei vage formulierten Zielsetzungen Opfer an Menschen und Material forderten. Sie neigten aber bei genügend starker Initiative der Exekutive dazu, sich von ihrer näheren Umwelt (Arbeit, Familie etc.), die sie vor allem beschäftigte, zu lösen und selbst einen erhöhten militärischen Einsatz zu befürworten, wenn dadurch ein schnellerer Abschluß der eigenen Opfer in Aussicht gestellt worden war. Von daher erklärt sich auch die Reaktion der von der Rezession in den USA besonders stark betroffenen Bauarbeiter, die als *hard hats* für die Bombardierung Kambodschas demonstrierten. Auch Präsident Nixons Angriffe gegen das zweifelnde ›liberale Establishment‹ (das wesentlich den Rückzug aus Vietnam bestimmt hatte) und seine Werbung um den ›kleinen Mann‹ sind Folgen dieser Erkenntnisse. General Taylor schließlich forderte als Lehre aus der »langsamen Auflösung öffentlicher Unterstützung für Präsident Johnson« eine kurze Intervention, die »einfach erklärt werden« kann, ohne Rückgriff auf Wehrpflichtige und Reservisten und im vorher sichergestellten Einvernehmen mit dem Kongreß, von dem dann eine »Kriegs- oder Notstandserklärung« eingeholt werden sollte, »um zukünftige Kritiker zum Schweigen zu bringen« (*Swords and Plowshares,* 1972, S. 405 f.).

3.3 Die Bedeutung der Furcht

›Preparedness‹ (etwa: das militärische Vorbereitetsein) wurde nicht nur zur wirtschaftlichen Realität, sondern auch zum Glaubensartikel eines willfährigen Kongresses und einer ›öffentlichen Meinung‹, die besonders in Krisenzeiten unter Führung der Exekutive aggressiv emotional reagierte. Eine Folge war, daß »nach der allgemeinen Haltung des amerikanischen Volkes jede Angelegenheit, die in eine Flagge gewickelt und nationale Sicherheit genannt wird, über jeden Zweifel erhaben ist« (Charles L. Schultze, vorm. Budgetdirektor; zit. nach *Washington Post,* 30. 3. 1969, S. 9). Der außenpolitische Konsensus, der sich unter diesen Bedingungen in den USA entwickelt hat – und weiter zu entwickeln droht –, ist nicht zu Unrecht als Mischung von »Furcht, Ignoranz, falsch verstandenem Patriotismus und einem Wirrwarr feindlicher und freundlicher Gefühle gegenüber dem Ausland« (Walter Goldstein) eingestuft worden.

»Unwissenheit ist ein Zustand ständiger Furcht« (Hamilton, *Class and Politics in the United States,* 1972, S. 124). Furcht vor Veränderungen, die zum Verlust des Arbeitsplatzes, zu sozialem Abstieg oder materieller Einbuße führen könnten, und die Furcht vor internationalen Verschwörungen, die dazu dienten, solche unliebsamen Veränderungen zu erklären und von den eigentlichen Ursachen abzulenken, haben in der amerikanischen Gesellschaft stets eine große Rolle gespielt. Diese Verbindung hat – wie etwa im *Ku Klux Klan* seit 1915 – auch in den USA faschistische Tendenzen erkennen lassen: »Generell läßt sich sagen, daß faschistisches Potential überall dort vorliegt, wo ein dumpfes Gefühl der Bedrohtheit durch die industriell-kapitalistische Entwicklung mit Unaufgeklärtheit über die sozial-ökonomischen Zusammenhänge einhergeht und wo demzufolge der Haß auf den Industrie-Kapitalismus sich in Haß auf Personen und Personengruppen verschiebt, die als Inkarnation des Bösen verteufelt werden.« (Iring Fetscher, in: *Ist die Epoche des Faschismus beendet?*, hrsg. von D. Horster und M. Nikolinakos. Frankfurt/M. 1971, S. 38–67. Zitat: S. 55) Herbert Marcuse, der große Theoretiker der amerikanischen Linken, hat dagegen im Manipulations- und Repressionsapparat der amerikanischen Gesellschaft einen »Präventiv-Faschismus« vermutet (*Kursbuch* 20).

Die starke Differenzierung der amerikanischen Gesellschaft und die zur Statussicherung notwendige Mobilität (einschließlich des hohen Berufswechsels) haben die Furcht als eine typische Eigenschaft des amerikanischen Systems – und den damit verbundenen indirekten Zwang zur Anpassung – eher verschärft. In einem solchen Klima gilt besonders in Krisen jede Abweichung von allgemein sanktionierten Regeln von vornherein als verdächtig, ›un-‹ oder sogar ›anti-amerikanisch‹. Denn »staatsbürgerliche Demoralisierung – der Zerfall akzeptierter und bestätigter öffentlicher Werte oder die Unfähigkeit, sich über die allgemeinen eigentlichen Werte zu einigen – kann eine Nation mehr als alles andere bereits an der Peripherie verwundbar machen« (Charles B. Marshall, Sub-Saharan Africa, in: *America's World Role in the 70s*, 1970, S. 75–90; Zitat: S. 76).

Abgesehen vom gespaltenen Verhältnis zu Großbritannien blieben internationale Konflikte schon aufgrund der ethnischen Heterogenität der amerikanischen Bevölkerung nicht ohne Auswirkungen auf die innere Situation in den Vereinigten Staaten. Waren im Ersten Weltkrieg vor allem die deutsch-amerikanischen *Huns* Ziel von Verfolgungen auch der US-Regierung, wurden im Zweiten Weltkrieg besonders japanische Amerikaner enteignet und in Internierungslager abgeschoben. Vor allem jedoch dienten diese – oft manipulierten und in der Literatur überschätzten – Zweifel an der Loyalität einzelner Bevölkerungsteile als Anlaß für ideologische Kreuzzüge in den USA. Als Vorbild für die Kommunistenverfolgungen unter Senator Joseph McCarthy kann dabei die Bewegung des *100 %-Americanism* während des Ersten Weltkrieges gelten. Sie fand in der ›Roten Furcht‹ *(Red Scare)* von 1919 ihren Höhepunkt, als angesichts der Streiks dieser Zeit selbst eine Zeitung wie die *New York Times* in riesigen Schlagzeilen vor einer kommunistischen Machtübernahme warnte. Die folgende Hysterie richtete sich u. a. gegen die Abstammungslehre Darwins und alles ›Moderne‹, die katholische Kirche und alles ›Fremde‹, aber in der Hauptsache – und ähnlich traditionell – gegen Streiks, soziale Proteste, die organisierte Arbeiterschaft und die gesamte sozialistische Bewegung in den USA. Unter dem Justizminister Präsident Wilsons, General A. Mitchell Palmer (der 1920 innerhalb der *Democratic Party* für die Präsidentschaft kandidierte), wurden in zahlreichen Nacht- und Nebelaktionen (geleitet vom späteren FBI-Chef J. Edgar Hoover) zumeist ohne gesetzliche Handhabe unter Rückgriff auf die Praxis während des Ersten Weltkrieges Personen verhaftet und zum Teil ohne Gerichtsverhandlung deportiert. Auch in dieser Zeit – wie erneut unter Joseph McCarthy und während der beiden Weltkriege – sollten ›Loyalitätserklärungen‹ (vor allem von Lehrern aller Stufen) selbst gedankliche Anpassung garantieren. Als Grundlage dienten vage formulierte ›Spionagegesetze‹ (z. B. der *Espionage Act* von 1917), die zum Teil bereits auf Vorläufer seit 1798 *(Alien and Sedition Act)* zurückgingen und ihren Niederschlag im und nach dem Zweiten Weltkrieg fanden.

Der Appell an die Furcht, die – wie Bedürfnisse – oft erst ›künstlich erzeugt‹ bzw. ›umgelenkt‹ wird, kann dabei im Interesse der Systemsicherung ein Vehikel zur Durchsetzung bestimmter politischer Vorstellungen und stabilisierender Maßnahmen nach innen und außen sein. »Kurz: Red Scares werden von den Oberschichten geschaffen.« (Hamilton, *Class and Politics in the United States,* 1972, S. 451) Sie sind zumeist durch die Bestätigung und Anrufung amerikanischer Traditionen *(Americanism)* – und nationaler (bzw. ›westlicher‹) Einheit angesichts drohender Gefahr im internationalen Rahmen – abgesichert worden. »Die Vorstellung einer sowjetischen Gefahr, die von aufeinanderfolgenden Regierungen genährt wurde, beruhte deshalb größtenteils auf einer Krise innenpolitischer Legitimität und der Notwendigkeit, eine ausreichende Spannung für die Durchführung extrem kostspieliger Gesetze aufrechtzuerhalten, deren Begründung ursprünglich wenig, wenn überhaupt etwas mit der UdSSR zu tun hatte.« (Gabriel und Joyce Kolko, *The Limits of Power. The World and United States Foreign Policy,* 1945–1954. New York 1972, S. 715)
Seit dem Ersten und besonders dem Zweiten Weltkrieg ist zunehmend ›der Kommunismus‹ als primärer Unruhestifter angesehen worden, auf den diese Furcht gerade zur Verhinderung weitreichender Veränderungen des Status quo sowohl im Inland als auch in den internationalen Beziehungen übertragen werden konnte. »Unser Problem ist natürlich: wir haben einen unerbittlichen Feind. Er setzt durch Bluff und Drohung alles daran, Uneinigkeit in unserer Nation und zwischen den Nationen zu schaffen. Er hat keine höheren Werte. Ich bin der Überzeugung, daß für uns und alle Nationen, mit denen wir verbunden oder befreundet sind, die Einsicht am besten ist, daß das, was uns zusammenhält, wichtiger ist als die kleinen Probleme, die uns trennen.« (Präs. Eisenhower am 3. 10. 1961; zit. nach *New York Times,* 20. 6. 1971, Sect. E, S. 13)
In diesem Zusammenhang bedeutete der Kommunismus in der Tat die Antithese der amerikanischen Mission, des ›amerikanischen Traumes‹ von der ›Einen Welt‹ unter Obhut der USA. Während der militärisch-industrielle Komplex diesen Systemantagonismus gesellschaftlich verfestigte, erwies sich »das Adrenalin großer Furcht« (Marshal D. Shulman) als notwendiges Mittel innenpolitischer Absicherung und Legitimation. Die Furcht vor dem Kommunismus wurde zum zentralen sozialpsychologischen Faktor in der amerikanischen Bevölkerung und zum »Grundimpuls« ihrer politischen Orientierung (Michael Parenti).
Jede Abweichung von dieser Linie galt lange Zeit als ›unpatriotischer Akt‹ und Gefährdung ›nationaler Einheit‹, die als Grundlage ›nationaler Sicherheit‹ bezeichnet wurde. Die Kommunistenverfolgungen

nach dem Zweiten Weltkrieg bildeten einen Höhepunkt dieser Entwicklung. Die Proteste in den USA gegen den Krieg in Indochina und die Forderung nach einer (sozialen) Umverteilung der militärischen Mittel haben der Sorge um eine zu große Auflösung (permissiveness) in den USA neue Nahrung gegeben. Diese Proteste haben zugleich die Behauptung erschüttert, speziell die amerikanische Außenpolitik sei von einem breiten nationalen Konsensus getragen.

So verschmolz nach Meinung General Taylors »angesichts der Tatsache sinkender amerikanischer Macht und der Auflösung ihrer Grundlagen« auch die außen- mit der innenpolitischen Bedrohung. Diese Verschmelzung erfordere ein Konzept nationaler Sicherheit, das auch die innenpolitischen Grundlagen der amerikanischen Außenpolitik stärker einbeziehe: »Zuerst gilt es, die neuen Techniken des Kalten Krieges, die sich gegen die Quellen unserer Macht richten, als eine fürchterliche Bedrohung unserer nationalen Sicherheit zu erkennen. Die Waffen dieser Form des Angriffs sind nicht neu. Propaganda, Subversion, Machtergreifung von Minderheiten. Neu ist aber die Nähe der Gefahr durch die wachsende Kraft und Frechheit der heimischen revolutionären Bewegung und die geistbetäubende Macht der Presse und des Fernsehens auf die kritische Urteilsfähigkeit der Öffentlichkeit. Diese Bedrohung zielt auf die Grundlagen nationaler Macht, besonders auf unsere nationale Einheit, ohne die wir eine leichte Beute aller Feinde sind – ob groß oder klein, von innen oder von außen. Um dem zu widerstehen, brauchen wir ein neues Konzept nationaler Sicherheit, das breit genug ist, um Verteidigungsmaßnahmen dieser Art einzuschließen. Die Verteidigung unserer nationalen Einheit verdient mit Sicherheit einen zumindest gleichen Einsatz wie der Schutz unseres Besitzes im Ausland, unserer Küsten und unseres Luftraumes vor sichtbaren ausländischen Feinden in der Vergangenheit.« (Taylor, *Swords and Plowshares*, 1972, S. 413)

»Es wird oft angenommen, daß das Problem staatsbürgerlicher Freiheiten im Inland von der Außenpolitik getrennt werden kann und daß innenpolitische Probleme dieser Art nicht notwendigerweise die Haltung einer Nation gegenüber ihren äußeren Bedrohungen und Verantwortungen beeinflussen. Ein wenig Überlegung zeigt, daß diese Annahme aus verschiedenen Gründen radikal falsch ist.« (*Bericht der Wilson Foundation*, 1952, S. 152) Die amerikanische Außenpolitik wird im allgemeinen grundsätzlich als Ergebnis der demokratischen Ordnung der USA angesehen. Darüber hinaus wies auch 1952 die Studiengruppe der *Wilson Foundation* (wie General Taylor) auf die »ausschlaggebende Bedeutung militärischer Sicherheit« für die amerikanische Gesellschaft hin, aber auch auf die Gefahr einer Verbindung »solcher, die kritisch gewissen Bereichen der wirtschaftlichen Ordnung gegenüberstehen«, mit »militanten Feinden des Systems« (ebda.). Zur Eindämmung dieser Gefahr bewirkten auch der heimische Protest gegen den Krieg in Indochina und die Aktivitäten sozialer Bewegungen in den USA ein bedenklich ausgeweitetes Überwachungssystem, dessen Umrisse erst im Watergate-Skandal andeutungsweise bekannt wurden.
Dabei ist wiederholt – wie schon zuvor in der amerikanischen Geschichte (im großen Umfang und oft in Ergänzung privater Armeen der Industrie etwa 1846, 1864, 1886, 1919/20 oder 1946 gegen streikende Arbeiter) –

amerikanisches Militär oder die *National Guard* (Nationalgarde) eingesetzt worden (vgl. Martha Derthick, *The National Guard in Politics*. Cambridge 1965). Die Nationalgarde untersteht zwar offiziell den Gouverneuren der Einzelstaaten, ist aber letztlich dem Präsidenten verantwortlich, der sie wiederholt auch zur Aufhebung von Rassendiskriminierungen in den amerikanischen Südstaaten eingesetzt hat. Die Doppelfunktion dieser Miliz, »Aufstände zu unterdrücken und Invasionen der USA abzuwehren« (Art. I, Sect. 8, Abs. 15, der US-Verfassung), verweist erneut auf die enge Verzahnung von Innen- und Außenpolitik. Sie wird unterstrichen durch die mögliche Aufhebung der *Habeas-Corpus*-Rechte amerikanischer Bürger »im Falle einer Rebellion oder Invasion« (Art. I, Sect. 9, Abs. 2) und die Anklage ohne das übliche Geschworenengericht »im Krieg« und bei »öffentlicher Gefahr« (5. Amendment).

»Wenn auch die Unterdrückung noch nicht so offensichtlich oder leichtfertig ist wie in den McCarthy-Jahren, ist sie in mancher Hinsicht weitergehend und umfangreicher. Denn sie kommt nun mit offizieller Genehmigung zu uns und wird uns von Offiziellen auferlegt, die geschworen haben, das Recht aufrechtzuerhalten: dem Justizminister, dem FBI, einzelstaatlichen und lokalen Repräsentanten, der Polizei und selbst von Richtern.« (Henry Steele Commager, ›Is Freedom Dying in America?‹, *Look*, 14. 7. 1970) Diese Maßnahmen – und das wird selbst bei einer solchen Kritik übersehen – sind in der amerikanischen Geschichte wiederholt u. a. gegen Afro-Amerikaner, Arbeiter und Mitglieder sozialistischer oder kommunistischer Parteien angewandt worden. Die Grundlagen für diese amerikanische Form des modernen repressiven Staates wurden unter Präsident Wilson verankert; sie sind seitdem konstant entwickelt worden: »Obwohl die Bedingungen, die wir heute vor uns sehen, per Definition einzigartig sind, sind sie zugleich ein extremer Ausdruck der allgemeinen repressiven Gewalt, die von jedem Staat ausgeübt werden muß, der monumentale Ungleichheiten in den Lebensbedingungen seiner Bürger übersieht, aber zugleich das Gegenteil verspricht. Repression ist ein permanentes Phänomen in einer solchen Gesellschaft, und physische Gewalt ist ein wichtiges Instrument dieser Repression.« (Alan Wolfe, ›The Anatomy of Repression‹, *Social Policy*, Bd. 2, November/Dezember 1971, S. 44–50; Zitat: S. 44).

Die Versuche, in den sechziger Jahren angesichts der außenpolitischen Auflösung auch eine innenpolitische zu verhindern, ließen teilweise den Eindruck entstehen, als befinde sich Amerika in einem andauernden inneren und äußeren Notstand. Ein nationaler *Notstand* in Friedenszeiten ist im modernen Amerika jedoch noch nicht ausgerufen worden; in zahlreichen Teilbereichen – wie in der Kriegsführung – hat die Exekutive allerdings ungehindert weitgehende Notstandskompetenzen übernommen. »Dreißig Jahre Krieg, Kalter Krieg und Krisen haben das amerikanische politische System weit auf den Weg zum Despotismus der Exekutive getrieben, zumindest in der Außenpolitik und Kriegsführung.« (Senator Fulbright am 16. 4. 1971 vor der Gesellschaft amerikanischer Zeitungs- und Zeitschriftenverleger)

Als Notstand gilt in den USA sowohl eine bestehende und eine unmittelbar bevorstehende kriegerische Auseinandersetzung als auch lediglich die »Bedrohung nationaler Sicherheit« oder »nationaler Interessen«. Präsident Truman hat es am

16. 11. 1950 dem *Chief Executive* vorbehalten, einen Notstand zu erklären (Präsidialproklamation). Dabei ist die Exekutive nicht nur durch spezielle Gesetze, die zum Teil nach dem Kriegsrecht *(martial law)* erlassen und noch nicht wieder aufgehoben wurden (wie etwa der *Defense Production Act* von 1950), sondern auch im Laufe der Zeit aufgrund ihrer Aufgabe, für die »gewissenhafte Ausführung und Anwendung der Gesetze« (Art. II, Sect. 3, US-Verfassung) Sorge zu tragen, quasi durch die Hintertür vom Kongreß ermächtigt worden, auf verschiedenen Gebieten (z. B. auch bei Streiks) jederzeit nach eigenem Ermessen einschneidende Notstandskompetenzen wahrzunehmen.

Gerade die ›schweigende Mehrheit‹, auf die sich Präsident Nixon (vor Watergate) zu berufen pflegte, hat schon aus Unkenntnis und Furcht diese Entwicklung hingenommen. Auch die Auflösung der »simplen« und »einfachen« internationalen Konfrontation – nach Kenneth Waltz zuvor die solide (und auch in der Bundesrepublik Deutschland oft verloren beklagte) Grundlage des außenpolitischen Konsensus im Kalten Krieg – ließ diese Furcht keineswegs bedeutungslos werden. Die Vielschichtigkeit der nationalen und internationalen Probleme hat bisher eher zur verstärkten emotionalen Verunsicherung geführt, die – trotz der möglichen Kritik an einzelnen Persönlichkeiten – die von oben vorgeschlagenen ›einfachen Lösungen‹ begünstigt. »So können innenpolitisch hart bedrängte Präsidenten bei Gelegenheit in frühere Angewohnheiten zurückfallen und die sowjetische Bedrohung dramatisieren.« (Robert E. Osgood, Introduction: The Nixon Doctrine and Strategy, in: *Retreat from Empire?*, 1973, S. 25)

Nach einer halbamtlichen Umfrage aus dem Jahre 1971 zeigte sich die amerikanische Bevölkerung tiefgreifend und zunehmend verunsichert; ihr traditioneller Fortschrittsglaube war nach Meinung der Autoren gebrochen (zit. nach *New York Times*, 27. 6. 1971, 1 : 8 und 37). 77 % – gegenüber 55 % im Jahre 1968, dem Höhepunkt der Proteste gegen Vietnam – gaben innenpolitischen Problemen den Vorrang vor außenpolitischen. 55 % der Befragten wollten (in fast völliger Umkehrung zu 1968) den Krieg in Vietnam selbst bei folgender Machtübernahme des Vietcong beenden, 36 % bis zum Sieg weiterkämpfen.

Lösungen für die undeutlich empfundene allgemeine Misere wurden trotz der Skepsis gegen Präsident Nixon von oben erwartet. Die Autoren faßten ihre Ergebnisse dahingehend zusammen, daß eine »nationale Führung innerhalb oder außerhalb von Regierung und Parteien« diese Situation

1. demagogisch ausnutzen,
2. durch Versicherungen von der Intaktheit und Legitimität amerikanischer Symbole und Institutionen überspielen oder
3. durch neue Formen öffentlicher Anteilnahme und Mitwirkung in nationalen und internationalen Fragen stabilisieren könne.

Während Senator McGovern für die *Democratic Party* 1972 den – in gewisser Weise ›sozialdemokratischen‹ – dritten Weg anvisierte, wählten die Präsidenten Nixon und Ford den mittleren, ›amerikanischen‹ Weg. Trotz aller Erfolge zeigte besonders die Watergate-Affäre, daß diese Form der Legitimation ernsthaft in Frage gestellt ist. »In den entscheidenden Bereichen moralischer Führung, der Integration einer auseinanderfallenden Gesellschaft, der Wiederherstellung des Vertrauens zwischen Bürger und Bürger und zwischen Bürger und Regierung hat Präsident Nixon während seiner ersten Amtszeit völlig versagt.« (Hans J. Morgenthau, ›Nixon and the World‹, *The New Republic*, 6./13. 1. 1973, S. 17–20;

Zitat: S. 20) Allerdings läßt bereits der Versuch, auch aus der Watergate-Affäre eine ›Affäre Nixon‹ zu machen, kaum tiefgreifende Änderungen selbst im politischen System der USA erwarten, das auch die Unzufriedenheit mit dem Krieg in Indochina unbeschadet überstanden hat.

3.4 Die Funktion der öffentlich hergestellten Meinung

Eine demokratische Politik setzt Mitwirkung (siehe Kap. 3.5) und Information voraus. Beides scheint zumindest in der amerikanischen Außenpolitik weitgehend eingeschränkt zu sein. Angesichts dieser Praxis und der mangelnden Aufklärung durch die Parteien und den Kongreß ist den Massenmedien als der »vierten Gewalt« (Douglass Cater) des amerikanischen Regierungssystems die Vermittlung zwischen Exekutive und Öffentlichkeit zugeschrieben worden. Die in der Verfassung garantierte Pressefreiheit und die zum Teil hervorragende und kritische Berichterstattung einiger Korrespondenten hat diese Auffassung ebenso bestärkt wie die Enthüllungen der ›Prestigezeitungen‹ in den Affären um die Pentagon-Papiere und Watergate. Dabei wurde jedoch oft übersehen, daß der weitaus größte Teil der Bevölkerung (einschließlich der Abgeordneten) – und zunehmend mit sinkendem Einkommen – seine Informationen aus lokalen Zeitungen sowie aus Funk und vor allem Fernsehen erhält.

Die Mehrheit der amerikanischen Massenmedien ist überwiegend konservativ und ›republikanisch‹ (75–80 % votierten 1968 und 1972 für Richard M. Nixon). Lokale Nachrichten, Unterhaltung, Sport etc. haben in der Berichterstattung bei weitem das Übergewicht. Der ›Durchschnittsleser‹ in den USA widmete Anfang der sechziger Jahre täglich nur etwa 2 1/3 Minuten außenpolitischen Neuigkeiten, wobei er sich in der Regel auf die als Blickfang reißerisch aufgemachten Schlagzeilen beschränkte (siehe Bernard Cohen, *The Press and Foreign Policy.* Princeton 1963). Der Krieg in Indochina und die Entwicklung des Fernsehens haben zwar diese Zahlen inzwischen überholt; aufklärende Hintergrundinformation – d. h. die Einbeziehung der Nachrichten in einen größeren Kontext – wird jedoch nach wie vor kaum geboten und kaum konsumiert (was wiederum auf das mangelnde Interesse zurückgeführt wird). »... wenn die Behauptung irgendeinen Sinn haben soll, das amerikanische Volk sei zu dieser Zeit [der Ausweitung des Indochinakrieges im Jahre 1961] ›nicht gut informiert‹ gewesen, so lag das nicht an ihrer Unkenntnis der Tatsachen. Es war vielmehr so, daß selbst die Zeitungen und Zeitschriften, die die Fakten ihrer Auslandskorrespondenten veröffentlichten, nicht versuchten, diesen Meldungen einen zusammenhängenden Sinn zu geben.« (Henry Fairlie, ›We knew what we were doing when we went into Vietnam‹, *The Washington Monthly*, Bd. 5, No 3, Mai 1973, S. 7–27; Zitat: S. 23) Darüber hinaus sind selbst die Qualitätsmedien nicht nur für ihre Lizenzen, sondern auch für ihre Auslandsinformationen noch immer auf ›Washington‹ angewiesen (zum ›leaking‹ siehe S. 45), auch dann, wenn sie ihre Korrespondenten ›im Feld‹ haben. Zumeist jedoch wurden Auslandskorrespondenten erst nach einer offiziellen Verwicklung der USA eingesetzt. So hatten bis 1962 – neben den Presseagenturen – nur die *New York Times* und das *Time Magazine* (je 1) Reporter in Vietnam.

Zudem wollen auch die Massenmedien verkaufen. Solche zugeschriebenen

öffentlichen Aufgaben wie Information, Mitwirkung am Willensbildungsprozeß, Kritik und Kontrolle stehen dabei im Widerspruch zu ihrer Stellung als »hart konkurrierende, gewinn- und anzeigenorientierte und auf größtmöglichen Absatz angewiesene Wirtschaftsunternehmen« (Horst Holzer). Ihre Organisationsform unterwirft sie ähnlichen Mechanismen wie Industriebetriebe; ihre Funktion als Werbeträger läßt sie zu einem notwendigen Bestandteil einer profitorientierten Absatzwirtschaft werden. »Die Vereinigten Staaten haben den höchsten Lebensstandard der Welt. Sie haben auch mehr Werbung und die beste Werbung in der Welt. Diese beiden Tatsachen stehen in Wechselbeziehung zueinander. Werbung ermöglicht, in großem Maßstab Güter und Dienstleistungen zu verkaufen. Verkauf im großen Maßstab erfordert Produktion im großen Maßstab. Massenproduktion verringert die Kosten pro Einheit und macht sie billiger. Menschen können dann mehr davon kaufen. Mehr Konsum von Gütern und Dienstleistungen erhöht den Lebensstandard.« (Aus einer Werbeschrift der Nationalen Vereinigung von Rundfunkproduzenten; zit. nach Kleinsteuber, *Fernsehen und Geschäft*, 1973, S. 180 f)
Die industrielle Produktion ist nicht mehr Instrument und Mittel zur existentiellen Sicherung (Nahrung, Kleidung etc.) und Bedürfnisbefriedigung; das System der (konzentrationsfordernden) Massenproduktion verlangt im Gegenteil im Interesse der Kapitalverwertung den bedingungslosen Konsum. »Die Anziehungskraft des Massenkonsums beruht aber nicht auf dem Oktroi falscher, sondern auf der Verfälschung und Ausbeutung ganz realer und legitimer Bedürfnisse, ohne die der parasitäre Prozeß der Reklame hinfällig wäre.« (Hans Magnus Enzensberger, ›Baukasten zu einer Theorie der Medien‹, *Kursbuch* 20, März 1970, S. 159–186; Zitat: S. 171) Die Bedürfnisse des Menschen, die befriedigt werden, sind »in Wirklichkeit komplexe, historische Phänomene, die die dialektische Wechselwirkung zwischen ihren physiologischen Erfordernissen auf der einen Seite und der herrschenden sozialen und wirtschaftlichen Ordnung auf der anderen spiegeln« (Baran, *Die Politische Ökonomie des wirtschaftlichen Wachstums*, 1966, S. 16). Die Massenmedien stellen den Transmissionsriemen dieser Wechselbeziehungen dar. Sie tragen mit dazu bei, Bedürfnisse auszuwählen und systemgefährdende Bedürfnisse zu unterdrücken (globale Verhaltenssteuerung).

Jede Information, die der Bürger erhält, ist bereits Interpretation. Es gibt keine objektive Nachricht über ein objektives Ereignis. »Nachrichten entstehen nicht im Vakuum. Man kann in gewissem Sinne sagen, sie werden ›gemacht‹« (James D. Halloran). Eine Nachricht bildet sich in einem gesellschaftlich bedingten und historisch vorgegebenen Rahmen zur Information. Dieser Rahmen besteht aus einem vermittelten System von Werten, Haltungen, Ansichten usw., in das Ereignis und Nachricht ›verinnerlicht‹ werden. Sie werden zur Information nur dann, wenn sie ihren jeweiligen Stellenwert in diesem System gefunden haben. Ihre Bedeutung ergibt sich erst aus dem »sozialen Prozeß« (Harold D. Lasswell), in dem sowohl Ereignis und Nachricht als auch die Information darüber stehen.
Der Willensbildungsprozeß, der aufgrund von Informationen in Gang gesetzt werden kann, ist ebenso gesellschaftlich bedingt wie die Umsetzung des Willens in den Entscheidungsprozeß. Abgesehen davon, daß auch die Organisierfähigkeit

erst ›erlernt‹ werden muß und Armut Aktivität grundsätzlich einschränkt, muß ein Wille, um überhaupt in diesen Prozeß zu gelangen, ›organisierbar‹, d. h. in bestehende Strukturen einzuordnen sein (siehe auch Kap. 3.5). Das wiederum hat Rückwirkungen auf seinen Inhalt. Der gesellschaftliche Stellenwert der Organisation seinerseits bedingt deren Einfluß auf den Entscheidungsprozeß. Formulierung – d. h. Abzug der Nachricht vom Ereignis, ihre Übersetzung in Information und schließlich in organisierten Willen, der sich in Programmen, Plänen oder Prognosen niederschlagen kann – und Entscheidung können weit auseinanderklaffen.

Im Bereich der Massenmedien wird Information zur Ware, die gegen entsprechendes Wohlverhalten der Bürger eingetauscht wird. »Dies alles zusammen führt zu voraussehbaren falschen Stereotypen und unzureichenden Bildern von einer Welt, in der Gewalt und Konflikte isoliert erscheinen. Auch die Gepflogenheit, Lösungsmöglichkeiten nur in eng begrenzter Zahl und meist nur solche vom ›Entweder-Oder-Typ‹ (es gibt nur zwei Werte, und die sind einander entgegengesetzt) darzubieten, führt unvermeidlich zu einer Akzentuierung von Gewalt und Konflikten.« (James D. Halloran, ›Die Massenmedien und die Gewalt‹, Vortrag auf der Tagung der Deutschen Studiengesellschaft für Publizistik am 14. 4. 1972; abgedruckt in: *Das Parlament,* Bd. 23, Nr. 12, 24. 3. 1973, S. 16) Eine Folge dieser Entwicklung war u. a. die Betonung von Anti-Haltungen, die nicht nur den Einsatz aller Mittel gegen den grundsätzlich ›bösen‹ Feind förderten, sondern auch – im Namen nationaler Einheit – eine kritische Überprüfung der eigenen Position verhinderten. Das außenpolitische Verhalten der amerikanischen Öffentlichkeit ist lange Zeit entscheidend davon geprägt worden.

Auf der anderen Seite ist in den Medien als »Schrittmacher der sozio-ökonomischen Entwicklung spätindustrieller Gesellschaften«, die auf ungehinderten Informationsaustausch angewiesen sind, das Mittel eines »selbststeuernden und massenhaften« Lernprozesses erkannt worden (Enzensberger, ›Baukasten zu einer Theorie der Medien‹, *Kursbuch* 20, März 1970, S. 159), das allerdings erst unter veränderten gesellschaftlichen Konstellationen wirksam werden kann (was Enzensberger zu leichthin übergeht). Diese potentielle Emanzipationsfunktion der Massenmedien – und damit die potentielle Gefährdung bestehender gesellschaftlicher Strukturen – kann die vehementen Angriffe in den USA (z. B. von General Taylor oder dem vorm. Vizepräsidenten der USA, Spiro Agnew) gegen die angeblich ›linke‹, d. h. in diesem Fall auf gesellschaftliche Konflikte (wie Studentenunruhen, den Krieg in Indochina etc.) bezogene und damit harmoniestörende Berichterstattung besonders des amerikanischen Fernsehens erklären.

Direkte *Manipulation* durch bestimmte Personen oder Gruppen ist zwar ein beliebtes Thema aller Verschwörertheorien von rechts bis links, in der Praxis jedoch äußerst selten. Vielmehr vermittelt das selektive Aufgreifen von Nachrichten und Bedürfnissen zusammen mit der Werbung ein ›soziales Klima‹, in dem der Bürger nach Meinung eines Kritikers »seiner eigenen Denkkraft und Entscheidungsfähigkeit enteignet wird« (Theodor W. Adorno).

Bei dieser Kritik ist allerdings oft zu pauschal von einer manipulierenden Elite und einer manipulierten ›narkotisierten‹ Masse ausgegangen worden, ohne daß wesentliche Unterschiede in der Medienbenutzung einerseits und der Ausrichtung der Medien auf bestimmte Zielgruppen andererseits berücksichtigt wurden. So werden gedruckte Medienerzeugnisse – wie Bücher, (Prestige-)Zeitungen und Zeitschriften – hauptsächlich von Angehörigen der oberen Mittelschichten ›konsumiert‹. Angehörige der unteren Schichten ziehen Fernsehen, Radio und lokale Zeitschriften vor. Auch die Programme der verschiedenen Sendungen amerikanischer Fernsehanstalten und die sie begleitende Werbung geben durchaus unterschiedliche ›Botschaften‹ an ihre Zielgruppen weiter. In allen Medien werden direkte politische Informationen einerseits und Statussymbole andererseits vor allem an Angehörige der oberen Mittelschichten vermittelt. Untere Schichten bevorzugen Unterhaltung, die auch im Fernsehen überwiegend mit Werbung für Haushaltswaren (wie Zahnpasta, Deodorants, schmerzstillende Mittel etc.) verbunden ist. Wenn sie sich auch als besonders anfällig (mit Langzeitwirkung) für die Verfälschung abgelegenerer und weniger bekannter Probleme (wie dem Kriegsausbruch in Vietnam, der ›kommunistischen Gefahr‹ etc.) erwiesen haben, sind sie offenbar verhältnismäßig immun gegenüber Verfälschungen von Tatsachen aus ihrem unmittelbaren Erfahrensbereich. Es scheint, daß in diesem Sinne die oberen Mittelschichten am meisten manipuliert worden sind: »Das Endresultat ist [jedoch] dasselbe, nämlich, daß die Gesellschaft sich in dem Rahmen entwickelt, der von den dominierenden Eliten gestaltet wird. Um dieses Resultat zu erzielen, ist es nicht notwendig, die Massen zu ›narkotisieren‹, sondern sie inaktiv zu halten. Es reicht aus, die Unterstützung nur der ›narkotisierten‹ oberen Mittelschichten zu haben.« (Hamilton, *Class and Politics in the United States,* 1972, S. 49)

Die amerikanischen Massenmedien sind ein wesentlicher Bestandteil des ›amerikanischen Systems‹. »Ein unmanipuliertes Schreiben, Filmen und Senden gibt es nicht. Die Frage ist daher nicht, ob die Medien manipuliert werden oder nicht, sondern wer sie manipuliert.« (Enzensberger, ›Baukasten zu einer Theorie der Medien‹, *Kursbuch* 20, März 1970, S. 166) Die Massenmedien in den USA – einschließlich des Fernsehens – sind nahezu völlig in Privatbesitz. Presse, Rundfunk und Fernsehen erhalten zwei Drittel ihrer Einnahmen durch Werbeaufträge der amerikanischen Wirtschaft, mit der sie zudem vielfach verbunden sind.

Konflikte zwischen zugeschriebener öffentlicher Aufgabe und tatsächlicher Funktion ergeben sich bereits aus solchen Querverbindungen wie der Zugehörigkeit des größten Rundfunk- und Fernsehnetzes NBC zur Radio Corporation of America, die zugleich einer der Hauptlieferanten für das Pentagon ist. Des weiteren haben die hohen Werbekosten gerade des besonders werbewirksamen Fernsehens große Firmen – und damit Konzentration – weiter begünstigt. Darüber hinaus sind sie auch für die Kostenexplosion amerikanischer Wahlkämpfe verantwortlich gemacht worden. Kingman Brewster, Präsident der Yale University, erkannte in dieser Entwicklung eine deutliche Gefährdung demokratischer Bedingungen: »Die Konzentration ökonomischer, meinungsbildender und politischer Macht schafft so etwas wie einen geschlossenen Ring. Die Politiker müssen Geld von den großen Unternehmen nehmen, um die enormen Kosten für ihre Fernsehauftritte decken zu können. Die Werbung dieser Konzerne bestimmt die Sendungen der Fernsehunternehmen. Und diese wiederum müssen sich bei den erfolgreichen Politikern einschmeicheln, um ihre Sendegenehmigungen zu sichern. Die offene Gesellschaft scheint sich zu schließen – nicht durch irgendeine Verschwörung, sondern durch diese gegenseitige Abhängigkeit.« (Brewster am 6. 12. 1969;

zit. nach Morton Mintz und Jerry S. Cohen, *America Inc. Who Owns and Operates the United States.* New York 1971, S. 195; auch deutsch: *Amerika GmbH. Wer besitzt und beherrscht die USA?* Wien et al. 1972. Brewster übersieht allerdings die Pyramidenform seines Beispiels.)

Nun ist der einzelne (oder gar ein ganzes Volk) keineswegs unbeschränkt manipulierbar. Auch Massenmedien vermögen nur innerhalb vorgegebener Bezugssysteme bestimmte Verhaltensweisen bestätigen oder verstärken. Das Verhalten des Einzelnen »wird bestimmt von der Gesellschaftsordnung, in der er lebt, in der er erzogen wurde, die seinen Charakter, die Art seines Denkens, seine Hoffnungen und seine Ängste geformt hat« (Baran, *Die Politische Ökonomie des wirtschaftlichen Wachstums,* 1966, S. 87). Massenmedien sind dabei nur ein Teil eines umfänglichen Sozialisationsprozesses. Ihr Einfluß sollte jedoch nicht unterschätzt werden.

Wie in allen anderen Gesellschaften (die auch hier je nach dem Grad ihrer Abhängigkeit wiederum von außen beeinflußt werden) wird in den USA der einzelne Bürger durch eine breite Skala lokaler, regionaler, ethnischer, religiöser etc. Traditionen, durch informelle Gruppen wie Familie (die wesentlich Sprache, soziales Milieu, Autoritätsbewußtein, Parteizugehörigkeit etc. bestimmt), Clubs, Arbeitskollegen etc. oder durch Schule, Medien, Regierung etc. in die Gesellschaft und in die in ihr vorherrschende Wertordnung eingeübt und für bestimmte Aufgaben ›trainiert‹. Entsprechend ist von der offiziellen amerikanischen Vertretung vor der OECD 1970 hervorgehoben worden, daß die »für die USA typische Mannigfaltigkeit der Ausbildung von Vorteil zu sein scheint, weil sie viele Möglichkeiten bietet, die Ausbildung der Arbeiter den Erfordernissen besonderer Arten von Arbeit anzupassen. ... Zunächst haben wir eine protestantische Tradition harter Arbeit plus einem Klima angespannter wirtschaftlicher Konkurrenz, das jeden Amerikaner von seiner Kindheit an ergreift. Ständige Anreize schaffen ein ausgeprägtes Wissen um dieses Konkurrenzdenken und eine entsprechende Teilnahme. Fernsehen und andere Massenmedien, einschließlich der weitgehenden Wirtschaftsberichterstattung der Zeitungen und Zeitschriften, nehmen eine besonders prominente Rolle ein.« (*OECD-Bericht,* 1970, S. 63 und 69)

Die Forderung nach Chancengleichheit verhindert nicht die dauernd erzeugte Ungleichheit in der amerikanischen Gesellschaft. Eine Untersuchung der Lehrinhalte verschiedener *high schools* in den USA mit Schülern unterschiedlicher sozialer Herkunft ergab zum Beispiel, daß bei Schülern der oberen Mittelschicht die direkte Beteiligung am und der aktive Einfluß auf den Entscheidungsprozeß betont wurde. Schülern der unteren Mittelschicht führte man dagegen das Ideal des »verantwortungsbewußten Bürgers« vor Augen und Schülern aus der Arbeiterschaft bevorzugt die »Harmonie« als notwendigen Bestandteil des politischen Lebens (siehe Edgar Litt, Civic Education, Community Norms, and Political Indoctrination, in: *Public Opinion and Politics,* 1970, S. 78–85). Eine Collegeausbildung »verstärkt den Respekt für die bestehende Ordnung« (Philip E. Jacob, Value Outcomes of a College Education, in: ebda., S. 86–98. Zitat: S. 97). Die Hierarchie der Colleges und Universitäten, die besonders Kinder der unteren Schichten benachteiligt, sichert sie ab und verzerrt von Anfang an den geforderten ›Wettbewerb von Talenten‹ (vgl. u. a. Burton R.

Clark, *The Open Door College: A Case Study.* New York 1960). Auch die öffentliche Finanzierung höherer Schulbildung hat im großen und ganzen dazu geführt, »mehr statt weniger Ungleichheit zwischen Bürgern mit verschiedenem sozialen und wirtschaftlichen Hintergund zu schaffen, indem beträchtliche Mittel zur Verfügung gestellt wurden, für die Familien mit niedrigem Einkommen nicht infrage kamen oder von denen sie aufgrund anderer Bedingungen und Hemmnisse, die aus ihrer Einkommensposition resultierten, keinen Gebrauch machen konnten« (W. Lee Hansen und Burton A. Weisbrod, The Distribution of Costs and Benefits of Public Higher Education: The Case of California, in: Kenneth E. Boulding und Martin Pfaff, *Redistribution to the Rich and the Poor. The Grants Economics of Income Distribution.* Belmont, Cal., 1972, S. 77–89. Zitat: S. 89).

Bei all dem droht sich die Mitwirkung der Massenmedien am außenpolitischen Entscheidungsprozeß auf die Funktion zu beschränken, einen nationalen Konsensus herzustellen, der Kontrolle und Kritik am ›amerikanischen System‹ gerade ausschließt. Auch dem Appell der Exekutive an ›nationale Interessen‹ und ›nationale Sicherheit‹ hat die »vierte Gewalt« nur selten widerstanden. Die ›öffentliche Meinung‹ wird weitgehend zur Sicherung des Status quo hergestellt; ihre Militarisierung war ein Produkt dieser Funktion.

So verwies schon im Juni 1971 (nach der Veröffentlichung der als geheim geltenden Pentagon-Papiere durch die *New York Times* und andere Zeitungen) die Zeitschrift *Newsday* darauf, daß Amerika besser gefahren wäre »wenn die amerikanische Presse ihre Aufgabe nachdrücklich zu der Zeit verfolgt hätte, als Präsident Johnson dem amerikanischen Volk den Krieg verkaufte« (zit. nach *New York Times,* 17. 6. 1971, S. 19). Auch die Berichterstattung in der Watergate-Affäre kam weder rechtzeitig noch ging sie über die Oberfläche hinaus. Sie ermöglichte vielmehr durch den Appell an die Verfassung und die Legalität und die Beschränkung auf solche ›gemeinverständlichen‹ Vergehen wie Diebstahl, Hehlerei, Erpressung, Bestechung, Steuerhinterziehung etc. von Einzelpersonen (wie Richard Nixon) eine ›Reinigung‹, die gerade weitergehende Fragen überdeckte. Sie waren auch in der Affäre um die Pentagon-Papiere nicht verfolgt worden. In dieser Affäre hatte der damalige Justizminister John P. Mitchell, der auch tief in die Watergate-Affäre verwickelt war, zwar »the right of the people to know« (das Recht des Volkes auf Information) bekräftigt, aber hinzufügen können: »zur rechten Zeit und unter den rechten Umständen« (zit. ebda.). General Maxwell Taylor schränkte in einem Fernsehinterview selbst diese Auslegung noch ein (zit. ebda., 19 : 8): »Ich halte dies [the people's right to know] nicht für ein allgemeingültiges Prinzip. Man muß auf aktuelle Fälle zu sprechen kommen. Was macht ein Bürger, nachdem er diese Dokumente gelesen hat, das er nicht ohnehin getan hätte? Ein Bürger sollte über Dinge Bescheid wissen, die er braucht, um ein guter Bürger zu sein und seine Aufgaben zu erfüllen, aber nicht über Geheimnisse, die seiner Regierung und indirekt dem Bürger selbst Schaden zufügen.«

3.5 Zur amerikanischen Sozialstruktur: Voraussetzungen der ›außenpolitischen Öffentlichkeit‹

Daß »die öffentliche Meinung in einer Demokratie das Zepter schwingt« (Charles E. Hughes, u. a. US-Außenminister von 1921–1926 und Oberster Bundesrichter von 1930–1941) hat sich auch in den Vereinigten Staaten längst als – wenn auch brauchbarer – Mythos erwiesen. Hier wurden bereits Ende der fünfziger Jahren die heiligen Kühe geschlachtet, die in der Politik – und Wissenschaft – noch eifrig gemolken werden: »Außenpolitik in einer Demokratie muß von der Öffentlichkeit ausgehen. Und ebenso jede Art von Außenpolitik, die den Einsatz militärischer Macht einschließt.« (US-Verteidigungsminister Schlesinger, 7. 1. 1974)
Aufgrund zahlreicher Untersuchungen wird ›die Öffentlichkeit‹ im außenpolitischen Entscheidungsprozeß durchweg in drei Kategorien eingeteilt:

1. die apolitische Mehrheit,
2. die politisch Interessierten,
3. die ›Meinungsmacher‹ oder die Führungselite.

Der weitaus größte Teil der Bevölkerung gehört zur ersten Gruppe, der zwischen 70–90 % zugeschlagen werden. Hier findet sich die von Präsident Nixon und seinen Vorgängern immer wieder angerufene ›schweigende Mehrheit‹. Zu ihr werden vor allem Amerikaner der unteren Einkommensgruppen mit schlechter oder normaler Schulausbildung (*grade* und *high school*) und – damit korrespondierend – unterem oder mittlerem Status gezählt. Sie sind schlechter informiert als die Mitglieder der anderen Gruppen – und entsprechend politisch weniger aktiv. Ihre Interessen sind nicht oder nur ungenügend organisiert. Sie beziehen ihre Informationen über Außenpolitik vor allem aus dem Fernsehen, haben ‹gelernt›, in leicht übertragbaren Stereotypen zu denken, und sind sich selten außenpolitischer Probleme bewußt. Sie neigen deshalb dazu, in Krisenzeiten auf Parolen und Ereignisse emotional aggressiv zu reagieren oder sich ›auf Amerika‹, d. h. ihre unmittelbaren Probleme, zurückzuziehen. Die immer wieder hervorgehobene Intoleranz besonders des amerikanischen Arbeiters in dieser Kategorie ist jedoch fragwürdig. Es scheint vielmehr so zu sein, daß die Mehrheit sich letztlich so verantwortungsvoll verhält, »wie man das angesichts der ihr angebotenen Alternativen und zugänglichen Informationen erwarten kann« (Key, *The Responsible Electorate*, 1966, S. 7).
Zur zweiten Gruppe zählt der besser ausgebildete und reichere Teil der amerikanischen Bevölkerung, der seine umfangreicheren Informationen in der Regel aus qualitativ hochstehenden Medien bezieht. Zu ihr zählen vor allem Beamte, Geschäftsleute (größerer Firmen) und Anwälte, die sich oft auch in privaten Organisationen außenpolitisch organisiert haben. Die dritte Gruppe (ca. 1–5 %) schließlich ist von entscheidender Bedeutung (siehe Kap. 3.6). Ihre Zusammensetzung soll »je nach den betroffenen Interessen in den USA variieren« (Robert E. Osgood über die außenpolitische Elite). Wer sie »mobilisiert«, mobilisiert auch »die öffentliche Meinung« (Gabriel Almond).

Diese Einteilung ist weniger durchlässig als vielfach angenommen wird. Es genügt nicht, daß der apolitische Durchschnittsbürger sich lediglich besser informiert oder aktiver am politischen Leben teilnimmt, um in die nächsthöhere Gruppe aufzusteigen (so Karl H. Kahrs, *US-Anatomie. Wie*

Amerika regiert wird. Köln 1972, S. 34). In der Tat »tröpfelt nur wenig Information sehr weit nach unten« (Philip Converse). Der Grad der Informiertheit bestimmt zwar die Aktivität ›der Öffentlichkeit‹ und zum Teil ihre Einflußnahme auf den Entscheidungsprozeß; beides jedoch wird bedingt von institutionellen Strukturen und sozio-ökonomischen Voraussetzungen.

Wenn es auch schon aufgrund der Selbsteinschätzung vieler Amerikaner, Bürger einer Nation der Mittelschicht zu sein, kaum möglich ist, im europäischen Sinne von einer Klassengesellschaft oder Arbeiterklasse in den USA zu sprechen, scheinen in der amerikanischen Gesellschaft trotz aller Differenzierungen Konturen von Klassenteilungen kräftig durch. Die Vorstellung einer egalitären amerikanischen Wohlstandsgesellschaft hat sich weitgehend als Mythos erwiesen. In den USA gibt es »nicht eine hypothetische Mehrheit wohlhabender und gesicherter Individuen, sondern zwei voneinander getrennte Bevölkerungsgruppen innerhalb dieser Mehrheit: die Obere und Untere Mittelschicht« (Richard Parker, *Der Mythos von der Mittelschicht.* Aus dem Amerikanischen. Reinbek 1973, S. 10).

»Solche mit und solche ohne Eigentum haben in dieser Gesellschaft immer unterschiedliche Interessen hervorgebracht.« (James Madison in den *Federalist Papers,* No. 10) An dieser Situation – und am Einfluß der etablierten Interessen *(vested interests)* der Besitzenden – hat sich seitdem generell nicht viel geändert. Zwar geht es der amerikanischen Bevölkerung besser, die Spanne zwischen arm und reich ist jedoch etwa seit der Weltwirtschaftskrise konstant geblieben. 1970 lebten noch immer 25,5 Millionen Amerikaner unter der statistischen Armutsgrenze; die Hälfte aller amerikanischen Familien verfügte über weniger Mittel als vom *Bureau of Labor Statistics* als Minimum für ein »mäßiges Leben« festgesetzt worden war (zu diesen und den folgenden Angaben vgl. u. a. auch Parker, a. a. O.; Kolko, *Besitz und Macht.* Frankfurt/M. 1967; Michael Harrington, *Das andere Amerika.* München 1964; Ferdinand Lundberg, *Die Reichen und die Superreichen.* Hamburg 1969). Nach wie vor entfallen auf die oberen 10 % der Haushalte ca. 30 % und auf die unteren 25 % der Haushalte etwa 5 % des Gesamteinkommens. Auf 1–2 % der Haushalte konzentriert sich ca. ein Drittel des gesamten Volksvermögens und auf 1/5 % aller Familien zwei Drittel des Produktionsvermögens (siehe Robert Heilbroner, ›Economics – Our Best Guide to the Future‹, *Economic Impact,* USIA, No. 4, o. J., S. 6–12).

»Welche soziale Theorie man auch bevorzugt, die Analyse der weiterhin bestehenden Ungleichheit ist in jedem Fall notwendig fatal für eine Gesellschaft, die sich selbst rühmt, ›das Land der Freien und die Heimat der Tapferen‹ zu sein.« (Boulding/Pfaff, *Redistribution to the Rich and the Poor,* 1972, S. 9) Ungleichheit resultiert.

1. zunächst aus der prinzipiell verschiedenen Stellung im Produktions- und Reproduktionsprozeß,
2. – gemildert durch die in den USA (im Verhältnis zu Europa) allerdings nur zögernde Entwicklung zum Sozialstaat – aus dem darauf basierenden Verteilungssystem und
3. aus der Privatisierung des Nutzens (Profite) und der ›Sozialisierung‹ der Kosten (wie Ausbildung, Umweltschutz, Militär).

Die Antwort auf die Frage: Wer trägt die Kosten, und wer erhält den Nutzen?, kann oft wesentliche Einblicke in die amerikanische Gesellschaft geben. »Private Wirtschaftsinteressen haben sich erfolgreich mit Patriotismus identifiziert, so daß wir heute von ›unserem‹ Öl und ›unseren‹ Rohmaterialien sprechen. Aber wir Millionen Amerikaner, die die Bürde des Empire tragen, teilen nur wenige seiner Vorteile.« (Michael Parenti, *The Anti-Communist Impulse.* New York 1969, S. 251) Weder das amerikanische Erziehungssystem noch das amerikanische Steuersystem, das gerade großen Einkommen viele Ausweichmöglichkeiten bietet (vgl. u. a. Philip M. Stern, *The Great Treasury Raid.* New York 1964), haben an dieser Situation Wesentliches ändern können. Darüber hinaus haben auch alle Theorien der Selbsthilfe nichts zur Verbesserung der Lebens- und Arbeitsbedingungen amerikanischer Arbeiter beigetragen. »Blaukragen-Arbeiter, denen oft die Ausbildung fehlt, sich bessere Jobs zu suchen, oder das Geld, um in die Vororte zu flüchten, leben mit quälender Furcht vor Zwischenfällen, Krankheit, Arbeitsniederlegungen oder Automation. Nach einer kürzlichen Umfrage der University of Michigan macht sich die Hälfte aller Industriearbeiter ununterbrochen Sorgen über ihren Arbeitsplatz, und ein Viertel ist besorgt über ihre persönliche Sicherheit: 14 000 starben im letzten Jahr durch Arbeitsunfälle; das ist mehr als die Zahl amerikanischer Soldaten, die 1969 in Vietnam fielen. Ganze 28 % haben keine Krankenversicherung, 38 % keine Lebensversicherung und 39 % keine Pension neben der [niedrigen staatlichen] Social Security.« (*Time Magazine*, 9. 11. 1970, S. 69)

Die Tatsache, »daß Menschen nicht zu allen Zeiten und an jedem Ort ›klassenbewußt‹ sind, bedeutet nicht, daß es ›keine Klassen‹ gibt oder daß ›in Amerika jeder zur Mittelschicht‹ gehört« (C. Wright Mills). Auch der in der amerikanischen Aufstiegsideologie immer wieder bemühte *self-made man* ist ebenso wie der Mittelschichtcharakter der amerikanischen Gesellschaft mehr Mythos als Realität.

Manuals (Handarbeiter) und ihre Familien bilden noch heute die Mehrheit der amerikanischen Bevölkerung. Wenn es eine Veränderung im Verhältnis zu den *non-manuals* gegeben hat, dann vor allem durch die zunehmende Frauenarbeit in den entsprechenden ›white collar‹-Berufen. Zweit- und Mehrverdiener rükken auch das Familieneinkommen vieler Arbeiterfamilien in die obere Hälfte der Statistik. Zwar sind von 1939 bis 1950 die Löhne der Arbeiter (schon aufgrund des höheren Nachholbedarfs aus der Weltwirtschaftskrise) im Verhältnis zu den Angestellten überproportional angestiegen, dieses Verhältnis ist jedoch inzwischen ausgeglichen. Entgegen zahlreichen Darstellungen haben amerikanische Arbeiter in ihrer Mehrheit nur ein mäßiges Einkommen. Unterschiede in den Angaben erklären sich in der Regel dadurch, daß hohe Einkommen nicht nach Mehrverdienern unterteilt oder nach dem Bruttoeinkommen zum jeweiligen Dollarstand (und nicht nach Kaufkraft in konstanten Dollars) angegeben werden. Selbst der ›amerikanische Optimist‹, Harold Wilensky, bezweifelt den Mittelschichtcharakter der amerikanischen Gesellschaft: »In den Vereinigten Staaten wie in anderen wohlhabenden Ländern ist das Klassenbewußtsein unter den Arbeitern ein Übergangsphänomen – kennzeichnend für jene Arbeiter, die sich noch nicht voll und ganz an die moderne Großstadt und die moderne Arbeitswelt angepaßt haben.... Es ist typisch für hochbezahlte Arbeiter – wie für den amerikanischen Arbeiter überhaupt –, daß sie oft den Arbeitsplatz wechseln und einen Job oder Beruf aufgeben, um einen anderen zu ergreifen. Rechnet man noch Zeiten der Arbeitslosigkeit oder der Umschulung hinzu, ergibt sich ein ständiges Auf und Ab. Die Feststellung, daß sich die amerikanischen Arbeiter einen der Mittelschicht entsprechenden Lebensstil aneignen, ist daher mit Vorsicht zu genießen.« (Wilensky, ›Der amerikanische Arbeiter und das Klassenbewußtsein‹, *Perspektiven USA,* USIA, Jg. 2, 1972, No. 2, S. 82–92. Zitate: S. 82 und 87)

Die große Zahl von Einwanderern hat darüber hinaus sowohl die fortlaufende Erzeugung »wirtschaftlich absteigender Klassen« (Max Weber) in den USA erleichtert als auch zur Zersplitterung der Arbeiterschaft beigetragen (siehe dazu 3.7). Ethnische Minderheiten haben jedoch kaum Einfluß auf die nationale Politik der USA ausüben können. In der amerikanischen Gesellschaftsstruktur stellen sie einen großen Teil der ungelernten Arbeiterschaft. Diese *blue-collar workers* bilden in gewisser Weise ein »nach-industrielles Proletariat«, das nicht in der Lage ist, mit den technisch ausgebildeten Arbeitskräften der in den USA dominierenden kapitalintensiven Industrie zu konkurrieren – also nicht der »modernen Arbeitswelt« angepaßt ist (siehe oben) –, oft vom Staat beschäftigt und als Avantgarde einer »neuen Arbeiterklasse« bezeichnet wird (vgl. u. a. James O'Connor, ›Some Contradictions of Advanced US-Capitalism‹, *Social Theory and Practice,* Bd. 1, Spring 1970, S. 1–11).

Innenpolitisch Parias (selbst in der Arbeiterbewegung) sind auch die Afro-Amerikaner – mit 12 % der Gesamtbevölkerung die stärkste ›Minderheit‹ – außenpolitisch bestenfalls ein ideologischer Stein des Anstoßes. Um den Gegensatz zwischen demokratischer Rhetorik und innenpolitischer (Getto-) Realität zu überbrücken, sind schwarze Amerikaner inzwischen auch in Regierungspositionen und leitende Stellen der Privatwirtschaft berufen worden – ihre Bedeutung geht jedoch zumeist nicht über eine pro-forma-Mitwirkung hinaus. So blieben auch ihre Proteste u. a. gegen die amerikanische Afrikapolitik ebenso erfolglos wie gegen die Geschäftsverbindungen des Automobilgiganten General Motors mit Südafrika, Rhodesien, Angola und Mozambique, obwohl auch der schwarze Direktor dieses Konzerns sich offen dagegen wandte (1971 votierten 1,29 % der Aktionäre gegen diese Verbindungen).

Sozio-ökonomische Faktoren sind eng mit dem Ausbildungsstand, ›psychologischen Qualitäten‹ (wie der Bereitschaft zu ›bürgerlicher Verantwortung‹) und politischer Apathie verbunden, diese wiederum untereinander. »Die ökonomischen Strukturen und Prozesse bilden nicht nur die Basis für den politischen Konflikt, sie bestimmen auch dessen Resultat.« (Michael D. Reagan, *The Managed Economy.* London/New York 1963, S. 203) Entsprechend dieser Situation verhält sich die überwiegende Mehrheit der amerikanischen Bevölkerung im Willensbildungsprozeß passiv; sie ist zum »politischen Konsumenten« (so der US-Soziologe David Riesman) vorfabrizierter Ideen und Entscheidungen geworden. Besonders ihr Anteil am außenpolitischen Entscheidungsprozeß beschränkt sich bestenfalls auf eine ›abhängige Mitwirkung‹, die den Wunsch nach Veränderung von vornherein in Grenzen hält.

»Der Fehler am pluralistischen Himmel ist, daß der himmlische Chor mit starkem Oberschichtenakzent singt. Schätzungsweise 90 % der Bevölkerung bleiben vom System der organisierten Interessen ausgeschlossen.« (E. E. Schattschneider, *The Semisovereign People.* New York 1960, S. 35) Im »gleichbleibenden Schema der Ungleichheit« (Gabriel Kolko) in der Einkommens- und Besitzverteilung der amerikanischen Gesellschaft hat sich die Unternehmerseite zusätzlich zu Interessenverbänden zusammengeschlossen, obwohl sie sich bereits in Form von Trusts, Konzernen und Kartellen ›organisiert‹ hat, die über Kapital-, Markt- und politische Macht verfügen. Auf seiten der Arbeiterschaft bleibt dagegen das Individuum unterhalb der Verbandsebene (Gewerkschaften) vereinzelt. Diese Vereinzelung hat wiederum zur verstärkten emotionalen Verunsicherung und Furcht geführt, die auch die amerikanischen Arbeiter die Ursachen ihrer Malaise entweder nur bei sich selbst oder dunklen Kräften suchen lassen und eine Anpassung an die Gesellschaft garantieren.

Einziges Mittel der Mehrheit zur Mitwirkung ist die Wahl, »aufgeführt, ausstaffiert und geführt von anderen« (Andrew Hacker). Von diesem »untersten Minimum politischer Mitwirkung« (derselbe) machen nur 40 bis 60 % der Wahlberechtigten Gebrauch. Dabei sind außenpolitische Probleme in den Wahlprogrammen der beiden großen Parteien entweder weitgehend ausgeklammert *(extra-partisanship)* bzw. abgestimmt *(bi-partisanship)* oder – zum Teil mit demagogischem Zungenschlag – patriotisch verbrämt; auch in den Wahlen von 1968 und 1972 dominierte der Ruf nach Ruhe und Ordnung.

Die Unterschiede zwischen den Programmen von *Democratic* und *Republican Party*, den beiden großen amerikanischen Parteien, sind in der Regel minimal. Zu einem tieferen Verständnis amerikanischer (Innen- oder) Außenpolitik tragen sie und die sie begleitenden Erörterungen kaum bei. Ohnehin bietet auch die *Democratic Party* im Zweiparteiensystem der USA nur eine beschränkte Alternative. Sie ist kaum mit den sozialistischen Parteien in Europa zu vergleichen; ihr Verhältnis zur *Republican Party* war von Anfang an eher das von konkurrierenden Eliten. Ihre grundsätzliche Übereinstimmung über den Rahmen der politischen Auseinandersetzungen bewirkte, daß auch dieser Wettbewerb nur unvollkommen blieb. »Man kann dann einen ›Wettbewerb‹ ohne Repräsentation haben, wenn die Parteien die öffentliche Meinung manipulieren, um die Aufmerksamkeit von grundsätzlichen Bedürfnissen abzulenken.« (Hamilton, *Class and Politics in the United States*, 1972, S. 4)

3.6 Eliten, Interessengruppen und die amerikanische Wirtschaft

Aufgrund ihres politisch unorganisierten, zersplitterten, uninformierten und passiven Zustandes ist gerade die geringe Beteiligung der Mehrheit am Entscheidungsprozeß als Voraussetzung politischer und demokratischer Stabilität und einer rationalen Außenpolitik gewürdigt worden. Daß zumindest die amerikanische Außenpolitik von ›Eliten‹ gemacht wird, scheint mehr oder weniger allgemein anerkannt zu sein. Trotz beträchtlicher Unterschiede im theoretischen Ansatz, der Methode und Wertung ist nahezu übereinstimmend festgestellt worden, daß die »wichtigsten politischen, wirtschaftlichen und sozialen Entscheidungen« von »verschwindend kleinen Minderheiten« (Robert Dahl) getroffen werden. »Ausschlaggebend für das Wohl einer demokratischen Ordnung sind die Überzeugungen, die Wertmaßstäbe und die Befähigung derer, von denen Einfluß ausgeht: die Meinungsbildner, die politischen Aktivisten des Systems.

Diese Gruppe entzieht sich, wie deutlich geworden ist, im amerikanischen System einer klaren Definition, doch weist eine Analyse nach der anderen auf ihre Existenz hin. Wenn eine Demokratie auf Entscheidungsunfähigkeit, Verfall und Unheil hinsteuert, so liegt die Verantwortung bei ihnen, nicht bei der Masse des Volkes.« (Key, *Public Opinion and Democracy*, 1961, S. 558)

Inzwischen gibt es zur Zusammensetzung der außenpolitischen Eliten der USA viele Untersuchungen, in deren Mittelpunkt allerdings zumeist noch die administrativen Entscheidungsträger stehen. So ist festgestellt worden, daß von 1933 bis 1965 86 % der Staatssekretäre aller drei Waffengattungen Vertreter der Geschäftswelt oder Rechtsanwälte waren (nach einer Studie der amerikanischen *Brookings Institution*). Von 1940–1967 stammten 7 der 8 Staatssekretäre für die Luftwaffe, 8 der 9 für die Armee, alle 8 der Seestreitkräfte und alle stellvertretenden Verteidigungsminister aus der amerikanischen Wirtschaft oder waren eng mit ihr verbunden. 70 von insgesamt 91 Personen, die während dieser Zeit Außen- oder Verteidigungsminister, Staatssekretär in diesen Ministerien oder der Waffengattungen, Vorsitzende der Atomenergiebehörde oder Direktoren der CIA waren, hatten diesen gesellschaftlichen Hintergrund (vgl. u. a. Barnet, *Der amerikanische Rüstungswahn*, 1971).

Zwischen 1944 und 1966 nahmen die 234 höchsten Entscheidungsträger im Außen-, Verteidigungs-, Handels- und Finanzministerium insgesamt 678 Ämter ein, wobei 18 % der Personen 63,4 % der Ämter auf sich vereinigten (vgl. u. a. Kolko, *Die Hintergründe der US-Außenpolitik*, 1971). Weit über die Hälfte dieser mit der offiziellen außenpolitischen Vertretung beauftragten Angehörigen der Exekutive (59,6 %) war zuvor in der Großindustrie, bei Investmentgesellschaften oder eng mit der Wirtschaft verbundenen großen Anwaltsfirmen beschäftigt; ein großer Teil ging am Ende seiner staatlichen Laufbahn zurück oder neu in die Wirtschaft. »Der Reinertrag dieser – wie immer auch unvollständigen – Studie hat ergeben, daß die außenpolitischen Entscheidungsträger tatsächlich ein äußerst beweglicher Teil der amerikanischen Wirtschaftsunternehmen sind, eine Gruppe von Männern, die häufig wichtige Aufgaben in der Regierung übernehmen und bestimmen, also keine Routinearbeit leisten, und dann in die Wirtschaft zurückkehren.« (Kolko, ebda., S. 37)

William Domhoff bestätigte diese Ergebnisse auch für die persönlichen Berater des Präsidenten, einflußreiche Botschafter, Angehörige der CIA u. a. wichtige außenpolitische Entscheidungsträger der Exekutive (*The Higher Circles. The Governing Class in America.* New York 1970). ›Soziale Aufsteiger‹ wurden dabei entweder frühzeitig ausgeschieden oder in die – von C. Wright Mills in ihren Umrissen überzeugend dargestellte (*The Power Elite*, 1956) – ›Machtelite‹ kooptiert. »Die personelle Ausstattung schafft in den Entscheidungszentren ein Meinungsklima, in dem die Legitimität von Wirtschaftsinteressen wohl eher anerkannt wird als die anderer Teile der Gesellschaft. Geschäftsleute im öffentlichen Dienst neigen dazu, das nationale Interesse unter dem Gesichtspunkt der Interessen der Wirtschaft zu sehen.« (Dennis M. Ray, ›Corporations and American Foreign Relations‹, *The Annals of the American Academy of Political and Social Science*, Bd. 403, September 1972, S. 80–92. Zitat: S. 90)

Im Kongreß ist die direkte personelle Verbindung mit der Wirtschaft, und darin mit den führenden Unternehmen, weniger ausgeprägt. Jedoch finanzieren Wirtschaftsunternehmen – in Erwartung späterer Zinsen – nicht nur Wahlkämpfe, sie schaffen durch ihre Investitionen (Standortwahl) und technischen Entwicklungen sowohl Abhängigkeiten in der Öffentlichkeit (Arbeitsplätze) als auch im Kongreß (lokale Wirtschaftsinteressen). Die Konkurrenz um Neuinvestitionen zwischen den einzelnen Staaten und Regionen ist ein nicht zu unterschätzendes Druckmittel gegen Abgeordnete.

Die mehr lokale Ausrichtung der Kongreßmitglieder (und hier wiederum der *Representatives* mehr als der Senatoren) bewirkt, daß widerstreitende Interessen vor allem in der Legislative aufeinandertreffen und die Entwicklung einer eigenen ›nationalen‹ Wirtschaftspolitik im Kongreß weiter lähmen. Diese direkten wirtschaftlichen Abhängigkeiten – verstärkt noch durch Finanzierungshilfen für die teuren Wahlkämpfe – bleiben nicht ohne Auswirkungen. »›Wir wollen keine Stimmen kaufen‹, sagte ein Mann, der im Namen der Ölindustrie Gelder in bestimmte Kanäle fließen läßt. ›Wir wollen nur Zugang erkaufen, damit wir über unsere Probleme sprechen können.‹ Durch solches Sprechen mit Politikern wird die Richtung der Regierungspolitik viel stärker beeinflußt als durch dramatische Bestechungen und Skandale. Ausbaden müssen es die Steuerzahler, die Käufer verteuerter Waren.... Das entspricht natürlich nicht den amerikanischen Lesebüchern, die mit Graphiken verdeutlichen sollen, wie ein Gesetz entsteht. Keine Tabelle zeigt, wer an den Hebeln der Macht sitzt, kein Diagramm erklärt das Hin und Her, aus dem unsere Gesetze entstehen. ›Das Parlament der größten Demokratie der Welt ist keine demokratische Institution‹ – zu diesem Schluß kam der demokratische Abgeordnete Morris Udall.« (Ralph Nader, ›Der gekaufte Kongreß‹, *Der Spiegel,* 5. 11. 1973, S. 158 und 164) Daneben sind drei Fünftel aller Kongreßmitglieder (und ein Drittel aller Angehörigen der einzelstaatlichen Parlamente) noch oder ehemalige Juristen. Ihre Praxis gilt oft als Hintertür zu ihrem Büro im Kongreßgebäude (siehe Nader, a. a. O., und Drew Pearson und Jack Anderson, *The Case Against Congress.* New York 1968). Zudem hat die weitgehende Verselbständigung der amerikanischen Exekutive dazu geführt, daß diese von den Divergenzen in der Legislative im Namen des ›nationalen Interesses‹ Gebrauch machen kann oder nicht.

Auch in den USA ist die »Gefahr, daß von den gesellschaftlichen Machtballungen her die demokratische Ordnung hinterrücks oligarchisch durch- und zersetzt und am Ende zur bloßen Fassadendekoration herabgewürdigt ist, unverkennbar« (so Christian Graf von Krockow über die BRD, *Die Zeit,* 23. 2. 1973, S. 3). Im freien Wettbewerb aller Gruppen oder Eliten oder Meinungen, als deren Markt im allgemeinen der Kongreß dient, haben sich vor allem die gut organisierten und finanzierten Interessen der Wirtschaft durchgesetzt und sich als ›nationales Interesse‹ etablieren können.

Rund 80 % der 1000 bedeutendsten Firmen in den Vereinigten Staaten unterhalten Lobbyisten in Washington. Sie stellen auch die einflußreichsten Einzelinteressen, die der amerikanische Politologe Klaus Knorr in der Außenpolitik im Widerstreit sieht: »Wie allgemein bei der Produktion von Werten bestimmen die Ansprüche, die effektiv in den Entscheidungsprozeß eingebracht werden, die nationalen Interessen, die rational handelnde Regierungen verfolgen. Da Ansprüche oft miteinander in Widerstreit liegen, tendiert die Außenpolitik dahin, die Ansprüche der einflußreichsten Koalition von Einzelinteressen zu repräsentieren. Es ist irreführend zu behaupten, daß Regierungen neben ihrem Dienst an Einzelinteressen zusätzlich grundlegende nationale Interessen oder eine ›nationale Wohlfahrt‹ aufrechterhalten, die in irgendeiner Weise über Einzelinteressen hinausgehen. Natürlich können Mitglieder der Regierung oder Vertreter der Öffentlichkeit sich völlig oder teilweise in der Rolle von Sachverwaltern der gesamten Gesellschaft verstehen und in ihren Forderungen an die Außenpolitik das größere Interesse erkennen, das sie mit dieser Rolle verbunden glauben. In diesem Fall sind die erhobenen Forderungen dennoch Interessen der einzelnen betroffenen Personen oder Gruppen.« (Knorr, *Power and Wealth*, 1973, S. 37)

Auch die Mitgliederlisten der privaten außenpolitischen Organisationen lesen sich wie ein *Who's Who* der amerikanischen Wirtschaft. Ämterhäufung und personelle Querverbindungen bestimmen hier ebenfalls das Bild; nur wenige Personen, die nahezu ausschließlich hohe Positionen in der amerikanischen Industrie und Hochfinanz einnehmen, vereinigen das Gros der Führungsämter in verschiedenen Organisationen auf sich. Diese Organisationen – wie die *Rand Corporation* oder das berühmte *Council on Foreign Relations* mit David Rockefeller von der Chase Manhattan Bank als Präsidenten (und Henry A. Kissinger als ehemaligem Mitglied und Rockefeller-Protegé) – dienen einerseits als »school for statesmen« (Joseph Kraft), als Rekrutierungsfeld und Informationsträger für die Exekutive, sowie als ›Ausbildungszentren‹ für die Wirtschaft. Andererseits bilden sie quasi eine »externe Bürokratie« (Chadwick Alger).

Sowohl die »leitenden Männer großer Unternehmen« (Richard J. Barber) als auch die Vertreter von »Gruppen, die aktiv an der Außenwirtschaftspolitik interessiert waren, besonders solchen mit direkten ökonomischen Interessen« (William J. Diebold), sind auch kurzfristig immer wieder in die höchsten Entscheidungsgremien der Exekutive einbezogen worden. Auch Präsident Nixons ›neue ökonomische Politik‹ seit 1971 beruhte auf einem im Juli 1971 fertiggestellten (und im September 1971 veröffentlichten) Bericht der von ihm im Mai 1970 eingesetzten *Williams Commission* unter dem Vorsitz von Albert L. Williams, einem Vorstandsmitglied der IBM (*United States International Economic Policy in an Interdependent World.* Report to the President Submitted by the Commission on International Trade and Investment Policy. 2 Bände. Washington 1971). In den multilateralen Gesprächen über die Zukunft des GAAT ist die amerikanische Wirtschaft 1974 nicht nur mit ›Technischen Berater-Komitees‹ in den einzelnen Sektoren vertreten, sondern auch zentral durch das *Industry Advisory Committee for Trade Negotiations*, das direkt den US-Regierungsvertretern beigeordnet ist. Diesem Komitee gehören Vorstandsmitglieder und Präsidenten neunzehn führender Industriekonzerne der USA an.
Sonderkomitees der amerikanischen Wirtschaft haben durchweg wesentlich zur Entscheidungsfindung (wie etwa auch beim Marshall-Plan) beigetragen. Sie übertragen – wie u. a. das *Committee on Economic Development* (C. E. D.) und die *National Planning Association* (N. P. A.) mit ihren langfristigen Studien oder das seit 1934 bestehende *Business Council,* in dem ständig Mitglieder der Regierung mit amerikanischen Geschäftsleuten beraten – die Vorstellungen der amerikanischen Wirtschaft direkt in den außenpolitischen Entscheidungsprozeß. Ihre Studien »bieten Entscheidungsträgern Anhaltspunkte über die Art wirtschaftlicher Programme und das Ausmaß staatlichen Eingreifens, was dem Teil der Geschäftswelt annehmbar erscheint, der das höchste nationale Prestige einnimmt und eine hervorragende Rolle in der politischen Beratung spielt. Die Mit-

gliederliste des C. E. D. enthält Präsidenten und Aufsichtsratsvorsitzende der Unternehmen an der Spitze der amerikanischen industriellen und wirtschaftlichen Pyramide. Zur gleichen Zeit sind Mitglieder des C. E. D. und der N. P. A. für längere Zeiträume in den höchsten Entscheidungsgremien der Regierung und in ausschlaggebenden Studienkomitees des Präsidenten vertreten.« (Charles E. Woodhouse und David S. McLellan, ›American Business Leaders and Foreign Policy: A Study in Perspective‹, *The American Journal of Economics and Sociology*, Bd. 25, Juli 1966, S. 267–280. Zitat: S. 278)

Neben diesen direkten personellen Verbindungen sorgen Organisationen wie das C. E. D. und die N. P. A., die sich vor allem Großindustrie und -finanz geschaffen haben, aber auch solche (schwerfälligeren) Unternehmensverbände und Arbeitgebervereinigungen wie die *National Association of Manufacturers* (N. A. M.) und die *United States Chamber of Commerce* (C. of C.) als ›konservativere‹ Vertreter der Mittel- und Kleinbetriebe für eine breite Öffentlichkeitsarbeit. »Auf diese Weise scheinen die N. A. M. und die C. of C. der fundamentalistischen und das C. E. D. und die N. P. A. der progressiven Perspektive strukturelle Stabilität zu vermitteln« (Woodhouse/McLellan). Sie bemühen sich durchweg, die Interessen der Wirtschaft als ›nationale‹ darzustellen, und bestimmen wesentlich das »soziale Klima« der Vereinigten Staaten von Nordamerika.

Ihre Arbeit wird ergänzt durch die aktive Teilnahme amerikanischer Geschäftsleute in der lokalen Politik. »Wie es in den Vereinigten Staaten für einen Wirtschaftsführer ungebräuchlich ist, seine ganze Karriere in einem Unternehmen zu verbringen, wird es unwahrscheinlich, daß er sie ganz in der Wirtschaft verbringt. Zwischen dem öffentlichen und privaten Sektor gibt es eine Hin- und Herbewegung, die manchmal eine Teilzeit-, manchmal eine volle Mitwirkung nach sich zieht. Die amerikanische Geschäftswelt hat ihre Nachwuchsleute betont ermuntert, in der lokalen Politik ohne Rücksicht auf Parteizugehörigkeit oder Ideologie mitzuwirken. Solche Organisationen wie die National Association of Manufacturers, die U.S. Chamber of Commerce und die American Management Association haben Programme für eine staatsbürgerliche Mitarbeit ausgeführt. ... Diese fortschreitende Verwicklung amerikanischer Geschäftsleute in bürgerliche, lokale und soziale Angelegenheiten zeigt ohne Zweifel Resultate und ist nicht ohne Bedeutung für die Probleme, die hier zur Debatte stehen.« (*OECD-Bericht*, 1970, S. 70)

Die amerikanische Geschäftswelt wiederum setzt sich aus einer »sich selbst ergänzenden Oligarchie« (Richard A. Sabatino, siehe unten) zusammen, deren hierarchische Struktur mit der Größe des Eigentums und der vertretenen Unternehmen korreliert. »Wie es sich im Einzelfall auch immer verhalten mag, das Ergebnis [der Konzentration in der Wirtschaft] ist, daß eine kleine Gruppe von Menschen – ob sie nun zufällig Bankdirektoren, Investmentfonds-Berater oder leitende Firmenvertreter sind – Unternehmen von großer Bedeutung für die Wirtschaft der Vereinigten Staaten, von anderen Ländern ganz zu schweigen, unter ihrer Kontrolle haben.« (Barber, *Die Herrschaft der Manager*, 1970, S. 79)

Auch in diesem Zusammenhang ist – im deutlichen Widerspruch zur historischen Entwicklung der meisten amerikanischen Konzerne – von einer ›Führung wider Willen‹ gesprochen worden: »Wie gut bekannt ist, suchte dieses Land nicht seine

Rolle als Führer der Welt, sondern stolperte hinein. Durch ähnliche Möglichkeiten und Umstände stolperten die Konzerne in die Führung der amerikanischen Gesellschaft. Der Manager, insbesondere des großen Unternehmens, ist ein Mitglied der Machtelite, auch wenn er diesen Ausdruck nicht mag, und fällt mit seinen ›Peers‹ im Militär Entscheidungen, die viele unserer nationalen Ziele und unsere kulturelle Färbung bestimmen.« (W. H. Ferry, Irresponsibilities in Metrocorporate America, in: *The Corporation Take-Over,* 1970, S. 108–121. Zitat: S. 110) Eng damit verbunden ist in der Regel als Spezifikum dieser Entwicklung die Trennung von Eigentum und Verfügungsgewalt hervorgehoben worden. Nicht der Unternehmer mit Eigentum, sondern ›die Manager‹ sollten die Macht über die amerikanischen Unternehmen ausüben. Auf der anderen Seite hat insbesondere Ferdinand Lundberg (*Die Reichen und die Superreichen,* 1969) die anhaltende Bedeutung von Familiengruppen dokumentiert und dem jederzeit abberufbaren Manager nur eine »abgeleitete Macht« zugesprochen. Auch der oft hervorgehobene unterschiedliche soziale Hintergrund dieser Manager scheint angesichts struktureller Mechanismen sozialer Anpassung (vgl. auch 3.7. zu den Führern der großen amerikanischen Gewerkschaften) kaum Veränderungen bewirkt zu haben. »Was immer die soziale Herkunft eines Mitgliedes der Machtelite sein mag, ausschlaggebend ist, daß die Machtelite verwurzelt ist im Reichtum und den Privilegien einer sehr kleinen sozialen Gruppe und diese Privilegien aufrechterhält.« (Domhoff, ›The Power Elite‹, *The Center Magazine,* Bd. 2, März/April 1970, S. 87–90. Zitat: S. 87)

Schon die Aufteilung von Aktienpaketen unter Familienmitgliedern, die Bedeutung von Sperrminoritäten gerade angesichts der breiten Streuung des Aktienkapitals, die Anlagen von Banken und die ›heimliche‹ Beteiligung über Fonds hat die Behauptung von einer breiten Streuung von Eigentum an (Aktien) und Kontrolle über (Manager) amerikanische(n) Unternehmen weiter eingeschränkt. »Das Gerede vom Wohlfahrtsstaat, von der Gemischtwirtschaft, von der Revolution der Manager ist von begrenzter Brauchbarkeit; die Tatsache bleibt unverrückt bestehen, daß die Hauptentscheidungen in der Ökonomie privat getroffen werden.« (Hacker, Corporate America, in: *The Corporation Take-Over,* 1970, S. 1–14. Zitat: S. 11)

Zudem sind Eigentümer und Manager in zunehmendem Maße identisch. Sie bilden eine ebenfalls durch Ämterhäufung (z. B. *interlocking directorates*) und persönliche Querverbindungen vielfach miteinander verbundene Struktur, die vor allem von Vertretern der großen Banken wesentlich geprägt wird. So sind – nach einer Untersuchung des *Subcommittee on Domestic Finance* des *House Committee on Banking and Currency* – Anfang 1970 49 Banken in den Aufsichtsräten von 300 der 500 größten US-Unternehmen vertreten und üben in 150 dieser Konzerne effektive Kontrolle aus. »Buchstäblich wissen wir heute nicht, wem eigentlich was gehört« (Richard J. Barber). Schon aufgrund »ihrer strategischen Ansiedlung nehmen Finanzleute eine einflußreiche Position in den entscheidenden industriellen Zentren der USA ein« (R. D. Corwin und L. Gray).

Es ist für die Vereinigten Staaten oft behauptet worden, daß es zwar Eliten, aber keine ›Elite‹ gebe. Diese Eliten werden auch in der Außenpolitik im steten Konflikt miteinander verstanden, in dem sich – ähnlich wie bei ›Gruppen‹ – die einander widerstrebenden oder sich überschneidenden einseitigen Interessen im ›nationalen Interesse‹ aufheben. Einseitige Verzerrungen sollten dabei entweder durch Selbstläuterung der entsprechenden Elite oder von immer neu sich formierenden Gegenkräften als sozialem Selbstregulativ aufgehoben bzw. vermieden werden. Aber ähnlich der Vorstellung des Bürgertums im 19. Jahrhundert über die ›öffentliche Meinung‹ – daß nämlich freie und unbeschränkt informierte Bürger in öffentlichen Diskussionen gleichgewichtige Meinungen austauschen und dabei das »Wahre, Rechte und Vortheilhafte« finden und verfolgen (*Neues Rheinisches Conversations-Lexicon* für die gehobenen Stände, 1834) – hat sich auch diese Theorie des Pluralismus weitgehend von der gesellschaftlichen Praxis gelöst. Beide dienen oft der Legitimation des Status quo.

»Trotz der freiheitlichen und reformerischen Rhetorik dient sowohl die Innen- als auch die Außenpolitik der Vereinigten Staaten der Verteidigung des *Status quo*. Nach außen sind die Vereinigten Staaten zur anti-revolutionären Macht *par excellence* geworden, weil unsere Furcht vor dem Kommunismus unsere rationale Einsicht in die Unabwendbarkeit radikaler Veränderungen in der Dritten Welt getrübt hat. Unsere Interventionen in Indochina und in der Dominikanischen Republik sind Ausdruck dieser Furcht. Im Innern lag unsere Verpflichtung, allen Amerikanern zur Gleichheit in Freiheit zu verhelfen, im Kampf mit unserer Furcht vor Veränderungen und unserer konformistischen Anpassung an die herrschenden Mächte.« (Morgenthau, *Truth and Power*, 1970, S. 438) Schon deshalb stellten die großen Probleme der amerikanischen Gesellschaft – »die Militarisierung der Öffentlichkeit, der Vietnam-Krieg, Rassenunruhen, Armut, der Verfall der Städte, die Umweltzerstörung« – für diesen ›realistischen Kritiker‹ der amerikanischen Außenpolitik keine Zufallserscheinungen, keine Reihe von ›Betriebsunfällen‹ dar, sondern das Ergebnis einer »Sozial- und Wirtschaftspolitik, deren Erhaltung im Eigeninteresse mächtiger sozialer Gruppen liegt« (ebda., S. 6 ff.). Alle Reformbewegungen der amerikanischen Geschichte – »vom Populismus zum Progressivismus, von Theodore Roosevelts ›Square Deal‹, Woodrow Wilsons ›New Freedom‹, Franklin D. Roosevelts ›New Deal‹ und Harry Trumans ›Fair Deal‹ bis John F. Kennedys ›New Frontier‹, Lyndon B. Johnsons ›Great Society‹ und der gegenwärtigen Protestbewegung gegen den Krieg« – haben nach seiner Meinung zwar die Lage sozialer Gruppen und ihr Verhältnis zur Regierung verbessert, aber nichts an den grundlegenden Machtverhältnissen in den USA geändert, die der amerikanischen Politik zugrunde liegen.

Das bedeutet nicht, daß es im (außen-)politischen Entscheidungsprozeß keinen ›Wettbewerb um die richtige Politik‹ gibt. Dieser Wettbewerb findet aber unter Bedingungen statt, bei denen Sieger und Verlierer zumeist von vornherein feststehen. »Die Regierung der Vereinigten Staaten von Amerika wird von den vereinigten Kapitalisten und Fabrikanten der USA beherrscht. Es steht in jeder bekannten Seite der Berichte des Kongresses geschrieben, es ist in der gesamten Geschichte von Konferenzen im Weißen Haus festgehalten, daß die Vorschläge für die Wirtschaftspolitik dieses Landes von einer Quelle, und nicht von mehreren Quellen gekommen sind. ... Angenommen, ein Bürger geht nach Washington und versucht, mit seiner Regierung Kontakt aufzunehmen. Obwohl man ihm freundlich zuhört, wird er immer feststellen müssen, daß nur der Rat derjenigen zählt, welche die größten ›Interessen‹ haben – die großen Bankiers, die großen Fabrikanten, die großen Händler, die Präsidenten von Eisenbahn- und Dampfschiffkonzernen.« (Präsident Wilson, *The New Freedom*. New York 1913, S. 57 f)

Diese Kritik blieb zwar ohne Folgen für die Regierungspraxis Präsident Wilsons, spiegelte jedoch (wie später Präsident Eisenhowers Warnung vor dem ›militärisch-industriellen Komplex‹) auch Meinungsverschiedenheiten in der Wirtschaft über die Rolle des Staates wider, die bereits unter den Gründungsvätern aufgetreten waren. Schon die stete Mitwirkung der Geschäftswelt an der Lösung gesellschaftlicher Probleme läßt eine Einordnung der USA als durchgehend ›liberal‹ (wie von Louis Hartz, *The Liberal Tradition in America: An Interpretation of American Political Thought Since the Revolution*. New York 1955) als zu wenig gesellschaftsbezogen, zu statisch auf das frühe 19. Jahrhundert ausgerichtet und zu sehr an der europäischen Vorstellung der Gewaltenteilung (Locke) orientiert erscheinen. Gabriel Kolko (*The Triumph of Conservatism. A Reinterpretation of American History, 1900–1916*. London/New York 1963) und James Weinstein (*The Corporate Ideal in the Liberal State: 1900–1918*. Boston 1971) haben dagegen gerade anhand der Bedeutung »fortgeschrittenerer Teile« der amerikanischen Wirtschaft wie Morgenthau den grundsätzlichen Konservatismus auch der Reformbewegungen herausgestellt. Robert W. Tucker (*A New Isolationism. Threat or Promise*? Washington/New York 1972) wiederum hat aufgezeigt, daß zwar erst die Kritik »der Liberalen und der gemäßigten Eliten« an den Kosten des Indochinakrieges und dessen mangelnder Effizienz den Protesten in den USA die entscheidende Wendung gegeben hat, letztlich aber auf die Forderung nach einer Anpassung an die veränderten Umstände hinauslief. Dabei wird in der Kritik oft – ähnlich der Gesellschaftskritik zu Anfang des Jahrhunderts – in den kritisierten gesellschaftlichen Zuständen lediglich eine Abkehr Einzelner oder Gruppen vom ursprünglich tugendhaften Pfad amerikanischer Politik erkannt (siehe auch S. 168). Dieser Ansatz taucht selbst bei einigen ›Neuen Linken‹ der USA in den siebziger Jahren wieder auf. So läßt sich für David Horowitz das »Paradoxon« von Theorie und Praxis amerikanischer Politik »nur erklären, wenn gezeigt werden kann, daß es eine Gruppe gibt, die herrschenden Einfluß auf die amerikanische Regierung ausübt, deren Interessen den alten amerikanischen Idealen strikt zuwiderlaufen und die ihre eigene Interpretation der amerikanischen Tradition der Bestimmung der aktuellen US-Politik aufzwingen kann.« (Einleitung, in: *Big Business und Kalter Krieg*, 1971, S. 7–21. Zitat: S. 8)

Weniger jedoch durch die direkte Verbindung von politischer mit sozialer und ökonomischer Macht als grundsätzlicher durch weitgehend unkontrolliert ausgeübte ökonomische und soziale Macht wird die politische Mitwirkung von vornherein einseitig beschränkt. »Wirtschaftliche Macht bedeutet nicht nur Kontrollgewalt über Märkte, Preise, Investitionen etc., sondern sie bedeutet politische Macht im weitesten Sinne. Sie eröffnet einer kleinen Minderheitengruppe der Bevölkerung die Möglichkeit der Einflußnahme und Kontrolle in praktisch allen gesellschaftlichen Bereichen und rückt diese Elite durch die vielfältigen Verflechtungen der wirtschaftlichen und politischen Institutionen in den Bereich politischer Exekutivgewalt, ohne hierzu demokratisch legitimiert zu sein. In den Kommandozentralen weniger Großkonzerne werden Entscheidungen getroffen, die für den Ablauf der gesamten Volkswirtschaft von eminenter Bedeutung sind. Die Interessen dieser Konzerne werden so fälschlicherweise identifiziert mit den Interessen der Bevölkerung, und ihr Wohlergehen wird zur Lebensfrage der Nation. Der Staat ist daher gezwungen, die Interessen des Großkapitals ›im Interesse des Ganzen‹, was bedeutet im Interesse des bestehenden Systems, nicht aber im Interesse der Mehrheit der Bevölkerung, zu schützen. Notwendigerweise führt so die fortschreitende wirtschaftliche Konzentration zu einer zunehmenden Verquickung von Wirtschaft und Staat und zu einer weitgehenden Entdemokratisierung des öffentlichen Lebens. ... Die Widersprüche eines Systems, das die unkontrollierte Entfaltung privater Macht nicht nur duldet, sondern geradezu darauf begründet ist, werden sich zwangsläufig verschärfen und nach Lösungen verlangen, die jenseits einer wie auch immer gearteten Antitrust-Politik liegen werden.« (Lange et al., *Konzentrationspolitik in den USA*, 1972, S. 832 und 833)

3.7 Die amerikanischen Gewerkschaften und die Außenpolitik

Die außenpolitischen Eliten der USA sind schon durch soziale Herkunft, verwandtschaftliche Beziehungen und persönliche Verbindungen (z. B. Clubs), Ausbildung, Status, wirtschaftliche Abhängigkeiten, Karriere, Selbstverständnis und ideologischen Kontext miteinander verbunden. Das hat u. a. dazu geführt, daß sie sich – bei aller Verfolgung spezieller Interessen – mehr horizontal mit anderen (d. h. den dominierenden) Eliten als vertikal mit den Mitgliedern der Gruppen identifizieren, als deren Meinungsmacher sie in der Regel gelten. Ein ›klassisches‹ Beispiel für diesen Mechanismus sind die Führer der großen US-Gewerkschaften. Sie »sind in die Macht- und Statusverhältnisse einer auf dem privaten Unternehmertum beruhenden Wirtschaft und einer von Interessenverbänden bestimmten politischen Landschaft integriert.« (Wilensky, ›Der amerikanische Arbeiter und das Klassenbewußtsein‹, *Perspektiven USA*, Jg. 2, 1972, No. 2, S. 86)
Ihr Kampf um Anerkennung nach oben und unten ließ sie vor allem in der Außenpolitik zum ›Juniorpartner‹ von Regierung und Wirtschaft werden. Bereits 1928 sahen sie keinen anderen Weg, als »den triumphierenden amerikanischen Kapitalismus bei seiner Eroberung der Welt« – wenn auch nur als »side-partner« – zu begleiten (Arthur W. Calhoun). Ihr Eigeninteresse hat sie in den Augen vor allem lateinamerikanischer und französischer Kritiker ebenfalls zum Träger eines ›amerikanischen Imperialismus‹ werden lassen.

Die beiden größten amerikanischen Gewerkschaften sind die *American Federation of Labor* (AFL) und der *Congress of Industrial Organization* (CIO). Beide sind Zusammenschlüsse von Gewerkschaften auf nationaler Ebene; seit 1955 bilden sie gemeinsam (AFL/CIO) eine Dachorganisation von 121 Gewerkschaften mit ca. 13,6 Millionen Mitgliedern (Stand 1973). Der CIO hatte sich 1935 zunächst unter der Bezeichnung *Committee for Industrial Organization* unter der Leitung vor allem des Führers der Bergarbeitergewerkschaft *(United Mine Workers)*, John L. Lewis, innerhalb der AFL formiert. 1937 wurde er aus der AFL ausgeschlossen. Faßte der CIO alle Arbeiter eines Industriezweiges ohne Berücksichtigung der Art ihrer Tätigkeit in einer Gewerkschaft zusammen *(industrial unionism)*, wurde die AFL 1886 als nationale Vereinigung lokaler Facharbeitergewerkschaften gegründet *(trade unionism)*, nachdem die *Knights of Labor* aufgrund innerer Widersprüche (durch die Verbindung gelernter und ungelernter Arbeiter zusätzlich mit kleinbürgerlich Selbstständigen) und äußerem Druck an Bedeutung verloren hatten. Die AFL unter der Leitung von Samuel Gompers und dann William Green, dem Vorgänger Georg Meanys, war grundsätzlich ein Schutzbündnis gegen die anschwellende Zahl ungelernter Industriearbeiter, die sich vor allem aus Immigranten und Angehörigen rassischer Minderheiten zusammensetzten. Neben der AFL/CIO sind als größere Gewerkschaften noch die *United Automobile Workers* (U. A. W.) und die *Teamsters* (Transportarbeitergewerkschaft) zu nennen, die sich 1969 unter der Führung von Walter Reuther vom Dachverband trennten. Nach dem Zusammenbruch ihrer *Alliance for Labor Action* (in der Wahl von 1972 angekündigt durch die Unterstützung der *Teamsters* für Nixon und der U. A. W. für McGovern) und dem Tod Walter Reuthers ist allerdings eine erneute Fusion mit der AFL/CIO zu erwarten.

Die berufsständische Gliederung (und Lohnhierarchie) innerhalb der AFL verstärkte von Anfang an die Zersplitterung der Arbeiterschaft und trug wesentlich zur Unterentwicklung eines Klassenbewußtseins in den USA bei. Die AFL zeigte sich weder an einer ›Arbeiterkultur‹ interessiert (wie ansatzweise etwa die *Knights*) noch an einer Verbindung ihres ökonomischen Kampfes mit direkten politischen Zielsetzungen. Sie unterstützte weniger Parteien (wenn sie auch von Präsident Wilson bis 1972 – als George Meany, der Führer der AFL/CIO, für Nixon votierte – mit der *Democratic Party* in Verbindung gebracht wurde) als Kandidaten. Von Anfang an setzte sie sich entschieden vor allem von sozialistischen Parteien ab.

Seit Samuel Gompers, dem ersten Präsidenten der AFL, betonen die großen amerikanischen Gewerkschaften die ›Harmonie der Interessen‹ in der amerikanischen Gesellschaft. Durch ihre Mitarbeit in der Kriegsbürokratie beider Weltkriege oder etwa der *National Civic Federation* – einer Organisation des ›big business‹ in der Zwischenkriegszeit – und dann in der *industrial democracy* seit Präsident F. D. Roosevelt, der sich auch der CIO nicht verschloß, suchten sie diese Harmonie zu verwirklichen (die zudem durch die Tradition der praktischen Unabsetzbarkeit ihrer Führer nach innen abgesichert wurde). Dieses Harmoniestreben erleichterte sowohl ihre Integration in die amerikanische Gesellschaftsordnung als auch die teilweise Übernahme ihrer Forderungen durch amerikanische Reformbewegungen. Auf der anderen Seite sah sich die amerikanische Arbeiterbewegung von Anfang an sowohl Gegenmaßnahmen der Wirtschaft – von eigenen Werkvereinen (1926: 400 mit 1,4 Millionen Arbeitern) und betrieblichen Wohlfahrtsmaßnahmen über *open shop*-Aktionen (Gewerkschaftsangehörige wurden nicht eingestellt) bis zum Einsatz eigener Armeen – als auch repressiven Maßnahmen der Regierung ausgesetzt. Die bürgerliche Gesellschaft der USA war – im Gegensatz zur europäischen Entwicklung – nicht gezwungen, durch Teilkonzessionen an die Arbeiterbewegung (kurzfristige) Koalitionen gegen feudale Strukturen zu bilden, die eine Politisierung der Arbeiterschaft begünstigt hätten. Erst in der Wirtschaftskrise wurden durch den *National Labor Relations* (oder

Wagner) *Act* (1935) solche »unfaire Praktiken« wie der *open shop* verboten und den amerikanischen Arbeitern das Recht zugestanden, sich in Gewerkschaften zu organisieren und in Tarifverhandlungen durch Vertreter eigener Wahl gemeinschaftlich vertreten zu lassen (Recht auf *collective bargaining*). Allerdings verfestigte dieses Gesetz mit der Übertragung dieses Rechts auch auf lokale Gewerkschaften die Zersplitterung innerhalb der organisierten Arbeiterschaft; darüber hinaus wurden seine Bestimmungen seit dem Zweiten Weltkrieg wesentlich verschärft.

Vor allem der Erste Weltkrieg hatte im Namen von Patriotismus und Amerikanismus die Integration der AFL beschleunigt, die in der schweren Wirtschaftskrise durch den *Wagner Act* verankert wurde. Andererseits hatten dieselben Schlagworte sowohl die gesetzliche Beschränkung als auch die direkte Verfolgung solcher Gewerkschaften wie der 1905 gegründeten (und 1925 vorläufig aufgelösten) *Industrial Workers of the World* (IWW oder ›Wobblies‹), die sich gegen die kapitalistische Gesellschaftsordnung stellten und in den großen Streiks seit 1912 eine führende Rolle spielten, oder der sozialistischen Parteien ermöglicht, die mit ihrer pazifistischen Haltung im Ersten Weltkrieg Stimmenzuwachse in nationalen Wahlen zu verzeichnen hatten. Im Zweiten Weltkrieg wurde auf ähnliche Maßnahmen zurückgegriffen. Ausschüsse der Kriegsbürokratie (mit Vertretern der AFL/CIO) sollten vor allem die während des Krieges aufflackernden Streiks beilegen, die dann durch Gesetze weitgehend eingeschränkt und schließlich mit militärischer Gewalt unterbunden wurden.
Im *War Labor Disputes* (oder *Smith-Connally Anti-Strike*) *Act* vom Juni 1943 wurden (über das Veto Präsident Roosevelts) die Vollmachten des Präsidenten vom Kongreß weiter ausgedehnt. Bei drohenden Auswirkungen auf die Kriegsproduktion konnte der Präsident jeden Streik verbieten und die entsprechenden Unternehmen in staatlicher Regie übernehmen. Streiks in kriegswichtigen Unternehmen mußten ohnehin 30 Tage vorangemeldet werden. Nach dem Zweiten Weltkrieg wurden schon aufgrund der befürchteten Nachkriegsrezession und erneuter Streiks (wie nach dem Ersten Weltkrieg) die Bestimmungen des Wagner Act im *Labor Management Relations* (oder *Taft-Hartley*) *Act* wesentlich verschärft. Wie den *open shop* verboten seine Paragraphen ausdrücklich den *closed shop* (nur Gewerkschaftsmitglieder werden eingestellt), erlaubten aber den *union shop* (Beitritt in die Gewerkschaft nach einer gewissen Beschäftigungszeit). Vor allem aber griff das Gesetz (wie auch der *Labor-Management Reporting and Disclosures* oder *Landrum-Griffin Act* von 1959 aufgrund der weitverbreiteten Korruption in den Gewerkschaften) tief in die innere Struktur der Gewerkschaften ein. Darüber hinaus sah es eine Abkühlungsperiode von sechzig Tagen ohne Streiks und Aussperrungen nach Ablauf eines Tarifvertrages vor und eine Verlängerung auf 80 Tage, wenn der amerikanische Präsident eine Gefährdung der nationalen Wohlfahrt oder Sicherheit erkannte.

Sowohl die Haltung der großen etablierten Gewerkschaften als auch die Maßnahmen von Wirtschaft und Regierung verhinderten von Beginn an die Gründung von Konkurrenzgewerkschaften, die eine engere Verbindung von ökonomischen und politischen Zielsetzungen der amerikanischen Arbeiterschaft ermöglicht hätten *(dual unionism)*. Die ›Säuberungen‹ in der AFL/CIO unter dem Zeichen des Anti-Kommunismus vor allem in den fünfziger Jahren sorgten zugleich für eine Ausschaltung all jener Kräfte, die eine Änderung der Gewerkschaftspolitik von innen heraus anstrebten *(boring from within)*. ›To make a living‹ (etwa: den Lebensunterhalt verdienen) steht an der Spitze der Prioritätenliste der großen amerikanischen Gewerkschaften. Lohnforderungen rangieren auch weit vor noch so zaghaften Veränderungswünschen in den Arbeitsbedingungen und verdrängen diese durchweg im Laufe der Auseinandersetzungen. Einen Generalstreik hat es trotz zahlreicher Einzelstreiks – und *injunctions* (Streikabbrüchen durch ›Einstweilige Verfügungen‹ der Regierung) – noch nicht gegeben. Selbst innerhalb der AFL/CIO sind die Gewerkschaften zersplittert und damit zusätzlich in ihrer Wirksamkeit beschränkt. Ohnehin ist nur der kleinere – und sinkende – Teil der arbeitenden Bevölkerung in den USA gewerkschaftlich organisiert. Betrug ihr Organisationsgrad (nach Angaben des *Department of Labor*) 1955 noch 33,2 %, war er 1966 auf 28,2 % gesunken, wobei der Anteil der Angestellten noch gestiegen ist.

Eine alternative Innen- oder Außenpolitik haben die großen US-Gewerkschaften bisher nicht entwickelt; sie unterstützten zumeist die Politik der jeweiligen Regierung. Sie übernahmen Aufgaben, »die die Regierung nicht selbst hatte übernehmen können« (George Meany). Ihr Einfluß war im In- und Ausland durchweg darauf ausgerichtet, die Arbeiterschaft in die bestehende gesellschaftliche Ordnung (vorausgesetzt, sie war kapitalistisch) zu integrieren. »Wir wollen nichts anderes scheinen als wir sind. Wir sind Teil einer kapitalistischen Gesellschaft. Die amerikanische Gewerkschaftsbewegung ist Fleisch und Blut von der amerikanischen Gesellschaft, und diese ist kapitalistisch. ... Wir haben an diesem System überhaupt nichts auszusetzen. Jeder, der die Geschichte der amerikanischen Gewerkschaften und der Arbeiterbewegung kennt, wird das verstehen. Wir haben nichts gegen das kapitalistische System. Das einzige, worüber wir uns mit den Kapitalisten streiten, ist, wieviel bekommen wir? Das ist alles.« (George Meany 1963 vor einem Unterausschuß des *House Committee on Foreign Affairs*; zit. nach Krippendorff, *Die amerikanische Strategie*, 1971, S. 366).

In den zwanziger Jahren trug die AFL wesentlich zur Vorbereitung der ›Politik der Guten Nachbarschaft‹ mit Lateinamerika bei. Sie weigerte sich jedoch zugleich, Mexikaner – wie auch Afroamerikaner, Angehörige anderer Minderheiten und Industriearbeiter – zu organisieren. Aus Furcht vor ›rassischer Überfremdung‹, dem Verlust von Arbeitsplätzen etc. trat sie vehement auch für die diskriminierende Immigrantengesetzgebung dieser Zeit ein. Nach dem Zweiten Weltkrieg wurde die »nahezu allgemeine Anerkennung des Kalten Krieges in Amerika ... durch die aktive Unterstützung der amerikanischen Gewerkschaftsbewegung im In- und Ausland möglich gemacht« (Ronald Radosh, *American Labor and United States Foreign Policy*. New York 1969, S. 3). AFL und CIO vertraten dabei in der Regel die ›harte‹ Linie; schon im Interesse steigender Löhne und sicherer Arbeitsplätze plädierten sie durchgehend für höhere Rüstungsausgaben und eine entsprechende Politik der Stärke. Die Abteilung für Auswärtige Angelegenheiten im AFL/CIO »war darauf vorbereitet, nahezu jede Maßnahme oder jeden Druck – einschließlich Militärcoups und amerikanischer Intervention – zu unterstützen, die den Kommunismus besiegen könnten« (Lens, *The Military-Industrial Complex*, 1970, S. 113). Kritik an der amerikanischen Kriegsführung in Vietnam konnte 1966 nach Meinung ihres Vorstandes »nur den Blutkreislauf unserer Demokratie verschmutzen und vergiften.«

Die AFL/CIO hat u. a. direkt außenpolitisch eingegriffen:

1. bei der Spaltung der italienischen und französischen Arbeiterbewegungen (in Italien unterstützte die AFL/CIO die katholischen gegen die sozialistischen Gewerkschaften, in Frankreich die Splittergruppe *Force Ouvriere* gegen die großen kommunistischen Gewerkschaften);
2. bei der Neugründung deutscher Gewerkschaften (durch Hilfestellung für konservative Führer);
3. in der amerikanischen Spionage (z. B. in Deutschland);
4. u. a. im Streik der französischen Arbeiterschaft 1949/50 gegen die Verladung amerikanischer Waffen in französischen Häfen (als sie Streikbrecher stellten und unterstützten);
5. 1963 beim Sturz der Regierung Cheddi Jagan in British Guayana, wo die CIA »unter dem Deckmantel einer amerikanischen Gewerkschaft« arbeitete (Neil Sheean von der *New York Times*);
6. beim Sturz der Regierung Bosch in der Dominikanischen Republik (durch ihre Unterstützung regierungsfeindlicher Gewerkschaften);
7. mit der ›Ausbildung‹ ausländischer Gewerkschaftler (z. B. brasilianischer, die dann gegen die Regierung Goulart konspirierten).

Nachdem Präsident Johnson 1967 die – durchgesickerte – Finanzierung amerikanischer Gewerkschaften durch die CIA einstellte, »griff die AID [Auslandshilfebehörde] offensichtlich da ein, wo die CIA aufgehört hatte« (Lens, a. a. O., S. 107. Vgl. dort und bei Radosh, a. a. O., auch diese Angaben). Gelder der AID gingen vor allem an drei Unterorganisationen der AFL/CIO: das *American Institute for Free Labor Development* (AIFLD), das *African-American Labor Center* (AALC) und die *Asian-American Free Labor Institution* (AAFLI). Dem AIFLD unter der direkten Führung von George Meany, dem Präsidenten der AFL/CIO, gehörten 1969 (nach einem Hearing des *Senate Foreign Relations Committee*) auch zahlreiche Vertreter der amerikanischen Großindustrie und Großfinanz an (so Rockefeller und Vertreter der Anaconda Copper); Aufsichtsratsvorsitzender war der Mitinhaber eines Mischkonzerns mit ›Interessen‹ vorwiegend in Lateinamerika (J. P. Grace von W. R. Grace & Co.).

Allerdings hat die ›Brot-und-Butter-Politik‹ der großen amerikanischen Gewerkschaften breitere Auswirkungen gehabt als von ihren Kritikern (und oft von ihnen selbst) gesehen wird. Die Organisierung der Arbeiterschaft hat einerseits die Kosten der Unternehmer erhöht (und die Einführung arbeitssparender Technologien und neuer unternehmerischer Organisationen vorangetrieben), andererseits dem Staat aufgrund der zumindest potentiellen Bedrohung des Status quo vor allem in Krisen eine neue Vermittlungsfunktion zukommen lassen.

Die Arbeiterschaft steht (wie ihre Geschichte um die Jahrhundertwende und in den beiden ersten Dekaden des 20. Jahrhunderts auch in den USA unterstreicht) grundsätzlich, wenn auch nicht immer bewußt, »kritisch gewissen Bereichen der wirtschaftlichen Ordnung gegenüber«. Sie gehört somit zu denen, die sich – wie die Studiengruppe der *Wilson Foundation* (siehe S. 175) befürchtete – mit »militanten Feinden des Systems« zusammenschließen könnten. Gesetze wie der (integrative) *Wagner Act* von 1935 und der (offensive) *Taft-Hartley Act* von 1947 sollten diese ›Bedrohung‹ ebenso einschränken wie etwa die Maßnahmen der amerikanischen Wirtschaft. So sind selbst die Harmoniebestrebungen der amerikanischen Gewerkschaften keineswegs immer auf Gegenliebe gestoßen.

Trotz ihrer generell guten Führung hat auch der amerikanische Kongreß die großen US-Gewerkschaften durchweg mißtrauisch beobachtet; in der Öffentlichkeit haben sie im wahrsten Sinne des Wortes stets ›eine schlechte Presse‹ gehabt. ›Labor‹-Interessen sind niemals als nationale, sondern immer nur als sektionale Interessen eingestuft worden. »Das bedeutet grundsätzlich keine anti-labor-Haltung. Es scheint sich dabei vielmehr um eine allgemeine, vielleicht sogar eine kulturell bedingte Sympathie mit der Geschäftswelt zu handeln – eine Neigung, deren Interessen als legitim anzuerkennen.« (Bernard C. Cohen, *The Influence of Non-Governmental Groups on Foreign Policy.* Boston 1959, S. 17)
Diese Neigung scheint von den Führern der großen amerikanischen Gewerkschaften geteilt und im politischen Sozialisationsprozeß einem Großteil der Arbeiterschaft weitergegeben zu werden (C. Wright Mills bezeichnete sie deshalb als »managers of discontent« – Manager der Unzufriedenheit). Allerdings haben die Arbeitsbedingungen in den USA zusammen mit der negativen Zahlungs- und Handelsbilanz und der hohen Inflationsrate (die Lohnerhöhungen überholte) sowie der Furcht vor den Auswirkungen internationaler Konkurrenz und dem ›Export von Arbeitsplätzen‹ durch die amerikanischen ›multinationalen‹ Konzerne zu verstärkter Unruhe (und sinkender Arbeitsmoral) in der Arbeiterschaft geführt. Der wachsenden Kritik an den Arbeitsbedingungen einerseits und der »Monopolisierung des internationalen Arbeitsmarktes« und der »Oligopolisierung des internationalen Warenmarktes« (Nat Weinberg von den U. A. W.) andererseits konnten sich auch die konservativen Gewerkschaften nicht völlig entziehen.

In der von ihnen unterstützten (Hartke-Burke-) Gesetzesvorlage zur Außenwirtschaftspolitik (*The Foreign Trade and Investment Act* von 1972) waren ›multinationale‹ Konzerne zwar nicht direkt erwähnt. Neben Importbeschränkungen (die von den U. A. W. wiederum abgelehnt werden) wurde jedoch u. a. vorgeschlagen, sowohl die Steuervorteile für US-Firmen mit Tochtergesellschaften im Ausland zu streichen als auch die Ausfuhr privaten Kapitals einer strengen Kontrolle zu unterziehen (allerdings hatte diese Vorlage kaum eine Chance, im Kongreß in dieser Form verabschiedet zu werden). Zugleich stellte die AFL/CIO mit ihrer Warnung, die Übertragung des amerikanischen *know-how* an andere Länder bewirke, daß »die größte industrielle Macht der Weltgeschichte Gefahr läuft, nichts mehr als eine Nation von Hamburger-Buden zu werden« (George Meany), ihren Patriotismus erneut unter Beweis. George Meany gab den multinationalen Konzernen die Schuld für die hohe Arbeitslosigkeit in den USA (die 1974 auf 6 % steigen soll), die Inflation und die Zahlungsbilanzschwierigkeiten. Er erkannte in ihnen »moderne Fluchtgesellschaften«, die sich durch die Gründung von Produktionsstätten in Ländern mit vorteilhafteren Gesetzen, Arbeits- und Sozialstandards der heimischen Rechtsprechung entziehen wollten. Zugleich warf er ihnen vor, amerikanische Arbeitsplätze zu exportieren (siehe dazu Jonathan Galloway, The Multinationalization of Labor: U.S. Perspectives, in: *Multinational Corporations and Labour Unions,* hrsg. von Kurt P. Tudyka. Nijmegen 1973, S. 197–208; Nathaniel Goldfinger, An American Trade Union View of

International Trade and Investment, in: *American Labor and the Multinational Corporation,* hrsg. von Duane Kujawa. New York et al. 1973, S. 28–53, und *Needed: A Constructive Foreign Trade Policy,* von Stanley H. Ruttenberg et al. für das Industrial Union Dept. der AFL/CIO. Washington, D. C., 1971).

Gerade die Möglichkeit der ‹multinationalen› Konzerne, ihre Produktionsstätten in Gebiete mit niedrigeren Arbeitslöhnen zu verlegen, ist auch von den Gewerkschaften als ihre wesentlichste Eigenschaft angesehen worden. »Was ist ein multinationaler Konzern? Es ist eine Organisation, durch die ausländisches Kapital einheimische Arbeit – oder umgekehrt – kauft und die deshalb darauf ausgerichtet ist, Arbeit zu entnationalisieren und somit potentiell eine weltweite industrielle Reservearmee zu schaffen.« (Kurt P. Tudyka in seiner Einleitung zu *Multinational Corporations and Labour Unions,* a. a. O., S. XV).
Zugleich gibt diese ›Internationalisierung der Arbeit‹ den ›multinationalen‹ Konzernen die Möglichkeit, Gegensätze zwischen der Arbeiterschaft der einzelnen Länder (und in den einzelnen Ländern) auszunutzen und Druck auf die heimische Gewerkschaftsbewegung auszuüben *(Monopolisierung des internationalen Arbeitsmarktes).* So konnten amerikanische ›multinationale‹ Konzerne trotz der Verschlechterung der allgemeinen Lebensbedingungen in den USA – bei allerdings gleichbleibender Gewinnerwartung der Unternehmen (bei General Motors etwa 20 %) – durch ihre Politik auch das effektivste Mittel der Gewerkschaften, den Streik, unterlaufen.

Bereits der Zusammenschluß völlig unterschiedlicher Produktionsbereiche in nationalen Mischkonzernen *(Bereichsdiversifikation)* hat den Einfluß von Streiks wesentlich verringert. Wenn z. B. die Textilarbeiter eines Mischkonzerns streiken, geht die Arbeit in anderen Branchen weiter; das Unternehmen ist also weniger unter Verhandlungsdruck. Es kann unter Umständen sogar diesen Teilbereich abstoßen – wie das im internationalen Rahmen auch ein ›einfacher‹ (vertikaler) Konzern wie die Automobilfirma Ford für ihre Zweigniederlassung in Großbritannien angedroht hatte.

Die *Internationalisierung der Produktion* bzw. *nationale Diversifikation* hat selbst dem Streik innerhalb einer Branche viel an Bedeutung genommen. Verluste in einem Land können – wie bei General Motors aufgrund des Streiks im Jahre 1970 – durch die laufenden Gewinne in anderen Ländern unter Umständen zwar nicht ausgeglichen, aber doch wesentlich gemildert werden. Die Zersplitterung der Arbeiterbewegung im nationalen und internationalen Rahmen gibt den ›multinationalen‹ Unternehmen bei diesen Auseinandersetzungen einen zusätzlichen Vorteil. Noch ist eine Änderung dieser Situation erst in ihren Anfängen, in welcher Form (etwa: »one big union« für einen ›multinationalen‹ Konzern) oder ob sie überhaupt wirksam sein wird, muß zudem dahingestellt bleiben.

Schon die unterschiedlichen Haltungen der großen Gewerkschaften in den USA zeigen durchaus Ähnlichkeiten mit der Politik ›ihrer‹ Industrien, mit denen sie zudem durch den Abschluß außertariflicher Sozialleistungen (bei ungenügenden staatlichen Programmen) eng verbunden sind. Die U. A. W. wenden sich wie die amerikanische Automobilindustrie – die Gegenmaßnahmen anderer Länder für ihre Produkte befürchtet – gegen eine Erhöhung der US-Importbeschränkungen; ihre Beziehungen zu General Motors z. B. sind als »zivilisiert« (William Serrin, 1973) eingeordnet worden. Die AFL/CIO (einschließlich der Stahlgewerkschaft) spiegelt in der Regel die ›nationalen Interessen‹ der amerikanischen Wirtschaft wider. Kaum verwunderlich in diesem Zusammenhang erscheinen die weltweiten Aktivitäten der Ölarbeitergewerkschaft, der von CIA und AID entsprechende Zuwendungen zugestanden wurden. Auf der anderen Seite ist durch einen Vertreter des *Council on Foreign Relations* bereits darauf hingewiesen worden, daß es »dem Interesse der Arbeiter an einem festgesetzten Muster von Beschäftigung und Einkommen nicht erlaubt werden soll, ein öffentliches Interesse an einer Liberalisierung der Einfuhren zu überkommen« (Diebold, *The United States and the Industrial World*, 1972, S. 186). Eine »Zusammenarbeit zwischen aufgeklärtem Management und einer aufgeklärten Arbeiterschaft« könne dagegen viel zur Behebung der durch ›multinationale‹ Konzerne entstandenen Probleme beitragen und eine »reibungslose Anpassung« garantieren, wobei »der Druck auf das Management, ›aufgeklärt‹ zu sein, mit dem Wunsch nach einer Verhinderung des Risikos gekoppelt wäre, daß die Unzufriedenheit der Arbeiterschaft einen Punkt erreicht, der die Regierung zu irgendeiner Art von Aktion zwingen wird – etwa durch Besteuerung, wenn nicht sogar direkte Kontrolle« (ebda.).

Könnte durch eine »Anpassung« die nationale Solidarität der Arbeiterschaft erneut untergraben werden, haben im internationalen Rahmen gerade die amerikanischen Gewerkschaften im Zeichen des Kalten Krieges wesentlich zur Spaltung der internationalen Gewerkschaftsbewegung beigetragen. Bereits nach dem Ersten Weltkrieg weigerte sich die AFL, der ›Amsterdamer Internationalen‹ beizutreten; sie konnte sich nicht der Ablehnung des Kapitalismus und der Forderung nach »Sozialisierung der Produktionsmittel« anschließen. 1949 trug der CIO (die AFL war ohnehin nicht Mitglied) wesentlich zur Spaltung der internationalen Gewerkschaftsbewegung bei. »Internationale Solidarität ist für Arbeiter in der kapitalistischen Welt Teil einer heiliggesprochenen Rhetorik, die sich nur selten konkret und wirksam manifestiert; für die Wirtschaft ist es eine permanente Realität.« (Ralph Miliband, *The State in Capitalist Society*. London 1969, S. 156)

3.8 Die ›multinationalen‹ Konzerne

> »Entweder ist man Weltfirma oder Imperium, aber da muß ich schon ausdrücklich sagen, lieber Weltfirma, das rentiert besser.« (Cäsar Rupf zu Kaiser Romulus in Friedrich Dürrenmatts *Romulus der Große*. Zürich: Arche Verlag, 1964)

Als deutlichster (und zum Teil qualitativ neuer, wenn auch schon zuvor vorhandener) Ausdruck dieser internationalen Zusammenarbeit in der Wirtschaft werden oft die ›multinationalen‹ Konzerne angesehen. Sie können produzieren, wo die Arbeit am billigsten ist, verkaufen, wo die Nachfrage am größten ist, und Profite machen, wo die Steuern am niedrigsten sind (nach Hans Matthöfer, ›Internationale Kapitalkonzentration und Gewerkschaftsbewegung‹, *Gewerkschaftliche Monatshefte*, 22. Jg., August

1971, S. 469–476). Es sind jedoch nach wie vor insbesondere amerikanische Unternehmen (über 80 %), die sich in vielen Nationen – also ›multinatonal‹ – betätigen: »Wir sollten nicht leichthin schließen, daß eine Dezentralisierung der Operationen ein Fehlen von Kontrollzentren bedeutet« (Kenneth Waltz).

In der Tat ist – wenn überhaupt – eine Internationalisierung der Kontrolle über diese Unternehmen erst ansatzweise vorhanden; von einer Internationalisierung der Profite kann noch keine Rede sein. Schon deshalb gibt es für ›multinationale‹ Konzerne weder eine internationale Privatrechtsordnung – »auch das sogenannte ›internationale Privatrecht‹ ist nationales Recht« (Albrecht Düren, siehe unten) – noch eine allgemeingültige Definition. Welche der zahlreichen Definitionen aber auch immer vorgezogen wird, die wesentlichen Entscheidungen dieser Unternehmen, wie und welche Produktionsfaktoren eingesetzt werden (Allokationsproblem), wieviel und wo investiert wird (Akkumulationsproblem) und wie die Gewinne verteilt werden (Distributionsproblem), fallen in der nationalen Zentrale.

Diese Zentralisierung der Kontrolle innerhalb der internationalen Dezentralisierung der Produktion hat nicht nur die Gegensätze zwischen Kapital und Arbeit verstärkt, sondern auch zu Spannungen zwischen

- amerikanischen ›multinationalen‹ Konzernen und anderen Teilen der amerikanischen Wirtschaft,
- amerikanischen ›multinationalen‹ Konzernen und der amerikanischen Regierung,
- amerikanischen ›multinationalen‹ Konzernen und Unternehmen (›multinationalen‹ oder anderen, selbst den Töchtern amerikanischer Konzerne) in anderen Ländern,
- amerikanischen ›multinationalen‹ Konzernen und ausländischen Regierungen
- und (als Folge) der amerikanischen Regierung und ausländischen Regierungen geführt.

Zwar gibt es nach Schätzung des amerikanischen Handelsministeriums ca. 3300 amerikanische Unternehmen, die im Ausland investieren und rund 23 000 ausländische Produktionsstätten unterhalten (1972), doch entfällt der bei weitem größte Teil auf die größten, technologisch entwickeltsten (oder bestimmenden) und in ihrer Branche führenden amerikanischen Konzerne.

Ihre Auslandstätigkeit wiederum hat – selbst bei vorsichtiger Abschätzung – ihren Wettbewerbsvorsprung auch in der einheimischen Wirtschaft erhöht. »Das über dem Durchschnitt liegende Handelsergebnis der Multinationalen Konzerne von 1966–70 kann – unbeschadet irgendwelcher Auswirkungen, die ihre ausländischen Direktinvestitionen an sich auf den US-Handel gehabt haben – die starke Wettbewerbsstellung der Multinationalen Konzerne in den USA und auf fremden Märkten widerspiegeln. Viele der 298 amerikanischen Firmen, die auf diese Umfrage antworteten [und die 70 % des Außenhandels aller amerikanischen ›multinationalen‹ Konzerne bestritten], gehören zu den größten und technisch am meisten entwickelten US-Unternehmen. Als Ergebnis ist ihre heimische Produktion gegenüber der Produktion anderer US- und ausländischer Firmen im höchsten Maße konkurrenzfähig. Aus diesem Grunde können sie – unbeschadet der Auswirkungen ihrer ausländischen Direktinvestitionen auf den Handel – im internationalen Handel sehr gut Wettbewerbsvorteile haben.« (Barker, ›U.S. Foreign Trade Associated with U.S. Multinational Companies‹, *Survey of Current Business*, Bd. 52, Dez. 1972, S. 21)

Die Auslandstätigkeit amerikanischer ›multinationaler‹ Konzerne hat strukturelle Differenzen in der amerikanischen Wirtschaft verstärkt. So fordern etwa Unternehmen auf solchen traditionellen Sektoren wie Stahl und Textilien, die besonders von der Konkurrenz Japans und Europas betroffen sind, eine staatliche Schutzzollpolitik oder entsprechende Maßnahmen, während Unternehmen auf technologisch fortgeschrittenen und wachstumsstarken Sektoren aufgrund ihrer Überlegenheit gerade den Wegfall solcher Barrieren im internationalen Handel anstreben. Zudem zwingen die oft fortgeschrittenen (zum Teil aber auch fortschritthemmenden) Technologien der ›multinationalen‹ Konzerne sowohl die ausländische als auch die heimische Industrie zur Anpassung. Abgesehen davon, daß sich auch unter den ›multinationalen‹ Konzernen einzelne Unternehmen schneller als andere entwickeln und unterschiedliche Profite erzielt werden, haben sie wesentlich zur weiteren Konzentration und Oligopolisierung der amerikanischen Wirtschaft auf Kosten kleinerer Unternehmen und damit zur Produktionssteigerung und entsprechendem Zwang zur Außenhandelssteigerung beigetragen. Diese Entwicklung (von Widersprüchen) ist als ›strukturelle Schwäche‹ der amerikanischen Ökonomie ausgelegt worden.
Darüber hinaus besteht weitgehende Unklarheit, ob die amerikanischen ›multinationalen‹ Konzerne die internationale Handelsposition der USA verbessern oder verschlechtern. Sie nutzen zwar die ungleiche Entwicklung im internationalen Rahmen aus, tragen aber zugleich – und ebenso wie bei den ungleich entwickelten Produktivkräften, die ihnen zunächst ihre Vorherrschaft (und die der USA) sichern – zur Aufhebung dieser Unterschiede bei; sie produzieren also ihre eigene Konkurrenz. Schon deshalb hat ihre Politik auch Konflikte mit der amerikanischen Regierung hervorgerufen.

»Je multinationaler die Unternehmen werden, desto mehr Schwierigkeiten werden auftreten – einfach deshalb, weil die Politik zum größten Teil national bleibt. Es liegt im Wesen des multinationalen Unternehmens (oder wird liegen), eine Strategie zu verfolgen, die so global ist, wie es die Umstände, seine Interessen und seine Struktur erlauben. In der Verfolgung seiner Unternehmensziele – Profitmaximierung, Wachstum oder welche dazwischenliegende Ziele es auch immer verfolgt – wird das multinationale Unternehmen versuchen, eine entsprechende Produktions-, Verteilungs- und Finanzstruktur aufzubauen. Um die Vorteile der Spezialisierung und Größe auszunutzen, kann es gewisse Produktionsarten auf gewisse Länder zum Verkauf in der ganzen Welt verteilen; es kann Teile in drei Ländern herstellen und sie im vierten zusammensetzen, um sie in allen vier oder mehr zu verkaufen. Es kann Niederlassungen von optimaler Größe bauen, bevor die lokale Nachfrage diese Politik rechtfertigt, in dem Wissen, daß es die Produktion in irgendeinem anderen Teil der Welt absetzen kann. Es kann die Produktion von Rohmaterialien, ihre Weiterverarbeitung, die Fabrikation und den Verkauf einbauen, wie es will – vorausgesetzt, daß es die Regierungen erlauben.« (Diebold, *The United States and the Industrial World*, 1972, S. 198) Die amerikanische Regierung ist bisher nur zögernd gegen die ›multinationalen‹ Konzerne ihres Landes vorgegangen. Sie hat 1968 vorübergehend Einschränkungen über Direktinvestitionen besonders in Westeuropa verhängt, das seinerseits versuchte, den Einfluß amerikanischer ›multinationaler‹ Konzerne zu begrenzen. Wichtige Länder wie Japan, Australien, Neuseeland und Großbritannien und ›sichere‹ Entwicklungsländer waren jedoch wie allgemein die ölexportierenden Länder weitgehend ausgenommen. Auch unter Präsident Nixon hatte sich – trotz minimaler Einschränkungen der Steuervorteile ›multinationaler‹ Konzerne und einiger Anreize für heimische Investitionen – an dieser Situation generell nichts geändert.

Es ist in diesem Zusammenhang oft von einem ›doppelten Negativeffekt‹ für die Vereinigten Staaten gesprochen worden. Zum einen trägt der Abfluß amerikanischen Kapitals besonders nach Westeuropa (aufgrund der niedrigeren Profitraten in und des eingeschränkten Gewinntransfers aus diesen Ländern) zur Verschlechterung der amerikanischen Zahlungsbilanz bei. Zum anderen soll die Produktion im Ausland zusammen mit der Erhöhung der ausländischen Konkurrenzfähigkeit einen verringerten Export von Gütern aus den USA und damit erneut eine Belastung der Handels- und Zahlungsbilanz bewirken. Der Anstieg der US-Importe von Töchtern ›multinationaler‹ Konzerne im Ausland von 5 % im Jahre 1950 auf 10–15 % Ende der sechziger Jahre hat diese These untermauert.

Auf der anderen Seite haben amerikanische ›multinationale‹ Konzerne ihre ausländischen Neuinvestitionen zum Teil auf ausländischen Geldmärkten und durch Reinvestitionen der erzielten Auslandsgewinne finanziert. Zudem bildeten amerikanische Direktinvestitionen im Ausland zusätzliche Anreize für die ›Gastländer‹ zum Import amerikanischer Güter (z. B. Investitionsgüter) und Dienstleistungen (Wartung, Bedienung etc.).

Wenn auch diese Auswirkungen schlecht meßbar sind, so wird doch immerhin ein Viertel des gesamten US-Exports zwischen amerikanischen ›multinationalen‹ Konzernen und ihren ausländischen Töchtern abgewickelt. Weitere 25 % sollen von diesen Konzernen im Geschäft mit solchen Unternehmen im Ausland bestritten werden, die mit ihnen durch Patente, Lizenzen, Beteiligungen (*joint ventures* u. a.) etc. verbunden sind (Marie T. Bradshaw, ›US-Exports to Foreign Affiliates of U.S. Firms‹, *Survey of Current Business*, Bd. 49, No. 5, Teil I, Mai 1969, S. 40). Zudem ist der Anstieg der US-Importe von amerikanischen Auslandstöchtern – neben den erhöhten Ölpreisen (1966 bis 1970 bereits um 84 %) – vor allem auf die unerwartet hochgeschnellte Einfuhr von Automobilzubehör aus Kanada (1966–1970 183 %) nach einem entsprechenden Abkommen zwischen beiden Ländern zurückzuführen. Abgesehen davon, daß die USA inzwischen *dieses* ›Ungleichgewicht‹ in der Handelsbilanz mit Kanada bereinigt haben, sind die Exporte amerikanischer ›multinationaler‹ Konzerne an ihre kanadischen Töchter in dieser Branche im gleichen Zeitraum ebenfalls um 94 % angezogen.

Zumindest die amerikanischen ›multinationalen‹ Konzerne selbst haben von ihren Auslandsinvestitionen direkt profitiert. Abgesehen von den strategischen Vorteilen in Produktion und Verkauf haben selbst da, wo direkte Gewinntransfers aufgrund staatlicher Kontrollen der Gastländer nur im geringen Umfang möglich waren, versteckte Gewinntransfers (z. B. durch überhöhte Preise für Lieferungen der Zentrale an ihre Tochter) und die Zentralisierung von Forschung und Entwicklung in der Mutterfirma (mit entsprechenden Zahlungen der Töchter für Patente und Lizensen) zum guten Ergebnis der amerikanischen ›multinationalen‹ Konzerne beigetragen. Diese Gewinne (vor allem in Westeuropa) haben sich allerdings nicht oder nur unwesentlich in der Zahlungsbilanz der Vereinigten Staaten niedergeschlagen. Es kann schon deshalb behauptet werden, daß auch die privaten Auslandsgewinne amerikanischer ›multinationaler‹ Konzerne durch soziale Kosten sowohl in den USA als auch in den betroffenen Ländern finanziert wurden.

So sprachen amerikanische Senatoren in der Währungskrise zu Anfang des Jahres 1973 von »einem privaten Wrtschaftskrieg« amerikanischer ›multinationaler‹ Konzerne gegen die Vereinigten Staaten. Eine umfangreiche Studie der *Tariff Commission* (Zollkommission) – einer Unterkommission des Finanzausschusses im Senat – machte deutlich, daß amerikanische ›multinationale‹ Konzerne und ihre Töchter kurzfristig 115,2 Mrd. Dollar flüssiges Kapital zur Verfügung haben. Zusammen mit den 74,4 Mrd. Dollar, die zusätzlich auf US-Banken und deren Auslandstöchter entfielen, ist das eine Summe, die bei weitem die Währungsreserven aller Zentralbanken und internationalen Währungsinstitutionen der Welt übersteigt. Nur ein Bruchteil dieser Summe genügt bereits, um das internationale Währungssystem erneut aus den Angeln zu heben.

Hat die Macht amerikanischer ›multinationaler‹ Konzerne weithin zu Befürchtungen Anlaß gegeben, sind sie auf der anderen Seite – eng verbunden mit der Vorstellung einer »soulful corporation« und ihrer Übernahme sozialer Verantwortung – ideologisierend als »Avantgarde des Fortschritts« und Grundpfeiler einer neuen friedlichen Weltordnung verklärt worden: »Seit dem Zweiten Weltkrieg hat sich die private multinationale Gesellschaft zu einem wichtigen Instrument des sozialen und wirtschaftlichen Wandels auf der Welt entwickelt.« (Neil Jacoby, ›Der Einfluß der multinationalen Gesellschaften‹, *Perspektiven USA*, USIS, Jg. 1, 1971, No. 1, S. 21–31. Zitat: S. 21) Dementgegen stelle der Nationalstaat als »eine im 19. Jahrhundert entstandene politische Ordnung . . . einen längst überholten Rahmen für die Wirtschaft des 20. Jahrhunderts« dar (ebda., S. 22).

Der ›multinationale‹ Konzern »sucht jederzeit und im globalen Maßstab zu entdecken, wo die besten Gelegenheiten für Rohstoffproduktion, für Verarbeitung, für Kauf und Verkauf und für unbegrenztes Wachstum liegen. Wo immer er sich etabliert, ist der multinationale Konzern – unabhängig vom vorherrschenden sozialen und politischen Klima – von einem Hauptkriterium getragen: Wieviel Profit werden seine Tätigkeiten am Ende des Finanzjahres in der Bilanz ausweisen.« (Interview der Zeitschrift Réalités mit dem amerikanischen Wirtschaftsjuristen Samuel Pisar, vorm. Berater der Regierung Kennedy und der UNESCO; abgedruckt unter dem Titel ›Nationalism and the Multinational Corporation‹ in *Dialogue*, USIS, Bd. 6, 1973, No. 2, S. 64–70. Zitat: S. 65) Im Gegensatz zum Nationalstaat, der binnenwirtschaftlichen Drücken nachgeben müsse und aus nationalem Prestige Kriege führe, zeigten sich diese Konzerne – so wird in diesem Zusammenhang (u. a. von Neil Jacoby) weiter ausgeführt – grundsätzlich schon aus eigenem Interesse sowohl an »freieren« Investitionen und »freierem« Handel als auch an einer »friedlichen« und »stabilen« Welt interessiert (siehe auch Kap. 3.9.3). Gerade von dieser Seite – und nicht von »Nachbetern der Marxschen Konzentrations- und Verelendungstheorie« (Albrecht Düren, ›Multinationale Unternehmen als politisches Problem‹, *Europa-Archiv,* 25. 7. 1972, S. 481–490. Zitat: S. 482) – ist behauptet worden, daß 1980 wenige hundert Großunternehmen die Welt beherrschen und (so der Aufsichtsratsvorsitzende des US-Konzerns Dow Chemical) »den neuen ›melting-pot‹« bilden werden. Was allerdings bei dieser Interpretation – einer Neuauflage der ›gütigen Führung‹ der USA – übersehen wird, ist das »Selbstinteresse« der Konzerne, »ihre« Errungenschaften und »ihre« weitere Entwicklung und – vor allem – »ihre« Profite zu sichern.

Unzweifelhaft haben amerikanische ›multinationale‹ Konzerne amerikanisches *know-how,* überlegenes Management, internationale Ressourcen und Dienstleistungen in die Volkswirtschaften anderer Länder eingebracht. Zur Entwicklung beigetragen haben sie allerdings bestenfalls in den ohnehin entwickelten Ländern Westeuropas – und das wiederum nicht, ohne sich selbst dabei entscheidende Marktvorteile zu sichern. Zudem haben sie zunehmend weniger neue Produktionsstätten eingerichtet als etablierte Firmen aufgekauft und damit – wie in den USA – den ›freien Wettbewerb‹ (entgegen Behauptungen ihrer Verteidiger) weiter eingeschränkt. Diese Entwicklungen sind auch in Europa verstärkt auf Ressentiments gestoßen. »Westeuropa ist heute mehr beunruhigt über die amerikanische wirtschaftliche Macht als über die russische militärische Macht.« (Aus einem Leitartikel des *Christian Science Monitor,* 9.12.1966; zit. nach Lens, *The Military-Industrial Complex,* 1970, S. 27)
Es ist besonders die Größe und überragende Marktstellung der amerikanischen ›multinationalen‹ Konzerne, die ihre Sprecher als »Botschafter einer Regierung – in diesem Fall einer privaten Regierung – zu einer anderen« (Andrew Hacker) erscheinen läßt. So lag etwa General Motors mit einem Umsatz von 30,4 Mrd. Dollar 1972 über dem Bruttoinlandsprodukt der Schweiz. »Größe ist in der amerikanischen Wirtschaft nichts Neues, in der Nachkriegszeit ist die Vergrößerung jedoch in einem solchen Tempo fortgeschritten, daß Größe einen ganz besonderen Charakter angenommen hat.... Eine sich Branche für Branche vornehmende Untersuchung der US-Wirtschaft zeigt auf, daß die meisten wichtigen Wirtschaftszweige durch oligopolistische Strukturen gekennzeichnet sind.« (Barber, *Die Herrschaft der Manager,* 1970, S. 18 und 33) Die Stellung der amerikanischen ›multinationalen‹ Konzerne ist eine Folge des ungeheuren Konzentrationsprozesses in den USA (siehe Kap. 3.9.1) und der beherrschenden Position weniger Großfirmen in den einzelnen Branchen (Oligopol).
Dieses System hat sich auch im internationalen Rahmen durchgesetzt. Amerikanische Firmen sind (trotz der ›Entwicklung‹ in anderen Ländern) nicht nur die größten der Welt – mit größerem Umsatz, größeren Gewinnen und weitaus größerem Aktivvermögen –, sie sind auch in nahezu jeder Branche, die in sich wiederum oligopolistisch aufgeteilt ist, international führend (Oligopolisierung des internationalen Warenmarktes).

Die 20 größten Unternehmen der Welt

Rang	Unternehmen	Land	Branche	Umsatz in Mrd. Mark 1971	Beschäftigte
1.	General Motors	USA	Auto	98,9	773 400
2.	Standard Oil (N.J.)	USA	Mineralöl	65,4	143 000
3.	Ford Motor	USA	Auto	57,5	433 100
4.	Royal Dutch/Shell	Holland/Engl.	Mineralöl	44,5	185 000
5.	General Electric	USA	Elektro	32,9	363 000
6.	IBM	USA	Elektronic	28,9	265 500
7.	Mobil Oil	USA	Mineralöl	28,8	75 300
8.	Chrysler	USA	Auto	27,9	227 400
9.	Texaco	USA	Mineralöl	26,3	75 200
10.	Unilever	Holland/Engl.	Nahrgs.-Waschm.	26,1	324 000
11.	ITT (Int. Tel. & Tel.)	USA	Electron./Dienstl.	25,7	398 000
12.	Western Electric	USA	Elektronic	21,1	207 000
13.	Gulf Oil	USA	Mineralöl	20,7	57 200
14.	British Petroleum	England	Mineralöl	18,1	70 600
15.	Philips	Holland	Elektro	18,1	367 000
16.	Standard Oil (Calif.)	USA	Mineralöl	18,0	42 500
17.	Volkswagenwerk	Bundesrepubl.	Auto	17,3	202 000
18.	U.S. Steel	USA	Stahl	17,2	183 900
19.	Westinghouse Electric	USA	Elektro	16,2	180 700
20.	Nippon Steel	Japan	Stahl	14,3	100 800

Quelle: *Die Zeit,* 30. März 1973, S. 38.
Von diesen Firmen hat z. B. General Motors 24 Produktionsstätten im Ausland (und 127 in den USA). In der ITT sind 150 Firmen mit 57 ausländischen Töchtern zusammengefaßt, die ihre Produkte in 100 Ländern verkaufen. Die Hälfte der Beschäftigten dieses Konzern ist im Ausland tätig. Standard Oil aus New Jersey (Exxon) allein unterhält bei ihren Auslandstöchtern das Dreifache des Auslandspersonals des State Department.

Die Firmen der anderen Industrieländer haben mit den amerikanischen ›multinationalen‹ Konzernen kaum Schritt halten können, die gerade durch den Zusammenschluß Europas – und den Abbau der Zollgrenzen – aufgrund ihrer Größe und Organisation zunächst allein in der Lage waren, die Vorteile des Gemeinsamen Marktes auszunutzen. Als Antwort auf diese Herausforderung ist in Europa einerseits die Entwicklung europäischer oder nationaler ›multinationaler‹ Konzerne gefördert, andererseits gegen die amerikanischen ›multinationalen‹ Konzerne bzw. gegen ›multinationale‹ Konzerne generell Front gemacht worden (so u. a. Jean-Jacques Servan-Schreiber, *Die amerikanische Herausforderung.* Aus dem Französischen. Hamburg 1968, und Franz Josef Strauß im Vorwort zu dieser Ausgabe). Von amerikanischer Seite wurde nicht zu Unrecht wiederholt auf diese Schizophrenie aufmerksam gemacht.

Gegen den Einfluß amerikanischer ›multinationaler‹ Konzerne auf ihre nationalen Volkswirtschaften haben sich bisher nur wenige Regierungen mit mehr oder weniger Erfolg zur Wehr setzen können. »Die amerikanische politische Demokratie kann zumindest in der Theorie einen gewissen Schutz unserer Bürger vor der Unverantwortlichkeit der Konzerne bieten. In der Welt souveräner Staaten jedoch gibt es nur wenig Schutz für die schwachen und armen Länder vor den Plünderungen eines sich immer weiter ausbreitenden amerikanischen Konzernreiches.« (Tanzer, *The Sick Society*, 1972, S. 26) Auch die Wirksamkeit der *joint ventures* ist durch ihre Einbettung in die (von den amerikanischen ›multinationalen‹ Konzernen maßgeblich bestimmte) internationale Techno-, Handels- und Finanzstruktur von vornherein beschränkt.

»Im Verhältnis zu den Entwicklungsländern haben einige Weltkonzerne das Erbe früherer Kolonialmächte angetreten. Ist es etwa ein wesentlicher Unterschied gegenüber der klassisch kolonialen Ausbeutung, wenn durch multinationale Unternehmen die verschiedenen Rohstoffe ausschließlich zur Weiterverarbeitung in anderen Ländern genommen werden.« (Der DGB-Vorsitzende Heinz-Oskar Vetter auf der Londoner Tagung des Internationalen Bundes Freier Gewerkschaften im Juli 1972; zit. nach *Die Zeit*, 29. 9. 1972, S. 31) Amerikanische ›multinationale‹ Konzerne haben auf verschiedene Art und Weise auch die Politik westlicher Industrieländer unterlaufen können. Dabei hat bereits – über alle Ressentiments hinweg – der Wettbewerb um ihre Investitionen zwischen den einzelnen Ländern die Stellung dieser Konzerne verstärkt. Eine Ablehnung solcher Investitionen kann zur Schwächung der eigenen Volkswirtschaft führen (ein Druck, der auch amerikanische Abgeordnete im lokalen Bereich immer wieder überzeugte). Als z. B. die französische Regierung eine Niederlassung von General Motors in Frankreich nicht genehmigte, wurde dieses Werk in Belgien gebaut und belieferte von dort auch den französischen Markt; inzwischen wurde der Bau einer Tochter von General Motors in Straßburg genehmigt. Die oft starre Haltung der amerikanischen ›multinationalen‹ Konzerne bei Streiks, ihre Gewinntransfers etc. haben ebenfalls Interessenkonflikte mit fremden Regierungen ausgelöst. Mehr indirekter Art sind solche Einflüsse auf die Sozialpolitik eines Landes wie der Beschluß von IBM in der Bundesrepublik Deutschland (1957), alle Arbeiter zu Angestellten zu machen – ein Versuch zur ›Lösung des Arbeiterproblems‹, der auch in der deutschen Wirtschaft viel Interesse gefunden hat. Mit ihren Möglichkeiten der Selbstfinanzierung und Kreditaufnahme auf anderen Märkten haben amerikanische ›multinationale‹ Konzerne auch das Hauptinstrument nationaler Regierungen zur Steuerung der Konjunktur – die Finanz- und Währungspolitik – umgehen können. Ihre Entscheidungsfreiheit schließlich, unrentable Zweigbetriebe aufzulösen und damit – wie u. a. durch hohe Löhne, ihre Gewerkschaftsfeindlichkeit etc. – auch auf die Beschäftigungsstruktur der betroffenen Länder einzuwirken *(Monopolisierung des internationalen Arbeitsmarktes)*, hat ihnen ein nicht zu unterschätzendes Druckmittel auf die Regierungen der ›Gastländer‹ in die Hand gegeben.

»Die Entscheidung eines internationalen Milliarden-Dollar-Unternehmens, ob es investieren soll oder nicht, über Preisänderungen, über Produktionsdrosselung oder -steigerung, über den Übergang von natürlichen zu synthetischen Rohstoffen, über die Automatisierung oder Nichtautomatisierung einer Fabrik oder die Einführung eines neuen Produktes kann ernste Auswirkungen auf jedes Land, ob groß oder klein, haben. Das ist Machtausübung im eigentlichen Sinne, und oft kann sie folgenschwerer sein als eine Entscheidung der Regierung der Vereinigten Staaten, Englands oder Frankreichs.« (Barber, *Die Herrschaft der Manager*, 1970, S. 308) Schon aus diesem Grunde haben die amerikanischen ›multinationalen‹ Konzerne ihre Produktions-, Verteilungs- und Finanzstruktur international weitgehend durchsetzen können. Forschung, Planung und die Koordination von Marketing und Organisation verbleiben dabei durchweg in den USA. Qualifizierte Arbeit erfordernde oder weitgehend automatisierte Produktionsvorgänge werden zunehmend in die weniger entwickelten Industrieländer und weniger Qualifikation erfordernde, arbeitsintensive Industrien sowie die Massenproduktion bestimmter Gütergruppen in die Entwicklungsländer verlegt.

»Aber es ist nicht die Frage, ob diese Wanderung der Massenproduktion in den Süden kommt oder ob dies gut oder böse ist – es geschieht bereits. Der Prozeß läßt sich nicht aufhalten, man kann nur versuchen, ihn möglichst schmerzlos zu gestalten.« (Interview der *Zeit* mit dem amerikanischen Unternehmensberater John Diebold, 19. 10. 1973, S. 48) Eine solche schmerzlose Gestaltung sei weniger durch internationale Kontrollen als durch »Selbstbeschränkung« der ›multinationalen‹ Konzerne auf der einen Seite und einem Wohlverhalten der Entwicklungsländer auf der anderen zu garantieren, das sie nicht als »schlechte Risiken« erscheinen lasse.

Auch der Einsatz entwickelterer Technologien hat in diesen Ländern den schlagseitigen ›Kreislauf von Gütern‹ nicht unterbrechen können. Sie sind einerseits sowohl für die erforderlichen Investitionsgüter als auch für deren Wartung, Bedienung und Ersatz erneut auf die Industrieländer angewiesen. Diese Investitionen haben bestenfalls Wohlstandsinseln geschaffen, die zum einen einseitig auf die Verwertungs- und Verteilungsinteressen der ›multinationalen‹ Konzerne abgestellt bleiben und zum anderen – wie die Reaktion der privilegierten Kupferarbeiter 1972/73 in Chile unterstrich – eine unabhängige nationale Integration weiter erschweren.
Dieses System der internationalen Arbeitsteilung durch amerikanische Konzerne wird durch die militärische Dominanz der USA abgesichert. Nur wenige dieser Konzerne haben sich bisher »vorbereitet gezeigt, völlig auf das Recht zu verzichten, ihre Regierung um Hilfe anzugehen« (Diebold, *The United States and the Industrial World*, 1972, S. 201). Im Extremfall hat diese Hilfe auch den Einsatz militärischer Mittel der USA gegen ausländische Regierungen eingeschlossen. »Ohne die Special Forces und die Marines der Bundesregierung wäre es nichts mit der Herrschaft der [vorm.] United Fruit Company in Guatemala. Ohne AID und Weltbank und die hilfreichen Hände des Wirtschafts- und Außenministeriums könnten sich die Konzerne nicht multinationalisieren. Ohne die Zucker-Subventionen der Bundesregierung könnten die Zuckergesellschaften die Wirtschaft der kleinen Staaten vom Karibischen Meer bis zum Zentralpazifik nicht mehr in dieser tödlichen Umklammerung halten. Ohne die vom Außenministerium durchgeführte Verkaufskampagne des Kalten Krieges und die aktive Unterstützung der Waffenverhökerer vom Verteidigungsministerium könnte General Dynamics sich nicht weiterhin an

Waffenverkäufen mästen. *Ohne big government kein big business.*« (Carl Oglesby, in: Oglesby/Shaull, *Amerikanische Ideologie*, 1969, S. 138. Hervorhebung im Original.)

3.9 Zum Verhältnis von Staat und Wirtschaft

3.9.1 Die Konzentrationsbewegung in den USA

»Das Problem ist natürlich nicht das rechte Verhältnis zwischen Regierung und Konzernen im auswärtigen Handel, sondern zwischen Regierung und Konzernen im allgemeinen.« (Kronstein, Government and Business in International Trade, in: *The Corporation Take-Over*, 1970, S. 151) Die Konzentrationsbewegung in den USA hat die Machtverschränkung von Regierung und Wirtschaft wesentlich verstärkt. Diese Bewegung erreichte nach ihrer ersten Welle vor der Jahrhundertwende und der zweiten im Ersten Weltkrieg und in den zwanziger Jahren im Zweiten Weltkrieg und dann in den sechziger Jahren ihre vorläufigen Höhepunkte.

Dabei werden unterschieden:

1. *Horizontale oder Marktkonzentration:* Kontrolle einer Industriebranche oder des Marktes durch wenige führende Großproduzenten. Sie ist in den USA vor allem durch eine ›asymmetrische Oligopolie‹ gekennzeichnet, d. h.: ein Riesenunternehmen ist führend vor mehreren großen. Diese Art der Konzentration überwog in der ersten Phase, in der das Finanzhaus Morgan, Standard Oil, U.S. Steel und General Electric u. a. entstanden.
2. *Vertikale Konzentration:* Zusammenschluß (oder Übernahme) verschiedener Produzenten aus einem Produktionsstrom entweder in Richtung der benötigten Rohstoffe (›backward concentration‹, Übernahme von Zulieferern durch Endproduktproduzenten) oder umgekehrt in Richtung auf das Endprodukt (›forward concentration‹, Übernahme eines Fertigwaren- durch einen Rohstoffproduzenten). Sie überwog in der zweiten Phase, aus der u. a. General Motors, DuPont, Radio Corporation of America, General Foods hervorgingen.
3. ›*Conglomerate*‹ *Konzentration:* Bildung von Mischunternehmen oder ›multi-industry‹-Unternehmen. Während die horizontale und vertikale Konzentration simultan auftraten, ist diese Bewegung jünger; sie begann in etwa mit General Motors und DuPont im und nach dem Ersten Weltkrieg und setzte dann verstärkt nach dem Zweiten Weltkrieg ein. Sie hat stark zur Verdichtung der allgemeinen Konzentration beigetragen. Sie bedeutet Verfügungsmacht von Großunternehmen über Ressourcen oder Aktiva von Industrien, die mit ihren Produktionsstätten und Produkten weder untereinander noch mit der Zentrale zusammenhängen (Bereichsdiversifikation). »So kann der Durchschnittsbürger sein Haus von ITT kaufen, in einer der von ITT geplanten Gemeinden leben, sein Haus von ITT versichern lassen, eine Reise in einem von ITT gemieteten Auto unternehmen, in einem Hotel oder Motel von ITT übernachten, sein Brot und andere Bäckereierzeugnisse von einem ITT-Unternehmen kaufen, Zigaretten und Kaffee aus einem ITT-Automaten ziehen, einen Kredit von ITT erhalten, und er könnte, wenn nicht die Antitrust-Gesetzgebung eingeschritten wäre, ein ITT-Programm im Fernsehen verfolgen.« (Blair, *Economic Concentration*, 1972, S. 286) Im allgemeinen jedoch haben diese Mischkonzerne der letzten Konzentrationswelle in einer Branche eine monopolähnliche Stellung; solche ›neuen‹

conglomerates – wie etwa Ling-Temco-Vought, aber zum Teil auch ITT – sind allerdings oft reine Spekulationszusammenschlüsse oder -aufkäufe

4. *›Aggregate‹ oder allgemeine Konzentration:* Kontrolle der gesamten Industrie durch wenige Großunternehmen *(corporations)*. Sie ist in den USA weitestgehend an die Stelle der ›klassischen‹ polypolistischen, atomistischen oder unkonzentrierten Wettbewerbs- oder Marktwirtschaft getreten (siehe dazu vor allem John Blair, a.a.O.). Verfügten 1929 die 200 größten Fertigwarenproduzenten über 45,8 % des gesamten US-Industriekapitals, war dieser Anteil 1968 auf 60,4 % gestiegen (Federal Trade Commission Staff, *Economic Report on Corporate Mergers.* Washington 1969, S. 173). Noch 1941 entfiel dieser Satz auf die 1000 größten Betriebe. Während 1968 die 100 Spitzenunternehmen in diesem Bereich 49 % des Kapitals kontrollierten, waren es 1950 ›nur‹ die 200 führenden Konzerne (siehe Heilbroner, ›Economics – Our Best Guide to the Future‹, *Economic Impact,* No. 4, o. J., S. 6–12). Dieser Konzentrationsprozeß ist noch nicht abgeschlossen; auch in diesem Zusammenhang ist zwischen (wirtschaftlichem) Zentrum und Peripherie unterschieden worden (Robert Averitt).

Bei dieser Entwicklung haben sich die Gesetze gegen die wirtschaftliche Konzentration in den USA als nahezu völlig einflußlos erwiesen. Sie haben bestenfalls die Richtung der Konzentrationsbewegung ändern können. War der Aufstieg ›vom Schuhputzer zum Millionär‹ bereits im 19. Jahrhundert weitgehend der Mythos weniger Ausnahmen, wurde er im 20. Jahrhundert auch durch stete Wiederholung nicht zur Realität in den Vereinigten Staaten von Nordamerika. Für Neuankömmlinge in der Wirtschaft erwiesen sich bereits die Eingangsschranken des ›freien Marktes‹ (wie hoher Kapitalbedarf und indirekte Marktabsprachen) zunehmend als unüberwindlich. »Wenn der Öffentlichkeit in der vor uns liegenden Zeit die Auswirkungen der Konzentration von Privatmacht nicht gefallen werden, so scheint sie angesichts des herrschenden politischen und wirtschaftlichen Klimas dennoch wenig dagegen tun zu können. Die Macht hat sich auf die amerikanischen Riesenunternehmen verteilt. Sie machen Gebrauch davon, legen sich dabei eine gewisse Mäßigung auf, wissen jedoch genau, daß ihre Zukunft in der Bildung einer Partnerschaft mit einem Staat liegt, den man als kontrollierenden Polizisten nicht sonderlich zu fürchten braucht.« (Barber, *Die Herrschaft der Manager,* 1970, S. 211)

3.9.2 Die Entwicklung zum modernen Interventionsstaat

Billigte einerseits die seit dem 19. Jahrhundert vorherrschende ›liberale‹ Ideologie der Vereinigten Staaten dem Staat in der Wirtschaft bestenfalls eine ›Nachtwächterrolle‹ zu, wenn es um Kontrollfunktionen ging, wurden ihm andererseits besonders seit den Krisen der achtziger Jahre des 19. Jahrhunderts zunehmend dann Aufgaben übertragen, wenn es galt, ›Gefahr von der Wirtschaft‹ abzuwenden. Durch Gesetze (siehe Kap. 1.9) und Regulierungsabkommen sollte er sowohl die Krisenanfälligkeit des kapitalistischen Systems abschwächen als auch drohenden ›anarchistischen‹ Wettbewerb verhindern.

Bereits 1887 wurde mit der *Interstate Commerce Commission* (ICC) zur Regelung des amerikanischen Transportwesens durch den Staat die erste Regulierungskommission der US-Regierung eingesetzt. Solche halb-selbständigen Kommissionen folgten auch für andere Wirtschaftszweige; u. a. 1930 die *Federal Power Commission* (FPC, Energiekommission) und 1934 die *Federal Communications* (FCC) und *Securities and Exchange Commission* (SEC, Börsenkommission). Seit 1914 sollte die *Federal Trade Commission* (FTC) den ›freien Markt‹ regulieren. Sie kann u. a. Untersuchungen über marktbeherrschende Unternehmen durchführen und Verletzungen der Antitrust-Bestimmungen dem Justizministerium weiterleiten. Obwohl die gesetzlichen Grundlagen des Antitrust erweitert worden waren (siehe Kap. 1.9), zeigte die FTC ein abnehmendes Interesse an ökonomischen Untersuchungen; sie stufte auch die neuen Mischkonzerne zunächst als »wettbewerbsmäßig neutral« ein. Dabei erscheint es nicht nur bei der FTC fraglich (wie Lange et al., *Konzentrationspolitik in den USA*, 1972, S. 229, annehmen), in ihr eine gegenüber der Exekutive und Wirtschaft unabhängige Institution zu sehen. »Die Erfahrung hat bisher gezeigt, daß öffentliche Stellen, die zur Regulierung privater Unternehmen eingesetzt worden waren, schnell zu einem engen Sympathieverhältnis mit denen gebracht wurden, die sie überwachen sollten. Konzerne sind mächtig, und sie werden ihre Mittel einsetzen, um ein für sie günstiges Klima zu schaffen. Während die Federal Power Commission in Washington entsprechend ihrer Funktion dem Unternehmen Standard Oil of California sagen müßte, was es zu tun und was zu unterlassen hat, ist eine solche Kommission in Wirklichkeit weniger mächtig als der Konzern, den sie in der Theorie kontrollieren soll. Ähnlich erlaubt uns unsere Ideologie, glücklich in dem Gedanken zu ruhen, daß die Antitrust-Abteilung des Justizministeriums General Dynamics oder International Business Machines in eine Anhäufung verschiedener Unternehmen ›aufbrechen‹ könnte, wenn danach verlangt würde. Die Machtverhältnisse in der Praxis sind jedoch so, daß das weder geschehen ist, noch geschieht, noch geschehen wird, weil die Regierung schwächer als die privatwirtschaftlichen Institutionen [corporate institutions] ist, die ihr angeblich untergeordnet sind. Dies ist die Politik des Kapitalismus. Es sagt ganz und gar nichts über eine Verschwörung aus, sondern eher etwas über eine Harmonie politischer Formen und ökonomischer Interessen auf einer Ebene, die von den laufenden Bedürfnissen der corporate institutions bestimmt ist.« (Hacker, Corporate America, in: *The Corporation Take-Over*, 1970, S. 11)

Staatliche Regulierungs- und Überwachungskommissionen werden

1. von der zu regulierenden Wirtschaft in der Praxis weitgehend gezähmt und für ihre Zwecke nutzbar gemacht;
2. darüber hinaus von den führenden Unternehmen grundsätzlich unterstützt, um
   a) ruinösen Wettbewerb zu verhindern,
   b) Stabilität und
   c) ›Voraussagbarkeit‹ und damit unternehmerische Planung zu gewährleisten.

»Die überragende Zielsetzung aller kapitalistischen Regierungen ist die Erhaltung und Stärkung des Kapitalismus, d. h. des Systems privaten Unternehmertums. In unserer eigenen Wirtschaft bedeutet dies, daß aufeinanderfolgende Nachkriegsregierungen vor allem auf die Wohlfahrt von Wirtschaftsunternehmen bedacht waren; und in der Endabrechnung waren sie hauptsächlich, wenn auch nicht ausschließlich, damit beschäftigt, die Wohlfahrt einiger weniger hundert Giganten aus der Industrie, dem Handel und der Finanzwelt zu fördern, die die US-Wirtschaft ausmachen und sie gestalten. Da die Wohlfahrt dieser riesigen Unternehmen am besten durch ihre Profite ausgedrückt wird, war es eine der wesentlichen Aufgaben der US-Regierung, sowohl im Inland als auch im Ausland eine Umwelt zu schaffen, die so weit wie möglich diese Profite garantierte.« (John G. Gurley, Wirtschaftswissenschaftler an der Stanford University, ›The Future of American Capitalism‹, *The Quarterly Review of Economics and Business*, Bd 12, Herbst 1972, S 7–17. Zitat: S. 7) Gerade diese ›Harmonie von Interessen‹ läßt Forderungen (z. B. von John K. Galbraith oder dem amerikanischen Verbraucheranwalt Ralph Nader) nach mehr Regulierung ohne eine grundsätzliche Änderung dieses Rahmens als utopisch erscheinen. Aufgrund der »Gefahr, die diese Superkonzerne für unsere ökonomische, politische und soziale Struktur darstellen« (so auch der ehemalige Justizminister John Mitchell; zit. nach Lewis Beman, ›What We Learned from the Great Merger Frenzy‹, *Fortune*, Bd. 87, No. 4, April 1973, S. 70–73, 144, 148–150. Zitat: S. 70), hatten unter Präsident Nixon die FTC und die Antitrust-Abteilung des Justizministeriums Untersuchungen eingeleitet, die zu Klageerhebungen und Verurteilungen geführt haben. Betroffen waren jedoch davon vor allem die ›neuen‹ Mischkonzerne mit dem Effekt, »daß gut etablierte Großunternehmen ... von einer Übernahme durch Mischkonzernaußenseiter ... geschützt« wurden (Barber, *Die Herrschaft der Manager*, 1970, S. 203). Die große Industriezeitschrift *Fortune* konnte schon deshalb die Nixon-Regierung als »besten Verbündeten« bezeichnen, fand es aber zugleich »unglücklich, daß die Befürchtungen, die von den Mischkonzernen auf ihrem Zenit geweckt wurden, in der staatlichen Antitrust-Politik verankert bleiben« (Lewis Beman, ebda.)

Auch wenn der amerikanische Staat verhältnismäßig spät und zögernd direkt in die amerikanische Wirtschaft eingegriffen hat, übernahm er doch von Anfang an »mit großer Energie und beträchtlichen Kosten« (so der US-Ökonom William Letwin) eine Art von Reservefunktion. Er verfolgte dabei eine Wirtschaftspolitik, die ihm im Laufe der Zeit die »übergeordnete Verantwortung für die wirtschaftliche Stabilität und das Wachstum der Nation« übertrug (Walter W. Heller, Vorsitzender des *Council of Economic Advisers* unter den Präsidenten Kennedy und Johnson, *New Dimensions of Political Economy*. New York 1967, S. 2). Als Mittel standen ihm seine ›spending power‹ (Beschaffungsprogramme oder Bundesleistungen in Form von Subventionen, Krediten etc.) und – zunehmend – die direkte Intervention in den wirtschaftlichen Bereich zur Verfügung. Karl Loewenstein (*Verfassungsrecht und Verfassungspraxis*, 1959, S. 233) war schon 1959 der Überzeugung, daß kein Staat außerhalb des sozialistischen Bereiches so tief in die Wirtschaft eingreife wie der amerikanische. Dabei stand auch in den USA »ökonomisch gesehen ... die Erhaltung und Schaffung von Investitionschancen und Absatzgebieten im Vordergrund, politisch-sozial die Vermeidung von Unruhen, von inneren Krisen, die beide nicht nur die ökonomischen Ziele in Frage gestellt, sondern gleichzeitig das soziale Machtproblem und damit die Legitimitätsfrage prekär ins Licht, in die Auseinandersetzungen gerückt hätten.« (Wolf-Dieter Narr und Frieder Naschold, *Theorie der Demokratie. Einführung in die moderne politische Theorie*. Bd. III. Stuttgart 1971, S. 110)

»Die Notwendigkeit von Regierungseingriffen sollte vor dem Hintergrund der Bedürfnisse der Industrie und der Umwelt überprüft werden, in der sie operieren muß. Damit Industrie und Wirtschaft blühen, benötigen sie z. B. eine verhältnismäßig einschätzbare Struktur bezüglich der Verfügbarkeit von Kapital und der

Kosten für Arbeit und Materialien. Das bedeutet, daß sie auf Angelegenheiten achten müssen, die sie – und selbst die Regierung – nicht kontrollieren können. Denn unsere Wirtschaft arbeitet in einem weitgehend interdependenten internationalen Kontext. Wir können nicht bestehen, ohne davon Kenntnis zu nehmen und zu hoffen, das beeinflussen zu können, was hinter unseren Grenzen vor sich geht. Das ist nicht nur eine Frage nationaler Sicherheit, sondern auch nationalen wirtschaftlichen Wohlergehens.« (*OECD-Bericht,* 1970, S. 23) Wie in anderen kapitalistischen Gesellschaften hat der Staat auch in den USA die Reproduktion der Produktionsmittel, des Faktors Arbeitskraft und der Produktionsverhältnisse übernommen. Offizieller Ausgangspunkt dieser Entwicklung war die *Interstate Commerce Clause* der Verfassung, die dem Staat (genauer dem Kongreß, was aufgrund der weitgehenden Übertragung dieser Rechte auf die Exekutive vielfach übersehen wird) die Regulierung des Handels »mit fremden Völkern, zwischen den Einzelstaaten und mit den Indianerstämmen« (Art. 1, Sect. 8, Abs. 3) übertrug. Darüber hinaus von den Gründungsvätern der amerikanischen Republik legitimiert, nach einer »more perfect union« zu streben, Recht zu sprechen, die innere Ruhe aufrechtzuerhalten, für die allgemeine Verteidigung Sorge zu tragen, die allgemeine Wohlfahrt zu fördern und die »Früchte der Freiheit uns und unserer Nachwelt zu erhalten«, hat der amerikanische Staat im Laufe der Geschichte grob fünf Funktionen übernommen:

1. die juristische (Gesetze, Völkerrecht etc.) und im Ernstfall auch polizeiliche bzw. militärische Garantie von »Leben, Freiheit oder Eigentum« amerikanischer Bürger;
2. die Vermeidung sozialer Spannungen und bedrohlicher gesellschaftlicher Veränderungen im nationalen und (zunehmend) internationalen Bereich. Das soll u. a. erreicht werden durch das Ziel der Vollbeschäftigung und durch Überschußabschöpfung für soziale Maßnahmen wie Alters- und Krankenversorgung, Umweltschutz, Entwicklungsprogramme (Legitimierung durch Teilbefriedigung von Bedürfnissen; zur Problematik siehe oben), aber auch durch Propaganda, wirtschaftlichen Druck und direkten Polizei- bzw. Militäreinsatz;
3. die Bereitstellung günstiger ökonomischer Eingangsgrößen wie Arbeit, Boden, Technologie, einheitliche Maß-etc.-Systeme, Verkehr, Kommunikationssysteme, Kredite, Energie, Rohstoffe etc., ihre Ordnung und die Garantie optimaler Verwertungsbedingungen;
4. die formale ökonomische Liberalisierung mit dem Ziel des stetigen Wirtschaftswachstums und eines sich ständig erweiternden inneren und äußeren sich selbst regulierenden Marktes. »Derartige Märkte mußten für Güter und Geld, Boden und Menschen rechtlich durchgesetzt und dauerhaft institutionalisiert werden.« (Wehler, *Geschichte als Historische Sozialwissenschaft,* 1973, S 48) Das bedeutete die Forderung nach Aufhebung aller Wettbewerbsschranken im In- und Ausland (gefaßt in den Konzepten *equality of opportunity* und *Open Door,* siehe S. 84), die gegen das ›nationale Interesse‹ verstießen. Das schloß weder die Konzentrationsbewegung im Inland noch eigene Schutzmaßnahmen nach außen aus;
5. die ökonomische Orchestrierung durch Konjunktur-, Struktur-, Finanz-, Geld-, Währungs-, Außenhandelspolitik etc. (Ziele der Geldwertstabilität, der ausgeglichenen Zahlungsbilanz etc.), wenn nötig durch internationale Organisationen (Bestimmung der *rules of the game*).

Die Entwicklung zum Interventionsstaat gilt als wesentliches Kennzeichen des westlichen Industriekapitalismus. Sie bedeutete einerseits eine Ausdehnung staatlicher Machtbefugnisse, andererseits eine Zunahme konkurrierender Ansprüche an den Staat. Sie wurde bewirkt durch die immanenten Entwicklungstendenzen des Industriekapitalismus, deren Unregelmäßigkeiten in den achtziger Jahren des 19. Jahrhunderts auch die USA zur Abkehr von ihrer wirtschaftlichen *Laissez-faire*-Politik zwangen. »Infolgedessen haben – unbeschadet der Heterogenität der Zwecke – exakt bestimmbare soziale Gruppen einschließlich staatlicher Instanzen die Bedingungen mitgeschaffen, unter denen eine optimale Entfaltung des Kapitalismus, jedenfalls so wie diese Akteure ihre Interessen definierten und die Realität verstanden, möglich erschien. ... Diese prinzipiellen Disparitäten und strukturellen Unregelmäßigkeiten der sozialökonomischen Prozesse bildeten einen der stärksten Antriebe für die Ausbildung des Organisierten Kapitalismus und den damit verschränkten Aufstieg des modernen Interventionsstaates.« (Wehler, *Geschichte als Historische Sozialwissenschaft*, 1973, S. 48 und 58)

Entgegen der immer wieder betonten Trennung von öffentlicher und privater Sphäre im Liberalismus des selbstbewußten amerikanischen Bürgertums (dem Zeitalter des *Laissez-faire* von 1819–1896) hat sich der amerikanische Staat im Laufe der wirtschaftlichen und politischen Veränderungen (die von William A. Williams in die drei genannten Phasen unterteilt wurden) mehr und mehr zur Antriebs- und Stabilisierungskraft für die Steuerung der Volkswirtschaft und zum Instrument ihrer innen- und außenpolitischen Orchestrierung und Absicherung entwickelt. Er hat dabei (vor allem im *Corporate Capitalism* seit 1892) Formen personeller und institutioneller Verflechtung hervorgebracht, die – bei allen Unterschieden, vor allem in der Produktionsweise – an den europäischen Merkantilismus erinnern, gegen den das amerikanische Bürgertum nach einer Übergangsphase (Zeitalter des amerikanischen Merkantilismus von 1740 bis 1828) angetreten war.

3.9.3 Die Spannungen zwischen nationalem Staat und internationaler Wirtschaft

Bei der Entwicklung des amerikanischen Staates zum modernen Interventionsstaat unterstützte die fortgeschrittene Oligopolisierung (Kontrolle durch wenige marktbeherrschende Konzerne) in der amerikanischen und internationalen Wirtschaft Versuche, den Staat über seine klassische ordnungspolitische Funktion hinaus für private Zwecke zu instrumentalisieren: »Ohne big government kein big business« (Carl Oglesby). Die Wirtschaft – so mahnte die große Industriezeitschrift *Fortune* –, die »sich der wachsenden Einflußnahme des Staates nicht entziehen kann, muß sich nun ihrerseits bemühen, *ihren* Einfluß auf den Staat zu verstärken« (zit. nach Barber, *Die Herrschaft der Manager*, 1970, S. 216. Hervorhebung im Original). In dem Bestreben, durch staatswirtschaftliche Eingriffe zur Stärkung von Staat und Wirtschaft beizutragen, entstand eine Art ›umgekehrter‹ Neo-Merkantilismus.

»Alle Staaten streben danach, die nationale ökonomische Umwelt zu formen – die Wirtschaft zu regulieren, um diese charakteristischen stetig wiederkehrenden Erschütterungen des frühen Kapitalismus zu vermeiden. Insbesondere haben sich die modernen Staaten bemüht, die gesicherte allgemeine Nachfrage zu erhalten, die Voraussetzung einer rationalen industriellen Planung für Wachstum und Vollbeschäftigung ist. Als ein Resultat dieser allumfassenden Rolle des Staates ist die moderne Wirtschaft nicht Ricardos freier Markt [siehe S. 101], sondern vielmehr eine keynesianische [nach dem englischen Ökonomen Lord Keynes] Version des Merkantilismus; ein ökonomisches System, das die enge Interpenetration von Regierung und Wirtschaft und deren gemeinsames Interesse an einer vorhersehbaren und günstigen ökonomischen Umwelt widerspiegelt.« (So auch Calleo/Rowland, *America and the World Political Economy,* 1973, S. 173) Aus diesem Interesse an größtmöglicher Kontrolle der ökonomischen Umwelt (ein Begriff, der das gesamte gesellschaftliche Leben umfaßt) habe die Wirtschaft nun ihrerseits nach stärkerer Konzentration gestrebt. Dabei sei sie – so folgern Calleo/Rowland weiter – von der horizontalen und vertikalen Konzentration verstärkt zur Bereichs- und schließlich nationalen Diversifikation fortgeschritten. Ausdruck dieser nationalen Diversifikation sind auch für diese beiden konservativen amerikanischen Wissenschaftler die amerikanischen ›multinationalen‹ Konzerne. »Als Folge lehnen diese gigantischen Unternehmen die klassische Theorie des komparativen Vorteils [siehe S. 101] ab und bilden ihre eigene Form des Merkantilismus. ... Die beiden Formen des Merkantilismus führen unvermeidlich zum Zusammenstoß.« (Calleo/Rowland, a. a. O., S. 174 und 189) Wenn auch gerade dieses Verständnis des Merkantilismus die enge Verschränkung von Wirtschaft und Staat nicht trifft (die zuvor noch hervorgehoben wurde), so ist doch durchaus richtig das Spannungsverhältnis von Staat und Wirtschaft erkannt worden.

Entwickelte sich einerseits die Regierung, »zum großen Teil mit dem Segen der gigantischen Konzerne« (Charles W. Powers), zum führenden Wirtschafts- und Gesellschaftsplaner, hat andererseits das ›ökonomische Zentrum‹ (wie diese gigantischen Konzerne genannt werden), wiederum mehr informell als formell, Funktionen übernommen, die einst eindeutig der Regierung zufielen. Die großen Unternehmen wandten sich zur ›Sozialisierung‹ der Produktionskosten und Sicherung der Nachfrage zunehmend an den Staat. Ihrerseits übernahmen sie dagegen sowohl im Inland als auch im Ausland schon aufgrund ihrer Investitions- und Finanzpolitik, aber auch mit eigenen Kommunikationsnetzen, Ausbildungsstätten, Straßenbauten, sozialen Leistungen etc. verstärkt Teilfunktionen des Staates, die zu Rivalitäten geführt haben: »Es ist wahr, daß wir uns zunehmend vor das Problem eines Konfliktes zwischen der ökonomischen Struktur des Landes und seiner politischen Struktur gestellt sahen.« (*OECD-Bericht,* 1970, S. 44) Die ›Internationalisierung‹ des wirtschaftlichen Zentrums durch die amerikanischen ›multinationalen‹ Konzerne und deren oft widersprüchliche, an kurzfristiger Profitmaximierung ausgerichtete Taktik auf der einen Seite und die Entwicklung des kapitalistischen US-Staates vom punktuellen Interventionsstaat zur gesamtgesellschaftlichen Planungsinstanz auf der anderen Seite hat diese nationalen und internationalen Spannungen zwischen Wirtschaft und Staat zu einer Zeit verschärft, in der wir uns (nach Meinung des schweizerischen Politökonomen Volker Bornschier) »gerade erst daran gewöhnt haben, ihre Interessenverstricktheit voll zur Kenntnis zu nehmen.«

»Um das notwendige Klima für wirtschaftliches Wachstum zu schaffen, vertraut die Geschäftswelt immer weniger auf den Nationalstaat, sondern auf private internationale Abmachungen und Organisationen. Obwohl der Nationalstaat eine ineffektive und überholte politische Struktur darstellt, sind Ansprüche nationaler Souveränität extremer nie gestellt worden.« (Barnet, ›Farewell to the Nation-State‹, *New York Times*, 19. 6. 1971, S. 27) Auch die internationale Wirtschafts- und Währungskrise zu Anfang der siebziger Jahre wird als Ergebnis der »Konfrontation zweier gigantischer Kräfte« gesehen – »der politischen Macht von Nationalstaaten und der ökonomischen Macht von multinationalen Konzernen«: »Solange diese Unternehmen Amerikas Einfluß in der Welt förderten, hatte Washington offensichtlich kein Interesse daran, ihre Aktivitäten zu beschränken, aber allmählich haben sie einen eigenen Bezugsrahmen entwickelt. ... Was ich meine ist, daß wir diese neue ökonomische Kraft brauchen, diesen Nichtrespektierer von Grenzen und Ideologien, weil sie ein vorbildloser Dynamo des Fortschritts zu Wohlstand, Frieden und Freiheit ist. Es muß jedoch ein sozialer und legaler Rahmen entwickelt werden, in dem diese Kraft sich weiterhin weltweit zum Nutzen und nicht zum Schaden der Menschheit entwickeln kann. Traditionalistische Politiker im Westen und Osten zeigen sich stark versucht, diesen Prozeß aufzuhalten. Sie werden von nationalem Egoismus oder dogmatischer Ideologie geleitet. Ich bin voll und ganz der Meinung, daß die etablierten Strukturen reformiert werden müssen, um sich der internationalen business-Energie, die vor unseren Augen erblüht, anzupassen und sie zu kanalisieren.« (Pisar, ›Nationalism and the Multinational Corporation‹, *Dialogue*, Bd. 6, 1973, No. 2, S. 67 und 69)

Diese Spannungen haben dazu geführt, vom »Ende des Nationalstaates« (Richard J. Barnet) zu sprechen. Seine Aufgaben sollen von den großen ›multinationalen‹ Konzernen – zumeist, wenn auch nicht ausschließlich, amerikanischer Herkunft – übernommen werden. Diese »neutrale, übernationale und über alle Ideologie hinausgehende Kraft« (Samuel Pisar) sei der »Wegbereiter der politischen und wirtschaftlichen Entwicklung in der Welt. Sie stellen den Großteil des Investitionskapitals bereit und treffen die Schlüsselentscheidungen, die nicht nur die Weltwirtschaft, sondern auch das politische Geschehen im ausgehenden 20. Jahrhundert prägen werden. Die Vereinten Nationen, die Weltbank und die Regierungen der Industrienationen werden zwar den Lauf des Weltgeschehens mit beeinflussen, werden jedoch – mit der wichtigen Ausnahme ihrer Fähigkeit, Kriege zu entfesseln oder zu ersticken – einen Platz einnehmen, der dem der großen Wirtschaftsunternehmen eindeutig untergeordnet ist.« (Barber, *Die Herrschaft der Manager*, 1970, S. 313)
Die internationale Arbeitsteilung durch diese Konzerne hat solche Argumente untermauert. Zugleich ist den Nationalstaaten gerade die ›Irrationalität‹ von Kriegen vorgeworfen worden. Das multinationale Unternehmen dagegen sei »auch eine Kraft, die nach Ordnung und Stabilität verlangt: internationaler Friede ist unabdingbar für seine ungebrochene Entwicklung« (Samuel Pisar). Auf der anderen Seite haben seine weltweiten Aktionen und das Verlangen nach Ordnung und Stabilität im Rahmen des Status quo verstärkte staatliche Planung, staatliche Abwehrmechanismen und staatliche Eingriffe einschließlich militärischer Aktionen herausgefordert. Dabei hat die internationale Entwicklung zusammen mit den modernen sozialstaatlichen Anforderungen bei steigendem Druck von unten sowohl die »Atmosphäre relativen Friedens« verändert, in der sich die Wirtschaft aufgrund ihrer Legitimation »als eines Instruments zur

Bereitstellung von mehr und mehr Gütern für das Volk« (Eugene V. Rostow) entwickeln konnte, als auch zu Konsequenzen für die Formen, Intensität und Effektivität des Einsatzes von Staatsgewalt zur binnen- und außenpolitischen Absicherung des Status quo geführt, die noch nicht abzusehen sind.

»Aufgrund der Vorherrschaft amerikanischer Interessen in der internationalen Produktion können die USA diesen verwickelten Problemen nicht entgehen und sollten deshalb die Führung übernehmen, vernünftige Richtlinien zu entwickeln. Selbst wenn sie diese Aufgabe übernehmen, wird der langwierige Prozeß durch Auseinandersetzungen zwischen den Vereinigten Staaten und anderen Regierungen, ausländischen Regierungen und der amerikanischen Wirtschaft und der amerikanischen Regierung mit amerikanischen Geschäftsleuten gekennzeichnet sein.« (Diebold, *The United States and the Industrial World*, 1972, S. 379) Verstärkte Regulierungsfunktionen des amerikanischen Staates auch im internationalen Bereich angesichts seiner Planungsaufgaben in der US-Gesellschaft und einer »merkantilistischen Welt« fordern auch die Gegner der von Diebold vertretenen – und selbst (im ›nationalen Interesse‹) Staatseingriffe einschließenden – internationalen ›liberalen‹ *Laissez-faire*-Politik (wie Calleo/Rowland, *America and the World Political Economy*, 1973). Sie erkennen in dieser Politik zu Recht eine Beschränkung und Bedrohung eines »geplanten demokratischen Wohlfahrtsstaates« (ebda., S. 139), der nach ihrer Meinung die beste Garantie für eine friedliche Entwicklung gibt und international eine Zusammenarbeit »von starken stabilen Staaten, die im nationalen Interesse handeln« (ebda., S. 258), ermöglicht (wovon Entwicklungsländer weitgehend ausgeschlossen sind; siehe S. 105). Sie fordern eine ›Rückbesinnung‹ auf den Nationalstaat als »den historischen und legitimen Ausdruck des allgemeinen Interesses« (ebda., S. 255) und »der einzig ernstzunehmenden Alternative zum Chaos« (ebda., S. 191). Ihre Analyse ist eine seltsame Mischung von liberaler Kritik mit zum Teil reaktionären europäischen Staatsvorstellungen aus dem frühen 19. Jahrhundert, die auch von Wissenschaftlern aus der Bundesrepublik Deutschland vertreten werden. Was solche Vorstellungen konkret bedeuten, läßt sich aus der Hochschätzung dieser amerikanischen Wissenschaftler für Japan erschließen, in dem sie »das führende Beispiel eines großen merkantilistischen Staates« (ebda., S. 219) sehen »mit nur wenigen solcher Konzessionen an fremde Sitten, wie sie unserer Politik wesentlich erschienen« (ebda., S. 207). Japan ist nach ihrer Meinung gekennzeichnet durch die Abwesenheit des Konflikts von Kapital und Arbeit. Ein nationaler Konsensus mit einer »informellen Hierarchie ehrerbietiger Zusammenarbeit« gehe über Wettbewerb; sein »corporate system« sei zugleich »eine Art von Wohlfahrtssystem« (ebda., S. 207). Amerika täte gut daran, dieses – als vorindustriell und mit feudalen Strukturen durchsetzt geschilderte – Beispiel gesellschaftlicher Organisation gründlich zu studieren (vgl. auch Herman Kahn, *The Emerging Japanese Superstate*. Englewood Cliffs 1970).

C. Zur Einheit von ökonomischen, politischen und strategischen Interessen der USA

»Wenn der moderne Konzern die Macht über Märkte, die Macht in der Gemeinde, die Macht über den Staat, die Macht über Meinungen erwirbt, ist er ein politisches Instrument, zwar verschieden in Form und Ausmaß, aber nicht in der Art vom Staat selbst. Eine andere Auslegung, die den politischen Charakter des modernen Konzerns verneint, vermeidet nicht nur die Realität. Sie verschleiert die Realität. Die Opfer dieser Verschleierung sind die, die wir falsch unterrichten. Die Nutznießer sind die Institutionen, deren Macht wir so verschleiern.« (John K. Galbraith, ›Power and the Useful Economist‹, *Economic Impact*, USIS, No. 3, o. J. – 197? –, S. 39–44. Zitat: S. 42)

Die Macht der großen amerikanischen Konzerne im In- und Ausland ist kaum abzustreiten: »Eins der charakteristischen Kennzeichen des heutigen amerikanischen Kapitalismus ist die unumwundene Anerkennung der Macht von Konzernen von ihren Kritikern und Verteidigern.« (Richard A. Sabatino, ›The Responsible Corporation‹, *The American Journal of Economics and Sociology*, Bd. 25, Juli 1966, S. 255–266. Zitat: S. 255) Von ihren ökonomischen Interessen ist auch die amerikanische Außenpolitik im wesentlichen bestimmt worden. » . . . es scheint ziemlich klar zu sein, daß die amerikanische Politik – wie die jeder großen Macht – von dem ›nationalen Interesse‹ bestimmt ist, wie es von den dominierenden sozialen Gruppen verstanden wird; in diesem Fall von dem Ziel, den freien Zugang amerikanischen Kapitals zu den Märkten und menschlichen sowie materiellen Ressourcen der Welt zu maximieren, und dem Ziel, soweit wie nur möglich seine Bewegungsfreiheit in einer globalen Ökonomie zu behaupten.« (Noam Chomsky in einer Diskussion mit Hans J. Morgenthau, *Partisan Review*, Bd. 39, No. 3, 1972, S. 352 f.)
Allerdings sind solche Fälle wie der Sturz des Arbenz-Regimes in Guatemala durch amerikanische Truppen (1954) nach der Enteignung von Besitz der (vorm.) United Fruit Company oder die Rolle der US-Ölkonzerne für die amerikanische Politik im Nahen Osten und der International Telephone and Telegraph Company (ITT) für Brasilien (und Chile) bei aller Bedeutung mehr spektakulär als typisch. Auch solche Ereignisse haben – wie die schon dokumentarisch eindrucksvolle Personalunion von Wirtschaft und Regierung oder eine zu vereinfachende (personalisierende) Interpretation der ›Machtelite‹ – zumeist zu leichthin Anlaß für wenig aussagekräftige Verschwörertheorien gegeben. Der Einfluß des »amerikanischen Kapitals« geht jedoch über Fragen hinaus, die eng mit den Interessen einzelner Unternehmen oder Wirtschaftszweige verbunden sind. Er ist grundsätzlicher auf die Anlage eines Konsensus gerichtet. »Der

Einfluß der Wirtschaft ist am größten bei der Herstellung eines allgemeinen Konsensus sowohl über die allgemeine Politik als auch die Sicherheits- und Regierungspolitik.« (Ray, ›Corporations and American Foreign Relations‹, *The Annals of the American Academy of Political and Social Science*, Band 403, September 1972, S. 91)

Weniger (aber auch) durch unmittelbare Beeinflussung und über die direkte Instrumentalisierung der Politik für ihre eigenen Zwecke als in der Schaffung allgemeiner, langfristig wirkender Rahmenbedingungen, die im Inland ihre Interessen grundsätzlich mit dem ›nationalen Interesse‹ identisch erscheinen läßt, liegt die Bedeutung der amerikanischen Wirtschaft für die amerikanische Außenpolitik. Selbst wenn nicht »sorgfältig durchdachte Meinungen zu einem speziellen Problem«, sondern »das allgemeine Sentiment des Volkes jedem größeren wirklichen Problem zugrunde« (Dexter Perkins) liegen sollte, dann ist gerade dieses Sentiment von vornherein einseitig durch Grundüberzeugungen (Axiome) festgelegt, die einerseits nicht mehr kritisch hinterfragt werden, andererseits die amerikanische ›Umwelt‹ bestimmen. »Um ein einfaches und vielleicht überzogenes Beispiel zu nehmen; es ist axiomatisch, daß die US-Regierung eingreifen soll, um amerikanisches Leben und Eigentum im Ausland zu schützen. Aber wessen Leben und wessen Eigentum? Vielleicht ist der reale Gehalt dieses Axioms in seiner patriotischen Formulierung verlorengegangen.« (Ray, a. a. O., S. 83)

Es ist in diesem Zusammenhang zwischen Krisen-, kalkulierten und axiomatischen Entscheidungen, die wiederum mit ›Nichtentscheidungen‹ verglichen werden können, unterschieden worden. Im allgemeinen werden nur die beiden ersten Arten bei der Analyse der amerikanischen Außenpolitik berücksichtigt. Doch bestimmen gerade die axiomatischen, nicht mehr hinterfragten (und im Grunde nicht mehr entschiedenen) Entscheidungen den Rahmen, innerhalb dessen auch die kalkulierten (wie Marshall-Plan etc.) und Krisenentscheidungen (wie Kuba) getroffen werden. »Die Entscheidungsträger der amerikanischen Außenpolitik sind in der letzten Zeit nicht immer weise, erfolgreich und ehrlich gewesen, aber sie haben immer nach grundlegenden Ansichten über die Welt gehandelt, die auf grundlegenden Prinzipien über amerikanische Zielsetzungen, Interessen und amerikanische Macht beruhten.« (Morgenthau, *A New Foreign Policy for the United States*. London 1969, S. VII) Die dominierenden Vorstellungen von den internationalen Beziehungen, der Rolle der USA in diesen Beziehungen und u. a. ihrer Haltung zu Veränderung und Stabilität sind in diesen gesellschaftlich vorgegebenen Prinzipien begründet

Das ›nationale Interesse‹ der Vereinigten Staaten wird weitgehend mit ihrem wirtschaftlichen Wohlergehen gleichgesetzt: »Die Lage unserer Nation hängt grundsätzlich von der Lage unserer Wirtschaft ab« (Präsident Nixon am 22. 2. 1973). Dieses Wohlergehen wird garantiert durch eine florierende Wirtschaft, um deren Erhaltung die Regierung vorrangig besorgt ist. Bereits das wiederum sichert der amerikanischen Wirtschaft – und damit den vorherrschenden Konzernen – eine bestimmende Rolle in der Politik. »Und deshalb können die Unternehmer nicht als eine Interessengruppe unter anderen betrachtet werden, sondern als Grundpfeiler der Macht. Sie bestimmen die wesentlichen Prämissen und Funktionen

der amerikanischen Gesellschaftsordnung.« (Kolko, *Die Hintergründe der US-Außenpolitik*, 1971, S. 29) Die Wirtschaft tendiert dazu, sich mit dem Staat gleichzusetzen. Dieser Anspruch wird in Regierung und Öffentlichkeit weitgehend ›axiomatisch‹ anerkannt: »Wir sind der Verteidigung des Friedens in der ganzen Welt verpflichtet. Wenn es der Wirtschaft in diesem Land gutgeht, haben wir Vollbeschäftigung und Fortschritt in diesem Land, was unser Image als ein blühendes und vitales Land in diesem großen Kampf verstärkt, in dem wir uns befinden. Wenn es Ihnen gutgeht, geht es den Vereinigten Staaten gut und unserer Außenpolitik. Und wenn es Ihnen schlechtgeht, leiden alle.‹ (Präs. Kennedy am 6. 12. 1961 vor der *National Association of Manufacturers*)
Der amerikanische Staat ist keine neutrale Macht, sondern Ausdruck von Herrschaftsverhältnissen. Auf der anderen Seite wird aber die amerikanische Wirtschaft zu oft als geschlossener Block gesehen und die politische Führung als ihr zu bereitwilliger Partner.

Allerdings sind Konflikte in der Wirtschaft schon dadurch eingedämmt worden, daß konkurrierende Interessen zunehmend innerhalb von Unternehmen ausgeglichen oder oft nur in peripheren Fragen ausgetragen werden. »Fehlende Übereinstimmung und Wettbewerb sind somit auf bestimmte Gebiet begrenzt, in denen die Folgen aller Wahrscheinlichkeit nach nicht sehr groß sind – außer für Konsumenten.« (Charles Perrow, in: *The Radical Attack on Business*, 1972, S. 82) Diese Konflikte sind jedoch – ähnlich der Situation im kapitalistischen Block – mehr oder weniger latent vorhanden. Sie können – etwa bei einer Energiekrise (zwischen Unternehmen, die viel, und solchen, die wenig Energie verbrauchen, oder zwischen Energieverbrauchern und -lieferanten) – jederzeit aufbrechen. Sie scheinen ein größeres Konfliktfeld zu umfassen als gemeinhin angenommen wird (zwischen Branchen, Funktionen, Regionen, nationalen und ›internationalen‹ Unternehmen, von Subsidien abhängigen und unabhängigen Industrien etc., die wiederum unterschiedlichem Druck von Regierungsstellen, Gewerkschaften, Verbrauchern u. a. unterworfen sein können).

Der amerikanische Kapitalismus ist zwar ein ›System‹, aber dieses System ist widersprüchlich, noch nicht abgeschlossen und nur unzureichend rationalisiert und zentralisiert. Die ›Interessen‹ sind nicht immer klar ersichtlich, das Vorgehen nicht unbedingt kohärent; Fehler werden gemacht. Innerhalb dieses Systems muß u. a. genügend Einkommen verteilt sein, um Konsumtion sicherzustellen, sind Ausbildung und Gesundheit Voraussetzungen für Arbeit, muß genügend ›sozialer Frieden‹ gewährleistet sein, um eine ›stabile‹ (und wachsende) Produktion und zumindest kurzfristige Vorausplanung zu ermöglichen. Auch »Konzerne haben ein Interesse daran, daß große Teile der Bevölkerung ausreichend genährt, untergebracht, ausgebildet und unterhalten werden« (Charles Perrow, in: *The Radical Attack on Business*, 1972, S. 77).
Diese Aufgaben wurden weitgehend dem Staat übertragen (die Kosten wurden ›sozialisiert‹). Besonders in wirtschaftlichen Rezessionen kann ihre ›Erfüllung‹ (von daher erkennt eine Gruppe marxistischer Theoretiker im Staat zu vereinfachend den ›Erfüllungsgehilfen des Monopolkapitalismus‹) zunehmend in Widerstreit mit den Profiterwartungen der Wirtschaft geraten (von der Verselbständigung der sozialen Funktion des Staa-

tes gegenüber diesen Profiterwartungen erwarten andere Theoretiker eine ›Reform von oben‹). Eine rein ökonomistische Betrachtungsweise – etwa nach dem (gerade für die USA unsinnigen) Schema: ökonomische Krise = Offensive der Arbeiterbewegung – ohne die Einbeziehung der politischen Herrschaftsform und ihrer ideologischen Absicherung vermag u. a. auch kaum Anhaltspunkte für Möglichkeiten zur Veränderung zu geben.

Das ›amerikanische System‹ läßt sich nicht mit simplen Schablonen über einen Leisten schlagen; es ist in sich durchaus widerspruchsvoll. Die Machtzersplitterung innerhalb der Machtkonzentration des Regierungsapparates spiegelt diese gesellschaftlichen Widersprüche in etwa wider. Auch die »Konzentration der Macht« auf eine »sich selbst ergänzende« und »niemandem verantwortliche Oligarchie« (Richard Sabatino) schließt über den Widerspruch von Kapital und Arbeit hinaus Gegensätze sowohl zwischen Wirtschaft und Regierung, die sich aus deren unterschiedlichen Funktionen ergeben, als auch innerhalb der Wirtschaft – als oft einzige ›countervailing powers‹ – nicht aus, die sich zumeist aus unterschiedlichen Profiterwartungen ergeben. So verhält sich die Wirtschaft selbst »gegenüber der Frage eines liberalen Handels noch immer unschlüssig – eine Unschlüssigkeit, die zum Teil unterschiedliche Interessen in der Wirtschaft widerspiegelt, aber auch das Versagen einiger Firmen und Industriezweige, ihre allgemeinen Interessen klar zu erkennen« (Cooper, ›Trade Policy is Foreign Policy‹, *Economic Impact*, No. 3, o. J., S. 11). Wenn es sich auch vor allem um (kurzfristige) »taktische Differenzen innerhalb eines [langfristigen] strategischen Konsensus« handelt (Ralph Miliband), haben sie sich partiell doch im Ungleichgewicht von ›nationalem Interesse‹ und ›nationaler Sicherheit‹ – und damit zugleich innerhalb des ›nationalen Interesses‹ – verfestigt.

Sowohl die – heute vielfach als ›unrealistisch‹ empfundene – Ausdehnung der amerikanischen Sicherheitsinteressen als auch die Mittel ihrer Durchsetzung sind zunehmend kritisiert worden. Zudem hatte der Krieg in Indochina die – materiellen und ideellen – Kosten zu hoch, die Erfolge zu gering erscheinen lassen. »Frieden in Vietnam würde das konstruktivste – und anfeuerndste – Ereignis sein, das dem Aktienmarkt widerfahren könnte.« (Aus einer ganzseitigen Anzeige einer Wall-Street-Firma in der *New York Times* vom 8. 1. 1968) In einer Meinungsumfrage von 1974 fanden 86 % der erfaßten Wirtschaftsführer der größten amerikanischen Unternehmen den Krieg in Vietnam schlecht für »amerikanische soziale und politische Institutionen« und 77 % (aufgrund der Inflation) für die US-Wirtschaft (Bruce M. Russett und Betty C. Hanson, ›How Corporate Executives See America's Role in the World‹, *Fortune*, Mai 1974, S. 165 und 168). Auf die Frage, welche Art von Krieg der USA in den nächsten zehn Jahren am wahrscheinlichsten sei, antwortete die Mehrzahl (58,8 %) mit: *counterinsurgency* (untere Ebene). 17,8 % (in der Rangfolge der Antworten) erwarteten einen größeren konventionellen Krieg (mittlere Ebene) und 14,1 % einen Einsatz des Militärs bei Unruhen in den USA. Nur 8,9 % sahen einen Krieg mit taktischen und ganze 0,4 % mit strategischen Nuklearwaffen voraus (obere Ebene). Auch 1968 implizierte die Unzufriedenheit in der Wirtschaft keineswegs die Forderung nach Einstellung aller militärischen Aktivitäten der USA und einer Beschränkung des Militärapparates, sondern lediglich nach einem kalkulierten Einsatz militärischer Kräfte und einem ›ehrenvollen Abschluß‹ *dieser* Aktion, besonders nachdem die erfolgreiche Tet-Offensive der Vietcong und der folgende *gold run* in Europa – mit der daraus resultierenden Schwächung des Dollars – ihre Auswirkungen verschärft hatten.

So ist aufgrund der Kosten des Indochinakrieges mit seinen innen- und außenpolitischen Auswirkungen sowie seiner Länge und seinem mangelnden Erfolg der militärische Einsatz als zu kurzfristig gegenüber den längerfristigen Möglichkeiten amerikanischer Großkonzerne bezeichnet worden (u. a. von Oskar Grusky). »Wahre nationale Sicherheit hängt mehr von ökonomischer Stabilität und politischer Stärke als von militärischer Macht ab.« (So bereits die Hoover-Kommission, *The National Security Organization,* 1949, S. 5) 1974 hielten 61,5 % befragter Wirtschaftsführer (Russett/Hanson, a. a. O., S. 165) Handel, technische Kooperation und ökonomische Interdependenz als wichtigsten amerikanischen Beitrag zum ›Weltfrieden‹; 10,9 % Amerikas militärische Vorherrschaft, 8,6 % eine Gleichgewichtspolitik, 7,8 % einen Abbau der Unterschiede zwischen reichen und armen Ländern, 6,2 % starke internationale Organisationen, 3,2 % Abrüstung und 1,8 % kollektive Sicherheit.
Auf der anderen Seite sind Wirtschaft (über direkte Rüstungsinteressen hinaus) und Politik abhängig von den Konsequenzen des Syndroms ›nationaler Sicherheit‹. Schon eine Umstellung bedeutete weitreichende Folgen für politisch und wirtschaftlich verfestigte Strukturen; ohne eine Änderung dieser Strukturen wiederum ist eine Änderung der amerikanischen Politik nicht zu erwarten. Daß die Kosten angesichts der Inflation, der Zahlungsbilanzschwierigkeiten und der verstärkten internationalen wirtschaftlichen Konkurrenz gesenkt werden müssen, ist ebenso weit anerkannt wie die Notwendigkeit neuer gesellschaftlicher Legitimation einerseits und globaler Absicherung des ›amerikanischen Systems‹ andererseits.
Gerade die Kosten der außenpolitischen Absicherung der amerikanischen Wohlfahrt haben eine der wesentlichen (und bereits von Präsident Washington beschworenen) Voraussetzungen des ›amerikanischen Systems‹ – »ein geeintes Volk« – in einer bedrohlich erscheinenden Form gefährdet und das Dilemma zwischen den widerstreitenden Ansprüchen an den Staat erhöht. »Ordnung und Stabilität in den USA« (37 %) und »soziale und rassische Ungleichheiten in den USA« (20 %) galten 1974 auch den befragten Wirtschaftsführern als »ernsthafteste Probleme« (Russet/Hanson, ebda. Es folgten Umweltprobleme mit 18 %, nationale und sozialistische Bewegungen in den Entwicklungsländern mit 15 % und militärisch/technologische Fortschritte der UdSSR oder der Volksrepublik China mit 9 %). Darüber hinaus bedrohte die militärische Expansion der Vereinigten Staaten zunehmend selbst die wirtschaftliche Expansion, die sie absichern sollte. »Die brutalen Methoden, die die amerikanische Regierung eingesetzt hat, um ihre weltweite ›Glaubwürdigkeit‹ zu beweisen, haben ihre Legitimität untergraben. Diese Strategie schafft mehr Revolutionäre als sie vernichtet, im In- als auch im Ausland.« (Barnet, ›Farewell to the Nation State‹, *New York Times,* 19. 6. 1971, S. 27)

Die USA befinden sich keineswegs in einer »revolutionären Situation«. Doch hielten es auch die Autoren der schon zitierten Umfrage aus dem Jahre 1971 (siehe S. 177) »durchaus für möglich«, daß die »tiefgreifende und schnell anwachsende« Unruhe und Unsicherheit in der Bevölkerung zu »einer direkten Verbindung ihrer persönlichen und nationalen Hoffnungen und Befürchtungen« führen könne (*New York Times*, 27. 6. 1971, S. 37). Einige Interpreten erwarten aus dieser Situation als Antwort auf die Legitimitätskrise des amerikanischen Herrschaftssystems eine Wende nach links oder zumindest eine Dauermehrheit der *Democratic Party* (so etwa Hamilton, *Class and Politics in the United States*, 1972). Andere konstatierten besonders nach der klaren Wahl des Republikaners Richard M. Nixon eine Wanderung traditionell demokratischer Wähler zur *Republican Party* oder befürchteten angesichts der Entwicklung des repressiven US-Staates eine Reaktion nach rechts (so bereits Ekkehard Krippendorff). Solche Befürchtungen sind durch die staatlichen Maßnahmen gegen die Protestbewegungen in den Vereinigten Staaten gegen Ende der sechziger Jahre sicherlich verstärkt worden. Doch hat gerade das Versanden dieser Protestbewegung erneut auch die Adaptions- und Kooptationsfähigkeit des ›amerikanischen Systems‹ unterstrichen.

Diese Widersprüche tauchten sowohl in der von Anfang an immer neu aufgelegten Diskussion um eine Abrüstung (und Kontrolle des Militärs) auf als auch in den Auseinandersetzungen um ein *formal* oder *informal American Empire* seit dem 19. Jahrhundert und einen amerikanischen Isolationismus. Sie bestimmen angesichts der nationalen und internationalen Entwicklungen erneut die Forderung nach einer pragmatischen bzw. realistischen Außenpolitik. War insbesondere die Situation in Indochina der Anlaß für diesen geforderten ›Realismus‹, wurde jedoch übersehen, daß gerade er dem Eingreifen Amerikas zugrunde lag.
Mit Bezug auf die amerikanische Außenpolitik nach dem Zweiten Weltkrieg ist oft – ebenso wie im Hinblick auf das ›imperialistische Stadium‹ der USA vom Ende des 19. Jahrhunderts an – von einer »Verdrehung unserer nationalen Prioritäten«, vom Produkt einer »falsch verstandenen ökonomischen Analyse«, der »fehlenden Bereitschaft der Entscheidungsträger, ihre Politik zu ändern«, oder den Machenschaften einer »vorübergehend unverantwortlichen Gruppe« (wie dem ›militärisch-industriellen Komplex‹) gesprochen worden. Alle diese Vorwürfe übersehen jedoch über den notwendig auftretenden Widersprüchen die grundsätzliche Internationalität des ›amerikanischen Systems‹ und »die wesentliche Einheit von ökonomischen, politischen und strategischen Interessen« der Vereinigten Staaten (Bernard Baruch). Es war *das* Interesse der amerikanischen Wirtschaft, das über alle kurzfristigen lokalen, branchenspezifischen oder auch internationalen Widersprüche hinaus die notwendigen Anpassungen maßgeblich beeinflußt hat, um die Funktionsfähigkeit des gesamten Systems (der Einheit von Sozialstruktur, Wirtschafts- und Herrschaftsform) nicht zu gefährden. Wenn auch durchaus etwa »andere Formen der sozialen Organisation denkbar« sind, unter denen auch »die Notwendigkeit, die Volkswirtschaften der unterentwickelten Länder auszubeuten und zu verzerren, weitaus geringer ist« (Noam Chomsky), so haben schon die historischen amerikanischen Reformbewegungen solche Reorganisationen

eher verhindert. Gerade die Forderung nach Anpassung ersetzte immer wieder die Forderung nach Veränderung.

Eine solche Anpassung wird unter den veränderten Bedingungen der siebziger Jahre erneut für notwendig gehalten: »Unsere internationale Aktivität nach 1945 war zwei Jahrzehnte von der Annahme bestimmt, daß Technologie plus Organisationstalent uns in die Lage versetzen, das internationale System neu zu formen und in den jungen Ländern innenpolitische Umwandlungen zu bewirken. Dieses Arbeitskonzept für eine internationale Ordnung hat sich jedoch als unzulänglich erwiesen. Die politische Multipolarität verhindert, daß ein amerikanisches Schema oktroyiert werden kann. Die größte Herausforderung für uns liegt darin, die schöpferischen Kräfte einer pluralistischen Ordung in der Welt zu beschwören, um eine Ordnung auf politischer Multipolarität zu gründen, selbst wenn die beiden Supermächte weiterhin über eine überragende militärische Stärke verfügen.... Wir müssen eine internationale Ordnung errichten, *bevor* sie uns durch eine Krise als Notwendigkeit aufgezwungen wird.« (Kissinger, *Amerikanische Außenpolitik*, 1969, S. 66)
Diese Multipolarität, die eine veränderte Politik zur Behauptung der amerikanischen Vorherrschaft erforderlich macht, und ihr ›realistisches‹ Akzeptieren durch Nixon-Kissinger hat (auch in der BRD) zu Befürchtung solcher Kritiker geführt, die – weniger flexibel – von einer Aufweichung der Fronten aus dem Kalten Krieg eine Aufweichung auch innerpolitischer ›Fronten‹ und damit Veränderungen des Status quo befürchten. Ihr Schlagwort ist Chaos. Sie verkennen zumeist nicht nur das Interesse auch der UdSSR am Status quo (das u. a. George F. Kennan überzeugend nachweist; siehe u. a. seinen Aufsatz ›Realistische Weltpolitik‹, *Neue Gesellschaft*, Bd 18, November 1971, S. 782–793), sie stehen trotz aller verbalen Zugeständnisse auch dem demokratischen (und von den USA offiziell verfolgten) Prinzip der Selbstbestimmung sowohl in den äußeren als auch in den inneren Beziehungen mit offenem Mißtrauen gegenüber.

Solche Anpassungen haben jedoch – wie die Nixon-Doktrin mit der (begrüßenswerten) verminderten Gefahr atomarer Auseinandersetzungen auf der oberen Ebene – immer wieder dazu geführt, nicht nur die Kosten kriegerischer Auseinandersetzungen auf der unteren Ebene, sondern entscheidender die Kosten des amerikanischen *informal Empire* zu übergehen. »Amerika ist heute die Führungsmacht einer weltweiten anti-revolutionären Bewegung zur Verteidigung etablierter Interessen. Amerika spielt heute die Rolle, die Rom einst innehatte. Rom hat konsequent die Reichen gegen die Armen in allen ausländischen Gemeinden, die in seinen Machtbereich fielen, unterstützt; und da die Armen bis heute stets und überall weitaus zahlreicher als die Reichen gewesen sind, förderte Roms Politik Ungleichheit, Ungerechtigkeit und glücklose Verhältnisse unter den Angehörigen der größeren Zahl. Amerikas Entschluß, die Rolle Roms zu übernehmen, ist – wenn ich es recht beurteile – mit voller Absicht erfolgt.« (Arnold Toynbee, *America and the World Revolution*. New York/London 1962, S. 92 f.)
Mit der Ausweitung der ökonomischen Interessen und der damit grundsätzlichen Internationalität des amerikanischen Kapitalismus hat sich notwendig auch die Schutzfunktion des amerikanischen Staates zur Sicherung einer – im amerikanischen Sinne – stabilen Umwelt internationalisiert. »Unsere Investitionen und Handelsbeziehungen sind dergestalt, daß es

nahezu unmöglich ist, sich irgendeinen Konflikt irgendwo auf der Erde vorzustellen, der uns nicht schadete.« (Präs. Coolidge, 1928; zit. nach Williams, *The Tragedy of American Diplomacy*, 1962, S. 91) Der amerikanische Staat hat auch im internationalen Rahmen zunehmend die Funktion übernommen, für ›Ruhe und Ordnung‹ zu sorgen. »Das vorrangige Interesse der Vereinigten Staaten gilt der Erhaltung der Stabilität der Weltwirtschaft, und alles, was diesem Interesse entgegensteht, stellt eine Gefahr für ihre derzeitige Hegemonie dar. Störende politische und soziale Trends abzufangen, zu neutralisieren und zu zügeln, wird somit zum vordringlichsten Ziel amerikanischer Außenpolitik.« (Kolko, *Die Hintergründe der US-Außenpolitik*, 1971, S. 70)

Die politischen und strategischen Interventionen der USA sind dabei auch nach Meinung Gabriel Kolkos grundsätzlich »rationale allgemeine Unkosten für ihre gegenwärtige und zukünftige Handels- und Expansionsfreiheit« (ebda., S. 96). Die USA setzten sich nach dem Zweiten Weltkrieg »gegen jede politische und ökonomische Bewegung« ein, die – selbst unterhalb der Umwälzung nationaler Gesellschaftsstrukturen – »lediglich eine Umverteilung des Reichtums von Amerika anstrebte. Diese konservative Politik drängte die USA im Endeffekt in eine Konfrontation sowohl mit den konkurrierenden europäischen Nationen als auch mit den linken nationalistischen und revolutionären Regierungen« (ebda., S. 95). Entsprechend der globalen ungleichen Entwicklung und den daraus resultierenden Abhängigkeitsverhältnissen war die Wahl der amerikanischen Gegenmaßnahmen »abhängig von den jeweiligen Interessen und der Stärke der betroffenen Macht« (ebda.) sowie von den Hilfsquellen, »die für die Erfüllung unserer Sicherheitserfordernisse und für die Lösung unserer inneren Probleme zur Verfügung stehen« (Präs. Nixon, 9. 2. 1972, S. 160). Schwindende Stärke im globalen Rahmen würde andererseits »bald einer internen Dynamik Raum geben, die die bloße Existenz des liberalen organisierten Kapitalismus im eigenen Land infrage stellen könnte« (Kolko, a. a. O., S. 97).

»Eins ist sicher: Die außenpolitische Herausforderung tendiert immer mehr dahin, sich mit der innenpolitischen Herausforderung zu vereinen, bis die beiden grundsätzlich nicht mehr zu unterscheiden sind.« (General Taylor, *Swords and Plowshares*. New York 1972, S. 421) War ›Stärke‹ schon eine logische Voraussetzung für die ›nationale Einheit‹ und die Zukunftsforderung Präsident Washingtons nach Neutralität, ist sie angesichts der ›kommunistischen‹ Bedrohung, der Konkurrenz der kapitalistischen Staaten, der nachkolonialen Entwicklung in den Ländern der ›Dritten Welt‹ und der innenpolitischen ›Aufweichung‹ für die Aufrechterhaltung des *American Empire* nach innen und außen offensichtlich zu einer Notwendigkeit geworden, die gerade die Widersprüche im amerikanischen System verstärkt.

Auch die »neuen Realitäten« machen »eine führende Rolle der USA in der Weltpolitik unerläßlich für die Art von Welt, die für unser eigenes Wohlergehen notwendig ist« (Präs. Nixon): »Unsere Beteiligung bleibt entscheidend. Aufgrund des Überflusses unserer Ressourcen und der Spanne unserer Technologie bleibt Amerikas Einfluß auf die Welt bedeutend, ob wir nun aktiv werden oder nicht. Wir sind der Welt zu gewahr, und unsere Sorge um Frieden ist zu groß, um den Grad von Stabilität zu gefährden, den wir in den letzten 25 Jahren gewährleistet haben.... Die Vereinigten Staaten können ihre nationalen Interessen nicht schützen oder die ihrer Alliierten nicht unterstützen, sie können ihrer Verantwortung nicht nachkommen, den internationalen Frieden garantieren zu helfen, ohne die Fähigkeit, Truppen im Ausland einzusetzen.... In den nächsten vier Jahren werden wir weiterhin zwischen wichtigen nationalen Prioritäten zu wählen haben. Aber ich bin entschlossen, unsere militärische Macht weiterhin führend zu erhalten. Die Erfahrungen der letzten vier Jahre haben die Weisheit und absolute Notwendigkeit eines starken und engagierten Amerika in der Welt bestätigt. Es ist die einzig gesunde Basis für den Frieden.« (Präs. Nixon, 3. 5. 1973, S. 232, 184 und 192)

Der Historiker Andreas Hillgruber hat darauf verwiesen, daß sich im Begriff der ›britischen Interessen‹ »die Zielvorstellungen einer prinzipiellen Garantie des überseeischen Weltreichs und des inneren ›way of life‹ mit der permanenten wirtschaftlichen Expansion und den parlamentarischen Institutionen des Landes« verbanden (›Politische Geschichte in moderner Sicht‹, *Historische Zeitschrift*, Bd. 216, Juni 1973, S. 529–552. Zitat: S. 535). Eine solche Interpretation kann trotz des fehlenden formellen Weltreichs (bzw. von größeren Kolonien) *cum grano salis* auch auf die ›amerikanischen Interessen‹ übertragen werden. Es bleibt abzuwarten, welche Auswirkungen die »Dynamik des Wandels« (Präs. Nixon) auf diese Faktoren (und auf welche) des amerikanischen ›nationalen Interesses‹ haben wird. Die Innen- und Außenpolitik der USA und die internationalen Beziehungen im ausgehenden 20. Jahrhundert werden entscheidend davon gestaltet werden.

Anhang

1. Tabellen

1. Strategisch relevante Aktivitäten führender Staaten jenseits eigener Blockgrenzen (1971)

	Politisch-militärisch	Ökonomisch	Waffenhandel	Kultur-propaganda
USA	+	+	+	+
UdSSSR	+		+	(+)
Volksrepublik China				(+)
Frankreich	(+)	+	+	+
Großbritannien	(+)	+	+	
BRD		+		
Japan		+		

Anmerkungen:
\+ bedeutet intensive Aktivitäten
(+) bedeutet eingeschränkte Aktivitäten
Politisch-militärisch: z. B. Allianzen, Stützpunkte, Auslandshilfe (einschl. Militärhilfe)
Ökonomisch: Handel, Direktinvestitionen, technische Hilfe, Lizenz- und Patentvergabe und dgl.
Kulturpropaganda: z. B. ideologische Propaganda, Informationszentren u. dgl.

Nach: Dieter Senghaas, *Rüstung und Militarismus.* Frankfurt/M. 1972, S. 106.

2. Ausgaben für Forschung und Entwicklung in den USA von 1945–1970 (in Mrd. Dollar und v. H.)

	Gesamtausgaben	Industrie	Staat	Universitäten	Rest
1945	1,8	0,9 50 %	0,8 44 %	0,1 6 %	–
1948	3,1	1,4 45 %	1,6 52 %	0,1 3 %	–
1951	4,0	1,8 45 %	2,0 50 %	0,2 5 %	–
1954	5,7	2,4 42 %	3,1 54 %	0,2 4 %	–
1957	10,0	3,5 35 %	6,2 62 %	0,2 2 %	0,1 1 %
1960	13,7	4,5 33 %	8,8 64 %	0,3 2 %	0,1 1 %
1964	19,2	5,9 31 %	12,5 65 %	0,6 3 %	0,2 1 %
1968	25,1	9,1 36 %	15,0 60 %	0,8 3 %	0,2 1 %
1969	26,1	10,1 38 %	14,9 57 %	0,9 4 %	0,2 1 %
1970	27,2	10,9 40 %	15,0 55 %	1,0 4 %	0,3 1 %

Von den staatlichen Ausgaben entfielen auf das Verteidigungsministerium, die Atomenergiekommission und die Weltraumbehörde (v. H.)

1960	1962	1964	1965	1966	1967	1968	1969	1970
90	89	89	88	85	85	83	83	82

Zusammengestellt nach: Ulrich Rödel, *Forschungsprioritäten und technologische Entwicklung*. Frankfurt/M. 1972, S. 50, 53 und 57.

3. Länder mit den größten Anteilen (in %) an

	den Weltreserven		der Weltproduktion		dem Weltkonsum		Anteil d. USA am Konsum
Aluminium	Austra-		Jamaica	19	USA	42	42
(Bauxit)	lien	(33)	Surinam	12			
	Guinea	20					
	Jamaica	10					
Chrom	Südafrika	75	UdSSR	30			19
			Türkei	10			
Eisen	UdSSR	33	UdSSR	25	USA	28	28
	Südam.	18	USA	14	UdSSR	24	
	Kanada	14			BRD	7	
Erdgas	USA	25	USA	58			
	UdSSR	13	UdSSR	18			
Erdöl	Saudi		USA	23	USA	33	33
	Arabien	17	UdSSR	13	UdSSR	12	
	Kuweit	15			Japan	6	
Kobalt	Rep.		Rep.				32
	Kongo	31	Kongo	51			
	Sambia	16					
Kohle	USA	32	UdSSR	20			44
	UdSSR-		USA	13			
	China	53					
Kupfer	USA	28	USA	20	USA	33	33
	Chile	19	UdSSR	15	UdSSR	13	
			Sambia	13	Japan	11	
Mangan	Südafrika	38	UdSSR	34			14
	UdSSR	25	Brasilien	13			
			Südafrika	13			
Nickel	Kuba	25	Kanada	42			38
	Neu-Kale-		Neu-Kale-				
	donien	22	donien	28			
	UdSSR	14	UdSSR	16			
	Kanada	14					
Platingruppen	Südafrika	47	UdSSR	59			31
	UdSSR	47					
Quecksilber	Spanien	30	Spanien	22			24
	Italien	21	Italien	21			
			UdSSR	18			
Zinn	Thailand	33	Malaysia	41	USA	24	24
	Malaysia	14	Bolivien	16	Japan	14	
			Thailand	13			

Quelle: Donella H. Meadows, Dennis L. Meadows, Jorgen Randers, William W. Behrens, *The Limits to Growth. A. Report for the Club of Rome's Project on the Predicament of Mankind.* New York 1972, S. 56–60 (deutsch: *Die Grenzen des Wachstums. Bericht des ›Club of Rome‹ zur Lage der Menschheit.* Stuttgart 1972). Die einzelnen Angaben entstammen verschiedenen offiziellen Berichten und Statistiken aus den Jahren 1968–1970.

2. Verzeichnis der Schaubilder

3. Verzeichnis der Tafeln

4. Verzeichnis der Abkürzungen

AID:	Agency for International Development
BSP:	Bruttosozialprodukt
DOD:	Department of Defense
EG:	Europäische Gemeinschaft
GATT:	General Agreement on Tariffs and Trade (Allgemeines Zoll- und Handelsabkommen)
IWF:	Internationaler Währungsfond
USIA:	United States Information Agency
USIS:	United States Information Service

5. Literaturverzeichnis

Die Darstellung stützt sich im wesentlichen auf vier Arten von Materialien: 1. Memoirenliteratur, 2. Zeitungen (vor allem die *New York Times*) und Zeitschriften, 3. Unterlagen regierungsamtlicher Stellen und 4. Einzeldarstellungen. In der folgenden, zum Teil kommentierten Auswahl werden nicht alle benutzten Materialien aufgeführt. Sie soll auf die 3. und 4. der oben genannten Gruppen beschränkt sein und einen knappen Überblick bieten.

I. Materialien regierungsamtlicher Stellen

An Unterlagen der amerikanischen Regierung sind für den Themenbereich dieser Einführung vor allem wichtig (und auch herangezogen worden)
die Jahresbände des *Statistical Abstract of the United States;*
die *Historical Statistics of the United States, Colonial Times to 1957*. Washington: Department of Commerce, 1960;
die Jahresbände des *United States Government Manual* (ein Verzeichnis der Regierungsinstitutionen);
die verschiedenen Ausgaben der *Public Papers (and Messages) of the Presidents;*
die Jahresberichte *(State-of-the-Union Messages* oder *Annual Reports)* des Präsidenten und seiner Experten;
der *Congressional Record* (eine Aufzeichnung aller Beiträge im Kongreß; im folgenden zitiert mit Namen und Datum. Auszüge werden im *Congressional Quarterly* veröffentlicht.);
die *Ausschußprotokolle* u. a. des Senate Foreign Relations Committee oder des House Committee on Foreign Affairs;
die *Papers Relating to the Foreign Relations of the United States* (die offizielle Sammlung des State Department);
Materialien des amerikanischen Informationsdienstes (USIA), des Außenministeriums (u. a. die Zeitschrift *Department of State Bulletin*), des Handelsministeriums (Department of Commerce, dessen Zeitschrift *Survey of Current Business* als wichtige Quelle für wirtschaftliche Daten gilt), aber auch solcher Regierungsstellen wie dem Arbeitsministerium (z. B. U.S. Department of Labor, Bureau of Labor Statistics, *Handbook of Labor Statistics*).
Das *Statistische Jahrbuch für die Bundesrepublik Deutschland* (Internationaler Teil) enthält wesentliche Daten auch über die USA.

II. Einzeldarstellungen

Die amtlichen Dokumentationen werden ergänzt durch die beiden Quellenbände von
Norman A. Graebner, *Ideals and Diplomacy. Readings in the Intellectual Tradition of American Foreign Policy*. New York: Oxford University Press, 1964; aber besonders
William A. Williams, *The Shaping of American Diplomacy. Readings and Documents in American Foreign Relations*. 2 Bände. Chicago: Rand McNally, 1956 (verschiedene überarbeitete Neuauflagen).
The Dynamics of World Power. A Documentary History of United States Foreign Policy 1945–1973, hrsg. von Arthur M. Schlesinger, Jr. New York

et al.: Chelsea und McGraw-Hill, 1973, ist eine umfangreiche Dokumentensammlung zur Nachkriegspolitik. Bisher erschienen sind:

Bd. I: Western Europe, hrsg. von Robert Dallek;
Bd. II: Eastern Europe and the Soviet Union, hrsg. von Walter LaFeber;
Bd. III: Latin America, hrsg. von Robert Burr;
Bd. IV: The Far East, hrsg. von Russel D. Buhite, und
Bd. V: The United Nations, hrsg. von Richard C. Hottelet, und Subsaharan Africa, hrsg. von Jean Herskovits.

Schlesinger, der als Präsidentenberater unter John F. Kennedy den ›Establishment-Liberalen‹ zugerechnet wurde, leitet den 1. Band mit einem Überblick über die amerikanische Außenpolitik und ihre wissenschaftliche Beurteilung ein.

Ein hervorragendes Handbuch ist von

Howard L. Hurwitz, *An Encyclopedic Dictionary of American History.* New York: Washington Square Press, 1970 (1968).

Standardwerke in der Tradition klassischer Diplomatiegeschichte sind

Thomas A. Bailey, *A Diplomatic History of the American People.* New York: Appleton, Century, Crofts, 1969 (seit 1940), und

Samuel Flagg Bemis, *A Diplomatie History of the United States.* 3. Auflage. New York: Holt, 1951 (seit 1936).

Klaus Schoenthal, *Amerikanische Außenpolitik – Eine Einführung.* Köln/Berlin: Kiepenheuer & Witsch, 1964, gibt einen zuverlässigen historischen Überblick. Es ist bisher die einzige neuere Zusammenfassung dieser Art in deutscher Sprache.

Die überzeugendsten Gesamtanalysen amerikanischer Außenpolitik sind nach Meinung des Verfassers bisher von den Vertretern der amerikanischen ›Neuen Linken‹

Gabriel Kolko, *Die Hintergründe der US-Außenpolitik.* Aus dem Amerikanischen. Frankfurt/M.: EVA, 1971 (1969), sowie

William A. Williams, *The Contours of American History.* Cleveland/New York: The World Publ. Co., 1961 (1956), und

–, *The Tragedy of American Diplomacy.* Überarb. und erw. Auflage. New York: Dell, 1962 (1959. Jetzt auch deutsch: *Die Tragödie der amerikanischen Diplomatie.* Frankfurt 1973).

From Colony to Empire. Essays in the History of American Foreign Relations, hrsg. von William A. Williams. New York et. al.: Wiley, 1972, ist ein Sammelband mit Beiträgen der Neuen Linken. Siehe auch die Literaturbesprechungen von Hans-Jürgen Schröder (*Neue Politische Literatur,* XVII, 1972, S. 298 ff.) und Werner Link (ebda., XII, 1967, S. 343 ff., und XVI, 1971, S. 205 ff.).

Robert W. Tucker, *The Radical Left and American Foreign Policy.* Baltimore: The Johns Hopkins University Press, 1971, bietet eine kritische Auseinandersetzung mit dieser Literatur.

In der Bundesrepublik haben insbesondere die ›historischen Sozialwissenschaftler‹

Hans-Jürgen Schröder, *Deutschland und die Vereinigten Staaten 1933–1939. Wirtschaft und Politik in der Entwicklung des deutsch-amerikanischen Gegensatzes.* Wiesbaden: Steiner, 1970, und

Hans-Ulrich Wehler, *Der Aufstieg des amerikanischen Imperialismus. Studien zur Entwicklung des Imperium Americanum, 1865–1900.* Frankfurt/M.: Vandenhoeck & Ruprecht, 1974 (eine Sammlung seiner verstreuten Beiträge zu diesem Thema),

diesen Ansatz verfolgt (siehe auch die Aufsatzsammlung von Wehler, *Geschichte als Historische Sozialwissenschaft*. Frankfurt/M.: edition Suhrkamp 650, 1973). Bisher umfassendste politikwissenschaftliche Darstellung in deutscher Sprache (allerdings mit vernachlässigter internationaler Dimension) ist

Ekkehard Krippendorff, *Die amerikanische Strategie. Entscheidungsprozeß und Instrumentarium der amerikanischen Außenpolitik*. Frankfurt/M.: Suhrkamp, 1971.

An weiteren Darstellungen sollen genannt werden:

Gar Alperovitz, *Cold War Essays*. Garden City: Anchor Books, Doubleday, 1970. Darin ist auch eine kurze Zusammenfassung seines bekannten Buches *Atomare Diplomatie – Hiroshima und Potsdam* [Aus dem Amerikanischen. München 1966 (1965)] enthalten, in der dieser Angehörige der ›Neuen Linken‹ die Anfänge des Kalten Krieges analysiert.

America's World Role in the 70s, hrsg. von Abdul Aziz Said. Englewood Cliffs: Prentice Hall, 1970. Ein Sammelband kritischer Autoren.

Paul A. Baran, *Die Politische Ökonomie des wirtschaftlichen Wachstums*. Aus dem Amerikanischen. Neuwied/Berlin: Luchterhand, 1966 (1957). Zusammen mit Paul A. Baran/Paul M. Sweezy, *Monopolkapital. Ein Essay über die amerikanische Wirtschafts- und Gesellschaftsordnung* [Aus dem Amerikanischen. Frankfurt/M.: Suhrkamp, 1967 (1966)] Standardwerk des amerikanischen Neomarxismus. Vgl. u. a. Ernest Mandel, *Der Spätkapitalismus. Versuch einer marxistischen Erklärung*. Frankfurt/M.: edition Suhrkamp 521, 1972 (siehe dort auch weitere Literatur).

Richard J. Barber, *Die Herrschaft der Manager. Amerikas Business in der Welt von morgen*. Aus dem Amerikanischen. München et al.: Juncker, 1970. Barber liefert eine Fülle allerdings oft unkritisch wiedergegebener und weithin unverbundener Fakten.

Richard J. Barnet, *Der amerikanische Rüstungswahn oder Die Ökonomie des Todes*. Aus dem Amerikanischen. Reinbek bei Hamburg: rororo 1450/1451, 1971 (1969). Eine durchdringende kritische Analyse des amerikanischen Rüstungskomplexes durch einen hohen ehemaligen Regierungsangestellten. Siehe auch sein *Intervention and Revolution. The United States in the Third World*. New York/Cleveland 1968.

Big Business und Kalter Krieg, hrsg. von David Horowitz. Aus dem Amerikanischen. Frankfurt/M.: März Verlag, 1971 (1969). Ein Sammelband der wichtigsten ›revisionistischen‹ Autoren. Von Horowitz siehe u. a. auch *The Free World Colossus. A Critique of American Foreign Policy in the Cold War*. New York 1965.

David P. Calleo und Benjamin Rowland, *America and the World Political Economy. Atlantic Dreams and National Realities*. Bloomington/London: Indiana University Press, 1973. Ein Beispiel der nationalistischen Variante ›realistischer‹ Kritik. Siehe dazu auch Robert E. Osgood, *Ideals and Self-Interest in America's Foreign Relations. The Great Transformation of the Twentieth Century*. Chicago: University of Chicago Press, 1953; *America and the World*, hrsg. von Osgood et al. Baltimore: Johns Hopkins Press, 1970; *Retreat from Empire? The First Nixon Administration*, hrsg. von Osgood et al. Baltimore/London: Johns Hopkins Press, 1973 (mit Beiträgen u. a. von Robert W. Tucker und George Liska), und Kenneth Waltz, *Foreign Policy and Democratic Politics. The American and British Experience* Boston: Little, Brown, 1967.

The Corporation Take-Over, hrsg. von Andrew Hacker. Freeport, N. Y.: Books for Library Print, 1970 (Reprint von 1964). Kritische Studien zum Verhältnis von Wirtschaft und Politik. In diesen Bereich fallen auch die neueren Veröffentlichungen von John Kenneth Galbraith (vor allem sein *Wirtschaft für Gesellschaft und Staat.* Aus dem Amerikanischen. München/Zürich: Droemer/Knaur, 1973).

Ernst-Otto Czempiel, *Das amerikanische Sicherheitssystem 1945–1949. Eine Studie zur Außenpolitik der bürgerlichen Gesellschaft.* Berlin: de Gruyter, 1966. Eine sorgfältige Analyse der amerikanischen Bündnispolitik nach dem Kriege.

William J. Diebold, Jr., *The United States and the Industrial World. American Foreign Economic Policy in the 1970s.* New York et al.: Praeger, 1972. Diebold, ein Mitglied des Council on Foreign Relations, vertritt eine ›liberale‹ Welthandelspolitik.

Ernst Fraenkel, *Das amerikanische Regierungssystem. Eine politische Analyse.* 2. Auflage. Köln/Opladen: Westdeutscher Verlag, 1962 (1960). Neben Karl Loewenstein, *Verfassungsrecht und Verfassungspraxis der Vereinigten Staaten.* Berlin et al.: Springer, 1959, die ›klassische‹, aber (ähnlich zahlreichen amerikanischen ›pluralistischen‹ Untersuchungen) immer noch beeindruckende Regierungslehre in deutscher Sprache. Siehe auch Fraenkel, *USA – Weltmacht wider Willen.* Berlin: Colloquium Verlag, 1957.

Vladimir Orlando Key, *Public Opinion and American Democracy.* New York: Knopf, 1961; –, *Politics, Parties, and Pressure Groups.* 5. Auflage. New York: Crowell, 1964; –, *The Responsible Electorate: Rationality in Presidential Voting 1936–1950.* Cambridge: Harvard University Press, 1966. Besonders in diesem letzten (unvollständigen) Werk widerlegt auch Key Vorstellungen über die Illiberalität der Mehrheit der amerikanischen Bevölkerung im Bereich der Pluralismustheorie, zu deren herausragenden Vertretern er zusammen mit Robert A. Dahl (siehe u. a. *Pluralist Democracy in the United States: Conflict and Consent.* Chicago: Rand McNally, 1967) gehört. Besonders Seymour M. Lipset (*Political Man. The Social Bases of Politics.* Garden City: Doubleday, 1960) hat die verschiedenen Komponenten dieser Theorie in seinem Werk vereint, den autoritären Charakter der Arbeiterschaft (wie zum Teil auch Lester Milbrath) hervorgehoben und (wie Adolph A. Berle, Talcott Parsons und auch John Kenneth Galbraith) die optimistische ›amerikanische‹ Variante des massenpsychologischen Ansatzes vertreten. ›Pessimistisch‹ haben sich in diesem Zusammenhang besonders Hannah Arendt und William Kornhauser (aber von ›links‹ auch C. Wright Mills) gezeigt. Zum wichtigen Gruppenansatz siehe vor allem Bernard R. Berelson, Paul F. Lazarsfeld und William N. McPhee, *Voting: A Study of Opinion Formation in a Presidential Campaign.* Chicago: University of Chicago Press, 1954. Zur Streuung von Kontrolle und Eigentum vgl. bereits Adolph Berle und Gardiner C. Means, *The Modern Corporation and Private Property.* New York: Harcourt Brace, 1934. Die eigentliche Pluralismustheorie geht auf die Gründungsväter (siehe James Madison in den *Federalist Papers* von 1787/88) und Alexis de Tocqueville zurück [siehe dessen *Werke und Briefe.* Band I und II: *Über die Demokratie in Amerika.* Aus dem Französischen. Stuttgart 1959 (1835)]. Einflußreich in dieser Tradition waren Arthur F. Bentley (*The Process of Government.* New York 1908, seitdem verschiedene Neuauflagen) und David B. Truman (*The Governmental Process.* New York: Knopf, 1951). Direkt zur Außenpolitik siehe besonders Gabriel A. Almond und Sidney Verba, *Civic Culture: Political Attitudes and Democracy in Five Nations.*

Princeton: Princeton University Press, 1963.
Henry A. Kissinger, *Amerikanische Außenpolitik.* Aus dem Amerikanischen. Düsseldorf et al.: Econ, 1969 (1966). Ein – auch am Werdegang Kissingers exemplifiziertes – Beispiel für die enge Verbindung von Wissenschaft und Politik. Siehe auch sein *The Necessity for Choice.* Garden City 1952, und die Werke seines Vorgängers im Nationalen Sicherheitsrat, Walt W. Rostow *(The Diffusion of Power. An Essay in Recent History.* New York 1972; *The United States in the World Arena.* New York 1960, und *View from the Seventh Floor.* New York 1964).
Knud Krakau, *Missionsbewußtsein und Völkerrechtsdoktrin in den Vereinigten Staaten von Amerika.* Berlin/Frankfurt: Metzner, 1967. Abhandlungen der Forschungsstelle für Völkerrecht und Ausländisches Öffentl. Recht der Universität Hamburg, Bd. 14. Eine gründliche Studie amerikanischer Geistesgeschichte, die allerdings die gesellschaftlichen Grundlagen der ›amerikanischen Ideologie‹ zu wenig berücksichtigt.
Bernd-Peter Lange, Jürgen-Heinrich Mendner und Heinz Berzau, *Konzentrationspolitik in den USA. Gesetzgebung, Institutionen, Rechtsprechung und Auswirkungen.* Tübingen: Mohr, 1972. Zur Konzentrationsbewegung in den USA, ihren Voraussetzungen und Auswirkungen siehe auch John M. Blair, *Economic Concentration. Structure, Behavior, and Public Policy.* New York 1972, der sich vor allem auf die Untersuchungen des *Subcommittee on Antitrust and Monopoly* im Justizausschuß des Senats stützt.
Sidney Lens, *The Military-Industrial Complex.* Boston: Pilgrim Press, 1971 (hier zitiert nach der Ausgabe von Kansas City 1970). Eine Analyse der gesellschaftlichen Bedeutung des militärisch-industriellen Komplexes aus der Schule der ›Neuen Linken‹. Ähnlich auch die gründlichste und ausführlichste Studie in deutscher Sprache zu diesem Komplex von Dieter Senghaas, *Rüstung und Militarismus.* Frankfurt/M.: edition Suhrkamp 498, 1972. In einen größeren Rahmen eingeordnet wird er von Fritz Vilmar, *Rüstung und Abrüstung im Spätkapitalismus. Eine sozio-ökonomische Analyse des Militarismus.* 6. überarb. und erw. Auflage. Reinbek bei Hamburg: rororo 6797, 1973. Eine ältere kritische Studie ist von Samuel Huntington, *The Common Defense: Strategic Programs in National Politics.* New York: Columbia University Press, 1961.
Harry Magdoff, *The Age of Imperialism. The Economics of U. S. Foreign Policy.* New York: Monthly Review Press, 1969 (auch deutsch: *Das Zeitalter des Imperialismus. Die ökonomischen Hintergründe der US-Außenpolitik.* Frankfurt/M.: Verlag Neue Kritik, 1970. Hier jedoch nach der amerikanischen Ausgabe zitiert). Magdoff zeigt anhand zahlreicher Materialien die Internationalität der amerikanischen ›Interessen‹ auf. Als ›Neomarxist‹ betont er vor allem den Widerspruch zwischen den USA als führender kapitalistischer Macht und den Entwicklungsländern. Ernest Mandel, *Die EWG und die Konkurrenz Europa-Amerika.* 5. Auflage. Frankfurt/M.: EVA, 1971 (1968), hebt dagegen die ›imperialistische Konkurrenz‹ der kapitalistischen Staaten hervor. Einen groben Überblick gibt Bob Rowthorn, ›Imperialism in the Seventies-Unity or Rivalry?‹, *New Left Review,* No. 69, Sept.–Okt. 1971, S. 31–54, der die verschiedenen Positionen dieser Richtung gegeneinander abwägt. Diese Positionen gehen zum Teil auf die unterschiedlichen Ansätze bei W. I. Lenin (Der Imperialismus als höchstes Stadium des Kapitalismus, u. a. in: *Ausgewählte Werke in zwei Bänden.* Bd. I, Berlin 1951) und Rosa Luxemburg (*Die Akkumulation des Kapitals.* Berlin 1923) – Klassikern der Imperialismusdiskussion – zurück.
C. Wright Mills, *Die amerikanische Elite. Gesellschaft und Macht in den Vereinigten Staaten.* Aus dem Amerikanischen *(The Power Elite).* Hamburg:

Holsten Verlag, 1962 (1956). Die grundlegende Untersuchung der amerikanischen ›Machtelite‹. Offensichtlich stark an deutschen Studien zur ›Proletarisierung der Mittelschichten‹ ausgerichtet ist sein *White Collar: The American Middle Classes.* New York: Oxford University Press, 1951. Zur Kritik an der ›pluralistischen‹ Theorie siehe auch Richard Parker, *Der Mythos von der Mittelschicht. Ein Armutszeugnis der Wohlstandsgesellschaft.* Aus dem Amerikanischen. Reinbek bei Hamburg: rororo aktuell 1652, 1973 (1972. Siehe hier auch weitere Literatur); Gabriel Kolko, *Besitz und Macht. Sozialstruktur und Einkommensverteilung in den USA.* Aus dem Amerikanischen. Frankfurt/M.: edition Suhrkamp 239, 1967 (1962); –, *The Triumph of Conservatism. A Reinterpretation of American History, 1900–1916.* London/New York: Collier McMillan/Free Press, 1963 (vgl. dazu auch James Weinstein, *The Corporate Ideal in the Liberal State: 1900–1918.* Boston: Beacon Press, 1971); Richard F. Hamilton, *Class and Politics in the United States.* New York et al.: Wiley, 1972 (Hamilton betont die Liberalität der Mehrheit der amerikanischen Bevölkerung und gibt einen hervorragenden Literaturüberblick); Thomas R. Dye und Harmon Zeigler, *The Irony of Democracy: An Uncommon Introduction to American Politics.* Belmont, Cal.: Wadsworth, 1971, und G. William Domhoff, *The Higher Circles: The Governing Class in America.* New York: Random House, 1970. In diesem Zusammenhang siehe auch die gesamtgesellschaftliche Analyse des englischen Politökonomen Ralph Miliband, *The State in Capitalist Society.* London: Weidenfeld & Nicolson, 1969 (auch deutsch: *Der Staat in der kapitalistischen Gesellschaft.* Frankfurt/M. 1972).

Hans J. Morgenthau, *Truth and Power. Essays of a Decade, 1960–1970.* London: Pall Mall Press, 1970. Dieser Band kann als Resümee aus den zahlreichen Veröffentlichungen dieses ›realistischen Kritikers‹ der amerikanischen Außenpolitik gelten (siehe u. a. sein *American Foreign Policy. A Critical Examination.* London 1952, und *The Mainsprings of American Foreign Policy,* seit 1950 verschiedene Neuauflagen). Ähnlich kritisch zunehmend auch George F. Kennan (siehe seine Memoiren und *Realities of American Foreign Policy.* Princeton: Princeton University Press, 1954), der vor allem von den militärischen Implikationen seiner ursprünglichen Haltung als außenpolitischer Berater abrückte.

Carl Oglesby und Richard Shaull, *Amerikanische Ideologie. Zwei Studien über Politik und Gesellschaft in den USA.* Aus dem Amerikanischen. Frankfurt/M.: edition Suhrkamp 341, 1969. Eine engagierte Kritik an der amerikanischen Gesellschaftspolitik (Oglesby war einer der Führer der studentischen Protestbewegung).

Henry T. Nash, *American Foreign Policy. Response to a Sense of Threat.* Homewood, Ill.: The Dorsey Press, 1973. Eine kritische Untersuchung der amerikanischen Nachkriegspolitik mit detaillierten Hinweisen zu ihrer Organisation.

Public Opinion and Politics: A Reader, hrsg. von William J. Crotty. New York et al.: Holt, Rinehart & Winston, 1970. Eine äußerst materialreiche und informative Textsammlung zum Problem der ›öffentlichen Meinung‹.

The Radical Attack on Business, hrsg. und kommentiert von Charles Perrow. New York et al.: Harcourt, Brace, Jovanovich, 1972. Ein historischer Überblick der Kritik der ›Neuen Linken‹ in den sechziger Jahren.

James A. Robinson, *Congress and Foreign Policy-Making. A Study in Legislative Influence and Initiative.* Überarb. Auflage. Homewood, Ill.: The Dorsey Press, 1967 (1962). Eine ›pluralistische‹ Analyse des Entscheidungsprozesses im Kongreß. Siehe auch Robert A. Dahl, *Congress and Foreign Policy.* New York 1950.

James N. Rosenau, *Public Opinion and Foreign Policy.* New York: Free Press, 1961. Siehe auch *International Politics and Foreign Policy. A Reader in Research and Theory,* hrsg. von Rosenau. New York: Free Press, 1961, und *Domestic Sources of Foreign Policy,* hrsg. von Rosenau. New York: Free Press, 1967. Rosenau gab der Verbindung von Theorie und Empirie in den internationalen Beziehungen (mit einem ›pluralistischen‹ Bezugsrahmen) wesentliche Impulse. Zum Stand dieser Diskussion siehe noch immer *Die anachronistische Souveränität. Zum Verhältnis von Inner- und Außenpolitik.* Beiträge der Sektion Internationale Politik der Deutschen Vereinigung für Politikwissenschaft, hrsg. von Ernst-Otto Czempiel. Sonderheft 1 der *Politischen Vierteljahresschrift,* 10. Jg., 1969.

Burton M. Sapin, *The Making of United States Foreign Policy.* Washington, D. C.: Brookings Inst., 1966. Einer detaillierte ›pluralistische‹ Analyse des Entscheidungsprozesses in der amerikanischen Außenpolitik. Sapin betont die Vorrangstellung des State Department auch in militärischen Fragen. Siehe dagegen: D. H. Baldwin, ›Making American Foreign Policy: A Review‹, *Journal of Conflict Resolution,* Bd. 12 (1968), No. 3, S. 386–392. Siehe auch *Foreign Policy Decision-Making: An Approach to the Study of International Politics,* hrsg. von Richard C. Snder, H. W. Bruck und Burton M. Sapin. 2., erweiterte Auflage. New York: Free Press, 1962 (1954).

Towards a New Past. Dissenting Essays in American History, hrsg. von Barton J. Bernstein. New York: Pantheon Books, 1968. Ein Sammelband der amerikanischen ›Neuen Linken‹ mit hervorragenden historischen Studien. Siehe auch *Twentieth Century America: Recent Interpretations,* hrsg. von Bernstein und Allen J. Matusow. New York et al.: Harcourt, Brace & World, 1969.

Vital Problems for American Society, hrsg. und eingeleitet von J. Alan Winter, Jerome Rabow und Mark Chesler. New York: Random House, 1968. Eine kritische Einführung in die wesentlichen Probleme der amerikanischen Gesellschaft.

zeitnah
kritisch
weltweit
ausführlich
und oft
unbequem
DEUTSCHES ALLGEMEINES
SONNTAGSBLATT
HERAUSGEBER HANNS LILJE
Berichte, Kommentare, Analysen aus Politik, Kultur und der Wirtschaft. Die Wochenzeitung der besser Informierten.
Fordern Sie kostenlos drei Ansichtsexemplare bei uns an:
2000 Hamburg 13 · Mittelweg 111